第一卷　绪论　　　　　　　　　　　　王余光　陆滢竹◎著

第二卷　先秦秦汉魏晋南北朝图书馆学史　　何官峰◎著

第三卷　隋唐五代图书馆学史　　赵晓◎著

第四卷　宋辽夏金元图书馆学史　　钱昆◎著

第五卷　明代图书馆学史　　熊静◎著

第六卷　清代图书馆学史　　熊静◎著

第七卷　民国图书馆学理论　　王莞菁◎著

第八卷　民国图书馆学教育　　郑丽芬◎著

第九卷　民国图书馆学学术团体　　王玮◎著

第十卷　民国图书馆学学者　　李诗苗◎著

民国文献学学者　　李诗苗◎编著

国家社科基金重大项目『中国图书馆学史』（13&ZD153）结项成果

中国图书馆学史

第四卷

主编 王余光
副主编 熊静 吴永贵

熊静 著

时代出版传媒股份有限公司
安徽教育出版社

图书在版编目（CIP）数据

中国图书馆学史. 第四卷 / 王余光主编；熊静，吴永贵副主编；熊静著. -- 合肥：安徽教育出版社，2024.5
ISBN 978-7-5748-0244-5

Ⅰ.①中… Ⅱ.①王… ②熊… ③吴… Ⅲ.①图书馆学史－研究－中国 Ⅳ.①G250.92

中国国家版本馆 CIP 数据核字（2024）第 093931 号

中国图书馆学史·第四卷
ZHONGGUO TUSHUGUANXUE SHI·DI-SI JUAN

出 版 人：费世平
策划编辑：江　舟
统筹编辑：江　舟　陶忠娣
责任编辑：陶忠娣　付　婕　朱　矾
装帧设计：张鑫坤
技术编辑：陈善军

出版发行：安徽教育出版社
地　　址：合肥市经开区繁华大道西路 398 号　邮编：230601
网　　址：http://www.ahep.com.cn
营销电话：(0551)63683012，63683013
排　　版：安徽时代华印出版服务有限责任公司
印　　刷：安徽新华印刷股份有限公司

开　本：710 mm×1010 mm　1/16
印　张：27
字　数：323 千字
版　次：2024 年 5 月第 1 版
印　次：2024 年 5 月第 1 次印刷
定　价：172.00 元

（如发现印装质量问题，影响阅读，请与本社营销部联系调换）

永樂大典卷之八百二十一 二支

詩 詩話六十三

敬齋古今黈 文出升平世未生大有年四充今日月六合古山川反朴次三五古文丁一千王功因各定代作不相沿主化布于下人心孚自天上方求士切公亦立仁先才行苟并至位名尤兩全末由引冶手安比父兄肩辛及布衣仕宜希守今先尺刀元互用丹白且同研去史多廿老休兵坐刀田干戈包已乆永卜本支延歐陽永叔戲為也小兒初作字點畫稍多即難措筆必簡易則為力故小學有工士由山水中人坐竹林之語歐公此詩當亦為兒輩設也

小説中載宮人詩云朝來自覺承恩寂笑倩傍人認繡毬一本云承恩醉殊宮義理又社荀鶴春宮怨落句云年越溪女相憶採芙蓉一本云相伴則上下支離不成語矣東坡詩口業向詩猶小小眼花因酒尚紛紛又云口業不停詩有債眼花亂墜酒生風若眼花則或然或否若口業則信有之東坡聚星堂雪詩禁體物語而有欲浮大白追餘賞牽有迴風驚落屑之句或以謂落屑亦體物語或者

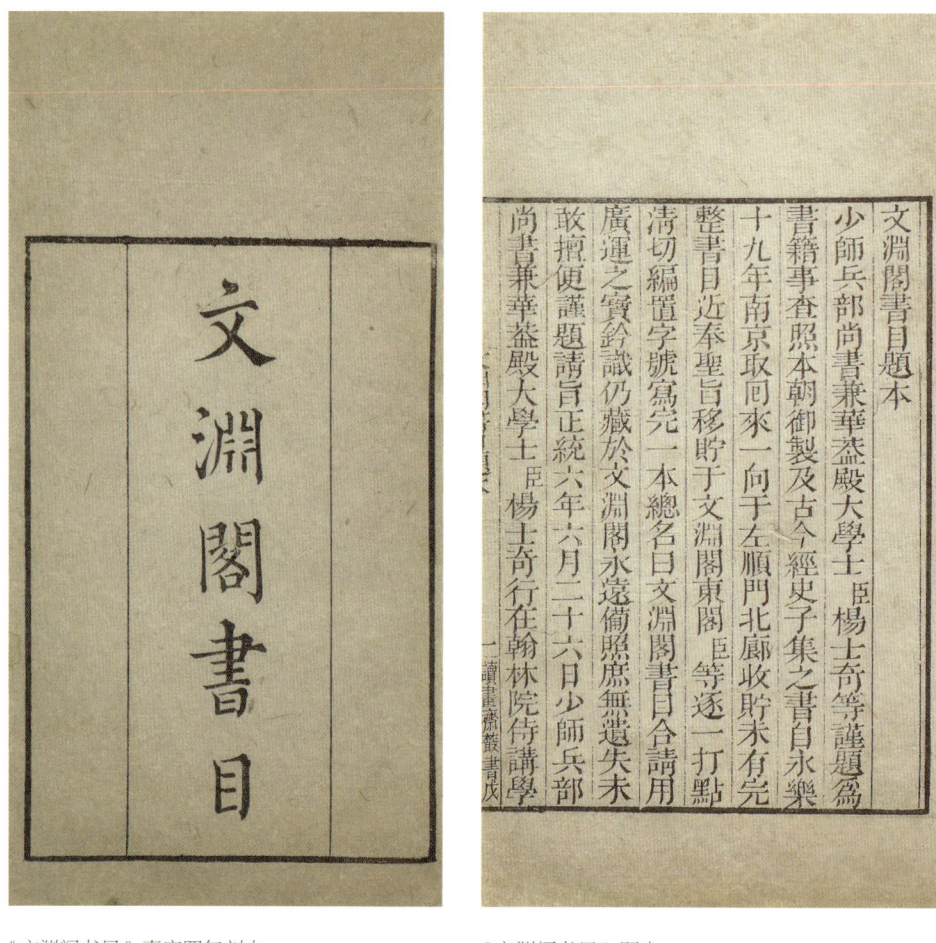

《文淵閣書目》嘉慶四年刻本　　　《文淵閣書目》題本

文淵閣書目題本

少師兵部尚書兼華盖殿大學士臣楊士奇等謹題為書籍事查照本朝御製及古今經史子集之書自永樂十九年南京取回來一向于左順門北廊收貯永有完整書目近奉聖旨移貯于文淵閣東閣臣等逐一打點清切編置字號寫完一本總名曰文淵閣書目合請用廣運之寶鈐識仍藏於文淵閣永遠備照庶無遺失未敢擅便謹題請旨正統六年六月二十六日少師兵部尚書兼華盖殿大學士臣楊士奇行在翰林院侍講學

進大學衍義補表

國子監掌監事禮部右侍郎臣丘濬誠惶誠懼
稽首頓首
上言伏以
持世立教在六經而撮其要於大學明德新民
有八目而收其功於治平舉德義而措之於事
爲酌古道而施之於
今政衍先儒之餘義補
聖治之極功惟知馨獻芹之誠固暇顧續貂之誚原
夫一經十傳乃聖人全體大用之書分爲三綱
八條實學者脩已治人之要章句既有以大明
聖蘊衍義又所以上格君心書雖成於前朝道
則行於
今代惟
太祖之建極嘗大書於
殿壁之間曁
列聖之紹基屢
聽講於
經筵之上既已致夫雍熙泰和之治一皆本乎
躬行心得之餘

《进大学衍义补表》

傄規制
圓籍之儲
卷之九十五
治國平天下之要八
傄規制
權量之謹
卷之九十六
治國平天下之要八
傄規制
寶玉之器

《大学衍义补·目录》

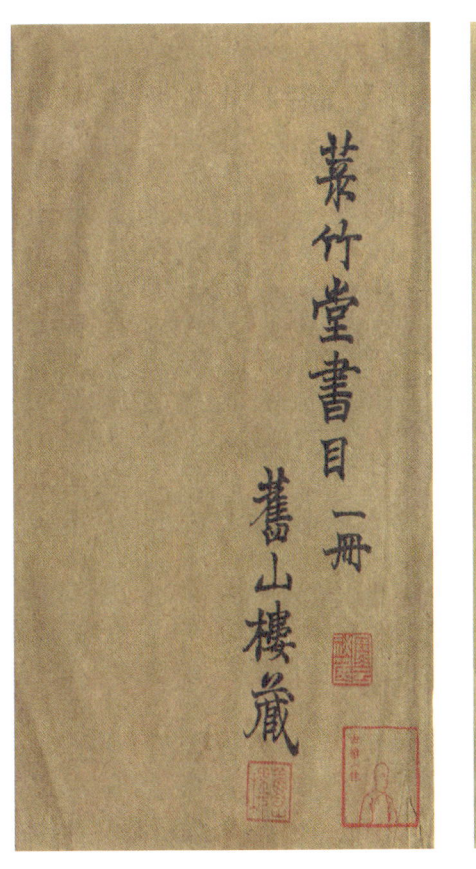

題菉竹堂書目

天下易散之物莫如書一當喪亂古籍必斷滅數百種不復見取文淵閣目視宋藝文志則多缺取菉竹堂萬卷堂二目視文淵閣又缺取天乙閣曠圃絳雲樓諸目視菉竹萬卷缺更倍矣好古之士秉時盡力求索方稱不負此生舉壺寒人誰堪共語默實有不須立變先受其咉者秘錮之病是也無版之書流傳甚罕收藏家倖得之則寶護如金玉扃鑰終其身矜己獨優徵人以所不備脫過水火兵革孤行之本既失別無他處可尋此等肺腸極為得罪名教歷觀古

《菉竹堂书目》清抄本　　《题菉竹堂书目》

國史經籍志卷一

史官瑯琊焦竑輯
錢塘徐象橒校刊

制書類 御製 勅修 中宮御製 記注時政

御製

高皇帝文集二十卷 又三十卷

祖訓條章一卷 皇明祖訓一卷

又詩集五卷

大明玉牒一卷 儲君昭鑒錄二卷 訓親

紀非錄一卷 諭周齊潭魯 昭鑒錄五卷 訓親

資世通訓一卷 永鑒錄一卷 藩訓

經籍志卷一 制書類 御製

大誥續編一卷 大誥三編一卷 大誥一卷

臣戒錄一卷 大誥武臣三十二篇

勅諭武臣一卷 武臣訓戒錄一卷

武臣鑒戒一卷 宣諭三卷

大明令一卷 大明律二十八卷

禮儀定式一卷 行移減繁體式一卷

洪武禮制一卷 孝慈錄一卷

教民榜文一卷 注道德經二卷

注書洪範一卷 彰善癉惡錄三卷

癉惡續錄一卷 軍廬定律一卷

《国史经籍志》

經籍會通引 筆叢甲部卷四

筆叢卷一 甲部 經籍會通

凡前代校綜墳典之書漢有略晉有部唐有錄宋有目元有錄
志則諸史共之肇自西京迄於勝國紀列纂脩彬彬備矣夫
其淵源六籍藪澤九流細繹百家溯洄千古固文明之盛集
鴻碩之大觀也昭代基隆鉅儒輩出諸所撰造比迹黃虞惟
是經籍一途編摩苟缺檠以義非要切體遷繁筆研靡資
歲月徒曠耳夫以霸閏之朝草萊之士猶或枯据墳素忝竊
腔談冗輯閱略曩時哉甄不自揆掇拾補苴間以管窺加之
雌黃訿大明日會通匪直寄大方之顧笑抑以為博雅
之前驅云萬曆己丑孟秋朔應麟識

廣雅書局栞

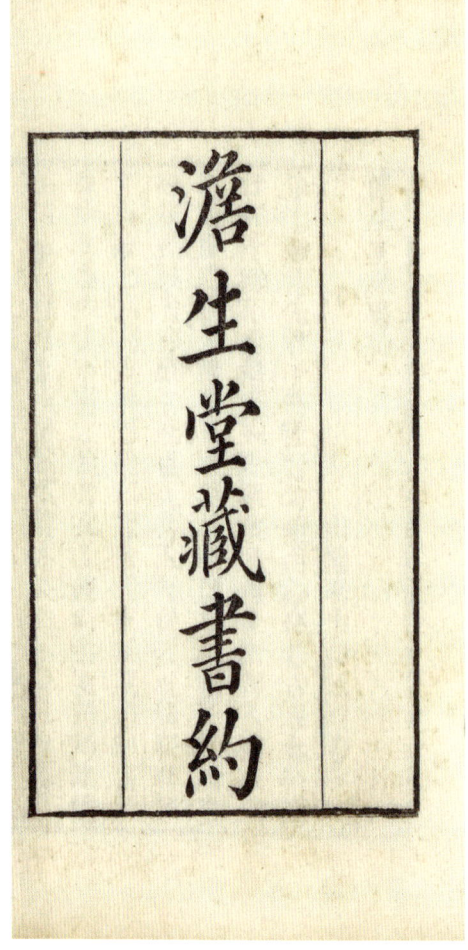

《澹生堂藏书约》封面　　　　《澹生堂藏书约》首页

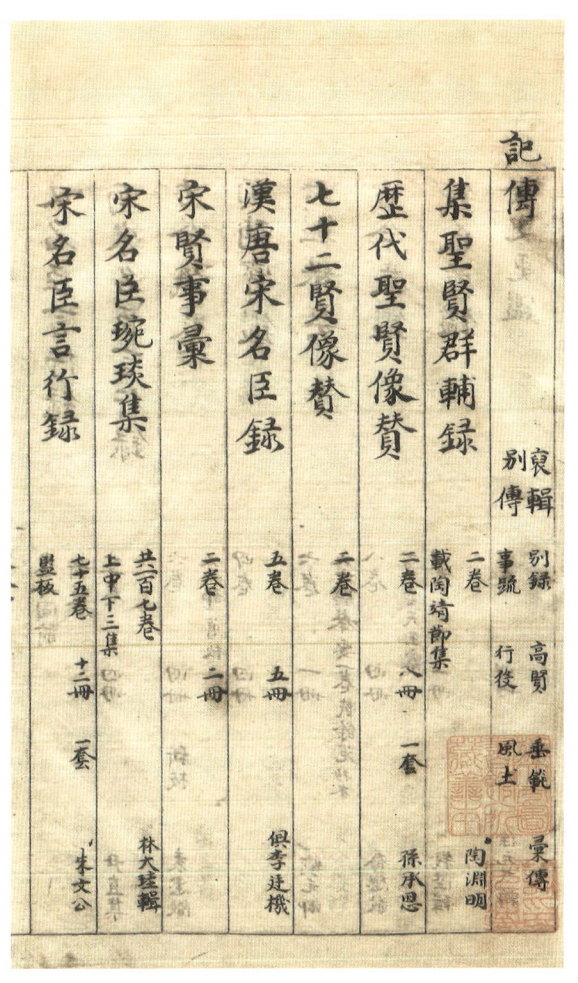

《澹生堂藏书目》

徐氏家藏書目卷之一

經部

易類

周易白文三卷

古周易二卷　呂東萊定本

古易象三卷　費直定本

子夏易傳十卷

京房易傳二卷　吳鬱林太守陸績註

焦氏易林十六卷　明兵部侍郎范欽訂
焦延壽著

《徐氏家藏書目》首頁

家藏書目序

予少也賤性喜博覽間嘗取父書讀之覺津津有味然尚未知載籍無盡而學者耳目難周也既長銷費編摩始知訪輯然室如懸磬又不能力舉群有也會壬辰乙未辛丑三為吳越之游庚子又有書林之役迤邐其要者未備者補之更有罕覯難得之書或即購之因具以求或因人而乞或有朋舊見貽或借故家抄錄積二十年合先君子伯兄所儲可盧五萬三千餘卷藏之小樓堆林充棟顧有甲乙次第鉛槧暇日遂倣鄭氏藝

《徐氏家藏書目》序

浙江宁波天一阁

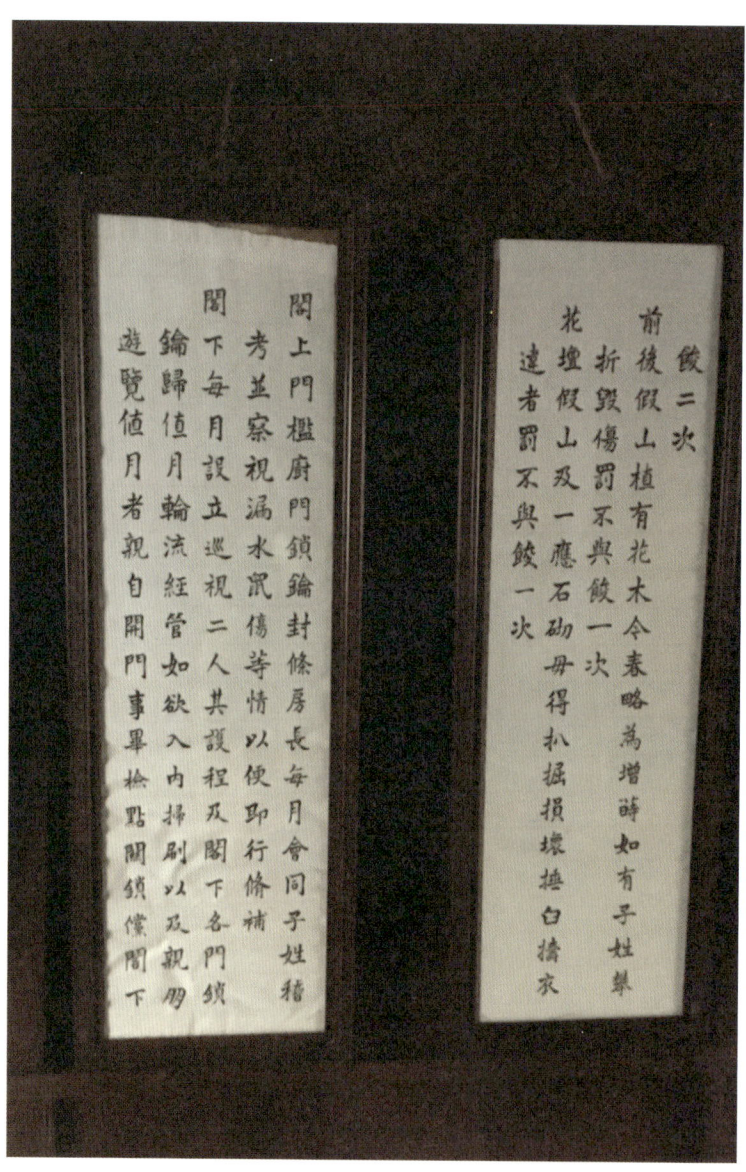

天一阁内景－藏书约

江苏常熟脉望馆外景

江苏常熟脉望馆内景

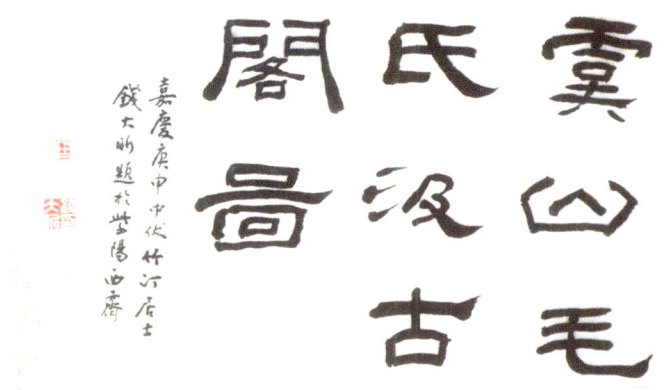

《虞山毛氏汲古阁图》 [明]王咸绘

总　序

1925年，梁启超先生在中华图书馆协会成立会上呼吁，建设"中国的图书馆学"，明确指出"对于中国的目录学（广义的）和现代的图书馆学都有充分智识"之人，才能将中国的图书馆学建设成一门独立的学科，成为"中国的图书馆学"（《中华图书馆协会成立会演说辞》）。自此之后，经过几代图书馆学学人的共同努力，中国现代图书馆学走完了从孕育到成熟的发展历程。

中国古代藏书文化源远流长，自刘向、刘歆父子校理群书起，积累了丰富的藏书经验与整理理论；以清末西学东渐、西方图书馆学思想传入为起点，现代意义上的图书馆在中国生根发芽，一代图书馆学家完成了中国图书馆学学科体系构建的历史使命。数千年来，一代代爱书人聚书万卷、丹黄不辍，谱写了世界文化史上关于书的学问最为绚丽的篇章。

近百年来，数代图书馆学家筚路蓝缕，将中国传统藏书管理、整理的方法和理念，与西方图书馆学思想相结合，完成了中国图书馆学的本土化进程。在这个过程中形成的思想、理论、著作、学术流派，为学科发展作出贡献的人物，以及学科教育、学术组织、刊物等，都属于中国图书馆学学科史的重要内容。今天，我们重视学科史、学术史，既为表彰前辈学人开山辟路之功，同时也是在回顾成就的基础上，为中国图书馆学的发展厘清思路。

按照学界惯例，学术史是体现学科成熟度的重要标志。然而，中国图书馆学虽历史悠久，但学科史的研究一直比较薄弱，成果较少且叙述都较为简略，未能建立起纵贯古今的图书馆学史研究框架。2017年，四卷本《中国图书馆史》出版，填补了我国图书馆史系统性研究的空白，我担纲其中《古代藏书卷》的主编。图书馆事业与图书馆学，为一体之两面，也是我长期以来重点关注的研究领域。在爬梳史料的过程中，我深感古代藏书与近现代图书馆事业之间的紧密联系，以及建立中国图书馆学史研究体系的必要性。

随着学界同道对"中国图书馆学史"研究意义认识的不断深入，我们愈发感到推进"中国图书馆学史"研究的紧迫。因此，2013年初，笔者向国家社科基金委提交了"中国图书馆学史"重大项目选题。选题通过后，我们组建了一支由国内知名高校图情领域中青年研究者组成的团队，共同完成课题申报，并于2013年11月获得立项，项目名称就是"中国图书馆学史"，项目号为"13&ZD153"，该项目的预定目标就是推出一套多卷本的《中国图书馆学史》。

2014年，我们于北京大学信息管理系召开开题报告会，徐雁教授、王子舟教授、姚伯岳教授、吴永贵教授等参会，就研究计划与实施方案提出了大量切实可行的建议。课题组根据专家意见，重新修改完善了研究大纲并确定分工，正式展开中国图书馆学史的资料收集与研究工作。

经过一年多的准备，2015年11月28日至29日，课题组在北大信息管理系召开第二次全体工作会议。经过两天的讨论，会议确定了各卷的主要内容、写作大纲，讨论开列了各时期重要图书馆学学人名录，进一步明确了研究思路，课题研究转入攻坚阶段。2016

年初至 2019 年底，是各分卷按照分工独立展开研究的阶段。其间，我们多次召开小型研讨会，就各卷研究遇到的问题展开讨论，同时协调进度，统一写作思路。为保证书稿质量，2020 年元月 2 日至 3 日，课题组在北京召开第三次全体工作会议，从体例统一的角度，对各分卷初稿逐一审读并提出修改意见。2020 年 4 月底，各分卷按计划完成了初稿。经过近半年的修改，2020 年 10 月 14 日至 18 日，课题组在苏州召开结题审稿会，邀请苏州图书馆邱冠华、金德政、费巍和苏州大学李雅等专家学者与会，就审稿过程中发现的问题进行研讨。充分吸纳专家意见并对书稿进行修改后，2020 年 11 月底，"中国图书馆学史"重大课题结项报告最终定稿，并于 2021 年 3 月通过鉴定，获批结项。

我与安徽教育出版社渊源颇深，2017 年底，由我主编的十卷本《中国阅读通史》由安教社出版。在十余年"漫长"的合作中，安教社始终支持我们的工作，对作者的"拖延"保持了足够的宽容，并为出版做了大量认真细致的工作。因此，在与作者团队商议后，我们决定"再续前缘"，延续我们因《中国阅读通史》而结下的良好合作关系，共同做好《中国图书馆学史》的出版工作。2021 年，安徽教育出版社将该项目的结项成果按照出版规范加以调整后，申报了国家出版基金，并于 2022 年 3 月正式获批。此后，按照国家出版基金时间要求，根据专家审读意见再次修改书稿，完善内容，打磨细节。

2023 年 10 月 14 日至 15 日，在安徽教育出版社、河南大学新闻传播学院的支持下，我们在河南开封召开"《中国图书馆学史》出版推进会"，讨论了出版规范、书稿体例等问题。2024 年 3 月 14 日至 17 日，为了解决出版过程中遇到的问题，安徽教育出版社在合肥召开了一次由作者和全体责编参加的终审会,对书稿进行最后的修改。至此,基本完成全书定稿工作,最终的成果就是这套即将与读者见面的十卷本《中国图书馆学史》,目次为:

第一卷　绪论　先秦秦汉魏晋南北朝图书馆学史
第二卷　隋唐五代图书馆学史
第三卷　宋辽夏金元图书馆学史
第四卷　明代图书馆学史
第五卷　清代图书馆学史
第六卷　民国图书馆学理论
第七卷　民国图书馆学教育
第八卷　民国图书馆学学术团体
第九卷　民国图书馆学学者
第十卷　民国文献学学者

第一卷分为《绪论》和《先秦秦汉魏晋南北朝图书馆学史》两部分。《绪论》重点解决中国图书馆学史研究中的重要理论问题,阐释我们对中国图书馆学、图书馆学史等基本概念的理解,梳理前人研究成果,确立研究的疆域与边界,构建全书总体框架,为后续研究奠定基础。按照我们的理解,中国图书馆学既应包括西学东渐、近代学术转型以来,西方图书馆学思想本土化后的成果,更应继承古代藏书整理的经验、方法、理论。近代学科体系的突出特征,就是分科越来越细,交叉越来越多。在近代学科体系建立的过程中,许多原本有密切联系的知识门类独立为专门的学科,图书馆学与文献学就是其中的代表,但从学术史的角度看,相关学科之间的客观联系是无论如何不应被忽视的。因此,在对前人研究成果进行梳理时,我们将之分为图书馆学与文献整理学两部分,以求更为全面地展现本领域的既有进展,帮助我们厘清思路,提炼重点研究问题。

从《先秦秦汉魏晋南北朝图书馆学史》至《清代图书馆学史》,属于中国图书馆学史的古代部分。我们认为,中国古代关于藏书的文化传统,是滋养中国图书馆学发生、发展的土壤,而系统的西方学科理论,奠定了中国图书馆学学科化、体系化的基石。中国古代藏书文化中关于藏书建设、整理、管理的思想与方法,是中国图书馆学的重要内容,也是"中国的图书馆学"的文化土壤与特色所在。因此,我们按照时间顺序将古代图书馆学划分为五个时段,分论每个时段图书馆学的历史发展、主要成就、代表人物,重点梳理各时段藏书管理与藏书整理思想、理论。具体内容有:古代藏书管理的思想与方法,即古代藏书收集、保存、利用等相关经验的总结;古代藏书整理的思想与方法,重点放在分类、编目、版本等藏书整理实践中总结的方法和理论。

民国是中国图书馆学学科体系建立的关键时期,有对传统藏书经验和理论的总结与继承,更有随近代学科体系建构而形成的新领域、新思想;也是中国图书馆学发展的关键阶段,在形塑学科体系结构、引领学科发展方向等方面产生了深远影响。此外,这一时期学人、著作不断涌现,学术团体、学科教育等学术建制的萌芽与成熟对于学科发展意义重大,同样应当进入学术史的范畴。而学人、著作是学术史的"主角",以人为纲,学案体的写法更利于展现学派、学术发展之内在关联。故中国图书馆学发展至民国以后,有必要对其进行进一步的细分,以契合民国图书馆学在中国图书馆学史上的重要地位。在写作思路上，采用总分式结构。以一卷的篇幅总论民国图书馆学的发展背景、理论进展、学科建制；再以四卷的规模，择取民国图书馆学教育、学术团体、图书馆学与文献学学者等不同侧面，多维度展现民国图书馆学的发展面貌与主要成就，力求揭示近代中国图书馆学学科建构与转型的路径及其发展的内在机理。

"中国图书馆学史"的研究过程中，我的研究生、博士后也参与了课题讨论，从中选取相关论题撰写论文，为课题积累了丰富的前期成果和研究资料。由于工作变动，其中部分成员没有参与书稿的撰写，在此对他们的付出表示感谢。他们是北京大学范凡、许欢、张慧丽、李世娟、衡明明、张婵娟，清华大学王媛，中国人民大学王丽丽，河北大学赵元斌，青岛大学刘悦。

需要说明的是，在中国图书馆学史研究领域，许多基本概念尚存争议，学科史的研究框架与内容亦无成例可循，本书的观点仅代表一家之言。限于学力、时间，疏漏之处在所难免，诚盼学界同人不吝批评，就书中涉及的问题与我们展开讨论。

对学科史研究的重视，是学科发展到一定程度之后的学术自觉。对几千年来中国图书馆学成就的系统梳理，能够帮助我们找寻图书馆学史闪耀的思想光芒，确认值得今天借鉴的精神成果。当前图书馆学的发展也需要我们时常回望来路，通过反思历史，审视今天的问题，厘清前进的方向。当前，随着国民经济的快速发展，中国图书馆事业突飞猛进，取得了令世界瞩目的成就，图书馆是重要文化设施的理念深入人心。然而，与事业发展相伴的是图书馆学学科及其教育发展面临的困境。一方面，信息技术的革新赋予了以图书馆学为代表的信息学科无限的想象空间；另一方面，与现实脱节，对事业发展重大现实问题回应力不足，以及由此而生的关于学科必要性、独立性的悲观情绪，正在学科内部蔓延。历史总是相似的，如今，中国的图书馆学又走到了一个需要选择何去何从的关口。我们梳理图书馆学学术史时，不仅要铭记前辈先贤为构建学科作出的努力与贡献，更重要的是从历史经验中汲取养分，对今天的图书馆事业、图书馆学发展进行深入思考，厘清思路、拓展视野，透过纷繁的现象，为中国图书馆学未来的发展作出正确的道路选择。这也是时代赋予当代图书馆学学人的重大使命与责任！

十卷本《中国图书馆学史》的出版，仅是我们为上述目标所作的初步努力，而学术史的完善，仍需更多关心图书馆学的发展、深入理解"中国的图书馆学"内涵的学者共襄其事。我相信，图书馆是人类文明生活的"第二起居室"；中国的图书馆学，将有一个光明的未来！

是为总序。

王余光
2024 年 4 月于北京

目录

引 言 / 1

第一章 / 3
明代藏书事业发展的历史背景

第一节 政治、经济与藏书事业 / 4
 一、明代的政治环境与藏书事业 / 5
 二、明代的经济与藏书事业 / 10

第二节 文化、学术与藏书事业 / 13
 一、明代文化发展与藏书事业 / 13
 二、明代的学术与藏书事业 / 16

第三节 出版活动与藏书事业 / 22
 一、发达的出版事业 / 22
 二、便利的图书流通 / 29
 三、图书出版、流通事业对藏书活动的影响 / 31

第二章 / 35
明代的藏书事业

第一节 明代藏书发展概况 / 35
 一、起步期（洪武、永乐、宣德、正统年间）/ 36

二、繁荣期（成化、弘治、正德、
　　嘉靖、隆庆年间）/ 38
三、衰落期（万历、天启、崇祯年间）/ 41

第二节　官府藏书 / 45
　　一、宫廷藏书 / 45
　　二、中央官府藏书 / 50
　　三、地方官府藏书 / 52

第三节　私家藏书 / 54
　　一、藩府藏书 / 55
　　二、私人藏书 / 59

第四节　学校藏书 / 66
　　一、官学藏书 / 66
　　二、书院藏书 / 69

第五节　寺观藏书 / 72
　　一、寺庙藏书 / 73
　　二、道观藏书 / 75

第三章 / 77
明代藏书观念与藏书建设

第一节　明代的藏书观念 / 78
　　一、藏书价值论 / 78
　　二、藏书目的论 / 87
　　三、明代藏书风尚 / 92

第二节　明代藏书建设的方法和理论 / 104
　　一、藏书搜集的方法与途径 / 104
　　二、藏书建设思想的理论总结 / 122

第三节　藏书源流与聚散考 / 130
　　一、官府藏书源流与聚散考 / 130
　　二、其他类型藏书源流与聚散考 / 141
　　三、书厄论 / 144

第四章 / 150
明代的藏书保藏

第一节　藏书楼、室的营建 / 151
　　一、建筑理念与建筑结构 / 151
　　二、藏书环境的营造 / 154
　　三、天一阁的营造法式及其影响 / 157

第二节　图书典藏与管理的方法与制度 / 165
　　一、副本制度 / 165
　　二、管理的方法与制度 / 167

第三节　图书保护的方法与制度 / 182
　　一、装帧、修补的方法与制度 / 182
　　二、防潮、防虫的方法与制度 / 188
　　三、曝书的方法与制度 / 193

第五章 / 195
明代的藏书整理

第一节　明代重要藏书目录介绍 / 196
　　一、官府藏书目录 / 196
　　二、私人藏书目录 / 200
　　三、史志目录 / 227
　　四、专科目录 / 229

第二节　目录学的理论发展 / 232
　　一、对目录功用的理解 / 232
　　二、历代书目评 / 238
　　三、分类体系沿革 / 246

第三节　分类思想 / 248
　　一、官府藏书的分类体系 / 249
　　二、书院藏书的分类体系 / 252
　　三、私人藏书目录的分类体系 / 254

第四节　编目思想 / 287
　　一、著录项目和内容 / 287
　　二、互著、别裁方法的广泛应用 / 294
　　三、表格式著录法的发明 / 300
　　四、编目理论的发展 / 301

第五节　图书版本鉴定思想 / 304
　　一、版本发展史 / 305
　　二、版本观念 / 307
　　三、版本鉴定方法与理论 / 309

第六章 / 313
明代的藏书利用与流通

第一节　藏书利用的主要方式 / 314
　　一、藏书刊刻 / 315
　　二、藏书借阅、互抄 / 324

第二节　藏书流通思想 / 327
　　一、藏书家不愿公开藏书的原因 / 328
　　二、"与人共赏"的思想 / 329
　　三、藏书流通的制度建设 / 330

第七章 / 334
明代重要图书馆学学人及其论著

第一节　丘濬 / 334
　　一、生平家世与藏书史实 / 335
　　二、图书馆学思想 / 340

第二节　焦竑 / 350
　　一、生平与著述 / 351
　　二、《国史·经籍志》的成书 / 355
　　三、《国史·经籍志》的影响与理论贡献 / 356

第三节　胡应麟 / 361
　　一、生平与著述 / 361
　　二、藏书与读书 / 364
　　三、文献目录学理论贡献 / 369

第四节　祁承㸁 / 380

　　一、生平家世 / 380

　　二、藏书思想的主要特征 / 383

第五节　高濂 / 390

　　一、生平家世 / 390

　　二、藏书思想及其特征 / 391

主要参考文献 / 395

索　引 / 399

后　记 / 414

引　言

1368年，出身微末的明太祖朱元璋在南京称帝，定国号大明，自此开启了明王朝延续277年的统治。明朝初期的统治者，经历了元末战乱，从历代兴衰治乱中总结经验，进行了一系列制度改革的尝试，重新建立了一个稳定的大一统政权，使得社会生活的各个方面都得到了恢复与发展。学术文化从元末战乱的"废墟"中再次"萌芽"，重新回归儒学道统，并呈现出体系化趋势，各个领域几乎都出现了带有总结性质的集大成之作。商品经济进一步发展，科学技术取得进步，商品流通速率加快，在市民阶层旺盛文化需求的刺激下，通俗文学的创作与流通极度活跃，终成一代之文学。在此背景下，作为文化事业的重要组成部分，明代藏书也取得了辉煌成就，不论是藏书家的数量与规模，还是藏书思想与理论的积累，都远超前代，为清代中国藏书事业的鼎盛奠定了基础。

明初的几位帝王较为重视文教事业，国家藏书迅速累积，文渊阁、皇史宬等宫廷藏书处所，插架琳琅，备极一时之盛。为了更好地管理宫廷藏书，明代设立了秘书监等机构，专司其职。正统六年（1441），大学士杨士奇等编纂的《文渊阁书目》，记载了明代宫廷藏书全盛时期的面貌，其分类体系对明代各类型藏书整理活动产生了深远影响。

与官府藏书相比,明代私人藏书取得的成就更为令人瞩目。经过明初惨烈的政治斗争,明代的藩王普遍远离政治,寄情于藏书、艺术活动,周、宁、晋等藩府藏书世代相继,藏书质量也以精善著称。藩府藏书兴盛是明代私人藏书事业的特征之一,而更为活跃的则是民间私人藏书活动。有明一代,私人藏书有三个显著特征:其一,藏书家人数众多,分布广泛,全国各地涌现了大批藏书名家;其二,经过长期发展,明代中后期逐渐形成区域特征明显的藏书流派,如以澹生堂祁氏为代表的浙东派和以脉望馆赵氏为代表的常熟派等;其三,藏书类型丰富,涌现了一批以特色收藏著称的名家,如高儒的元明杂剧收藏、天一阁的科举题名录和地方文献收藏等。在空前兴盛的藏书活动刺激下,明代藏书思想与理论的发展也日臻成熟,产生了《澹生堂藏书约》《经籍会通》《国史·经籍志》等一大批记录藏书事业变迁、总结历代藏书经验的重要论著,将古代图书馆学推向了一个高峰。

概言之,明代是中国古代图书馆学史上一个承前启后的重要时期,其藏书思想与理论既闪耀着时代的光芒,又直接启迪了清代藏书实践与理论发展的方向。下面我们将在简要回顾明代藏书事业发展概况的基础上,梳理这一时期图书馆学的发展脉络与理论贡献。

第一章

明代藏书事业发展的历史背景

　　明代是中国古代藏书事业的兴盛期，为清代图书、文献事业的鼎盛奠定了基础。一方面，明朝的建立结束了元代统治后期的战乱局面，社会经济得到了恢复。另一方面，由朱元璋建立的汉族政权，为了申明其"正统"的地位，尊儒崇道，大力提倡程朱理学，并以此为基础建立统治秩序，文教事业发展迅速。在多种因素共同作用下，明代藏书事业经过初期的恢复，很快便进入了快速发展阶段。官府、寺观、私人、书院四大藏书体系均取得了辉煌成就，藏书思想和理论也随实践发展得到进一步丰富与充实，积累了丰富的藏书整理经验和理论，我国古代图书馆学迈入成熟期。本章我们将首先回顾明代藏书事业恢复和发展的社会背景，以便我们更好地理解明代藏书事业的内在发展逻辑。

第一节　政治、经济与藏书事业

1368年，出身草莽的"和尚皇帝"朱元璋，荡平了元末农民战争中兴起的群雄，在应天府（南京）称帝，建立了大明王朝。此后直到1644年李自成攻入北京、崇祯帝自缢而亡，共传16帝，历时277年。明朝是中国历史上最后一个由汉族建立的王朝，古代皇权统治发展至此，已臻巅峰，政治制度、文化学术等各项事业都迈入了总结期。明朝中前期，社会较为稳定，经济繁荣，社会财富积累得较为富足，各个地区都形成了商业发达的中心城市，这为藏书事业的发展提供了物质保证。明太祖吸取元亡的教训，重拾程朱理学并将其作为统治工具，恢复科举考试，规定将四书五经作为取士的标准，重新激发了读书人读书求仕的热情。明代中晚期，商品经济萌芽在江浙地区出现并迅速发展，商品流通速率加快，受其影响，图书出版事业逐渐繁荣、书肆林立，图书流通传播渠道愈发多元。在这样的时代背景下，明代藏书事业空前繁荣，官府、寺观、私人、书院四大藏书体系均取得了极大的发展。

第一章 明代藏书事业发展的历史背景

一、明代的政治环境与藏书事业

（一）明初皇权的不断加强

明朝建立后，朱元璋汲取历代统治经验，在政治、军事方面推行了一系列措施，不断加强皇权，使我国古代中央集权统治达到了新的高峰。

明初定都南京，基本平定了中原地区，但元朝皇族逃亡塞外后，纠集兵力继续与明朝对抗，边疆仍不稳定，事实上的大一统政权还未完全建立。洪武初年（1368），朱元璋派遣徐达、常遇春等人四处用兵，洪武二年（1369）平定陕西，洪武三年（1370）攻克福建、两广，洪武四年（1371）平定四川，洪武十五年（1382）攻下云南，最终完成了统一大业。

大一统的任务完成后，为了加强皇权、抑制相权和地方割据势力，朱元璋推行了一系列改革措施：洪武九年（1376），将沿袭元代设立的行中书省撤销，改设承宣布政使司作为地方最高行政长官，朝廷派出大员，管理地方政务；增设提刑按察使司、都指挥使司，分掌司法和军事，在地方上形成三权分立的局面，加强中央对地方的控制。同时，分封20余个儿子至各地担任藩王，希望其屏藩皇室，翼卫朝廷，维护朱家统治，但是，诸王权力过大，也为后来的"靖难之役"埋下了隐患。

中央层面，明初承元制，设中书省总理天下大事，等到政权稳定后，相权与君权的矛盾日益突出。洪武十三年（1380），朱元璋借处理胡惟庸案之机，废除中书省，由六部尚书直接向皇帝负责，处理各方面的政务,至此,秦汉以来实行了数千年的宰相制度被彻底废除,皇权得到了空前加强。

完成中央和地方的一系列改革后,在其统治后期,朱元璋为了打压开国功臣势力、维护朱姓子孙的统治,迭兴大狱。洪武十三年(1380)掀开的胡惟庸案,前后延续十年,三万余人被杀。洪武二十六年(1393),再兴蓝玉谋反案,一万五千余人受株连被杀。

为了强化皇权、震慑百官,朱元璋在旧有监察机构——都察院外,设六科给事中和锦衣卫,监察百官。从此,特务机关成为明代诸帝的利器,永乐年间,设东厂,成化年间,再设西厂,均由皇帝身边的亲信宦官掌管,以监视百官的一言一行。

在统治思想方面,朱元璋奉行严刑峻法的统治哲学。元末吏治腐败,人民不堪重负纷纷逃亡,使得北京至南京的千里沃野"人烟断绝""城野空虚"。朱元璋认为,要"与民休息"就必须首先整顿吏治。因此,对待贪官污吏,朱元璋手中的屠刀从不肯轻易放下,以致"株累天下官吏,死徙数万人"①,一时之间,官场中人噤若寒蝉。时人评说:"明祖惩元季纵弛,特用重典驭下,稍有触犯,刀锯随之。时京官每旦入朝,必与妻子诀。及暮无事,则相庆以为又活一日。"②

(二)实行严格的文化专制制度

除了政治上的高压统治,明初诸帝也丝毫不放松对思想的钳制。朱元璋出身寒微,文化程度不高,但是作为一名杰出的政治家,他十分清楚思想导向对国家统治的作用。因此,明朝建立后,

---

① 谈迁著,张宗祥校点:《国榷》卷八,中华书局,1958年,第653页。
② 赵翼著,王树民校证:《廿二史札记校证》,中华书局,1984年,第744页。

他积极推行了一系列文化制度。

一是颁布《御制大诰》《大诰续编》《大诰三编》,并将其作为各级学校的教材和国家科举取士的标准。二是大力提倡儒学,将程朱理学用法律的形式规定为国家正统思想。封孔子后人为衍圣公,赐祭田,以示尊崇;多次下诏,"一宗朱氏之学,令学者非五经孔孟之书不读,非濂洛关闽之学不讲"①。三是严禁各种"异端邪说",朱元璋认为:"邪说不去,则正道不兴,正道不兴,天下乌得而治。"(《明太祖实录》卷二九)在元末的农民起义中,各种教派组织发挥了重要作用,展示了其在下层民众间超乎寻常的组织力与影响力,朱元璋本人亦是借助教派势力"起家"的。因此,对于"异端邪说",明太祖保有天然的警惕,他明令禁止弥勒教、白莲教、明尊教②等的流传;又屡兴文字大狱,不论大臣奏疏、文人著述,稍不合上意者,尽行屠戮。据史料记载,朱元璋因家贫不得不出家为僧,后又揭竿而起,造反起义,被统治者目为"反贼",因此,他特别忌讳文字中出现"光""秃""贼""寇"之类的词汇。杭州徐一夔《贺表》中有"光天之下,天生圣人,为民作则"一句,朱元璋读后认为这是在讽刺他曾经为僧,"则"字又音近于"贼",便以莫须有的罪名将徐氏杀掉了。③ 这种做法给之后的明代诸帝起了很坏的示范。成祖朱棣,以"靖难"为名,夺取了侄子的天下。一代"读书种子"方孝孺因忠于建文帝,不肯依附新朝,便被下令诛灭十族。方氏的著作也因此被列为禁书,"藏孝孺文者罪至死"④。

---

① 陈鼎:《东林列传》卷二,江苏广陵古籍刻印社,1983年,第14页。
② 旧译"明教""摩尼教"等。参见黄鸣主编《简明民族词典》,广西人民出版社,1990年,第589页。
③ 冯天瑜:《明清文化史散论》,华中工学院出版社,1984年,第328—329页。
④ 张廷玉等:《明史》卷一四一,中华书局,1974年,第4020页。

终永乐一朝，为掩盖自己的"不义"之举，朱棣屡次兴起文字大狱，篡改史籍，禁绝建文遗臣的著述。

（三）明中叶后日益腐朽的政治统治

明初建立的各项政治制度，虽然使官员、百姓生活在高压之下，但在客观上加强了中央集权，使经济、社会生活迅速从元末的混乱中恢复过来，仍是有一定积极作用的。然而，经历了明初诸帝的勤政爱民、励精图治后，明朝的政治统治终究无法逃过皇朝的"宿命"，不可避免地走向了腐朽与衰落。

从正统年间开始，继位诸帝逐渐丧失了先祖锐意进取的"生气"，沉湎享乐，放松了对朝政的管理与控制。由于太祖设计的政治制度严格限制外戚与宗室权势的发展，皇帝身边的宦官势力开始抬头，并成为明代中后期一支重要政治力量。官场上腐败盛行，政治黑暗，边防废弛；民间土地兼并严重，各种社会矛盾不断激化。正德以后，吏治更见败坏，宦官势力高涨，大肆盘剥百姓。朝堂之上，形成了皇帝、宦官、文官等不同派系的政治势力，各派势力之间的党争愈演愈烈。最突出的体现就是万历时期首辅张居正"夺情案"。张居正为隆庆、万历时期著名政治家，他推行的"一条鞭法"挽救了明王朝濒临崩溃的财政，但其为人刚愎自用，与同僚、下属矛盾重重。万历五年（1577），张居正父亲去世，按照礼制，他应当回家守孝三年，但此时正处于改革关键期，张居正不愿失去对朝政的控制权，便采用"在官守制"的方式。"在官守制"在传统文化中被称为"夺情"。事件发生后，朝野哗然，特别是张居正的政敌，掀起了一场声势浩大的"倒张"运动。虽然"夺情案"以张居正的胜利告一段落，但它为万历朝的党争埋下了隐患。万历十年

(1582)，张居正死后不久，万历帝就迫不及待地对其展开了"清算"，借助文官集团的反对势力，将张家抄家、流放。成功扳倒了老师的万历帝，以为从此可以脱离权臣的掌控，大权独揽，但是早已习惯了党争的朝臣势力，关系错综复杂，为了各自派系的利益争讼不休，皇帝欲有所作为，却被各派势力掣肘。此后几十年，朝堂大案迭生，"立储案""楚王案""妖书案""梃击案"等，每一次都引起政局的动荡，激化了朝堂的分裂，万历帝与朝臣的对立也愈发激烈，最终形成了皇帝二十余年不上朝的"千古奇闻"。而每一次政局纷乱，都会牵连到官僚阶层各派的争斗与纠缠。一方面，为了共同对抗政敌，意见相同的士大夫纷纷结社，发表对于朝政的意见，打击政敌；另一方面，党争在迅速消耗明王朝的"气数"，为其灭亡掘好了坟墓。在这种紧张的朝野关系下，明朝晚期士大夫阶层的"隐官"传统蔚然成风。为了避祸，或者不愿意陷入党争，大批官员盛年致仕，回到家乡课子著述、交流学问，这直接催生了江南藏书事业的繁荣。

以上我们概要梳理了明代的政治环境。总体来看，明初朱元璋汲取元亡的经验，实行高度集权的皇权统治，不断加强中央对地方的控制，虽然措施不免严苛，但也使民生、经济迅速从元末的凋敝中恢复过来，重新形成了中华民族的凝聚力，对于维护国家统一、维持政权稳定具有正面意义。通过明初的制度建设，社会生活安定下来，藏书事业也有了孕育发展的土壤。明中叶以后，政治腐朽，党争严重，大批在政治斗争中失败或者主动请求致仕的官僚退居乡里，客观上促进了江南藏书事业的发展。而从不利的一面来说，高压统治下思想被牢牢钳制，学术、思想发展受到消极影响，一批不符合统治者心意的书籍被列为"禁书"，对文化事业造成了极大的伤害。四书五经和程朱理学权威地位的确立,直接导致了明代藏书家对于此类书籍的收藏与重视,反映在藏书目录中就是"理学部"的出现,足见政治、社会环境对藏书事业的直接影响。

二、明代的经济与藏书事业

社会经济发展决定了藏书事业的物质基础。与明代政治制度的变化相比,社会经济发展具有一定的滞后性。从总体趋势来看,明代前期和中期,是社会生产力逐步恢复和提高的阶段;明代中晚期,商品经济迅速崛起,海外贸易发达,农业、手工业都出现了繁荣发展的局面;明代末期,军备废弛,农民起义风起云涌,烽烟四起,社会经济遭到破坏,贸易受阻,国家经济濒临破产。

明初,在加强中央集权的同时,朱元璋积极采取各项措施,与民休息,通过垦荒、屯田,使农业经济得到了较快恢复,同时下诏禁蓄奴婢,使得劳动人口有所增加。至洪武末年,全国耕地总面积较元末增加了一倍以上,有 400 万—500 万顷。① 明初还确立了"以农为本"的国策,大力兴修水利。太祖时期治理黄河、淮河,疏浚运河;成祖时期又修筑了江南沿海的海塘,使沿海的农田免受海潮侵袭。经过七十多年的励精图治,至宣德、正统年间,明代的人口数量、耕地面积、水利设施、手工业规模、城市与商业活动均取得了迅速的恢复和发展,呈现一派盛世景象,"洪、永、熙、宣之际,百姓充实,府藏衍溢。盖是时,劝农务垦辟,土无莱芜,人敦本业,又开屯田、中盐以给边军,饷饷不仰借于县官,故上下交足,

---

① 曹树基:《对明代初年田土数的新认识——兼论明初边卫所辖的民籍人口》,《历史研究》1996 年第 1 期。

军民胥裕"①。在经济繁荣的基础上，永乐年间还发生了一系列重要历史事件，包括郑和远航、北京城的营建、南北大运河的疏通，这都是明朝经济实力强大的体现。

随着社会经济秩序恢复，商品经济的萌芽也广泛出现在明代经济生活的方方面面。明代早期农业生产力水平的提高主要依靠耕地面积的增长，而到了明中叶以后，随着农业生产技术的提高，良种、高产作物的推广，以及水利设施和管理经验的改善，劳动生产率水平迅速提升，出现了"剩余"产品，为农产品的商业化奠定了基础。另外，随着农业生产力的提高，更多的耕地可以被拿出来从事其他用途。以棉花种植为例，至嘉靖、万历年间，棉花种植已经遍布大江南北，并在全国各地形成区域产棉中心，为手工业发展提供了丰富的原料。农业生产力的提高，也让更多劳动力从农业人口中分离出来，转而从事工商业，而商业带来的超额利润，又反过来刺激商品经济的规模进一步扩大，以至于到了明代末年，"去农而改业为工商"②成为让士大夫阶层忧心忡忡的新趋势。

从明代中叶开始，手工业在社会经济中所占比重越来越大，纺织、陶瓷、冶矿、造纸、印刷、木材、酿酒、制盐等行业都取得了新发展。江南地区的丝织业重新焕发了生机，各种新式织机的出现标志着生产力水平的提高；雇佣工人的出现，预示着资本主义生产方式的萌芽。制瓷业中心景德镇，"万杵之声殷地，火光烛天，夜

---

① 李洵校注：《明史食货志校注》，中华书局，1982年，第1页。
② 何良俊撰，李剑雄校点：《四友斋丛说》卷十三，载上海古籍出版社编《明代笔记小说大观》，上海古籍出版社，2005年，第964页。

令人不能寐。戏目之曰：'四时雷电镇'"①。随着棉花种植的推广，棉纺织业迅速崛起，在嘉靖、万历年间超越传统丝麻业，成为中国人服饰制作的主要材料，"凡棉布寸土皆有"，"织机十室必有"②，江南松江地区得到"衣被天下"的美誉。

受农业和手工业迅速发展的刺激，明朝中期以后，商品流通的规模和速率不断加快，粮食、棉布、茶等农产品及瓷器等手工业产品，随着商人的马队行销全国，顺着海上丝绸之路远销世界，商业活动空前繁荣，全国和区域性的市场逐渐形成。"燕、赵、秦、晋、齐、梁、江淮之货，日夜商贩而南；蛮海、闽广、豫章、南楚、瓯越、新安之货，日夜商贩而北。"③ 商贩过处，城市如雨后春笋般出现，据学者统计，明前期包括南北两京在内的城市有33个，至明后期这个数字已经增加到56个，且分布遍及大江南北。④ 城市人口的增长，促进了市民阶层的形成。

从明代经济演变的过程来看，早期明政府推行的系列政策，如重农抑商、户籍制度等，客观上起到了恢复农业生产、维持民生的作用。然而，商品经济的内生动力是惊人的，随着农业生产率水平的不断提高，越来越多的农产品被生产出来，并进入流通市场，商品种类大增，商业门类越来越多样；随着城镇的兴起和手工业的进一步发展，土地对人们的束缚作用越来越弱，资本主义萌芽出现，商业资本迅速累积。置之整个古代社会，明代后期的商品经济都属

---

① 王世懋：《二委西谭》，载熊寥、熊微编注《中国陶瓷古籍集成》，上海文化出版社，2006年，第218页。
② 宋应星：《天工开物》，四川美术出版社，2018年，第51页。
③ 李鼎：《李长卿集》卷十九，万历四十年刻本。
④ 吴慧主编：《中国商业通史》第三卷，中国财政经济出版社，2005年，第614页。

于特别繁荣的时期。对于藏书事业来说，一方面，良好的经济基础、丰富的物质财富是开展藏书活动的必备条件，社会总财富的增长，给藏书事业发展提供了契机；另一方面，市民阶层的兴起和商品经济的辐射力，也给明代中叶以后的思想领域带来了巨大的冲击，通俗文学的兴起与流行，就是其在图书出版与藏书事业方面最突出的表现。

第二节　文化、学术与藏书事业

政治和经济环境，是藏书事业发展的制度与物质基础，而时代的文化、学术则直接决定了藏书思想的走向。前文已提及，明清是中国古代社会的总结期，其在学术与思想上最突出的特征就是各学科理论的成熟与总结，藏书思想也不例外。下面我们将从文化事业发展的总体特征，以及明代学术思潮变迁的角度，梳理明代文化、学术对藏书事业的影响。

一、明代文化发展与藏书事业

朱元璋建立明朝后，通过尊崇礼制，恢复汉族衣冠、习俗等措施，来争取最广泛的民族认同，从法理上维护明代统治的正义性。首先就是对教育事业的重视与投入，在元末农民起义期间，朱元璋便重视延揽人才，甫登帝位，就在南京兴办国子监，为国家蓄才。在地方上则建立府学、州学、县学、社学四级学校体系。同时，恢复科举取士，规定四书五经为科举考试的命题范围，采取一系列鼓励读书的措施。在政策导向的作用下，在元朝地位低下的读书人，重新赢得了社会尊重，一时之间，读书之风大兴，"家有弦诵之声，人有青云之志"[1]。一个鼓励读书的时代，必然也是藏书事业的"黄金时期"。

在明初诸帝的大力倡导下，明代的文教事业非常发达，突出的表现就是《永乐大典》的编纂。《永乐大典》是我国历史上规模最大的一部类书。永乐元年（1403），朱棣下令侍读学士解缙主持编纂一部大型类书。永乐帝认为，"天下古今事物，散载诸书，篇帙浩穰，不易检阅，朕欲悉采各书所载事物，类聚之而统之以韵，庶几考索之便，如探囊取物耳"[2]。解缙领命后，汇集学者一百余人，历时仅一年有余便编成进献，永乐帝阅后赐名《文献大成》。但皇帝检阅后，发现编成之书并不符合心中预期，便又命姚广孝、解缙等人共同担任总裁，召集了全国各地的学者、官员三千多人，历时四年多重修，最终于永乐五年（1407）十一月成书。全书共22937卷（包括目录、凡例60卷），分装11095册，汇集历代文献八千余种，是中国历史上前无古人、后无来者的规模最大的典籍。[3]

除了编纂大型图书，太祖和成祖年间，还多次向天下学宫颁布经书，希望通过指定"教材"的形式，将国家意志贯穿于文教事业

---

[1] 田汝成著，陈志明校：《西湖游览志余》卷二十二，东方出版社，2012年，第413页。
[2] 宋原放主编，宋原放、王有朋辑注：《中国出版史料（第一卷）·古代部分》，湖北教育出版社，2004年，第249页。
[3] 毅利主编：《国学常识大百科》，江苏凤凰科学技术出版社，2019年，第155页。

之中。太祖年间，应赵俶之请，"颁正定《十三经》于天下，屏《战国策》及阴阳谶卜诸书，勿列学宫"①。永乐初年，命学士胡广、杨荣等人编纂《五经大全》《四书大全》《性理大全》，并付版梓行。上述三书，尽依朱子之说，是对程朱理学的一次全面整理和总结。

对于颁行上述三书的意义，成祖的认知非常清晰："使天下之人，获睹经书之全，探见圣贤之蕴。由是穷理以明道，立诚以达本，修之于身，行之于家，用之于国，而达之天下。使家不异政，国不殊俗，大回淳古之风。以绍先王之统，以成熙庸之治，将必有赖于斯正。"② 概言之，程朱理学是明王朝钦定的官方意志，是统治的正统思想，这三部书就是"正统思想"的集中反映，天下读书人均应以此为准绳，借此达到统一思想的目的。

应该说，不管统治者的真实"目的"如何，在尊儒崇道、稽古右文的舆论导向下，明代的文化事业呈现了繁荣发展的局面。除官学体系外，明代书院数量众多、影响巨大，在明末政坛上形成了一股特殊的力量。此外，明代的哲学、史学、文学艺术、科学技术都十分发达，涌现了大量杰出人才。文化的繁荣，直接刺激了图书的生产与流通。学者从事学术、文化活动，需要有大量典籍提供支持；而活跃的学术活动，又生产出大量新的典籍。明代的大部分藏书家都出身书香世家或官僚阶层，由此可见文化繁荣与藏书事业兴盛之间的正向关系。

---

① 张廷玉等：《明史》卷一三七，中华书局，1974年，第3955页。
② 转引自郭银仔《明代文化专制三议》，《文史知识》2003年第12期。

二、明代的学术与藏书事业

前面已经提到,程朱理学是明代官方"盖章认定"的正统学说。宋明理学的诞生,完成了儒家哲学系统化的历史重任,产生了积极的社会影响。但是,随着朱子及其学说被奉上神坛,程朱理学不可避免地走向了僵化。明代中期以后,在商品经济高度发展与资本主义萌芽的双重刺激下,社会生活的方方面面都发生了巨变,迫切地需要一种新思想、新学术来解答人们在现实生活中遇到的问题,一场带有思想启蒙意义的学术变革就此拉开了序幕。

(一)心学取代程朱理学成为社会主流思想

在学术思想方面,明代仍然是理学的时代。程朱理学在南宋末期已取得统治地位,元代沿袭南宋制度,以朱子之书取士。明朝建国后,太祖多次下诏,一宗朱氏之学。在统治者的强势干预下,明初学术由"程朱"一统天下,学术创新被压制,学术思想日益走向僵化。如黄宗羲所述:"有明学术,从前习熟先儒之成说,未尝反身理会,推见至隐。所谓'此亦一述朱,彼亦一述朱'耳。"[1] 明初学者以"述朱"为荣,对经典的解释"一本程朱",不敢越雷池一步。朱子学说的根本精神是"即物穷理"[2],主张广泛地考察、博览群书。但当"述朱"成风,学者们一方面皓首穷经,另一方面因不敢对朱子成说提出质疑,便养成了恭顺附和的习性,缺乏创新的动

---

[1] 黄宗羲:《黄宗羲全集》第十三册,浙江古籍出版社,2012年,第185页。
[2] 清华大学国学研究院主编,谢伟铭选编:《吴其昌文存》,江苏人民出版社,2016年,第236页。

力与独立的人格。更有甚者，朱子学说成为科举考试唯一标准答案后，学人的精神追求消解了，取而代之的是对功名利禄的疯狂追逐。

与此同时，经过仁宣盛世后的明朝，国运无可避免地走向衰落，国内矛盾重重，土地兼并加剧。学者中的有识之士，忧心国运不济，将现实的种种问题归结为"人心不正"。于是，一种试图抛弃朱学之弊、另寻新义的涌动，在学界酝酿着。在这场思想变革中，导夫先路的就是岭南布衣陈献章，他提倡的"自得"之学，开创了明代中期的新学风，为阳明心学的兴起奠定了基础。

到弘治、正德年间，"天下之士厌常喜新，风气之变已有所自来"，人心思变，于是，以"正心"挽回衰世的王守仁心学应运而起，"文成以绝世之资，倡其新说，鼓动海内"。[1] 自王守仁树起"心学"旗帜后，明代学术主流发生了朱学让位于王学的大转变。而阳明其人，堪称"一代伟人"，既有卓越的学术成就，又有救世安民之功，比他略晚的明代著名学者王士禛评价他："王文成公为明第一流人物，立德、立功、立言，皆居绝顶。"[2]

王守仁的学说被称为"心学"，因为他把"心"（即人的意识）作为第一性的、本原的东西，这与朱熹理学以"天理"为最高范畴的哲学逻辑大为不同。王守仁说："杀人须就咽喉上着刀，吾人为学当从心髓入微处用力。"[3] 又说："心外无物，心外无言，心外无理，心外无义，心外无善。"[4] 其本质是一种无限夸大意识作用的主

---

[1] 顾炎武著，黄汝成集释，栾保群、吕宗力校点：《日知录集释》，上海古籍出版社，2014年，第419页。
[2] 赵柏田：《王阳明：让良知自由》，浙江文艺出版社，2020年，第196页。
[3] 王阳明著，陈恕编校：《王阳明全集：语录·文录》，中国书店，2014年，第131页。
[4] 黄宗羲：《黄宗羲全集》第十三册，浙江古籍出版社，2012年，第192页。

观唯心主义。概言之，王守仁心学的主旨是"心即理"说和"致良知"说，实行路径是"知行合一"。"知行合一"作为阳明心学的核心概念，也是其学说中最具价值的部分。

心学强调人的主观能动性，鼓励士大夫求真知、积极参加实践，充分调动了读书人的主观能动性，天下学风为之一变。但是，任何学说一旦成为"显学"，从者众多，难免就会出现理论僵化，失去不断改进、继续生长的动力。到了明代末年，心学末流空谈心性，束书不观，造成了空疏虚妄的学术风气，士大夫"不习六艺之文，不考百王之典，不综当代之务，举夫子论学论政之大端一切不问……以明心见性之空言，代修己治人之实学"①。针对这种不良风气，一种倡导务实求证的学风悄然兴起。他们主张治学"总皆有资实用"，为文要"有所益于世"，②强调"学问之道，贵在实行"③。这股学术风潮就是明末实学。

（二）明代的实学思潮

明末实学的兴起，除了是因对理学的反思与批评，西学输入同样是非常重要的因素。人们通常观念中的"西学东渐"主要发生在清代中晚期，事实上，明清之际，以西方传教士活动为标志，西方科学技术知识也一并传入中国，并形成了一次西学输入的浪潮。明末以后，西方传教士纷纷踏入中国，以意大利人利玛窦为代表的耶稣会士标榜"学术传教"，以降低在中国传教的阻力，客观上起到

---

① 顾炎武著，黄汝成集释，栾保群、吕宗力校点：《日知录集释》，上海古籍出版社，2014年，第158页。
② 焦竑：《焦氏澹园续集》，中华书局，1963年，第89页。
③ 朱舜水：《答安东守约杂问》，载许啸天整理《清初五大师集（卷四）·朱舜水集》，知识产权出版社，2012年，第76页。

了传播科学技术知识的作用。西学的传入，拓展了当时中国人的理论视野与思维空间，丰富了明清实学思潮的内容。

1605—1607年，明末实学代表人物徐光启和利玛窦一起，把古希腊学者欧几里得的作品《几何原本》前六卷翻译完毕并成功出版，之后，两人还合作完成了一系列西学著作，在当时产生了很大的影响。除了翻译书籍，徐光启本人在天文历法、数学、农学、军事等各个方面都取得了突出的成就。

天文历法方面，徐光启主持完成了《崇祯历书》的编译；数学方面，他论述了明代中国数学落后于世界的原因，讨论了数学的应用领域，翻译出版了《几何原本》。而他在农学方面的贡献尤为突出，集中体现在《农政全书》中。《农政全书》是由徐光启的弟子在1639年最终编定的，其中徐光启个人写作的部分约有六万字，占全书十分之一，其余篇幅则是对历代农家著作的征引。该书与西汉《氾胜之书》、南朝《齐民要术》、元代《农书》一起并称中国古代"四大农书"。

在西学东渐的刺激下，晚明的自然科学呈现了空前活跃的局面，涌现出如李时珍、徐光启、徐霞客、宋应星、李之藻、方以智等一群科技明星。他们编著、编译的《本草纲目》《河防一览》《农政全书》《几何原本》《泰西水法》《崇祯历书》《徐霞客游记》《天工开物》《同文算指》《泰西奇器图说》《物理小识》等科学名著，在中国科技史上闪耀着夺目的异彩。这股科技实学浪潮，一方面反映了明中叶以后商品货币经济的发展对科学技术提出的迫切要求，另一方面也表达了进步知识分子以科学技术谋求富国强兵的强烈愿望。

(三)明末思想解放浪潮

明代中后期,在商品经济刺激下,社会风尚发生了剧烈变革,在这一过程中,不论是程朱理学还是阳明心学,似乎都已经不能完全适应社会发展,一种与资本主义萌芽相适应,带有早期启蒙思想色彩的社会思潮悄然兴起。其代表人物就是有"异端之尤"之称的李贽。

从思想派别来说,李贽属于明代心学支裔,但是与一般心学家不同,他以一种"离经叛道""放荡不羁"的形象出现在世人面前,给传统文化带来了极大的冲击。在思想观念方面,李贽激烈地批判重农抑商的传统,倡导功利主义价值观,这与明末资本主义萌芽的社会现实不谋而合。事实上,至明代末期,中国传统的小农经济占主导地位、高度集权的统治模式已经腐朽不堪、千疮百孔。随着商品经济的兴起,对新治理模式的内在需求在不断滋生。明中叶兴起的心学将人们从程朱理学的桎梏中解救出来,到了明代末年,空谈心性、不务实学的心学又成了新的抨击对象。李贽虽然属于心学中的泰州学派,但其思想已经展现出早期启蒙思想的色彩。

明清之交,一批有识之士沉痛地思索、总结明朝灭亡的原因,他们激烈批判前朝弊病,并产生了一些新的思想、学说,王夫之、顾炎武、黄宗羲就是其中的杰出代表。从学术发展的角度来看,其实是明末思想解放运动在清初的延续。

最后,让我们回到明朝的学术文化场域,总结其对当时人们的生活与藏书事业的影响。

第一,不论学术风气如何转变,程朱理学都是明代官方认定的正统学说。学者即使有不同的学术主张,也必须以四书五经、朱子学说为起点。换句话说，即使每个藏书家收藏旨趣不同，但只要是读书之家，理学书籍都属于基本收藏。

第二，随着科举考试制度的僵化，特别是"八股文"的最终定型，读书人的价值观念发生了深刻的变化，读书科考被认定为一种谋生手段，而非理想信念，这直接导致了士大夫阶层人格的退化。

第三，明代商业和商人的地位有所提高，社会影响力亦有所扩大。随着商品经济的繁荣，城市兴起，体现市民阶层审美情趣的通俗文学大行其道，代表作品如《金瓶梅》、"三言二拍"等。与之相适应，通俗文学的生产规模与市场流通渠道不断扩大，并受到了市民阶层的热烈追捧，小说、戏曲等文学艺术门类都出现了大量经典之作。通俗文学地位上升，受到了藏书家的关注。

第四，在政治高压和商品经济的双重刺激下，奢华的生活方式成为上层文人竞相追逐的新时尚。藏书作为一种"风雅"的爱好，成为人们标榜身价的首选，藏书家的范围不断扩大，竞相追逐珍本秘籍的风尚也随之形成。

第三节　出版活动与藏书事业

图书出版是与藏书事业关系最为密切的行业，以书籍流通的过程观之，出版—收藏—阅读，构成了一个互为因果、互相促进的闭环系统。出版可以说是藏书的"上游"，一个时代出版事业的繁荣，与藏书事业的兴盛往往是正相关的。明代是一个图书出版与流通都十分发达的时代，这对包括藏书事业在内的社会文化发展都产生了巨大的促进作用。这里我们仅从藏书事业发展的角度作一概述。

一、发达的出版事业

明代实行重视文教的政策，特别是重启科举考试，极大地激发了民众的读书热情，受此影响，社会对书籍的需求大增，图书出版与流通事业随之发展起来，官、私刻书系统在明代都有辉煌的成就。

明代官刻系统的刻书机构包括中央的南北国子监、司礼监经厂、各部、钦天监等。据周弘祖《古今书刻》记载，万历以前明代内府刻书有 83 种，中央官署礼部、工部、都察院、南北国子监、钦天监、太医院均有刊刻。其中，南监刻经部书 50 种，史部书 48 种，集部书 37 种，杂书 91 种；北监刻书 41 种。地方刻书机构主要是省、府、州、县的官学或者地方行政机构，根据《古今书刻》所载，明代有刻书活动的地方机构遍及全国，计有南北直隶、浙江、江西、福建、湖广、河南、山东、陕西、四川、广东、云南、贵州等。①

私刻可分为家刻和坊刻两大系统，较之官刻，明代的私刻更加繁荣，刻书数量众多，种类丰富。

明代的家刻首推藩府刻书。明朝的藩王是一个比较特殊的群体，他们享受国家奉养，但不能过多介入政治活动。因此，许多藩王只能以读书、著述自娱，这使得明代藩府藏书成为一种特殊的文化现象。据学者统计，明代有记载的藩府刻书就有326种，几乎所有有藏书活动记载的藩王，同时也是刻书家。②

明代民间家刻风气同样浓厚，中国古代读书人向来有"三不朽"的情结，凡有著述，无不希望能够流传百世，即使力有不逮，不能著述，他们也愿意以刊布珍本秘籍的形式，让自己的名字与图书一起流芳千古。特别是明代中期以后，官场倾轧严重，官员中的不少著名学者为避祸计，纷纷致仕还乡，从此潜心藏书、著述，这为家刻的繁荣创造了条件。据时人所云，当时刻书之风极盛，而刻印技术的提高、刻印成本的下降，也为家刻的盛行提供了便利。对此，叶德辉在《书林清话》中云：

> 前明书皆可私刻，刻工极廉。闻前辈何东海云，刻一部古注《十三经》，费仅百余金。故刻稿者纷纷矣。尝闻王遵岩、唐荆川两先生相

---

① 周弘祖：《古今书刻》，载高儒等《百川书志　古今书刻》，古典文学出版社，1957年，第323—392页。
② 曹之：《中国古籍版本学》（第2版），武汉大学出版社，2007年，第263页。

谓曰：数十年读书人，能中一榜，必有一部刻稿；屠沽小儿，身衣饱暖，殁时必有一篇墓志。①

由于藩刻和家刻大多是与藩王、藏书家的藏书活动联系在一起的，因此对于藏书家来说，刊刻也可以看作藏书流通的一种手段，在后边的章节中我们还会专门论述这个问题，在此暂不赘述。

私刻还有一个更大的类别，被称为"坊刻"，也就是商业性的刻书活动。家刻虽然质量精良，但数量与坊刻相比远远不及，因此，坊刻书籍也是藏书家进行藏书搜集的主要渠道之一。

书坊，又称"书林"。明代书坊刻书，分布之广、数量之多，均属空前，在全国各地都形成了区域刻书中心。其中尤其著名的刻书机构集中在金陵（南京）、苏州、常州、福建、杭州、徽州、湖州、北京一带。明代学者胡应麟在《经籍会通》卷四中说："余所见当今刻本，苏、常为上，金陵次之，杭又次之。近湖刻、歙刻骤精，遂与苏、常争价。"②苏锡常一带，是江南刻书业的中心，自宋朝南渡起便以书业闻名天下。据缪咏禾考证，明代苏州的书坊有67家，著名的如世代相传的扫叶山房。③南京的书坊有记载的就有上百家，以富春堂、万卷楼等为代表。④福建的坊刻集中在建阳地区，最有名的是麻沙、崇化两镇，"比屋皆鬻书籍，天下客商贩者如织，

---

① 叶德辉：《书林清话》，上海古籍出版社，2012年，第153页。
② 胡应麟等著，王岚、陈晓兰点校：《经籍会通 外四种》，北京燕山出版社，2008年，第51页。
③ 缪咏禾：《明代出版史稿》，江苏人民出版社，2000年，第77页。
④ 缪咏禾：《明代出版史稿》，江苏人民出版社，2000年，第73页。

每月以一、六日集"①。

坊刻不同于官刻、家刻，其本质是一种商业行为，书坊主人通过刻印书籍得利，因此，刻印的对象一般是那些流通量大、受众面广的书籍。《剑桥插图中国史》这样评价明代的坊刻："越来越多的书被印出来服务于社会底层。插图丰富的家庭用书包罗万象，从多用桌的制作及丧礼规则到买牛契约中的注意事项，应有尽有。大众宗教礼仪书中有功过格，通过它人们可以积累善行、反对恶行并决定自己的选择。"② 可见，坊刻的目标群体是普通百姓。在古代社会，流通量最大的有三类书：一类是通俗文学，一类是科举考试用书，最后一类就是实用书籍，如医学、历法、农技书等。坊刻便是以这三类书为刊刻重点与特色的。由于明代坊刻的发达，坊刻的特点也就成了明代刻书的主要特征之一。

从文学史的角度来看，明清是通俗文学的时代，而坊刻在其中起到了重要的推动作用。明代的通俗文学以白话小说、戏曲为代表，从文体起源的视角来看，通俗小说源自宋元话本，也就是说书人的伎艺。明传奇则源自宋元南戏，经过文人雅化后风靡全国。通俗文学在明代的异军突起，依托于明代商业发达后形成的城市经济圈，以及大量市民阶层的出现。这部分人群脱离了土地的束缚，生活较为富足、自由，有一定文化消费能力，但总体文化程度不高。通俗文学鲜活、充满生机，贴近生活，恰好因应了这一新兴阶层的审美情趣。而在通俗文学从作者笔下到读者手中的过程中，书坊充

---

① 《嘉靖建阳县志》卷三，载《天一阁藏明代方志选刊》，上海古籍出版社，1982年，第6页。
② 伊佩霞著，赵世瑜、赵世玲、张宏艳译：《剑桥插图中国史》，山东画报出版社，2001年，第149页。

当了最重要的桥梁。

大部分流传至今的明代通俗文学作品，其刻印者都是坊间书商。也就是说，通俗文学是坊刻的主要经营品种，建阳、南京的许多书坊都以出版通俗文学作品著称。史料记载下来的就有富春堂、继志斋、万卷楼、环翠堂、师俭堂、世德堂、文林阁、广庆堂、大业堂、天许斋、书种堂、衍庆堂、墨憨斋、容与堂等。其中不少书坊，还因为刻印某一类俗文学作品形成了"品牌"效应，如世德堂刊刻的《西游记》，是今存最早的《西游记》刊本；杭州武林容与堂则专刻李贽的文学批评作品，如《李卓吾先生批评忠义水浒传》《李卓吾先生批评幽闺记》《李卓吾先生批评红拂记》《李卓吾先生批评玉合记》《李卓吾先生批评琵琶记》《李卓吾先生批评西厢记》《李卓吾先生批评金印记》等；富春堂刻印的戏曲、小说作品，总计有百余种之多。

为了增加销量和阅读趣味性，在刻印俗文学作品时，坊刻大量使用插画，使出版物的可读性和阅读美感大为增强。同时，对于部分"热销"的书籍，各家书坊为了牟利，不惜对故事情节和内容进行删节、修改，形成新的版本以吸引读者，这直接造就了后世俗文学作品复杂的版本面貌。比如流传至今的《三国志传》版本，大多为建阳书坊所刻，各种版本文字之间的出入有十万字以上；再如《西游记》的明代刻本，出现了简本、繁本等多个版本系统，各版本之间的关系混杂不清，至今仍让学者聚讼不休。①

明代坊刻书籍中插画的应用十分普遍，几乎达到了"无书不图"的程度。中国俗文学研究的开拓者之一郑振铎曾评价过明刻本

---

① 齐裕焜：《明代建阳坊刻通俗小说评析》，《福建师范大学学报》（哲学社会科学版）2006年第1期。

的插图:"没有好的插图的书籍在这时期好像是不大好推销出去似的。"① 于是,举凡印制书籍,书坊都会想尽一切办法在书中插图,一时之间,"绣像本""插图本"充斥着图书市场,而插图也成为书坊营销的"噱头"。据张秀民在《中国印刷史》中统计,明刻本中插图本有千种以上,图画超过万幅。② 郑振铎也说,万历时期的坊刻"无书不插图,无图不精工"③。虽然"无书不图",但戏曲和小说作品,是当之无愧的"插图之王"。1967 年,在上海嘉定宣昶墓中出土明初唱本及南戏 10 多种,并于 1972 年由上海书店转交上海文物管理委员会,据整理发现,每种均有插图,且每册的插图数量在 5—15 面,可见插图之风从明初便已现端倪。④ 万历之后,插图本进入鼎盛时期,戏曲、小说本身就有一定的情节,画面感强,受到了插画者的青睐,如《西厢记》这样知名度高的作品,就有十几种插图本同时行世。⑤ 除了数量巨大,明代插画的质量也很精美,许多著名画家,如仇英、李翠峰、陈洪绶(老莲)、杜堇、唐寅、丁云鹏、王文衡、顾正谊、汪耕、陆武清等,都曾参与坊刻插画的绘制。

  明代的坊刻推动了注释评点本的风行。我国自古就有注经的传统,而将注经的方式用于注解通俗文学作品则盛行于明代。书坊出于扩大销路的考虑,采用注释的方式对小说、戏曲作品进行加工,而带有注释的版本,对于普通民众也有更大的吸引力。比如著名的

---

① 郑振铎:《郑振铎全集》第十四卷,花山文艺出版社,1998 年,第 307 页。
② 张秀民:《中国印刷史》,上海人民出版社,1989 年,第 502 页。
③ 郑振铎:《郑振铎全集》第十四卷,花山文艺出版社,1998 年,第 306 页。
④ 李雪梅、于红、霍耀中等:《中国鼓词文学发展史》,上海人民出版社,2012 年,第 91—92 页。
⑤ 蒋星煜:《〈西厢记〉的文献学研究》,上海古籍出版社,1997 年,第 16—18 页。

建阳书坊坊主熊大木，在他刊刻的《大宋中兴通俗演义》《唐书志传》《全汉志传》《南北宋志传》等小说中，会在正文之间穿插注释，解释书中出现的人名、地名、官职、典故、词语、注音等。无独有偶，建阳书坊明德堂刊《详刑公案》、与耕堂刊《包龙图判百家公案》等，也都采用了音义注的方法来吸引读者。

注释始于经学传统，评点则起源于文学批评，在明代以前，这两种方式主要用于正统文学领域，如诗词、散文等。同样也是在明代，评点开始被广泛用于戏曲、小说，在这个过程中，书坊主人是最主要的推动力量。如三台馆主人余象斗在其刻印的《列国志传》识语中自陈："象斗校正重刻全像批断，以便海内君子一览。"[①] 署名李贽的《忠义水浒全书·发凡》亦云："书尚评点，以能通作者之意，开览者之心也。"[②] 明末点评成风，尤以李贽的评点本最受欢迎，于是坊间出现了大量署名"李贽"的评点本，实际上这些评点都是书坊主本人或者书坊主雇佣的底层文人所为。但是，这种趋势的出现，特别是文人广泛参与戏曲、小说评点，体现了思想解放浪潮在社会各阶层的涌动，而书坊则起到了扩大其影响力的作用。

以上我们从官刻、私刻两个方面介绍了明代的出版事业，可以看到，刻印数量巨大，刻书种类丰富，以及通俗读物的大量印行，是明代出版事业的主要特征。发达的出版业为藏书活动提供了取之不尽、用之不竭的源泉。但是，书籍从生产到读者之间需要一定的

[①] 转引自程国赋《明代小说读者与通俗小说刊刻之关系阐析》，《文艺研究》2007年第7期。

[②] 朱一玄编，朱天吉校：《明清小说资料选编》（上），南开大学出版社，2006年，第284页。

渠道，而这条渠道的活跃程度，直接决定了藏书事业的规模和活力。

二、便利的图书流通

刻书业在明代"遍地开花"，书籍流通业随之兴旺起来，除了各中心城市林立的书肆，江南地区还出现了"书船"等流动商贩。不少藏书家都与书商结成了长期合作关系，一旦收到好书，书商会第一时间"送货上门"，借助书商，藏书家藏书搜集的半径大为扩张。一般来说，书肆聚集之地都是文化较为发达的地区，明代的书籍流通业亦以两京、江南地区最为发达。胡应麟在《少室山房笔丛》中记载：

> 今海内书凡聚之地有四：燕市也，金陵也，阊阖也，临安也。闽、楚、滇、黔则余间得其梓。秦、晋、川、洛则余时友其人。旁谘阅历，大概非四方比矣。两都、吴、越，皆余足迹所历，其贾人世业者往往识其姓名。[1]

胡应麟亲眼所见的是万历年间北京书肆的情形，当时京城的书肆主要集中在大明门右、拱宸门之西区域，即今天的天安门一带。固定店铺之外，在特殊的时间节点还有流动书市：会试期间，在试场院前（今贡院东街、西街）允许书商摆摊；每年农历二月花朝节前后，有灯市口书市；每月初一、十五书商集中在城隍庙一带设

---

[1] 胡应麟等著，王岚、陈晓兰点校：《经籍会通 外四种》，北京燕山出版社，2008年，第48页。

市。这种繁荣局面一直持续到明末,传教士利玛窦曾记载:"数不胜数的书籍堆积于此,其售出的价格也低得惊人。"①

明代南京刻书的历史要早于北京,成祖迁都后,仍然保留了南京的全套官署,南国子监就是其中之一。相比北京,南京的衙署清闲无事,反而有更多精力投入到藏书、刻书活动中去。江浙一带的书肆大多有一个特点,就是前店(书肆)后坊(刻书坊)的形制,其中尤以南京、苏州两地最有代表性,这种形制是刻书与书籍流通业繁荣的标志。以下择要介绍江浙地区具有代表性的书坊。

南京较有影响的书肆有:胡正言十竹斋,以刻售《十竹斋笺谱》最负盛名;唐氏文林阁,以刻售元明戏曲著称,所刻《还魂记》《观音鱼篮记》《青袍记》《古城记》等均为十分稀见的版本;唐对溪富春堂,以刻售戏曲小说闻名,所售书采用"花栏"板框,印制精美;周履靖荆山书林,曾刻售《夷门广牍》丛书。

苏州自宋代以来便是江南地区的图书交易中心,据杜信孚、杜同书《全明分省分县刻书考》考证,明代苏州书坊有163家,著名者有:东吴书林、书业堂、酉酉堂、大观堂、文汇堂、嘉乐堂、阊门书肆等。②苏州本地书坊所刻售之书,以小说、戏曲、医学以及明人著述为主。较为著名的如金阊黄玉堂刻售的《唐宋八大家文钞》144卷,吴县衍庆堂刻售的"三言",金阊尚友堂刻售的"二拍"等。

杭州的书肆主要集中在镇海楼、涌金门一带,在乡试、花朝节

---

① 转引自伊佩霞著,赵世瑜、赵世玲、张宏艳译《剑桥插图中国史》,山东画报出版社,2001年,第149页。
② 张献忠:《从精英文化到大众传播:明代商业出版研究》,广西师范大学出版社,2015年,第124—125页。

等节日期间，贡院、天竺寺附近还设有流动书市。其中留下记载的书肆有二十余家，如清平山堂、古杭勤德书堂、朝天门翁文溪书肆、藏珠馆、读书坊、卧龙山房、白雪斋、武林书室、容与堂、胡文焕文会堂、钱塘汪慎修书舍等。① 杭州自宋代起便是江南刻书中心，刻印的书籍种类众多，质量精美，故而书肆所售者也琳琅满目，对后世影响巨大。

除了固定的"坐商"，明代还出现了游走四方、以贩书为业的"行商"。他们利用江南便利的水网，将收集来的图书载舟而去，游行于太湖之滨，给藏书家提供"上门服务"，类似于后世所称的"掠贩家"。此类书商聚书、卖书虽然出于营利的目的，但他们多年浸润其间，大多具有较高的版本鉴定能力。凭借这种能力，他们与当时的许多著名藏书家都有很深的交谊，常常受委托为其寻觅宋本元椠、珍本秘籍，对藏书史产生了非常重要的影响。

三、图书出版、流通事业对藏书活动的影响

第一，图书生产、流通是藏书的基础。历史上，藏书事业的兴盛从来都是与出版业、流通业的发达密不可分的，随着印刷技术的进步，书籍数量增多、价格降低，普通人也有了进行藏书活动的机会。早在北宋时期，就有学者观察到这种现象，苏轼在《李氏山房藏书记》中云："余犹及见老儒先生，自言其少时，欲求《史记》《汉书》而不可得，幸而得之，皆手自书。日夜诵读，惟恐不及。"及至当下，"近岁市人转相摹刻诸子百家之书，日传万纸，学者之

---

① 顾志兴：《浙江藏书史》，杭州出版社，2006年，第163—165页。

于书，多且易致如此"。① 到了明代，这种现象愈发普遍。以抄写为图书生产和流通的方式，效率低下，人们的阅读和收藏成本增高，读书人和藏书家的数量减少。反之，刻书事业发达，书籍被大量复制，价格降低，于是读书、藏书就成了"家传户诵"之事。

另外，书肆书坊为了在激烈的竞争中"存活"下来，必须绞尽脑汁地试验"新花样"，刺激人们的购买欲望，而遍布市集的书肆为人们购买图书提供了便利。书业的繁荣同样折射在藏书事业上，在上述因素共同作用下，人们读书、藏书的热情空前高涨。明人甄伟在《西汉通俗演义·序》中说："书成，识者争相传录，不便观览……"② 一旦书坊将其印制出来，则形成了"无翼飞，不胫走"③的传播效果。反面例证亦从另一个侧面说明了出版业对藏书活动的巨大推动，《金瓶梅》在明代已被认为是"道德败坏"的禁书，但屡禁不止，流传甚广，以至于沈德符痛心疾首地说："此等书必遂有人板行，但一出则家传户到，坏人心术……"④ 无独有偶，李贽的著作也属于禁书，但"士大夫多喜其书，往往收藏"⑤，乃至"全不读《四书》本经，而李氏《藏书》《焚书》，人挟一册，以为奇货"⑥。可见，为了谋求超额利润，书坊主是不惮于触犯禁制的。从

---

① 苏轼著，李之亮笺注：《苏轼文集编年笺注（诗词附）二》，巴蜀书社，2011年，第134页。
② 朱一玄编，朱天吉校：《明清小说资料选编》（上），南开大学出版社，2006年，第13页。
③ 凌濛初：《初刻拍案惊奇》，上海古籍出版社，1982年，序第1页。
④ 沈德符撰，杨万里校点：《万历野获编》卷二十五，上海古籍出版社，2012年，第549页。
⑤ 厦门大学历史系编：《李贽研究参考资料》第一辑，福建人民出版社，1975年，第84页。
⑥ 胡义成选评：《明小品三百篇》，西北大学出版社，1992年，第191页。

另一个角度理解，假如没有刻书业的兴旺发达，这些书籍大约就会湮灭于历史长河之中，更遑论通过人们的收藏传之于后世了。

第二，通俗文学大量印行，在潜移默化间影响了藏书家的收藏与审美旨趣。明代通俗文学的兴盛离不开文人的参与，而通过书坊的刊刻贩卖，通俗文学的影响力又得以成倍地扩散开来，并直接影响了藏书家的择书标准。明代出现了大量以戏曲、小说收藏见长的大藏书家，这与当时此类书籍生产、流通方式的便利是直接相关的。反过来，通俗文学的收藏活动对图书刊刻同样有促进作用，藏书家将辛苦搜集来的零散秘本汇为一编，编成成套的丛书出版，这既保存了文献，又扩大了此类作品的影响力。绿天馆主人《古今小说·叙》云："茂苑野史氏，家藏古今通俗小说甚富。因贾人之请，抽其可以嘉惠里耳者，凡四十种，畀为一刻。"[①] 可见这种互动的广泛存在。

第三，明代出版业的一些创举，最终演化成为那个时代藏书家的"收藏特征"。比如前述插图本的盛行，天启五年（1625）杭州刻《牡丹亭还魂记·凡例》云："戏曲无图，便滞不行，顾不惮模仿，以资玩赏。所谓未能免俗，聊复尔尔。"[②] 书坊主刻出来的、书肆中贩卖的，举目所及都是插图本，而且从印制质量来看，插图本显然要比普通纯文字版"颜值高"，因而受到藏书家的青睐也是题中应有之义。再如明代中后期盛极一时的评点本，当评点成为一种社会风尚后，藏书家也不能"免俗"。首先在收藏过程中他们便会

---

① 绿天馆主人：《古今小说·叙》，载冯梦龙纂辑《古今小说》，上海古籍出版社，1987年，第9—10页。
② 转引自聂付生《论晚明插图本的文本价值及其传播机制》，《南京师大学报》（社会科学版）2005年第3期。

对评点本高看一等,在整理、阅读藏书的过程中,也不免受时风影响,随手对藏书进行一些批注、评点,这客观上促进了藏书整理经验的总结。

第二章

明代的藏书事业

第一节 明代藏书发展概况

总的来说,在经历了元代藏书事业的衰落后,明代社会经济的发展、文教事业的恢复、图书出版事业的发达,为藏书事业提供了丰沃的土壤。于是,明代藏书很快便从元末明初的凋敝中恢复过来,并很快达到了中国藏书史上的一个高峰。按照人们对明代史的一般划分,洪武至正统为明初,成化至隆庆为明中叶,万历至崇祯为明末;藏书事业的发展与之基本对应,明初开始起步,明中叶发展至极盛,万历以后则盛极而衰。当然,相比明代的国运,藏书事业有一定的滞后性,即与社会经济的上行或下行趋势相比,藏书事业的繁盛期或衰退期都会相应地延后,但是二者之间还是体现出明显的正向关系。下面我们就按照时序概要介绍明代藏书事业的发展阶段。

一、起步期(洪武、永乐、宣德、正统年间)

明初实行一系列恢复社会经济的政策,为藏书事业奠定了物质基础。朱元璋确立"重教兴学"的文教政策,则为藏书提供了良好的社会氛围。明初诸帝大多能够坚持"祖宗成法",这为藏书事业的持续发展创造了条件。

官府藏书方面,尚在明朝正式建立之前,朱元璋便非常重视搜罗四方图籍,定都南京后,更是仿历代旧制,下诏访求遗书。成祖迁都北京后,命人将南京宫廷藏书择其精华运送至北京。之后的明初诸帝,尚能念先人创业不易,比较勤于学习、励精图治,故对官府藏书事业的重视程度也比较高。经过几代帝王的经营,明初官府藏书很快便颇具规模,不仅将宋、辽、金、元的内府秘藏收入囊中,还通过图书征集将民间遗书、珍本搜罗殆尽。中央和地方官府机构的藏书也得到了较快发展。

学校藏书方面,"治国以教化为先,教化以学校为本"[①]是朱元璋确定的基本治国方略。在政策引导下,明初的官学空前普及,"盖无地而不设之学,无人而不纳之教。庠声序音,重规叠矩,无间于下邑荒徼,山陬海涯。此明代学校之盛,唐、宋以来所不及

---

① 张廷玉等:《明史》卷六十九,中华书局,1974 年,第 1686 页。

也"①。很快便建立起中央—府—州—县的多级官学体系,学校教育空前普及。私学系统方面,由于明初的统治者并不希望思想领域出现过多的"声音",对书院的发展比较防范,因此明初书院发展得比较缓慢,仅维持了元末之旧观。教育事业的繁荣,为藏书发展创造了有利条件。

此外,明王朝从立国之初,便规定程朱理学为官方权威思想,要求天下士子"非五经孔孟之书不读,非濂洛关闽之学不讲"②。以朱子注解的儒家经典为标准读物,其他先秦诸子的学说则在被禁止之列,"一以孔子所定经书为教,慎勿杂苏秦、张仪纵横之言"③。至永乐年间,成祖命胡广、杨荣等人编《五经大全》《四书大全》等书,并将其指定为国子监和各类学校的教材。学校藏书与其他类型藏书不同,并不以保存文献为主要目的,而是为教学及学生参与科举考试服务。在明初重视文教、学校事业发达的背景下,学校藏书也随之发展起来,但其收藏种类并不丰富,以儒家经典为主。

明初私人藏书家,大多是由元入明的藏书世家,多出身于官僚、世族阶层,而且集中在江浙、福建一带。比较著名的有宋濂、杨士奇、叶盛、余钰、倪可与、凌云翰、杨荣、丘濬、陆容等。藩府藏书作为私人藏书的一个分支,此时亦初露峥嵘,如第一代周王朱橚,酷嗜古书,所藏多手抄秘本;蜀王朱椿,"博综典籍,容止都雅"④;宁王朱权,博学好古,著述甚富。由于藩王藏书最初都来自皇帝御赐,且藩王都有较好的经济条件,故其藏书质量较精,多

---

① 张廷玉等:《明史》卷六十九,中华书局,1974年,第1686页。
② 陈鼎:《东林列传》卷二,江苏广陵古籍刻印社,1983年,第14页。
③ 张廷玉等:《明史》卷一三七,中华书局,1974年,第3955页。
④ 张廷玉等:《明史》卷一一七,中华书局,1974年,第3579页。

宋元善本，开有明一代风气。

寺观藏书方面，明初便开始的大规模的佛藏、道藏刊印活动，为寺观藏书的发展奠定了基础。

二、繁荣期（成化、弘治、正德、嘉靖、隆庆年间）

成化以后，经过明初诸帝的励精图治，大明王朝的国力臻于巅峰，社会财富比较富足，民众生活得到基本保障，还出现了商品经济繁荣发展的局面。政治、文化方面，经过明初的高压统治，皇权得到空前巩固，文化专制的禁锢也稍有松动。在这样的社会背景下，文教事业受到重视，有条件读书的人越来越多，市民阶层兴起后，文化消费需求也日益旺盛，这些因素给书业发展带来一个"黄金时代"。正德以后的诸帝，长成于深宫之内，不谙民间疾苦，不恤先祖创业艰辛，重用宦官，追求享乐，不理朝政，使明代吏治迅速走向败坏，朝堂之上，党争不休。国家藏书事业受其影响，不复明初旧观，但在私人藏书方面，朝堂之争中失败的致仕官宦，经济实力雄厚，退居乡里后以著述、藏书自娱，客观上促进了全国各地藏书事业的发展。以上这些因素，共同促成了明中叶藏书事业的繁荣。

宫廷藏书方面，正德以后，诸帝或沉迷玩乐，或一味求仙问道，对充实宫廷藏书并无太大兴趣，致使国家藏书由盛而衰。万历年间编成的《内阁藏书目》显示，与明初相比，宫廷藏书散失严重。这一方面是因为疏于管理，保存不善，甚至出现了监守自盗的现象；另一方面，由于帝王对国家藏书事业的漠视，明初完备的图书征集政策名存实亡，宫廷藏书无法得到有效补充。

书院藏书则与宫廷藏书相反,经过明初一味"述朱"的沉闷后,明代社会迫切呼唤新思想的诞生。阳明心学应运而生,正如清初著名学者顾炎武总结的那样:"盖自弘治、正德之际,天下之士厌常喜新,风气之变已有所自来,而文成以绝世之资,倡其新说,鼓动海内。嘉靖以后,从王氏而诋朱子者,始接踵于人间。"[①] 王阳明(文成)早年修习程朱理学,虽然少年成名,思想上的困惑却长期无法消解。而他跌宕起伏的人生经历、文治武功臻于极致的杰出成就,为他创立新说并产生巨大影响创造了条件。嘉靖以后,心学逐渐成为思想界的主流,虽然程朱理学仍然是官方认可的正统学说,但王门弟子遍及天下,心学思想广泛传播。王阳明之后,心学分裂成不同的派别,每个派别都在当时的知识阶层产生了巨大影响,各学派为了扩大影响,纷纷通过著述、讲学传播学派观点,竞逐青年知识分子的支持,从而直接促使书院进入发展的鼎盛期。全国各地的书院如雨后春笋般不断涌现,而藏书楼作为书院的基础设施,也随之遍布全国,"尊经楼""万卷楼"比比皆是。心学发展至后期,出现了"游谈无根,束书不观"的空疏学风,这给明代社会发展带来不良影响。相比于朱学,心学对于典籍的态度要随意得多,这也给书院藏书带来了一定的负面影响。

私人藏书方面,随着社会经济的复苏,特别是江南地区商品经济的快速发展,于明中叶进入繁荣与鼎盛的时期。文学领域,"前后七子"倡导文学复古运动,影响力持续近百年,伴随着文学创作的活跃,藏书与刻印古籍之风也盛行天下。"嘉隆间,天下承平,

---

[①] 顾炎武著,黄汝成集释,栾保群、吕宗力校点:《日知录集释》,上海古籍出版社,2014年,第419页。

学者出其绪余，以藏书相夸尚，浙江与江苏乃互相颉颃。"[1] 据统计，明代的藏书家达 897 人，近乎宋元两代总和。[2] 如依年代划分，这些藏书家中，有相当比例集中在成化以后。身份方面，突破了明初以世家、官员为主的构成，从王公贵族到布衣百姓，皆以藏书为荣。地域分布也有所扩大，藏书之家遍布南北，较为著名者，江苏有朱存理、杨循吉、都穆、文徵明、钱同爱、张寰、顾元庆、徐献忠、江都葛氏、何良俊、孙楼、朱大韶、陆深、黄标、唐顺之、王世贞、王世懋、钱榖、刘凤、杨仪等，浙江有范钦、项元汴、茅坤、高濂、沈节甫、丰坊等，江西有何乔新、刘录、严嵩父子，山东有李廷相、李开先，河南有晁瑮，河北有高儒等。

藩府藏书经过数代积累，至此阶段也呈现繁盛局面。周定王朱橚六世孙朱睦㮮，收江都葛涧、章丘李开先之藏，筑万卷楼贮之。宁献王朱权七世孙朱谋㙔插架甚富，藏品几可与内廷媲美。

文学复古运动也促进了古籍刊刻之风，宋刻本的价值此时已被藏书家广泛认可，嗜古佞宋渐成风气。特别是嘉靖以后，翻刻宋本书成为新风尚，藏书家竞相翻刻旧本，使得书籍出版数量大增。据《明代版刻综录》统计，明代共刻印图书 7740 种，其中出版于正德、嘉靖、隆庆年间的就有 2237 种。[3]

寺观藏书方面，明代中叶天下承平，国力比较强盛，特别是嘉靖、万历两帝，对宗教活动有近乎痴迷的热爱，因此在这一时期，

---

[1] 袁同礼：《明代私家藏书概略》，载李希泌、张椒华主编《中国古代藏书与近代图书馆史料（春秋至五四前后）》，中华书局，1982 年，第 415 页。
[2] 范凤书：《中国私家藏书史》，大象出版社，2001 年，第 166 页。
[3] 参见杜信孚纂辑《明代版刻综录》（江苏广陵古籍刻印社，1983 年），据该书著录计数。

官方和民间都有大规模刊刻佛藏、道藏的活动，朝廷还经常赐书给著名寺观，寺观藏书的规模得以进一步扩大。

总之，明代中叶社会安定，经济繁荣，思想活动十分活跃，文化学术日新月异，教育普及，出版业发达，在这些因素的共同作用下，明代藏书事业到达繁盛期。

三、衰落期（万历、天启、崇祯年间）

万历初年，一代权相张居正主持朝政、推行改革，挽救了明朝即将崩溃的经济，在一定程度上缓解了日益尖锐的社会矛盾。然而，张居正死后，万历帝展开一系列"清算"活动，朝堂之上纷争不断，皇帝与大臣之间、宦官与朝臣之间、群臣各派系之间，聚讼不已，纷争不休。脱离了张居正掌控的万历帝，本以为从此大权在握、乾纲独断，不料很快便感到"处处掣肘"，不复亲政之初的兴奋，从此沉迷敛财及后宫享乐，明朝的国势终于不可逆转地衰败下去了。末代天子崇祯，虽然不像父兄那样沉湎享乐，临朝理政堪称勤奋，但此时的明王朝，土地兼并严重，国家财政急剧恶化，民不聊生，各地起义风起云涌，山海关外满洲八旗虎视眈眈，时刻威胁着中原王朝的安全。内忧外患之下，空有一腔"中兴"之志的崇祯帝，志大才疏，终于难逃自缢于煤山的悲剧命运，统治中国长达277年的明王朝也随之走下了历史舞台。

明末整个社会已现末世景象，政治腐败，官员不关心国家命运，热衷派系之争；地方土地兼并严重，大量失去土地的农民流离失所，沦为流民，增加了社会的不安定因素。对内，各地农民起义烽烟四起；对外，满洲八旗屡次威胁山海关。国运败坏至此，各级官吏显然也无暇顾及官府藏书建设。但民间经济在惯性驱使下，仍然在商品化、城镇化的道路上"高歌猛进"。江南自古富庶，到了明末，或许是厌倦了朝堂争斗，抑或是对现实的失望，越来越多的士大夫阶层将精力投入到山水田园、治园享乐之中，他们食不厌精、脍不厌细，不惜代价搜求秘本，豢养家班，追求精致生活，这在客观上促进了私人藏书事业的发展。

思想领域，越来越多有良知的知识分子，对朝堂之上永无休止的党争感到厌倦，他们激烈反对各种教条的禁锢，迫切希望思想自由，解放天性，一场代表着新兴市民阶层的思想解放浪潮悄然兴起，明末通俗文学的盛行就是其代表事件。在以上这些因素的共同作用下，明末藏书活动一方面在继续发展，另一方面也逐渐受到经济、战乱各方面的影响，走上盛极而衰的道路。

宫廷藏书方面，自顾不暇的明朝统治者已然没有精力关心国家藏书建设，明末宫廷藏书因管理不善流失惨重，除了虫蛀、霉烂等原因造成的损耗，管理藏书的官员甚至"监守自盗"，明目张胆地将内府藏书借出，据为己有。李自成军队仓皇离开京城之际，将明朝宫室付之一炬，宋元明历代宫廷藏书之精华万不存一。

明末，虽然统治者四次下诏干涉书院运行，限制书院活动，但民间讲学已蔚然成风，且随着朝堂政治日益腐朽，书院成为知识阶层传播主张、议论朝政的主战场，故书院"屡禁不止"[1]，数量反有增加之势。比如浙江宁海的缑城书院，建于万历二十二年（1594），内有扶摇阁、藏书楼[2]；杭州的虎林书院，建于万历三十六年

---

[1] 杨慎初：《中国书院文化与建筑》，湖北教育出版社，2002年，第54页。
[2] 季啸风主编：《中国书院辞典》，浙江教育出版社，1996年，第70页。

(1608),内有明贤堂、凝道堂、右仁堂等,最后一进建筑为藏书楼。① 因此,书院藏书在明末仍然得到一定程度的发展。

私人藏书的景况则又大为不同。在古代中国,藏书本就是有一定经济实力的知识阶层的"专利",明中后期虽然国势衰落,中原、边疆战乱频仍,但这对藏书活动发达的江南地区并无太大影响。特别是在明末思想解放浪潮的影响下,出版、著述活动反而更加活跃,给藏书发展提供了条件。

据《明代版刻综录》统计,万历后出版的图书达 4720 种,占全书著录总数的一半以上,② 可见明末出版事业的繁荣。生活在嘉靖、万历年间的李诩说:"余少时学举子业,并无刊本窗稿。有书贾在利考,朋友家往来,钞得灯窗下课数十篇,每篇誊写二三十纸,到余家塾,拣其几篇,每篇酬钱或二文或三文。……今(注:指隆庆、万历年间)满目皆坊刻矣,亦世风华实之一验也。"③ 图书出版数量大量增加,给人们阅读、藏书带来了极大的便利,短期之内"立至万卷"成为可能。同时,刊本盛行,对版本鉴定理论、藏书活动中版本观念的形成也产生了重要影响。

学术活动方面,心学取代程朱理学成为思想界执牛耳者后,很快便陷入派系纷争,心学过分夸大"心"之作用的弊端也日益显现,心学末流空谈心性、束书不观的学风受到严厉批评。在国家危亡之际,对于能够救世除弊的实学的呼唤也更加迫切。因此,明代末期在中国学术史上属于一个少见的繁盛期。明末的西学东渐,带

---

① 顾志兴:《浙江藏书史》,杭州出版社,2006 年,第 280 页。
② 参见杜信孚纂辑《明代版刻综录》(江苏广陵古籍刻印社,1983 年),据该书著录计数。
③ 李诩撰,魏连科点校:《戒庵老人漫笔》卷八,中华书局,1982 年,第 334 页。

来了欧洲最新的科学知识，以徐光启为代表的实学派，发挥了思想启蒙的作用。而各学术派别为了传播自己的政治主张，进而影响朝堂，热衷讲学、著述。据《明史·艺文志》所载，明人文集，洪武、建文间有120余种；成化至正德间约140种；嘉靖、隆庆两朝有330余种；明末万历至崇祯间，则有350种以上。[①] 数字的增长充分展现了明末学术文化活动的活跃。

在这些因素综合影响下，明末清初私人藏书得到进一步发展，万历以降，巨儒宿学、致仕乡绅，无不热衷藏书，亟亟以搜罗典籍为要务。江南地区仍然是藏书活动中心，江苏有赵琦美、毛晋、焦竑、李如一、陈继儒、王圻、施大经、宋懋澄、俞汝楫、钱谦益、钱曾等，浙江有胡应麟、祁承㸁、高承埏、黄宗羲，福建有陈第、徐𤊹、谢肇淛等大藏书家。此外，北方的梁清标、周亮工以及孙承泽等人亦以藏书闻名。

此外，伴随文人结社之风的盛行，这一阶段的私人藏书活动还出现了新现象。为了更快扩充藏书规模，藏书家纷纷以结社的形式达成共抄、共读的协议，比如梅鼎祚"与焦弱侯、冯开之暨虞山赵玄度订约搜访，期三年一会于金陵，各书其所得异书逸典，互相雠写"[②]。黄宗羲、刘城、许元溥三人结为"抄书社"。丁雄飞与黄虞稷结立"古欢社"。曹溶倡议藏书家共订"流通古书约"。[③] 这是古代藏书思想走向成熟的标志。

当然，战乱给藏书带来的打击仍然是毁灭性的，除前述宫廷藏书付之一炬，明末也有许多私人藏书毁于战火。崇祯十五年

[①] 张廷玉等：《明史》卷九十六至卷九十九，中华书局，1974年，第2344—2501页。
[②] 钱谦益：《列朝诗集小传》，上海古籍出版社，1983年，第627页。
[③] 张升：《曹溶〈流通古书约〉考》，《历史文献研究》2020年第2期。

(1642)，李自成进逼开封，守军决黄河堤倒灌开封，朱睦㮮的万卷堂藏书葬身鱼腹。宁献王七世孙朱谋㙔的藏书毁于火灾。据范凤书《中国私家藏书史》统计，明末私人藏书遭受战乱兵火毁坏者有29人。① 这也再次说明，稳定的社会环境、繁荣的经济文化才是藏书事业得以快速发展的根本保障。

第二节　官府藏书

明代官府藏书，与历史上其他朝代相比，并没有特别突出的特征，中后期甚至由于统治者的漠视，国家藏书还发生了较为严重的损失。但是，由于图书、出版事业本身的发展，特别是明代宫廷藏书集中了宋元金辽历代珍藏，因此其在规模与质量上仍是空前的。

一、宫廷藏书

在元末农民战争期间，朱元璋就十分重视收藏图籍。元至正二十六年（1366）六月，朱元璋攻克建康（南京），"命有司访求古今书籍，藏之秘府，以资览阅"，并向近臣解释自己重视图籍的原因："三皇五帝之书，不尽传于世，故后世鲜知其行事。汉武帝购求遗

---

① 范凤书：《中国私家藏书史》，大象出版社，2001年，第266—268页。

书,而六经始出,唐、虞三代之治始可得而见,甚有功于后世。吾每于宫中无事,辄取孔子之言观之,如'节用而爱人,使民以时',真治国之良规,孔子之言,万世之师也。"① 上述论述并不新鲜,是古代士大夫阶层对典籍功能的一般认知,但出身草莽的朱元璋,能够清醒地认识到这一点,仍是难能可贵的。明朝立国后,朱元璋更加重视图籍之储,洪武元年(1368)徐达攻破北京,"封府库图籍,守宫门,禁士卒侵暴"②,将宋元宫廷秘本尽收囊中,"收其秘阁所藏图书典籍,尽解金陵"③,南京宫廷藏书在历代遗存基础上首先建立起来。除了继承前代收藏,朱元璋还下诏访求民间遗书,洪武二十三年(1390)下诏搜购遗书,福建布政司进《南唐书》《金史》《苏辙古文》。④

成祖朱棣同样重视国家藏书建设,为了消除"靖难之役"带来的负面影响,朱棣下令编纂《永乐大典》,以稽古右文的姿态收买天下士子之心。作为编书活动的"副产品",宫廷旧藏、民间遗书被大规模集中起来。成祖本人同样能够深刻认识到图书对于国家治理的作用,永乐四年(1406),"帝御便殿阅书史,问文渊阁藏书。解缙对以尚多阙略。帝曰:'士庶家稍有余资,尚欲积书,况朝廷乎?'遂命礼部尚书郑赐遣使访购,惟其所欲与之,勿较值"⑤。成祖下令在全国范围内访求遗书,这是明代规模较大的一次官府藏书征集活动。朱棣还曾向解缙感叹:"置书不难,须常览阅乃有益。凡人积金玉欲遗子孙,朕积书亦欲遗子孙,金玉之利有限,书籍之

---

① 余继登辑:《皇明典故纪闻》,书目文献出版社,1995年,第30—31页。
② 张廷玉等:《明史》卷二,中华书局,1974年,第21页。
③ 沈德符撰,杨万里校点:《万历野获编》卷三,上海古籍出版社,2012年,第3页。
④ 龙文彬:《明会要》卷二十六,中华书局,1956年,第419页。
⑤ 张廷玉等:《明史》卷九十六,中华书局,1974年,第2343页。

利岂有穷也?"① 其对于书籍价值的认识,可谓深刻。永乐十九年(1421),北京皇宫建成,明朝迁都。朱棣命翰林院"取文渊阁书一部至百部,各择其一,得百柜,运致北京"②,形成了明代宫廷藏书分贮两京的格局。

以《明史·艺文志》观之,明代初期宫廷藏书的主要来源是元大都宫中旧藏,即宋、金、元诸代累积下来的宫廷藏书。除命徐达将元代皇家藏书"尽解金陵"之外,朱元璋还下令将杭州西湖书院的南宋国子监旧版全部送往南京,并以此为底版刻印了大量图书。③至成祖在位时,多次下诏在全国范围内大规模征书。在几代皇帝的努力下,明初宫廷藏书数量不断增加,国家藏书很快恢复旧观,并取得了较大的发展。

宫廷藏书最主要的读者是皇室成员,为了方便随时观览,明代宫中营建了大量藏书楼、室。较为著名的有文渊阁、东阁、大本堂、文华殿、华盖殿、广寒殿、清暑殿、琼华岛、古今通集库、皇史宬、经厂库等。

文渊阁亦称内阁或秘阁,是明代最重要的宫廷藏书机构,"尽贮古今载籍"④,承担着国家文献中心的职能。明朝分立南、北二京,因此南京和北京的皇宫中均建有文渊阁。南京文渊阁建于吴元年(1367),位于奉天门东⑤,占地五间,书柜若干,藏有各种珍籍秘档、御笔、《实录》、《宝训》、《玉牒》等。北京文渊阁建于明永

---

① 余继登辑:《皇明典故纪闻》,书目文献出版社,1995年,第364页。
② 张廷玉等:《明史》卷九十六,中华书局,1974年,第2343页。
③ 李瑞良:《中国古代图书流通史》,上海人民出版社,2000年,第353—354页。
④ 黄瑜撰,王岚校注:《双槐岁钞》,上海古籍出版社,2012年,第45页。
⑤ 张升:《明清宫廷藏书研究》(修订版),商务印书馆,2015年,第74页。

乐初年营建北京皇宫之时，宫中方位与南京文渊阁相同，在左顺门外的东南角。北京文渊阁藏书最早移自南京，后经多次征集，藏书大备，至宣德年间，"秘阁贮书约二万余部，近百万卷，刻本十三，抄本十七"[①]。

大本堂是洪武年间设立的专供太子及诸王读书之所，洪武元年（1368），"建大本堂，取古今图籍充其中。延四方名儒教太子、诸王，分番夜直，选才俊之士充伴读"[②]。其主要功能是为太子、诸王延聘名师，"讲说经史，蓄养德性，博通古今，庶可以承籍天下国家之重"[③]。因此，该处藏书十分丰富，除了宋、元、金三朝旧藏秘本，还有大量的档案文献，供诸王学习国家治理经验。

皇史宬，始建于嘉靖十三年（1534），历时两年完工，位于天安门东的南池子大街南口路东。皇史宬与一般的藏书楼不同，采用全砖石结构，室内书柜亦不直接着地，而是置放在石台之上。早在弘治五年（1492），大学士丘濬便上书要求建立"金匮石室"，以保证国家重要典籍的安全。皇史宬的营建正是出于相同的目的，该处所藏典籍主要包括两类：一类为明代历朝实录、宝训，一类为《永乐大典》副本。其性质近似于今天的国家档案馆。

华盖殿位于南京皇宫，其与东阁藏书主要供内阁学士等官员查阅。

弘文馆，设于洪武三年（1370），典藏四部典籍，供校理图书、教授生徒之用，后于洪武九年（1376）撤销。

广寒殿、清暑殿、琼华岛、古今通集库也是宫中藏书之地。宣

---

① 张廷玉等：《明史》卷九十六，中华书局，1974年，第2343页。
② 余继登辑：《皇明典故纪闻》，书目文献出版社，1995年，第85页。
③ 余继登辑：《皇明典故纪闻》，书目文献出版社，1995年，第126页。

德八年（1433）四月，朱瞻基命杨士奇、杨荣从馆阁中择善书者数十人，将"四书""五经"及《说苑》等书，"各录数本，分贮广寒、清暑二殿及琼花岛，以备观览"①。古今通集库设于洪武年间，位于内阁之东、东华门之南，嘉靖以后文渊阁藏书多移入此间，除图书外，还藏有印信、画像等。

除了不断丰富藏书，营建藏书处所外，明代也与历史上大多数大一统时代一样，对国家藏书进行了数次整理。宣宗至宪宗统治的二十余年，是明代宫廷藏书的鼎盛期。宫廷藏书累积到一定数量后，就需要对其进行整理、编目。正统六年（1441），大学士杨士奇等人奉命清点文渊阁藏书，编制书目，最终的成果就是《文渊阁书目》，该目也是明代第一部官藏书目。弘治年间，鉴于宫廷藏书管理不善的现状，大学士丘濬上书请求建立完善的管理制度，并对现有藏书进行整理。明孝宗虽然表达了对此议的赞同，但最终并没有付诸实施。至万历年间，整理内廷藏书之议终于实现。万历三十三年（1605），孙能传、张萱等人编成《内阁藏书目录》，这是明代的第二部官修书目。与《文渊阁书目》相比，此时的宫廷藏书已十不存一。

明代的宫廷藏书，自弘治以后便逐渐走向了衰败。据沈德符《万历野获编》记载，文渊阁藏书因管理不善、监守自盗，被大量散出，"历朝所去已强半"②。崇祯十七年（1644）三月，李自成起义军进入北京，仅在北京城内待了短短一个月时间，便在清军威胁下仓皇出走。临行前，起义军火烧皇宫，历代珍藏付之一炬，损失

---

① 倪灿：《明史艺文志·序》，载黄虞稷编《明史艺文志·补编·附编》，商务印书馆，1959年，第4页。
② 沈德符著，杨万里校点：《万历野获编》卷四，上海古籍出版社，2012年，第24页。

惨重，明代宫廷藏书遭受毁灭性的打击。

二、中央官府藏书

明代的中央官府藏书，主要是各部，以及都察院、翰林院、行人司、经厂等中央机构收藏或刊印的书籍。前文已及，成祖迁都后，明朝分设南、北二京，两京均有一套完整的中央机构，故其藏书亦可分为南、北二系统。

明初中央官署的藏书，主要来自帝王颁赐。如永乐十五年（1417），朱棣曾赐南北国子监、六部衙门书。赐书之外，中央官署藏书的另一主要来源是自行刻印。明晚期周弘祖撰有《古今书刻》，记载官刻和私刻的基本情况，其中列举的中央官府和地方官府刻书，是我们了解明代官藏的重要史料。

都察院是明代中央官署中藏书较多的一个机构。据载，其藏书包括《大明令》《皇明奏疏》《留台杂考》《草木子》《阴阳捷径》《律条疏议》等。另藏有书版《金陵图》《十三省图》《九边图》《掾史芳规》《留台奏疏》《三编奏疏》《杨升庵文集》《罗念庵集》《杨文忠公集》《秋林伐山》《阳宅集成》《酉阳杂俎》《正续笔丛》《赵文肃公集》等。[①]《古今书刻》著录都察院刻书33种，包括《史记》《文选》《杜诗集注》《千家注苏诗》《三国志演义》《水浒传》等。[②]

礼部和兵部是六部中刻书较多者。礼部刻书除《登科录》《会试录》外，尚有《大狩龙飞集》《大礼集义》《诸番诏敕》《洪武礼

---

① 施沛：《南京都察院志》卷八，载《四库全书存目丛书补编》第73册，齐鲁书社，2001年，第217、228页。
② 李致忠：《历代刻书考述》，巴蜀书社，1990年，第220页。

制》《明伦大典》《明宝训》《素问钞》《医方选要》《补要袖珍小儿方论别集》《小儿痘疹方论》等。① 兵部刻书包括《大阅录》《九边图说》《九边图》《历代武举录》《军令》《昭代武功编》等。工部刻有《御制诗》《工部厂库须知》《奉制纪乐赋》。太医院也曾刻印了《铜人针灸图》《医林集要》《经验奇效良方》《补要袖珍小儿方论》等医学相关书籍。②

中央官署中，藏书最有特色的是行人司。行人司设于洪武十三年（1380），主要职责是奉旨出京办事、替皇帝传话等。行人司的职务性质决定了其人员在京城时是清曹散吏，出京后则是天子使臣，地位尊崇。正是由于行人司的特殊属性，其官员大多由翰林进士担任，读书风气比较浓厚。行人司还逐渐形成了一种类似于后世"呈缴本"的制度，"凡乘使车，事竣报命，无不购书数种为公赀，赀即留署中"③。就是说，行人司官员一旦奉使外出，每到一地便要购买几种图书携回京城，充实本司藏书。陈继儒《太平清话》载："行人司有例，其以事奉差复命者，纳书数部于库。秘阁而外，差可读者，此耳。"④ 王夫之在《识小录》中也说："惟行人司每一员出使，则先索书目以行，购书目中所无者，多至数册，少亦必一册，纳之司署。专设司吏一人，收贮简晒。故行人司藏书最富。"⑤ 可见，行人司的这种藏书建设制度，在当时的文人阶层中是很有影响力的。

---

① 缪咏禾：《明代出版史稿》，江苏人民出版社，2000年，第54—55页。
② 缪咏禾：《明代出版史稿》，江苏人民出版社，2000年，第55页。
③ 转引自孟昭晋《有趣的明代〈行人司书目〉》，《图书馆杂志》1988年第2期。
④ 转引自孟昭晋《有趣的明代〈行人司书目〉》，《图书馆杂志》1988年第2期。
⑤ 王夫之著，船山全书编辑委员会编校：《船山全书》第十六册，岳麓书社，1996年，第658页。

三、地方官府藏书

明朝地方官府实行省、府、州、县四级建置，共设十三行省、一百余州和数千县。各地官府藏书的具体情况虽缺少史料记载，但据《古今书刻》所载，嘉庆至隆庆年间，地方官府刻书活动活跃，可见其藏书也是比较丰富的。各地之中，以南北直隶、浙江、江西、福建几省刻书最多，这也反映了这些地区文教、书业的发达。

北直隶下辖顺天府、保定府、真定府、永平府、河间府、大名府、广平府、顺德府八处，所刻书较有名者如《史钺》《杜律五言白文》《河间志》《大学明解》《薛文清集》等。

南直隶下辖应天府、苏州府、松江府、常州府、镇江府、徽州府、宁国府、扬州府、淮安府等十四府州。上述区域，自宋代以来便是刻书中心，文教发达，读书之风盛行，因此地方官府刻书数量也领先全国。其中刻书较多的，如苏州府刻《史记》《文选》等一百七十三种，常州府刻《初学记》《毗陵志》等四十五种，松江府刻《诗义集说》等二十五种，扬州府刻《大明官制》《广文选》等七十五种。

浙江省下辖杭州、嘉兴、湖州、宁波、绍兴、台州、金华、衢州、严州、温州等十一府。该区域也是历史上重要的刻书中心，特别是浙东地区，藏书之风浓厚，涌现了许多藏书万卷的大家。杭州的省级官署刻有：布政司刻《东汉文鉴》《礼经会元》《七修类稿》《陈刚中集》等四十余种，按察司刻《疑狱集》《乡礼辑校》《资治通鉴》《唐鉴》等二十余种，巡抚都察院刻《皇明经济录》等十三种，两浙都转盐转运使司等均有刊书活动的记载。[①] 地方官署方面，杭州府刻有《大唐六典》等四十余种，绍兴府刻有《唐诗选》等十五种，嘉兴府刻有《陆宣公集》等二十种。

江西辖南昌、饶州、广信、吉安、建昌、抚州、袁州、临江、赣州、瑞州、九江等十三府。其中，南昌府刻有《徐苏传》等二十三种，吉安府刻有《王阳明年谱》等四十六种，临江府刻有《十九史》等三十九种。

福建辖福州、兴化、漳州、泉州、延平、建宁等八府一州。其中，布政司刊有《大明会典》等十八种，按察司刻有《五经集注》等十种。福州府刻有《文苑英华》等十六种，建宁府刻有《四书集注》等十七种。

其他如河南、山东、山西、陕西、四川、广东、广西、贵州、云南等省，也都有官府刻书的记载，可见明代地方官府刻印书籍之普遍。据叶德辉所记："明时官吏奉使出差，回京必刻一书，以一书一帕相馈赠，世即谓之书帕本。……王世禛《居易录》云：'明时翰林官初上或奉使回，例以书籍送署中书库，后无复此制矣。'"[②] 又云："明时官刻书，只准翻刻，不准另刻。"[③] 可见，明代中央和地方刻书均有定例，而且如此规模的刻书活动，必须以丰富的藏书作为保障。

---

① 顾志兴：《浙江印刷出版史》，杭州出版社，2011年，第261—265页。
② 叶德辉：《书林清话》，上海古籍出版社，2012年，第148页。
③ 叶德辉：《书林清话》，上海古籍出版社，2012年，第147页。

第三节　私家藏书

明代的私人藏书超过了前代，是中国私人藏书史的鼎盛时期。据范凤书统计，明代藏书家有近九百人。① 按照《中国藏书通史》的划分，明代的私人藏书经历了四个发展阶段：第一阶段为明初至天顺时期（1368—1464），藏书家集中在浙江、江苏一带。第二阶段为成化至正德时期（1465—1521），此时的藏书活动十分活跃，呈现出全国遍地开花的趋势，江南仍然是藏书中心。第三阶段为嘉靖、隆庆时期（1522—1572），这一阶段是明代私人藏书的鼎盛期，江浙仍独领风骚，但全国各地都出现了藏书万卷以上的大藏书家。第四阶段为万历至崇祯时期（1573—1644），这一阶段的藏书活动呈现盛极而衰的态势，江南藏书活动依旧十分活跃，但是明末兵燹使得许多私人藏书毁于一旦。②

此外，明代私人藏书还有一支特殊的力量——藩府藏书，明王朝的藩王，政治上饱受打压，经济上富足优渥，有充足的条件开展藏书活动。而各地的藩王，为了消除朝廷的戒心，消磨时光，也愿意将精力投入到藏书、刻书、著述中去。下面我们就将从藩府藏书和私人藏书两方面介绍明代私人藏书事业的发展概况。

---

① 范凤书：《中国私家藏书史》，大象出版社，2001年，第166页。
② 傅璇琮、谢灼华主编：《中国藏书通史》，宁波出版社，2001年，第558—559页。

一、藩府藏书

明代的藩府藏书，本质上属于私人藏书，但因藏书者身份的特殊，在藏书来源、特征、收藏类型等方面颇有特色，与一般的私人藏书相比，又带有一定的官方性质，故而单列一节介绍。明初，朱元璋封长子朱标为太子，其余二十三子则被分封至各地担任藩王，希望他们起到拱卫统治的作用。早期的藩王实力强大，对皇权造成了威胁，"靖难之役"后，永乐帝采取了一系列削藩措施，只给藩王保留尊贵的地位、丰厚的物质待遇，政治上则采取"严防死守"的举措，严格防范藩王参与政治活动。藩王为了消除皇帝的猜疑，只能尽量减少对现实政治的参与，转而将精力投入到藏书、著述或者享乐中去。有明一代，分封藩王无数，藩府藏书的火种也随之遍布宇内，其中最有代表性的为周藩、宁藩、晋藩。

（一）周藩藏书

周藩藏书，起源于太祖第五子朱橚。朱橚（1361—1425），洪武十四年（1381）就藩开封。朱橚自幼好学，有较高的文学修养，著有《元宫词》《普济方》《救荒本草》等，建东书堂，藏书其中，供子弟读书。其子朱有燉（1379—1439），别号全阳子、锦窠老人、诚斋等。建文朝，受其父牵连卷入皇室斗争，上书为父辩白，不果，周藩被削。洪熙年间，朱有燉继承周王位，在经历了半生波折后，深感厌倦的朱有燉从此远离政治，纵情声色，藏书避祸。朱有燉继承了其父的艺术才华，多才多艺，好文辞，是明代早期重要的剧作家，创作杂剧三十余种，著有《诚斋乐府》《诚斋新录》等。

周藩藏书，成就最大的是朱橚的六世孙朱睦㮮。朱睦㮮（约1518—1587）[①]，字灌甫，号西亭，袭封镇国中尉，万历五年（1577），举为周藩宗正。自幼聪颖，得到当时的大儒李梦阳的赞许。长成后，对儒家学说极有兴趣，从河、洛间宿儒游。年二十，五经皆有所得，尤精《易》《春秋》。为了更好地研究经学，他访求海内通儒，求购缮写古书图籍，得江都葛氏、章丘李氏书万卷，四十余年的时间，积书四万余卷，[②]遂筑万卷堂贮之。藏书之富，号称诸藩之最。其子朱勤美，继承了父亲的志业，编有《万卷堂书目》十六卷。明末，李自成军队攻打开封，城内守军为保危城，决黄河堤，开封府沦为泽国，万卷堂藏书毁于一旦。叶昌炽记云："一线惊涛逼丽谯，西亭万卷叹漂摇。经衣史服何从见，栎下生歌汴上谣。"[③]此为万卷堂藏书的不幸命运献上了一曲挽歌。

（二）晋藩藏书

晋藩是朱元璋第三子朱㭎的封地。朱㭎（1358—1398），雅好文事，从名儒宋濂学文、杜环学书。晋藩藏书至朱㭎曾孙朱钟铉时，号称可与周府争雄。

朱钟铉（1428—1502），博学好古，喜书法，藏有大量历代书画、法帖作品，其藏书楼名为宝贤堂，别称志道堂、养德书院等。晋藩世代藏书，至朱钟铉时，刻印了大量书籍，如《宝贤堂集古法

[①] 一说"1517—1586"，参见傅璇琮、谢灼华主编《中国藏书通史》，宁波出版社，2001年，第647页。
[②] 叶昌炽著，王锷、伏亚鹏点校：《藏书纪事诗》，北京燕山出版社，1999年，第96页。
[③] 叶昌炽著，王锷、伏亚鹏点校：《藏书纪事诗》，北京燕山出版社，1999年，第94页。

帖》等，藏书十分丰富。

朱奇源（？—1501），朱钟铉之子，性喜藏书，尤其善于刻书。叶昌炽《藏书纪事诗》赞之曰："九师易是刘安授，三爵诗能卫武监。窃比河间无愧色，遗经往往出山岩。"[①] 叶昌炽将晋藩与汉代河间献王刘安相提并论。刘安是古代道家经典著作《淮南子》的作者，在汉代诸王中，以学识渊博、好学善藏著称，以晋藩与之相比，是对晋藩藏书、刻书活动极高的评价。

（三）宁藩藏书

宁藩初封于洪武年间，是朱元璋第十七子朱权的封地，在今内蒙古宁城县西一带。洪武二十四年（1391），朱权受封宁王，二十六年就藩大宁，永乐元年（1403）移镇南昌。

朱权（1378—1448），号臞仙、丹邱先生等。宁藩是明初十分重要的边关重镇，在诸藩中实力超群、地位特殊，朱权早年就藩于此，意气风发。然而，在明初的皇权争夺中，朱权首先受到朝廷猜忌，与朱棣合作推翻建文统治后，朱棣也并不放心自己这位手握重兵的弟弟，对其多番打压。在遭受多重打击后，朱权终于消歇了一腔壮志，在南昌构筑藏书楼，终日流连其中，读书、藏书、著述，安心做一个富贵散人。以丰富的藏书为基础，朱权留下了大量著述，其中的《太和正音谱》是我国现存最早的北曲谱。此外，朱权还撰有杂剧十二种和大量医学、道家著作。明代初年，元杂剧被精英阶层认作"正音"，而在民间，南曲、传奇已经取代了杂剧的位置，成为剧坛主流。此时的杂剧创作和演出，只是文人、贵族阶层

[①] 叶昌炽著，王锷、伏亚鹏点校：《藏书纪事诗》，北京燕山出版社，1999年，第97页。

喜好的"阳春白雪",明代藩王对杂剧作品的收集与创作,是元杂剧最后的时代余音。对戏曲、小说等传统主流观念中不登大雅之堂的作品的关注,也是明代藩府藏书的重要特点之一。朱权的后代亦多好学之人,其六世孙多㶳、多煃、多炘皆以词赋名。多煃、多煃"杜门却扫,多购异书,校雠以为乐"①。

宁藩藏书,至第七代朱谋㙔时达到巅峰。朱谋㙔(1564—1624),字明父,一字郁仪,封镇国中尉。万历二十年(1592)起开始管理石城王府事,理王府藩政三十年。谋㙔自幼好学,博览群书,喜收藏典籍,通晓本朝掌故,建有藏书楼枳园。钱谦益《列朝诗集小传》记其事:

明兴以来,宗支繁衍,诸王子孙,好学修行,比西京之刘向者,周藩睦㮮之后,未有如郁仪者也。著书百有十二种,皆手自缮写。②

对于朱谋㙔的学问,钱谦益给予了极高的评价,藩府藏书更是令钱谦益心折:"周藩之竹居,宁藩之郁仪,家藏与天府埒。"③惜其藏书毁于明末战火。

除此之外,藩王中还有很多嗜读好学、富有藏书的博雅之士,如蜀献王朱椿及其后代、赵康王朱厚煜、荆端王朱厚烇、益端王朱祐槟、高唐王朱厚煐、辽藩光泽王朱宠瀼、灵丘王世子朱俊格、奉国将军朱多煃等,限于篇幅,这里不一一赘述。

---

① 张廷玉等:《明史》卷一一七,中华书局,1974年,第3597页。
② 钱谦益:《列朝诗集小传》,上海古籍出版社,1983年,第778页。
③ 钱谦益著,钱曾笺注,钱仲联标校:《黄氏千顷斋藏书记》,载《牧斋有学集》,上海古籍出版社,1996年,第995页。

二、私人藏书

藏书之风在明代十分普遍，成祖朱棣曾言："士庶家稍有余资，尚欲积书，况朝廷乎？"① 虽然其本意在于阐释国家藏书的重要性，但从中也不难见到明代私人藏书之盛。据范凤书统计，明代藏书家约有 897 人，近乎宋元两代之和，藏书过万卷的就有 230 余人。②

明代私人藏书不仅数量众多，地域分布也更加广泛、平均，除江苏、浙江、福建、上海（松江、华亭）等传统的藏书区域外，山东、安徽、河南、广东、陕西、广西、湖北、四川、河北、云南等地也都有藏书活动的记载。据学者统计，除新疆、黑龙江、西藏等少数几个省份外，明代藏书家遍布中华大地，其分布区域之广是空前的。当然，虽然各地都有藏书活动，但受各种因素影响，总有一些区域的藏书活动特别活跃，藏书风气历史悠久，在相当长的时间里持续不断地涌现出大藏书家，甚至形成了藏书流派，对中国古代藏书思想的发展起到无可替代的推进作用。明代这样的藏书中心城市主要有苏州、南京、杭州、常熟、湖州、绍兴、嘉兴、海宁、宁波、福州等。尤其是苏州，"自元季迨国初，博雅好古之儒，总萃于中吴……书籍金石之富，甲于海内。景天以后，俊民秀才，汲古多藏"，以至于被誉为"吴中文献，于斯为盛"③。藏书发达的地区，大多也是读书之风和文教事业发达的地域，苏杭二府的科举中举人

---

① 张廷玉等：《明史》卷九十六，中华书局，1974 年，第 2343 页。
② 范凤书：《中国私家藏书史》，大象出版社，2001 年，第 166—187 页。
③ 钱谦益：《列朝诗集小传》，上海古籍出版社，1983 年，第 303 页。

数，在历代进士名录中同样独占鳌头。[①] 这充分说明藏书事业虽然有相对独立的发展轨迹，但藏书与阅读、文教、图书出版等事业之间存在着相互依存、互相促进的关系。

明初的藏书家，以浙江宋濂、江西杨士奇、江苏叶盛最负盛名。宋濂，明代开国文臣之首，明初制度多由其厘定。他的藏书处所名为青萝山房，位于浦江青萝山畔，藏书数量在八万卷以上，可与明初藩王藏书比肩。青萝山房藏书散出后，部分归于吴县潘氏滂喜斋。叶盛，正统十年（1445）进士，生平好抄书、藏书，菉竹堂抄本声名卓著，其为家藏图书手订《菉竹堂书目》。

成化以后，私人藏书活动愈发活跃，涌现了许多藏书大家，但仍主要集中在江浙一带。较有名者有太仓陆容，长洲吴宽、朱存理、钱同爱、顾元庆，吴县杨循吉、都穆，华亭何良俊，松江陆深等人。其中，顾元庆的阳山顾氏文房，以藏、刻书著称，刻有《顾氏文房丛刻》《梓吴》等多部大型丛书。何良俊著有《四友斋丛说》等，以戏曲收藏为特色。陆深，喜藏书，插架千万，撰有《江东藏书目》，开创了十三部分类法，对明代目录类例变革影响深远。

嘉靖、隆庆时期，明代的私人藏书发展至极盛，不仅名家辈出，藏书中心区域的范围也有所扩大。浙江有宁波范钦、嘉兴项元汴、乌程沈节甫、归安茅坤等；江苏有武进唐顺之、太仓王世贞、长洲钱毂、刘凤，常熟杨仪等；北方有濮州李延相、开州晁瑮、涿州高儒、章丘李开先等。其中，宁波范氏天一阁是存留至今的建筑年代最早的私人藏书楼，其形制深刻影响了其后数百年中国私人藏

[①] 范金民：《明清江南进士数量、地域分布及其特色分析》，《南京大学学报》（哲学·人文·社会科学），1997年第2期。

书楼的建筑风格。天一阁藏书也颇具特色，以收藏科举题名录和方志闻名遐迩，是浙东藏书派的杰出代表。天一阁的藏书管理方法和技术，同样被后世追慕。嘉靖、隆庆年间，可与天一阁相颉颃的是嘉兴项元汴的天籁阁，其古书名画收藏甲天下。归安茅坤是明代著名文学家，其藏书甲于海内，筑藏书楼数十间贮之，手订《九学十部书目》，于类例设置多有创见。乌程沈节甫，喜藏书，编有《玩易楼藏书目录》。金华胡应麟，是明代藏书家中对藏书理论贡献最大的一位，其《少室山房丛稿》《少室山房笔丛》等著作中有大量关于藏书历史、藏书管理及整理经验的总结和论述。

嘉靖、隆庆年间，在藏书事业方面唯一可与浙江争锋的只有江苏。太仓人王世贞是嘉靖年间的文坛领袖。他年轻时便嗜好藏书，藏书处有小酉馆、尔雅楼等，特别是尔雅楼，以收藏宋元旧刻为特色，开启了明清藏书家重视宋元版的风气。王世贞嗜书成癖，为购得一书常不惜工本，留下了"得一奇书失一庄，团焦犹恋旧青箱"[①]的藏书佳话。武进唐顺之，利用家中藏书编成"六编"，囊括古今一切学问，足见其藏书之富。

江苏常熟虽然古有藏书之风，但在明代中期以前，常熟藏书在全国范围内并不突出。万历之后，以赵琦美脉望馆为代表的虞山派藏书家先后登上历史舞台，标志着中国藏书史上的一个重要流派——"常熟派"的形成。而以浙东、常熟两地为代表的藏书家群体的出现，也是明代藏书史非常突出的一个特点。袁同礼先生在总结明代私人藏书发展概况时就曾提道：

---

① 郑伟章、李万健：《中国著名藏书家传略》，书目文献出版社，1986年，第37页。

然明代万历以后，私家藏书，当以海虞为最盛。赵琦美（元度，1563—1624年）之脉望馆，钱谦益（受之，1582—1665年）之绛云楼，以及毛晋（子晋，1598—1659年）之汲古阁，均以藏书雄视于东南。①

除了上面提到的诸家，明代常熟有名的藏书家还有：杨仪（1488—1564），字梦羽，号五川居士，建藏书处万卷楼、七桧山房，藏书多钤盖"杨梦羽氏""华阴世家""杨仪梦羽收藏图书""海虞杨仪梦羽图书"等印章。孙楼（1515—1583），字子虚，号百川，爱书成癖，藏书逾万卷，手自校雠，建博雅堂储书，编有《博雅堂藏书目录》（佚）。在自序中，孙楼记述了其藏书的情况："余髫不喜弄，雅嗜文籍。暨长而嗜益甚，似有癖者，乃屈于赀，不克致，重购者致之尤难。"②嘉靖四十四年（1565），孙楼又修建了丌册庋，用于藏书，并为之作《丌册庋记》。

明代中叶的北方私人藏书，虽无法与江浙两省相颉颃，但也出现了藏书万卷以上的大家。其代表有李开先、晁瑮、高儒等。李开先，嘉靖八年（1529）进士，藏书声名极著，有"甲于齐东"的美誉。他本人雅好戏曲，是一位优秀的剧作家，其藏书也以戏曲、小说为特色。晁瑮，喜藏书，建有宝文堂藏书楼，收藏甚富，编有《宝文堂书目》三卷，不依四部，颇有新意。高儒，出身武弁，但性喜读书，有志道堂藏书楼，自编的《百川书志》，是明代私人藏

---

① 袁同礼：《明代私家藏书概略》，载李希泌、张椒华主编《中国古代藏书与近代图书馆史料（春秋至五四前后）》，中华书局，1982年，第417页。
② 孙楼：《百川先生集》卷一，载《四库全书存目丛书·集部一一二》，齐鲁书社，1995年，第614页。

书目录中唯一有提要的一部。

总的来看，明代"二百年间，颇多缥缃之贮，对于空疏之习，多所纠正。而自嘉靖以降，海宇平定，私家藏书，极称一时风尚"①。也就是说，明代二百余年间藏书之风始终保持活力，至嘉靖以后，国家承平日久，私人藏书达到巅峰。

万历至崇祯的七十余年，是明王朝走向覆灭的时段，但藏书事业的发展与明代江河日下的国势"不成正比"，这一阶段的私人藏书活动仍然十分活跃，大家、名家辈出，还出现了许多重要的藏书理论论著，对中国古代藏书思想的发展影响很大。这一时期，主要藏书家仍集中在江浙两省，尤其是江苏常熟一地，区域藏书之风大兴，享誉全国的藏书大家层出不穷。

以赵用贤、赵琦美父子为代表的赵氏家族，是常熟藏书史上第一个真正具有全国影响力的藏书世家。赵用贤（1535—1596），字汝师，号定宇，隆庆五年（1571）进士，万历初年因上疏论首辅张居正父丧夺情，遭杖戍。张居正去世后，起复，历官经筵讲官、国子监司业，迁礼部左侍郎兼翰林院侍读学士，终官吏部左侍郎。赵用贤毕生爱好读书、藏书，其书斋曰"松石斋"，藏书上万卷，编有《赵定宇书目》。钱谦益为之撰写的神道碑铭赞许他"强学好问，老而弥笃，午夜摊书，夹案燃巨烛，窗户洞然，每至达旦"②。赵用贤读书极认真，常做题识，顾起元曾"见前辈赵定宇少宰阅《旧唐书》，每一卷毕，必有朱笔字数行，或评史中所载，或阅之日所遇

---

① 袁同礼：《明代私家藏书概略》，载李希泌、张椒华主编《中国古代藏书与近代图书馆史料（春秋至五四前后）》，中华书局，1982年，第414页。
② 钱谦益著，钱曾笺注，钱仲联标校：《赵公神道碑铭》，载《牧斋初学集》，上海古籍出版社，1985年，第1472—1473页。

某人某事,一一书之"①。这一良好的读书习惯被他的长子、脉望馆主人——赵琦美很好地继承了下来。

赵琦美(1563—1624),原名开美,字玄度,又字如白,号仲朗,自号清常道人。以父荫补官太仆丞,历任南京都察院照磨、太常寺典簿,迁刑部郎中。赵琦美继承了其父的部分藏书和嗜书如命的爱好,名其藏书楼为"脉望馆",多方搜罗图书,在其父收藏基础上又大为扩充。"脉望馆"典出唐段成式《酉阳杂俎》卷三"脉望"条:"据《仙经》曰:蠹鱼三食'神仙'字,则化为此物,名曰'脉望'。"② 即以"脉望"喻读书之乐似神仙。关于脉望馆藏书的数量,有学者据《脉望馆书目》统计,有五千余种,两万余册,③这还远远不是脉望馆藏书的全部。赵琦美读书之勤、藏书之广,钱谦益《刑部郎中赵君墓表》记之甚详:

(赵琦美)天性颖发,博闻强记,落笔数千言。居恒厌薄世之儒者,以谓自宋以来,九经之学不讲,四库之书失次,学者皆以治章句取富贵为能事,而不知其日趋于卑陋。欲网罗古今载籍,甲乙铨次,以待后之学者。损衣削食,假借缮写,三馆之秘本,兔园之残册,刜编蠹翰,断碑残壁,梯航访求,朱黄雠校,移日分夜,穷老尽气,好之之笃挚,与读之之专勤,盖近古所未有也。④

---

① 顾起元:《客座赘语》,南京出版社,2009年,第272—273页。
② 段成式著,金桑选译:《酉阳杂俎》,浙江古籍出版社,1987年,第97页。
③ 范凤书:《中国著名藏书家与藏书楼》,大象出版社,2013年,第89页。
④ 钱谦益:《刑部郎中赵君墓表》,载《牧斋初学集》,上海古籍出版社,1985年,第1537页。

这一阶段能与常熟派媲美的藏书流派是浙东派，其代表是山阴祁氏家族。祁承㸁从小便痴迷藏书，建有澹生堂藏书楼，藏书数量十万卷以上。祁承㸁不仅爱好收藏，还对澹生堂的藏书进行了精心的整理，其成果就是《澹生堂藏书目》；并将一生藏书措理经验总结成册，编成《澹生堂藏书约》。该作系统阐述了明代以前中国古代藏书理论的精髓，是古代图书馆学史上最重要的著作之一。祁承㸁的第四子祁彪佳、孙子祁理孙也都酷爱藏书，祁彪佳的八求楼以戏曲收藏著称，他本人还著有戏曲理论著作《远山堂曲品》《远山堂剧品》，祁理孙为其奕庆楼藏书编有《奕庆藏书楼书目》。

除了江浙两省，明末福建也出现了藏书巨万的大家，其代表就是陈第和徐𤊹。陈第，明代著名的将军藏书家，早年随俞大猷、谭纶、戚继光等抗击倭寇，镇守九边。解甲归田之后，专心读书撰述，与焦竑交善，其学问受到了世人的认可，建世善堂藏书楼，编有《世善堂藏书目》。徐𤊹，善诗工文，一生以读书、藏书为乐，其藏书楼名为红雨楼，编有《红雨楼书目》。

第四节 学校藏书

一、官学藏书

（一）国子监藏书

南北两监是明代的最高学府和教育管理机构，兼管书籍刻印，因此，为中央机构中藏书最富者。

南京国子监设立于明太祖时期，洪武元年（1368），"令品官子弟及民俊秀通文义者，并充学生。选国琦、王璞等十余人，侍太子读书禁中。……天下既定，诏择府、州、县学诸生入国子学。……其才学优赡、聪明俊伟之士，使之博极群书，讲明道德经济之学，以期大用"①。为了充实国子监藏书，以备"博极群书"之用，太祖还下令将南宋都城杭州西湖书院的刻书版片尽数运往南监，供其刊刻图书之用。洪武十四年（1381），国子监扩建后，厘定官员职数，设祭酒、司业及监丞、博士、助教、学正、学录、典籍、掌馔、典簿等官职，并"分六堂以馆诸生，曰率性、修道、诚心、正义、崇

---

① 张廷玉等：《明史》卷六十九，中华书局，1974年，第1676页。

志、广业"①。自此成为定制。南京国子监东为太庙，西为太学。太学的主建筑是七堂：彝伦堂、率性堂、修道堂、诚心堂、正义堂、崇志堂、广业堂，此外还建有东、西书库，专门庋藏书籍、版片。

北监建于永乐元年（1403）。永乐十九年（1421），明朝迁都后，改北京国子监为京师国子监，南京成为陪都，此后一直保持南北二监并存的局面。

北京国子监的规制与南监完全相同，设五厅七堂。五厅为绳愆厅、博士厅、典籍厅、典簿厅、掌馔厅；七堂为彝伦堂、率性堂、诚心堂、崇志堂、修道堂、正义堂、广业堂。典籍厅是掌管图书和版片的专门机构。

南北两监的藏书和书版主要来源有三：一是前代遗存，即宋元以来保存下来的前代书版，如前述西湖书院书版即属此类。二是朝廷颁赐。国子监是国家最高学府，必须以传授官方主流意识形态认定的典籍为要务，在明代就是要以朱子学派注释的四书五经为规定读本，而这类读本大多来自钦赐。如洪武十四年（1381），颁四书五经、《性理大全》于两京六部、国子监及天下府、州、县学。② 弘治年间，大学士丘濬建议访求遗书时也说："两京国子监虽设典籍之官，然所收掌止是累朝颁降之书，及原贮书板，别无他书籍。"③ 三是国子监自行刻印。南北两监是明代非常重要的官刻机构，所刻书籍被称为"监本"。北监刻书较有名者包括《临川文集》《淮海集》《四书》《周易》《论语白文》等；南监刻书更多，四部皆备，

---

① 张廷玉等：《明史》卷六十九，中华书局，1974年，第1676页。
② 龙文彬：《明会要》卷二十六，中华书局，1956年，第419页。
③ 丘濬著，周伟民、王瑞明、崔曙庭等点校：《请访求遗书奏》，载《丘濬集》第八册，海南出版社，2006年，第3985页。

较有名者如《孝经》《大学》《史记》《资治通鉴》等，据西湖书院宋版版片翻刻的"二十一史"，是中国版本史上的精品。

（二）地方官学藏书

官学是各地设立的官方教育机构，与书院不同，官学的经费主要来自地方政府支持，故其人才培养也严格以思想教化和科举为重点，其藏书也是完全服务于上述目的的。

官学藏书主要来自朝廷颁赐，洪武二年（1369），朱元璋命礼部刊定学规十二条；十五年（1382），令学宫刻卧碑申明禁令。万历三年（1575），上谕复申此说，其中一条规定："国家明经取士，说书者以宋儒传注为宗，行文者以典实纯正为尚。今后务将颁降《四书》、《五经》、《性理大全》、《资治通鉴纲目》、《大学衍义》、历代名臣奏议、文章正宗及当代诰律典制等书，课令生员诵习讲解。俾其通晓古今，适于世用。其有剽窃异端邪说、炫奇立异者，文虽工，弗录。"[①] 洪武六年（1373），朱元璋召见国子博士赵俶等人时再次强调："汝等一以孔子所定经书为教，慎勿杂苏秦、张仪纵横之言。"于是，赵俶"因请颁正定《十三经》于天下，屏《战国策》及阴阳谶卜诸书，勿列学宫"[②]。洪武十四年（1381），朱元璋"颁《五经》《四书》于北方学校"[③]。洪武十五年（1382），礼部尚书刘仲质奉诏"颁刘向《说苑》《新序》于学校，令生员讲读"[④]。

洪武、永乐年间，颁降府、州、县学收藏的图书还有《大诰三

---

① 申时行等纂：《大明会典》卷七十八，明万历十五年重修本，内府刊本，第17—18页。
② 张廷玉等：《明史》卷一三七，中华书局，1974年，第3955页。
③ 张廷玉等：《明史》卷二，中华书局，1974年，第36页。
④ 张廷玉等：《明史》卷一三六，中华书局，1974年，第3933页。

编》《大明律》《礼仪定式》《表笺式》《减繁行移体式》《新官到任须知》《韵会定式》《六部职掌》《科举程式》《孟子节文》《朔望行香体式》《四书大全》《五经大全》《性理大全》《孝顺事实》《为善阴骘》《劝善书》《五伦书》等。① 概言之，官学藏书主要分为两大类：一类是四书五经及其注释等科举考试指定用书；另一类则是为官从政所需要的各种技能培训的书籍，这也是由官学的培养目标所决定的。

各地官学的藏书楼，一般名为尊经阁，大多建于官学建筑的中轴线上，足见时风对于典籍的重视。但由于官学藏书严格的规定性，各地官学收藏的书籍数量不多，从数十种到几百种不等。

二、书院藏书

明初，书院不受统治者重视，后期因民间讲学之风大盛，书院还遭到了几次禁毁。总体来看，书院发展得十分艰难。但统治者的打压并没有浇灭书院的火种，人们对于知识、学术自由的追逐，使得明代的书院在历代书院事业中独具特色。

明初，朱元璋出于维护统治的需要，大力倡导尊儒崇道，于是在官方主导下，建立了一批书院，如洙泗、尼山书院等，但书院事业整体还处于元末明初战乱后的恢复期，发展较为缓慢。明代中叶以后，政治统治日益腐朽，官学衰落，私人讲学之风盛行，明代的书院事业达到了顶峰。"正、嘉之际，王守仁聚徒于军旅之中，徐阶讲学于端揆之日，流风所被，倾动朝野。于是搢绅之士，遗佚之

---

① 郑元庆：《吴兴藏书录》，载祁承㸁等《澹生堂藏书约（外八种）》，上海古籍出版社，2005年，第11—12页。

老,联讲会,立书院,相望于远近。"① 可见,当时讲学活动之普遍。书院作为讲学的场所,也随之遍地开花。晚明以降,受朝堂党争的影响,书院成为聚众讲学、议论朝政的中心,但明政府前后发布四次禁毁书院的命令,给书院的发展带来了沉重的打击。

虽然明代书院发展曲折,但数量并不逊于前代。据学者统计,明代共有书院1962座,其中新建的有1707座,修复前代者255座。② 就分布地域而言,书院遍布全国,江西、广东、福建、浙江等处较多;就建成时间而言,大部分书院均建于嘉靖、万历年间。藏书是书院建设与发展的必备条件,明代书院藏书与书院事业的发展也基本保持了同步。

明初,书院事业从战乱中缓慢恢复,书院藏书与藏书楼的建设也随之展开。如湖南岳麓书院,弘治年间曾经重修,"增公田,储经书"③,又重建了尊经阁,充实藏书。辰州府崇正书院,建有宝经堂藏书楼。④ 明代中叶以后,在书院中专门建造"尊经阁"之类的藏书处所,已成为定制。正德十二年(1517)修建的广东西樵山石泉书院,建有紫云楼、御书楼等。⑤ 嘉靖二十四年(1545)创建的合浦尚志书院,在书院中轴线上建尊经阁。⑥ 绍兴府稽山书院建有尊经阁,并请到当时的士林领袖王阳明撰写《稽山书院尊经阁

---

① 张廷玉等:《明史》卷二三一,中华书局,1974年,第6053页。
② 白新良:《中国古代书院发展史》,天津大学出版社,1995年,第107页。
③ 朱汉民、邓洪波:《岳麓书院史话》,湖南大学出版社,2006年,第50页。
④ 邓洪波:《湖南书院史稿》,湖南教育出版社,2013年,第510页。
⑤ 季啸风主编:《中国书院辞典》,浙江教育出版社,1996年,第234页。
⑥ 北海市地方志编纂委员会编:《北海史稿汇纂》,方志出版社,2006年,第163页。

记》。① 晚明的无锡东林书院，建东西楼分藏经籍、祭器、古乐器。② 甘肃徽山书院亦有尊经阁藏书。③ 可见，有明一代，书院藏书已成定制，筑藏书楼以示尊经之意，已经深入人心。

明代书院藏书的来源与前代并无太大区别，主要有朝廷颁赐、书院购买、地方官吏捐赠、私人捐赠、书院刊刻等几种途径。其中能够得到皇帝或者官方支持的书院是少数，基本上是一些历史悠久或者在当地素有声望的知名书院才能"获此殊荣"，而书院刻书虽也是古代刻书系统中的重要一环，但有此实力的书院并不多，因此，自购和接受地方贤达捐赠是明代书院藏书聚集的主要手段。从藏书类型角度来看，书院藏书的首要目的是供师生研读经史所用，因此以收藏经史子集四部学问之书为主，尤重经史书籍的收藏。明代末年，实学兴起，对书院藏书也有一定影响，"经世致用"书籍的收藏比例有所提高。

由于书院藏书的重要性得到了书院建设者和师生的普遍认同，明代书院藏书呈现制度化、规范化的趋势。其表现有二：一是院藏书目的大量编制，二是藏书管理制度的完善。明代所修书院志中，大量出现书院藏书目录，如成书于正德六年（1511）的《白鹿洞书院新志》有"书籍"卷，刊刻于嘉靖三十三年（1554）的《白鹿洞志》立"经籍志"，成书于万历年间的《白鹭洲书院志》有"书籍"门，嘉靖年间的《百泉书院志》同样也有"书籍"卷。这些书院藏书目录，大多能够根据书院藏书的实际情况和教学需要，对当时通

---

① 王阳明著，陈明等注释、审校：《王阳明全集·序记说、杂著》，华中科技大学出版社，2015年，第78—79页。
② 肖东发主编，赵连稳编著：《中国书院藏书》，贵州人民出版社，2009年，第151页。
③ 徽县志编纂委员会编：《徽县志》，陕西人民出版社，2003年，第1080—1081页。

行的四部分类法进行损益,比如将子部书提至史部之前,在书目编制技术方面颇有特色。

制度建设方面,从明代开始出现了成文的书院藏书管理条例,这标志着书院藏书管理的规范化。比如成书于正德年间的《白鹿洞书院新志·典籍志》,其小序明言,要求山长对本院藏书要"查对明白,装造四册"[①],可见书院已经建立了比较严格的山长负责制。其后订立的《白鹿洞书院规约》九条,其中也有多条涉及藏书。关于这部分内容,我们在后面藏书管理的章节还会详细介绍。

第五节 寺观藏书

明太祖朱元璋原本是僧人出身,早年的经历,使其在登上帝位后,崇信佛教,极为支持佛教事业的发展,善于利用宗教强化统治。之后的明代帝王,大多对宗教持宽容的态度,个别帝王迷恋长生之术,在宫中豢养了大量道士、僧侣,对佛道藏书和刊刻事业也投入了较多的关注。

---

① 李梦阳:《白鹿洞书院新志》卷八,载吴国富编纂《新纂白鹿洞书院志》,江西人民出版社,2015年,第370页。

一、寺庙藏书

寺庙藏书的主体是佛经，明代官刻和寺庙刊刻《大藏经》的活动十分活跃，极大地充实了寺庙藏书。《大藏经》是汉文佛经的总称，简称《藏经》或《一切经》。官刻的《大藏经》，常有颁赐天下名山古刹之举，佛寺刻印的《大藏经》也可至指定地点"请藏"，这些都给寺庙藏书提供了便利。

据史料所载，明代官方曾有3次刊刻《大藏经》的活动。第一部是洪武年间刻于南京的《大明三藏圣教南藏》，于洪武五年（1372）开刻，洪武末至永乐初刻成，共收佛经一千六百余种，共计六千三百余卷。[1] 明初著名航海家郑和，就曾先后八次捐资印造《大藏经》，供奉于南京灵谷寺、鸡鸣寺及北京皇后寺等。永乐年间据洪武本重刻于南京的《永乐南藏》，略有更改，世称南藏。第二部是永乐十九年（1421）在北京开雕，英宗正统五年（1440）刻成的《大明三藏圣教北藏》，简称《北藏》，较南藏数量略少，共收佛经一千六百余部，六千三百余卷。万历十二年（1584），增刻四百一十卷补入，称为《续入藏经》。[2] 第三部是西藏文《大藏经》，即《番藏》。成祖时派员至西藏取得元刊底本至京，命番经厂据之翻刻一部，送至五台山供奉。万历三十年（1602）又据永乐本重刻，并添刻四十二帙。[3]

寺院自行刊刻的《藏经》，较为有名的包括永乐年间刻于杭州

---

[1] 周叔迦：《佛教基本知识》，北京出版社，2017年，第181—182页。
[2] 周叔迦：《佛教基本知识》，北京出版社，2017年，第182—183页。
[3] 南炳文、汤纲：《明史》（下），上海人民出版社，2003年，第1441页。

的《武林藏》、明末清初刻于浙江余杭径山寺的《径山藏》。《径山藏》的开刻由万历年间著名僧侣紫柏禅师首倡，得到了僧俗两界的大力支持，在余杭径山寂照庵开雕，万历十七年（1589）至二十年（1592），一度迁至五台山继续进行。后因五台山气候寒冷，且北方募资不易，又迁回径山续刻。从万历七年（1579）始兴此议，到康熙四十六年（1707）最终完成，前后历时百年。① 印成后在嘉兴楞严寺装订发行，故又被称为《嘉兴藏》。《径山藏》分为正、续、又续三编，共收佛教典籍二千余部，一万两千六百余卷。该藏历时既久，在刻印过程中也借助了僧俗各方的力量，明末清初的许多著名文人都曾参与其中，如毛晋负责《紫柏老人全集》11 卷、《憨山大师梦游全集》55 卷等 196 部经书的校勘和刻印。② 其他参与其事的名流尚有：国子监祭酒冯梦祯，吏部尚书陆光祖，工部尚书曾同亨，太仆少卿瞿汝稷，著名文学家陈继儒、钱谦益等。

上述这些《藏经》刊刻完成后，多有颁赐或信众募资供奉于名山古刹之举，为寺庙藏书提供了丰富的来源。《藏经》是寺庙藏书的主要类型，但寺庙藏书并不仅限于此。明代以后，思想界三教合流的趋势日趋明显，文人与禅师之间的交往变得频繁而密切。因此，除佛教典籍之外，寺庙中还常常藏有经史子集等著作，如传灯法师编撰的《天台山方外志》卷七保存的《石室藏书》书目，共著录图书 71 种，其中儒部 41 种，仙部 19 种，志部 11 种。③

寺院的藏书处一般被称为"藏经阁"，亦被称作"大悲阁""藏殿""轮藏"等。藏经阁多为木质建筑，宏大敞丽，且设有晒经台，

---

① 朱金坤总主编：《径山图说》，西泠印社出版社，2010 年，第 42—44 页。
② 徐耀良、陶桂生编著：《毛晋：书文化的传播者》，广陵书社，2018 年，第 56—57 页。
③ 王国强：《明代目录学研究》，中州古籍出版社，2000 年，第 55—56 页。

以备晒书，防潮湿虫蠹之害。

二、道观藏书

道教典籍的保存情况远不如佛经，经过元朝统治者的数次禁毁，流传于世者已寥寥可数。明代的统治者十分善于利用宗教的力量，所以在崇信佛教之余，也大力支持道教的发展，《道藏》刊刻在明代取得了极大的发展。

为了复兴道教，永乐四年（1406），朱棣命第四十三代天师张宇初负责编纂《道藏》，由于种种原因，直到英宗正统十年（1445）刻竣，共收道经一千四百余种，五千三百余卷，称为《正统道藏》。

万历三十五年（1607），复命第五十代天师张国祥主持刊刻《续道藏》，此次共补入道书五十种，被称为《万历续道藏》。正续二藏合称《道藏》，共有五百一十二函，收书一千四百七十六种，是《道藏》的唯一传本。其版片毁于清末战乱。[①]

《道藏》刊行后，如《佛藏》一样颁赐天下道观。《正统道藏》刻成后，正统十二年（1447），英宗下令赐江西龙虎山太上清宫收藏：

皇帝圣旨：朕体天地保民之心，恭成皇曾祖考之志，刊印《道藏》经典，颁赐天下，用广流传。兹以一藏安奉龙虎山大上清宫，永充供养。听所在道宫道士，看诵赞扬。上为国家祝釐。下与生民祈福。务须祗奉守护，不许纵容闲杂之人，私借观玩，轻漫亵渎，致有损坏遗

---

① 于国庆、何欣、张红志：《新编中国道学简史》，上海科学技术文献出版社，2020年，第316—318页。

失。违者必究治之！谕。①

《万历续道藏》印行后，同样有颁赐天下之举，其中最有名的就是北方的白云观、苏州玄妙观、南京朝天宫、杭州火德庙等处。

《道藏》是道观藏书的主体，此外，道士们的个人著述、世俗著作都是道观藏书的组成部分。如张宇初的《道门十规》《元始无量度人上品妙经通义》《龙虎山志》《岘泉集》等，丹法阴阳派创始人陆西星的《宾翁自记》《道缘汇录》《方壶外史丛编》《南华副墨》《楞严经述旨》，以及辑刊的《吕祖全书》等，收藏都较为普遍。

---

① 陈国符：《道藏源流考》，中华书局，1963年，第177页。

第三章

明代藏书观念与藏书建设

　　观念就是人们常说的观点、看法,由此,藏书观念就是人们关于藏书活动的全部认知。从广义上说,一切关于藏书的思维活动与思维成果都属于藏书观念,包括人们对藏书、藏书楼、藏书建设、藏书管理、藏书整理等相关活动的看法与观点。但在本章中,我们将从狭义的角度界定藏书观念的概念、内涵,即人们关于书籍、阅读、藏书价值的认识。这种价值观,是支撑某一个时期藏书活动展开的思想基础,解决了人们"为什么要藏书"以及"应该藏哪些书"的问题。在藏书观念的支配下,藏书建设的方法、思想亦随之形成。

第一节 明代的藏书观念

一个时期人们关于藏书的认识，大致可以分为三个方面：一是藏书的价值，讨论藏书、藏书活动的意义，即"为什么要藏书"；二是藏书的目的，探求藏书和藏书活动的功能，即"藏书为了什么"；三是藏书的偏好，即人们对于应当收藏哪些图籍的看法，从观念上解决"藏什么"的问题。

一、藏书价值论

文本（在古代社会主要是图书）是收藏的对象，阅读是体现并传承文本价值的手段，人们对于藏书意义的阐释，都是以书籍、阅读本身的价值为基础展开的。

（一）论书籍的价值

唐代魏徵在《隋书·经籍志序》中，对经典的力量与象征意义作了极为精彩的概括："夫经籍也者，机神之妙旨，圣哲之能事。所以经天地、纬阴阳、正纪纲、弘道德，显仁足以利物，藏用足以独善。学之者，将殖焉；不学者，将落焉。大业崇之，则成钦明之德。匹夫克念，则有王公之重。其王者之所以树风声、流显号、美教化、移风俗，何莫由乎斯道？"① 后世将此奉为不易之论。中国自古就有尊经重教的传统，由此衍生出的文本崇拜、经典崇拜等文化心理，已经深入到中国人的文化血脉之中。这就使得我国历史上的藏书观念在书籍的价值方面鲜有异议，即使并不以读书科举为业的人也普遍认同书籍的力量；即使"束书不观"，也不影响部分藏书家对于插架琳琅的狂热追求。在文化形态上，经历了前期程朱理学独占鳌头的局面，明代中期以后，心学的兴起引发了思想解放运动，学派林立、百舸竞流，但不论持哪派学术观点，在论述书籍的价值时，其观点都少有的一致。

明初程朱理学的继承人，有"文臣之首"之称的金华宋濂，奉命给朱元璋及其子授课，选用的教材便是《春秋》《尚书》《大学衍义》等儒家经典，他认为"《春秋》乃孔子褒善贬恶之书，苟能遵行，则赏罚适中，天下可定也"，"《尚书》二《典》、三《谟》，帝王大经大法毕具，愿留意讲明之"，②其思想与《隋书·经籍志》一脉相承，立论点都是充分认可书籍之价值，认为典籍记载的治理经验，是安定天下、治理国家的利器。

至明朝中期，文渊阁大学士丘濬向孝宗皇帝提议"访求天下遗书"、完善国家"图籍之储"时，对书籍价值的论述更加系统、具体，是《隋书·经籍志》后又一篇重要的"书论"文献。丘濬在先后完成的《藏书石室记》《大学衍义补·图籍之储》《请访求遗书奏》中，使用了大量篇幅来论述书籍的重要性和特殊意义，归纳起

---

① 武汉大学图书馆学系编：《目录学研究资料汇辑（第二分册）·中国目录学史》，1983年，第75页。
② 天津古籍出版社编辑部编：《二十四史·明史》，天津古籍出版社，2000年，第100页。

来有以下三点。

（1）书籍①的内容包罗万象，记载了古往今来的一切知识，"若夫诗书百家语，皆自古圣帝明王贤人君子精神心术之微，道德文章之懿，行义事功之大，建置议论之详，所以阐明以往而垂示将来者"②。"天地、山川、人物、风俗之所存，礼、乐、刑、政、制度文为之所具。"③ 举凡修身、齐家、治国、平天下的一切道理，尽载于书。经受过时间检验的古圣先贤思想、理论结晶都要依靠图籍才能流传，书籍就是实现知识代际传播的桥梁。

（2）书籍是人们认识世界、增长见闻、锻炼才干的有效手段。受古代交通运输与信息传播条件的限制，古人一生的活动半径是十分有限的，但是总有一些人，可以超越自己所处的地域、时代，在思想高度上超过同辈。如何做到这一点？主要依靠的就是书籍文化传承的作用。"书之功用大矣！由一理之微，而可以包六合之大；由一日之近，而可以尽千古之久；由一处之狭，而可以进四海之广；由一事之约，而可以兼万物之众，其为书乎？"④ 圣人早已不在人间，但圣人的思想仍然影响着当下人们的生活；今人生于千年之后，居于斗室之间，却可纵论古今，畅谈天下大事。如果没有书籍，又如何能够做到呢？

（3）对于统治者来说，"书之在天下，乃自古圣帝明王精神心术之所寓，天地古今生人物类义理政治之所存，今世赖之以知古，

---

① 丘濬这里的"书"主要指"儒家经典"和各种记载古圣人、贤人言论的书。
② 丘濬著，林冠群、周济夫校点：《大学衍义补》，京华出版社，1999年，第802页。
③ 丘濬著，周伟民、王瑞明、崔曙庭等点校：《请求遗书奏》，载《丘濬集》第八册，海南出版社，2006年，第3987页。
④ 丘濬：《藏书石室记》，载仇江选注《岭南历代文选》，广东人民出版社，2009年，第96页。

后世赖之以知今者也"①。书籍不仅关乎治道，更是国运兴衰的风向标，"惟所谓书籍者，出于一人之心，各为一家之言，言人人殊，其理虽同，而其所以为言者则未必同，其间阐义理，著世变，纪事迹，莫不各极其至，皆有所取，一有失焉，则不可复，虽复之亦非其真与全矣"②。书籍是著述者的心血结晶，但古往今来亦不知多少作者的著述因为种种原因散失而不可复得。战乱之时，书厄频仍；升平之世，图籍繁盛，这是皇权时代无法逃避的规律。当代的统治者，应当鉴古知今，妥善保护书籍，才能延续太平盛世，"是以古先圣王，莫不致谨于斯，以为今之所以知昔、后之所以知今者之具，珍藏而爱护之，惟恐其损失也，讲究而校正之，惟恐其讹舛也。既有者恒恐其或失，未有者惟恐其弗得。虽以偏安尚武衰乱之世，莫不知所爱重，矧重熙累洽之世，好文愿治之君哉"③。但凡有抱负的国君，不论其国力如何，都将典籍收藏与整理作为国家的重要职责。

丘濬是明代中期的理学名臣，以《大学衍义补》闻名于世，是程朱学派的忠实信徒，由于程朱学派自宋末元初以来就是官方认可的主流意识形态，丘濬的观点也代表了明清读书人的普遍观念。

明代中后期，心学一派异军突起，逐渐成为思想界"执牛耳"者。不同于程朱理学讲究"读书穷理""格物致知"，通过寻章摘句的方式，从圣人的微言大义中体悟"天理"，心学从一开始便以"反叛者"的姿态出现。他们更加强调人的主观作用，提倡"自得"，将人的意识作为第一性、本源的东西，其目的在于打破明初

---

① 丘濬著，林冠群、周济夫校点：《大学衍义补》，京华出版社，1999年，第803页。
② 丘濬著，林冠群、周济夫校点：《大学衍义补》，京华出版社，1999年，第804页。
③ 丘濬著，林冠群、周济夫校点：《大学衍义补》，京华出版社，1999年，第804页。

以来"述朱"之风盛行，读书人思想僵化、不敢质疑经典的局面。

明代心学的奠基者陈献章，为打破程朱理学的樊笼，变"天理"统御万物为以"我心"为本，首先就把矛头对准了书本。其《道学传序》云："自炎汉迄今，文字记录著述之繁，积数百千年于天下，至于汗牛充栋犹未已也。"他认为文字著述数量虽多，但"后之学者，记诵而已耳，词章而已耳"。[①] 读书人只会死读书，不去思考书中记载的道理，以至于"六经，夫子之书也。学者徒诵其言而忘味，六经一糟粕耳，犹未免于玩物丧志"[②]。直斥只会背诵、徒求数量的读书是"玩物丧志"。从表面上看，陈献章认为"六经一糟粕耳"，似乎在否认书籍的价值。实际上，同属理学一派的心学，也是以"道统"传人的身份自居的。他们批判的是后世只知教条地学习程朱之形，而不学程朱之实的理学家，其与程朱理学之最大区别，只在于学术取径上的差异。"六经"记载圣人之言，阐释了宇宙人间的道理，但世易时移，圣人之言如何应用于今天的社会实践，需要读书人"求之于心"，即读经在于掌握其精神实质，而不是博闻强记，读经只是手段，更重要的是用经书记载的道理来丰富读者的内心：

学者苟不但求之书而求诸吾心，察于动静有无之机，致养其在我者而勿以闻见乱之，去耳目支离之用，全虚圆不测之神，一开卷尽得之矣。非得之书也，得自我者也。盖"以我而观书，随处得益；以书博我，则释卷而茫然"。[③]

---

① 陈献章撰，黎业明编校：《陈献章全集》，上海古籍出版社，2019年，第23页。
② 陈献章撰，黎业明编校：《陈献章全集》，上海古籍出版社，2019年，第24页。
③ 陈献章撰，黎业明编校：《陈献章全集》，上海古籍出版社，2019年，第24页。

明代的思想学术，经历了早期"述朱"，中期"心学"兴起，晚期"心学"盛极而衰、"实学"初露锋芒的发展历程。在不同时期，执思想界牛耳者对于书籍及其价值的认知，总不免带有各自学术主张的色彩，但不论如何，在高度认可书籍价值这方面，明代学者的观点是基本一致的。特别是在心学兴起后，人们更加关注主观意识在阅读过程中的作用，这对于藏书建设多样性、藏书理论创新都是有促进作用的。

（二）读书的意义

书籍的价值需要通过阅读才能体现，因此，对于读书的意义，明代学者同样有非常深刻的认识。

比如，丘濬在《藏书石室记》中说："人生天地间，不为儒则已，有志于儒以从事乎圣贤之道，未有舍书而能成者也。古语有之：'通天、地、人曰儒'，'一物不知儒者所耻'。一书之不读则一书之事缺焉。"[①] 既然以儒为业，那么读书就是读书人的本职工作。儒者的终极追求是实行圣贤之道，圣贤的思想、精神，万事万物的道理都记载在书籍之中，儒者就应当通过读书来丰富自己的知识储备，为将来的实践打好基础。虽然每本书都有其价值，但人的精力总是有限的，不可能毫无章法地阅读，对此丘濬也提出了建议："书不贵多而贵精，学必由约而后可以致于博。"具体的阅读次序是："自《五经》而下，若传、若史、若诸子、若百家，上而天、下而地、中而人与物，固无一事之不具，亦无一理之不该。学者诚

---

① 丘濬：《藏书石室记》，载仇江选注《岭南历代文选》，广东人民出版社，2009年，第96页。

即是而求焉，则可以贯三才而兼备万事万物之理。"① 不难看出，丘濬的阅读观是严格按照儒家主流思想规范设计的，他认为首先要读的是以五经为代表的儒家经典，这既是儒家学说的核心，也是科举考试的内容；在精读这些书的基础上，再博取众书观之，不断扩大自己的知识面，最终达到"析其精而至于不乱，合其大而极于无余，会其全而备于有用"②的目标。

丘濬的观点是当时的普遍认知，符合儒家学派对于一名合格士大夫的全部要求，但读来也不免让人觉得"板着面孔"，而藏书家对于读书的论述则显得亲切多了。比如，祁承㸁在《澹生堂藏书约》中向儿子解释自己为何如此热爱藏书：

夫余之嗜书，乃在于不解文义之时，至今求之，不得其故，岂真性生者乎。昔人饥以当食，寒以当衣，寂寥以当好友，余岂能过之。第所谓胸中久不用古今浇灌，便尘俗生其间，照镜则面目可憎，对人则语言无味，殆为是耳。③

读书可以提高个人修养，可以丰富人们的生活，可以让人们变得高雅，通俗地说，就是"腹有诗书气自华"。祁承㸁的论述，其实是化用了北朝颜之推《颜氏家训·勉学》中提到的一句民谚：

---

① 丘濬：《藏书石室记》，载仇江选注《岭南历代文选》，广东人民出版社，2009年，第96—97页。
② 丘濬：《藏书石室记》，载仇江选注《岭南历代文选》，广东人民出版社，2009年，第97页。
③ 祁承㸁著，郑诚整理：《澹生堂读书记 澹生堂藏书目》（上），上海古籍出版社，2015年，第12页。

"'积财千万，不如薄伎在身。'伎之易习而可贵者，无过读书也。世人不问愚智，皆欲识人之多，见事之广，而不肯读书，是犹求饱而懒营馔，欲暖而惰裁衣也。"① 中国古代家庭教育极重书香家风的营造与传承，祁承㸁本人对读书、藏书的热爱毋庸置疑，但他更希望的是这种热爱能够通过言传身教在子孙后代身上世代流传，书香家风不绝如缕，家族长盛不衰。这是古代藏书家，特别是私人藏书家热衷藏书的一个重要的内在因素。

（三）论藏书的意义

藏书的价值其实是附加在书籍、阅读的价值之上的，如果认同书籍、阅读是重要的、有意义的事情，那么，自然也就可以认同藏书是发挥书籍、阅读价值的必备条件。

对于藏书的意义，明代知识阶层的认识是比较一致的，如明成祖朱棣所言："士庶家稍有余资，尚欲积书，况朝廷乎？"② 有一定经济实力的官宦、殷实家庭，都会购置藏书。为何如此？"凡人积金玉欲遗子孙，朕积书亦欲遗子孙，金玉之利有限，书籍之利岂有穷也？"③ 这与前述《颜氏家训》的观念一脉相承，均认为读书的好处无穷无尽，且可以世代相传，藏书提供的实际上是家族传承的保障。

这是从个人、家族层面认知的藏书价值，从国家层面来说，藏书的意义更加重大。图籍对于一个国家来说，是历史传承、文脉传递的象征，汉代萧何随刘邦入咸阳后，不取金银，唯取典籍，就是

---

① 颜之推撰，贾二强校点：《颜氏家训》卷三，辽宁教育出版社，2001年，第19页。
② 张廷玉等：《明史》卷九十六，中华书局，1974年，第2343页。
③ 余继登辑：《皇明典故纪闻》，书目文献出版社，1995年，第364页。

这一文化传统的体现。焦竑《国史经籍志·序》说:"自书契以来,靡不以稽古右文为盛节,见于方策可考已。"① 上古时期,统治者就认识到国家藏书的重要性并大力推崇。发展到后世,藏书甚至成为国家兴衰的风向标,"运徂则铅椠息,治盛则典策兴"②。国家兴旺发达,则藏书宏富;反之,则共同走向衰落。以至于胡应麟在《经籍会通》中不无感叹地说:"观此,则图籍废兴,大概关系国家气运,岂小小哉?"③

明代对国家藏书的意义进行系统论述的,首推丘濬的《大学衍义补·图籍之储》。在这篇文章中,丘濬深刻阐释了图书典籍的作用与重要性。《大学衍义补》是补充宋代大儒真德秀《大学衍义》的作品,为皇帝治事立身提供参考。全书分条列目,每条之下首先搜集历代经传子史、前人论述,然后再加按语性质的评论,即"前引事实,后附议论,通过事实表明该事物的起始,又通过议论以评定该事物的重要性以及意义和作用,说明朝廷应采取的措施与方法"④。其中,"图籍之储"篇,搜集了历代朝廷图籍贮藏的典故,其总按语集中阐释了藏书的重要性:

人君为治之道非一端,然皆一世一时之事。惟夫所谓经籍图书者,乃万年百世之事焉。盖以前人所以敷遗乎后者,凡历几千百年,而后至于我,而我今日不有以修辑而整比之,使其至我今日而废坠放失焉,

---

① 焦竑辑:《国史经籍志》,中华书局,1985年,序第1页。
② 焦竑辑:《国史经籍志》,中华书局,1985年,序第1页。
③ 胡应麟等著,王岚、陈晓兰点校:《经籍会通 外四种》,北京燕山出版社,2008年,第13页。
④ 谢灼华:《蓝村读书录》,河北教育出版社,2004年,第70页。

后之人推厥所由,岂不归其咎于我之今日哉?①

图书典籍,对于普通读书人来说,是了解万事万物之理、接近圣人之道的桥梁。对于帝王来说,则是为君治国的抓手,是治理经验传承的手段。因此,综理一代藏书,使之流传后世,既是为君者的责任,也是国家千秋万代的事业。

二、藏书目的论

藏书价值论,即藏书家如何看待藏书的价值,解决的是藏书家为什么要藏书的问题。但是,人们认识到事物的价值,并不一定就会去实行。这时就涉及问题的第二个层次:藏书为了什么?亦即藏书家投身藏书活动希望达到的目的。对此,明代藏书家的答案是丰富多彩的。概括起来,主要有以下几个方面。

(一)藏书以资博洽

通过读书增广见闻,成为一个博学有修养的人,是藏书的基本目的。代表观点如高濂《遵生八笺·论藏书》:"藏书以资博洽,为丈夫子生平第一要事。"② 对于有志气的大丈夫来说,读书、藏书就是人生最要紧的一等大事。他进而论述,"家素者,无资以蓄书",即使如此仍要"日就书肆邻家读者有之"。好学的古人没有条件买书、藏书,还要想方设法创造条件阅读;今日"家丰者,性不喜见书",或者"即有富而好书"者,却只是把书当作装饰品,"不乐读

---

① 丘濬著,林冠群、周济夫校点:《大学衍义补》,京华出版社,1999年,第809页。
② 高濂:《遵生八笺》,巴蜀书社,1988年,第467页。

诵，务得善本，绫绮装饰，置之华斋，以具观美，尘积盈寸，经年不识主人一面"。这样的藏书家，书聚集得再多，于己于书都没有任何好处。真正的藏书家应当"无问册帙美恶，惟欲搜奇索隐，得见古人一言一论之秘，以广心胸未识未闻"，也就是说，不以品相、版本精美为聚书标准，而以开卷有益作为藏书的目的。所谓"积书充栋，类聚分门，时乎开函摊几，俾长日深更，沉潜玩索，恍对圣贤面谈，千古悦心快目，何乐可胜？古云开卷有益，岂欺我哉？不学无术，深可耻也"。[1]

（二）藏书为读、为经世致用

如果说藏书以资博洽，其着眼点在于提高自身修养，那么，"经世致用"就是更高层次的藏书追求了。如祁承㸁在《澹生堂藏书训略》中所言："吾儒聚书，非徒以资博洽，犹之四民，所业在此。业为世用，孰先经济……？"[2] 藏书首先是为了读，阅读收藏的书，藏书家的知识也能相应地获得提升。但仅仅满足于自身学识的提高，在祁承㸁看来远远不够，他认为读书的根本目的在于"经世济民"，即让所学在社会生活中发挥现实作用。那么，藏书也应该围绕着这个目标展开。于是，祁承㸁进一步提出了以"经世致用"为目的的聚书之法：

古人经济之易见者，莫备于史。夫执经术以经世，自汉而下何可多得？即荆公亦一代异人，且以祸宋。至如考见得失，鉴观兴亡，决

---

[1] 高濂：《遵生八笺》，巴蜀书社，1988年，第467—468页。
[2] 祁承㸁著，郑诚整理：《澹生堂读书记 澹生堂藏书目》（上），上海古籍出版社，2015年，第21页。

机于转盼之间,而应卒于呼吸之际,得史之益,代实多人。故尊经尚矣,就三部而权之,则子与集缓,而史为急。就史而权之,则霸史、杂史缓,而正史为急。……虽然,学不通今,安用博古。昭代虽右文,而史统不一,致稗官璅说月盛日繁,是非剌谬,闻见牴牾,令人莫知所适。……故凡涉国朝典故者,不特小史宜收,即有街谈巷议,亦当尽采。此尤从周之士所宜亟图者也。①

经书是儒家知识分子安身立命的法典,是指导其行为的最高准则。史书则记载了历史上的治理经验,对现实有重要的借鉴价值。因此,祁承㸁认为藏书应当首选这两类书。史书中又要特别注意现当代史,因为这些资料可以为人们处理现实生活中的各种事务提供最直接的帮助。可见,其反复申说的立论点就在于藏书是为了"经世致用",要优先收藏对现实生活有借鉴价值的书。

藏书为读,是学者型藏书家普遍认可的观点。明代中期文坛领袖王世贞认为,藏书是为了阅读与研究之用,"世有勤于聚而倦于读者,即所聚穷天下书,犹亡聚也。有侈于读而俭于辞者,即所读穷天下书,犹亡读也"②。他严厉地批评了聚书不读的现象,认为其对书籍的损害不啻于直接将书毁掉。胡应麟亦云"博洽必资记诵,记诵必借诗书",而某些藏书家"率有富于青缃而贫于问学、勤于访辑而怠于钻研者",③ 虽然藏书宏富,但并不能真正发挥藏书的作

---

① 祁承㸁著,郑诚整理:《澹生堂读书记 澹生堂藏书目》(上),上海古籍出版社,2015年,第21—22页。
② 王世贞:《二酉山房记》,载王余光主编《藏书四记》,湖北辞书出版社,1998年,第90页。
③ 胡应麟等著,王岚、陈晓兰点校:《经籍会通 外四种》,北京燕山出版社,2008年,第53页。

用。谢肇淛认为"但图多蓄,不事讨论"的藏书家只能算是"书肆",主张藏书家要"知而能好,好而能运"。①

(三)藏书为传子孙百代

藏书是为了读的,但典籍的数量永远超过个人的阅读能力,好书很多,人不能一日尽读之,藏书的目的就是要把好书汇聚起来,方便人们长期阅读。如高儒在《百川书志·序》中说:"予遭际文明之运……盖闻至乐莫逾读书。典籍流散,见遇人间者,不校乏力。故虽赢卖金之厚,聚非一日。虽有万轴之储,读可一时乎?此重积书之功,书目所由作也。"②虽然其论述的是编制书目的原由,但藏书家积书之动因亦可见一斑。

前面已经谈到,将藏书作为家族传承的财产是古人一种普遍的文化心态,反映在藏书目的论上,就是藏书为遗子孙。前面所引明成祖关于藏书的论述,其立论点之一就是普通书香人家都将书籍收藏作为宝贵财富留给子孙,可见这种观念在明代已经十分普遍。在明代文人的文章中,此种论述比比皆是,以下仅以明代梁寅《梁氏书庄记》为例,略窥其形:"予山岩之士……吾无田以获秔稻菽粟,而所藏惟书。子孙守焉,无租税,无科需。而学之成也,又足以应上之求,赞时之治,是吾之不念子孙立产业,乃所以深念夫子孙者。"③ 由于中国自古便形成了尊经崇古的传统,士为四民之首,读书是受人尊重的职业,而书籍又是士人的标志物,是士人安身立命

---

① 谢肇淛:《五杂组》,上海书店出版社,2009年,第263页。
② 高儒等:《百川书志 古今书刻》,古典文学出版社,1957年,第2页。
③ 梁寅:《梁氏书庄记》,载任继愈主编、薛熙编《中华传世文选·明文在》,吉林人民出版社,1998年,第383页。

之资,故而读书人都将书籍视作重要的家庭财产,希望通过留书给子孙,营造书香氛围,为其继续业儒、延续家族荣耀打下根基。

(四)藏书以自娱

藏书以自娱,是比较少见的一种关于藏书目的的表述。它出现在明代,体现了明代中晚期思想解放思潮对于人们藏书观念的影响。比如万历年间著名的将军藏书家陈第就说他藏书并不求"子孙永宝",而是因为:

> 吾性无他嗜,惟书是癖。虽幸承世业,颇有遗本,然不足以广吾闻见也。自少至老,足迹遍天下,遇书辄买,若惟恐失,故不择善本,亦不争价直。又在金陵焦太史、宣州沈刺史家,得未曾见书,抄而读之,积三四十余年,遂至万有余卷。纵未敢云汗牛充栋,然以资闻见、备采择,足矣,足矣!今岁闲居西郊,伏去凉生,课儿仆辈晒晾入籨,粗为位置,以类相从,因成目录,得便查检,古人有言:积书以遗子孙,子孙未必能读。吾买书,盖以自娱,特未即弃去耳,非积之以为子孙遗也。子孙之读不读,听其自然;至于守与不能守,亦数有必至。吾虽不听之,其可得邪?万历丙辰,温麻山农志。①

买书、藏书、读书就是为了让自己开心,并不求子孙世藏世守。这种想法在明末并不鲜见,谢肇淛说:"读未曾见之书,历未曾到之山水,如获至宝、尝异味,一段奇快难以语人也。"② 红雨楼主人徐𤊹在《笔精》卷六中亦有类似的表述:

---

① 陈第编:《世善堂藏书目录》,商务印书馆,1937年,题词第1页。
② 谢肇淛:《五杂组》,上海书店出版社,2009年,第259页。

余尝谓人生之乐，莫过闭户读书，得一僻书，识一奇字，遇一异事，见一佳句，不觉踊跃，虽丝竹满前，绮罗盈目，不足逾其快也。六一公有云："至哉天下乐，终日在几案。"余友陈履吉云："居常无事，饱暖读古人书，即人间三岛。"皆旨哉言也。①

对这样的藏书家来说，只要藏书、读书本身能带给他们快乐就足够了。只要能充分享受这种快乐，藏书的目的自然就达到了。

三、明代藏书风尚

明代的四大藏书体系都十分发达，形成了异彩纷呈的藏书事业格局。但在多姿多彩的藏书实践与理念之外，明代的藏书也有一定的特质，这些特质在一定范围、时间内又慢慢演变为一种藏书风尚，反过来影响着人们的藏书实践。

（一）藏书的规定性

明代是中国皇权制度的高峰，朱元璋建立明朝后，进行了一系列高度集权的制度设计。在文化领域，除了推崇程朱理学，还对官民藏书做出强制性规定。比如，要求家家户户都要收藏大诰、制书等皇帝下达的指令和国家法度。据《明神宗实录》卷三六九记载，要求"一切官民诸色人等，户户有此一本。若犯笞杖徒流罪名，每

---

① 徐㶿撰，沈文倬校注，陈心榕标点：《笔精》，福建人民出版社，1997年，第241页。

减一等，无者每加一等。所在臣民，熟观为戒"①。《武臣大诰》亦要求官兵及其家属"都与一本"②。此外，朱元璋还规定把《大诰》作为全国各级学校的必读书，据《明太祖实录》卷二一四记载："上令天下府州县民，每里置塾，塾置师，聚生徒教诵《御制大诰》，欲其自幼知所循守。"因此，书院藏书中很大一部分都是这种御制、御赐的图书。而国家科举取士的规定与取向，也会直接影响藏书家的选择：

国家明经取士，说书者以宋儒传注为宗，行文者以典实纯正为尚。今后务将颁降《四书》《五经》《性理大全》《资治通鉴纲目》《大学衍义》《历代名臣奏议》《文章正宗》及当代诰、律、典制等书，课令生员，诵习讲解。俾其通晓古今，适于世用。其有剽窃异端邪说、炫奇立异者，文虽工，弗录。③

将朱熹厘定的四书五经，及其他符合正统思想的著作规定为生员必读，那么，这些书也就自然成为各级学校、读书人家的首选和必藏之书。这份带有"国家意志"的书目不是一朝形成的。洪武六年（1373），朱元璋召国子博士赵俶等人说："汝等一以孔子所定经书为教，慎勿杂苏秦、张仪纵横之言。"于是，赵俶"因请颁正定

---

① 朱元璋：《颁行大诰》，载钱伯城等主编《全明文》卷二十九，上海古籍出版社，1992年，第621页。
② 朱元璋：《大诰武臣序》，载钱伯城等主编《全明文》卷三十二，上海古籍出版社，1992年，第730页。
③ 申时行等纂：《大明会典》卷七十八，明万历十五年重修本，内府刊本，第17—18页。

《十三经》于天下,屏《战国策》及阴阳谶卜诸书,勿列学宫"。①洪武十四年(1381),朱元璋下令"颁《五经》《四书》于北方学校"②。洪武十五年(1382),礼部尚书刘仲质奉命"颁刘向《说苑》《新序》于学校,令生员讲读"③。首先,其明确了孔子编订的儒家经典至高无上的地位;然后,再消除"异端邪说"的影响;最后,逐步增入符合儒家正统思想的著作,最终达到控制思想、统一社会意识形态的目的。

藏书规定性的另一个体现是明代的禁书制度。纵观整个皇权社会,各朝代都会实行严格的思想控制政策,不允许收藏的书籍种类是很多的。就明代而言,较为常见的有以下几类:

与皇室相关的,以及天文谶纬之类,被认为能够影响"天命"的书。比如洪武六年(1373)的《大明律》,明确规定:"凡私家收藏玄象器物、天文图谶应禁之书及历代帝王图像、金玉符玺等物者,杖一百;若私习天文者,罪亦如之,并于犯人名下追银一十两,给付告人充赏。"④成化十年(1474),还发生过相关的案件,"因擒获妖人,追其妖书图本,备录其名目,榜示天下,以晓谕愚民"。其书有《番天揭地》《搜神记经》《金龙八宝混天机神经》《定天定国水晶珠经》等95种。⑤

禁止收藏明初靖难罪臣的文稿。建文四年(1402),燕王朱棣从北平起兵,打着"靖难"的旗号,夺取了侄子朱允炆的帝位,即

---

① 张廷玉等:《明史》卷一三七,中华书局,1974年,第3955页。
② 张廷玉等:《明史》卷二,中华书局,1974年,第36页。
③ 张廷玉等:《明史》卷一三六,中华书局,1974年,第3933页。
④ 转引自安平秋、章培恒主编《中国禁书大观》,上海文化出版社,1990年,第96页。
⑤ 余继登辑:《皇明典故纪闻》,书目文献出版社,1995年,第850—853页。

位为明成祖。永乐初年，一批忠于建文帝的臣子，拒绝与朱棣合作，均被残忍杀害，著名者如"读书种子"方孝孺、景清、铁铉等人。这些人的诗文、著作，随后均被定为禁书，禁止民间收藏、阅读，违者均施以重刑。如永乐三年（1405）十一月，庶吉士章朴"坐事与序班杨善同诖误，家藏有方孝孺诗文，善借观之，遂密以闻。上怒，逮朴，僇于市，而复善官"①。

禁止刊刻、收藏不符合儒家伦理之书。此类书主要指小说、戏曲作品。中国古代的小说、戏曲，一直被认为"不登大雅之堂"，受到正统士大夫的攻击。在提到明代禁书时，一种常见的说法就是明代禁戏曲小说，但当我们结合史料来推敲这种说法时，就会发现这是极不准确的。明代是属于戏曲的时代，明清传奇与唐诗宋词并列为一代文学，明代也有不少藏书家以收藏戏曲小说闻名于世，藩王中的周王府、私人藏书家中的澹生堂均是如此。因此，认为明代严格禁止收藏戏曲、小说显然是不符合事实的。对于此类作品，官府虽然不提倡，但并不是一味禁止，而只是对其中不符合儒家伦理的作品严加禁绝。

永乐九年（1411）七月，朝廷发布榜文申明此点："今后人民、倡优装扮杂剧，除依律神仙道扮、义夫节妇、孝子顺孙、劝人为善及欢乐太平者不禁外，但有亵渎帝王圣贤之词曲驾头杂剧，非律所该载者，敢有收藏传诵印卖，一时拿送法司究治。奉圣旨，但这等词曲，出榜后，限他五日都要干净将赴官烧毁了，敢有收藏的，全家杀了。"②

---

① 夏燮撰，王日根等校点：《明通鉴》（中册），岳麓书社，1999年，第475页。
② 王利器辑录：《元明清三代禁毁小说戏曲史料》（增订本），上海古籍出版社，1981年，第14页。

可见，其中并没有全面禁止之意，相反，对于那些能起到教化作用的戏曲作品，朝廷还有倡导之意。所禁者，只是所谓"亵渎帝王圣贤"之词，也就是对当权者有"不敬之词"的作品。

明朝历朝禁书资料也说明了这一点，据《明英宗实录》卷九十记载，正统七年（1442），国子监祭酒李时勉奏请销毁《剪灯新话》："近年有俗儒，假托怪异之事，饰以无根之言，如《剪灯新话》之类，不惟市井轻浮之徒，争相诵习，至于经生儒士，多舍正学不讲，日夜记意，以资谈论；若不严禁，恐邪说异端，日新月盛，惑乱人心实非细；故乞敕礼部，行文内外衙门，及提调学校佥事御史，并按察司官，巡历去处，凡遇此等书籍，即令焚毁，有印卖及藏习者，问罪如律，庶俾人知正道，不为邪妄所惑。"《剪灯新话》是明初瞿佑所作的一部志怪小说，多以"近事"为题材，这也许是其被禁的主要原因。再如，据《明神宗实录》卷三六九记载，万历三十年（1602）二月，礼科都给事中张问达劾奏李贽说："李贽壮岁为官，晚年削发，近又刻《藏书》《焚书》《卓吾大德》等书，流行海内，惑乱人心。以吕不韦、李园为智谋，以李斯为才力，以冯道为吏隐，以卓文君为善择佳偶，以司马光论桑弘羊欺武帝为可笑，以秦始皇为千古一帝，以孔子之是非为不足据，狂诞悖戾，未易枚举，大都刺谬不经，不可不毁者也。"万历皇帝回批："李贽敢倡乱道，惑世诬民，便令厂卫五城严拿治罪，其书籍已刊未刊者，令所在官司尽搜烧毁，不许存留。如有徒党曲庇私藏，该科及各有司访参奏来，并治罪。"李贽是明末很有影响力的思想家，以倡导解放天性、主张思想自由而闻名。对于这些思想上的"异见"分子，统治者惯常采用的做法就是压制，遏制其思想的传播，因此其著作被禁也在意料之中。

崇祯十五年（1642）六月，朝廷"大张榜示，凡坊间家藏《浒传》并原板，速令尽行烧毁，不许隐匿"①。崇祯统治时期，大明王朝已至末路，民变四起，禁止《水浒传》流通，就是为了防止民众照猫画虎，亦起造反之心。

综上，除了涉及帝王、天命、罪臣的图书，明朝政府所禁者都有一个共同特征，即与主流意识形态不符，违背了正统伦理思想。

（二）注重特色文献收藏

前面在介绍藏书价值观时提到，受明代中晚期以来"实学"兴起的影响，不少藏书家在藏书实践中重视"经世致用"之书的收藏。如青年时期的丘濬便已经开始有意识地收集经世致用之书，"凡天下户口、边塞、兵马、盐铁之事，无不究诸心意，谓一旦出而见售于时，随所任使，庶几有以借手致用"②。祁承㸁亦云："吾儒聚书，非徒以资博洽，犹之四民，所业在此。业为世用，孰先经济……"③ 这体现了明代私人藏书的一个特色：重视"实学"书的收藏。

此外，也有不少藏书家是以收藏类别丰富，或以特色收藏而闻名于世的。前者如钱同爱，"所积甚富。诸经子史之外，山经地志、稗官小说，无所不有，而亦无所不窥。尤喜《左氏》、司马、班、

---

① 王利器辑录：《元明清三代禁毁小说戏曲史料》（增订本），上海古籍出版社，1981年，第17页。
② 丘濬著，朱逸辉等校注：《琼台诗文会稿校注本》，内蒙古人民出版社，2002年，第1082—1083页。
③ 祁承㸁著，郑诚整理：《澹生堂读书记 澹生堂藏书目》（上），上海古籍出版社，2015年，第21页。

扬"①。又如张一韶，积书数万卷，"自刑法、钱赋、礼乐，旁及方舆、氏族、星历、医卜，无不精究。慨然以著作自负"②。

后者最有名的就是范氏天一阁的科举与方志文献收藏，以及常熟赵氏脉望馆的戏曲文献收藏。

天一阁藏书宏富，却并不以秘籍孤本著称，与同时代许多藏书家追求宋元旧椠的偏好大异旨趣，范钦藏书采用的是"厚今薄古"的原则，其藏书以明刻本为主，最具特色的收藏便是明代方志和科举题名录。据天一阁研究专家骆兆平先生考证，天一阁"原藏省、府、州、县志有四百三十五种，比《明史·艺文志》著录的还要多"③。民国二十三年（1934），赵万里等人登临天一阁时，尚存二百四十部。1949年后，经整理，共得二百六十八种，方志收藏数量名列各大图书馆之首。这些方志，以嘉靖、正德、弘治年间所修为主，少数为万历刻本，属地方志中的精品。其中的一百六十四种，为海内孤本。乡邦文献，实赖斯存。

明代科举题名录，是天一阁的另一个特色收藏。科举录是乡试录、会试录、进士登科录的总称，即有明一代历科举人、贡士、进士的花名册。由于其中包含了非常丰富的人物传记资料，受到了后世研究者的重视。赵万里曾在《重整范氏天一阁藏书记略》中盛赞天一阁收藏的科举录：

天一阁藏《明代登科录》，在明朝已经赫赫有名。嘉靖中锡山俞宪

---

① 叶昌炽著，王锷、伏亚鹏点校：《藏书纪事诗》，北京燕山出版社，1999年，第140—141页。
② 吴晗：《江浙藏书家史略》，中华书局，1981年，第69页。
③ 骆兆平编著：《天一阁藏明代地方志考录》，书目文献出版社，1982年，前言第1页。

辑《皇明进士登科考》,序里说:"各科有缺略,不能衔接,或谓四明范氏藏录最多,盍就询之,辗转乞假,果得补全。"据此可知《明代登科录》,在明中叶已罕见。现在阁里尚有洪武、永乐以下各朝的登科录,这不能不钦佩范东明搜辑之勤。我想范氏搜辑这许多当代的史料,必有深意在内。……明朝的登科录,和宋朝的大同小异。宋时的著小名小字及一举二举字样,而明则无之,然大致尚与宋同。宋季登科录传世者,仅有朱熹登科的《绍兴十八年同年小录》和文天祥登科的《宝祐四年登科录》二种而已。而现在的天一阁,所藏明录,竟几十倍于传世的宋录,合已经散出阁外的算起来,其总数犹当倍蓰于此。除了登科录以外,尚有各省会试乡试武举等录,约有一千二百余种。无论是那一省那一科所刊,都是半叶十行,有一定的款式。此外尚有进士三代履历十余册,皆万历朝坊本,许多不甚知名的文学作家的身世,借此考见不少。记得嘉庆间法梧门在翰林院里得到了《顺治进士三代履历》三册,上面有王士禛兄弟的履历,一时翰苑诸彦,题字的题字,考据的考据,忙得不亦乐乎,后来传为佳话。如以天一阁所藏相比,真是小巫见大巫,法梧门辈太可笑了。《登科录》等等,可算是最直接的传记体史料。除了天一阁,别处很难觅到,在黄河流域各省旧家的祠堂里,容或有之,此外无发现的可能了。①

这段论述对天一阁收藏科举题名录的文献价值已经阐释得十分透彻了。范钦为何能够独具慧眼,有意识地大规模收集上述两类文献呢?从价格上来说,不管是地方志还是科举录,相比宋刊元椠,在当时都是等而下之的,从经济角度看,这是一个"物美价廉"的选择。那么,范钦仅仅是因为这些书便宜才收藏的吗?答案显然是

---

① 赵万里:《重整范氏天一阁藏书记略》,《国立北平图书馆馆刊》1934年第1期。

否定的。范钦致仕还乡后,将晚年的全部精力都投入到藏书中去,他在诗中写道:"耽书吾道在,弹剑故情违。"① "趋时勋伐从英达,投老心情只典坟。"② 可见他是把藏书当成一生功名事业的延续来看待的。观范钦一生,他并不是一位纯粹的学者或者藏书家,其人生底色首先是一个有政治抱负的官僚士大夫。因此,他的藏书选择是与其政治理念上的追求密切相关的。明朝建立后,十分重视编纂地方志书。洪武六年(1373),明太祖便下诏令府州"绘上山川险易图",其后永乐、宣德、正统、嘉靖诸朝,都有诏修方志的记载,以至于出现"天下藩郡州邑,莫不有志"的局面。③ 因此,范钦热衷于收藏方志,很可能是这种"治天下以史为鉴,治郡国以志为鉴"观念的反映,体现了范钦强烈的事功意识。

而收集科举题名录的原因就更容易理解了,古代凡有功名之人,都极其重视同年关系,范钦也不例外。他在临终前,还利用洪武四年(1371)至万历七年(1579)的科举录,编写了《明贡举录》一卷。用今天的话说,科举题名录勾勒出的同年、同乡关系,就是官宦人家的一张"关系网"。范钦并不一定是想通过这张关系网获得什么直接的利益,但是从中了解封建王朝治理者们的情况,也是符合儒家士大夫"达则兼济天下"的信念追求的。范钦的收藏理念,和前述"经世致用"的藏书原则,一方面体现了明代藏书家收藏的多样性,另一方面也展现了他们对于治世之道、实用学问的追求。

---

① 范钦:《秋日闲居》,载范钦著、袁慧整理《天一阁集》,宁波出版社,2006年,第79页。
② 范钦:《纳凉》,载范钦著、袁慧整理《天一阁集》,宁波出版社,2006年,第189页。
③ 邸富生:《中国方志学史》,大连海运学院出版社,1990年,第91—95页。

明代私人藏书的另一个大特色，就是戏曲文献的收藏。明代中后期，在江苏常熟形成了一个可与"浙东派"相抗衡的藏书流派——"常熟派"，大量收藏戏曲文献就是常熟派的突出特点。

赵用贤、赵琦美父子，是常熟藏书史上第一个真正具有全国影响力的藏书大家。据《赵定宇书目》和《脉望馆书目》著录，赵氏父子藏曲除了著名的《脉望馆钞校本古今杂剧》100册，尚有"诚斋传奇"10本30余种，其他剧目7种，以及散曲集30余种。另一位常熟派大藏书家秦四麟，与赵琦美同时代，两人过从甚密，也同样爱好戏曲收藏。与一般藏书家的不同之处在于，秦四麟酷爱昆曲，曾从昆曲"水磨调"创始人魏良辅学曲，在音律方面的造诣超过了一般的歌伎。他收藏有明代李开先的《改定元贤传奇》①，其戏曲收藏被认为可补脉望馆之缺。清张远《无闷堂文集》卷七《元明杂剧书后》记载："右元人杂剧百三十六种，明人百四十七种，又教坊杂编二十种。旧钞者十之八，旧刻者十之二，皆清常道人手校，悉依善本改正。中有一二未校者，乃陆君敕先取秦西岩本校勘，朱墨烂然，先辈藏书，虽词曲之末，亦必校雠精密，毋敢草草，为可法也。"②

江南是南戏、传奇的发源地，明中叶后，昆山腔异军突起，取代了元杂剧在剧坛的地位，风靡全国。江南作为传奇的诞生地，藏书家藏曲之风盛行，上举常熟派之例并非孤证。据学者考证，仅见于记载的江南藏曲者就有昆山叶盛菉竹堂、吴县杨循吉、华亭何良

---

① 任广世：《〈改定元贤传奇〉编纂流传考》，载《戏曲研究》第75辑，文化艺术出版社，2008年，第220—242页。
② 转引自蒋星煜《常熟赵氏〈脉望馆钞校本古今杂剧〉的流传与校注》，《文学遗产》1980年第2期。

俊四友斋、长兴臧懋循、宁波范氏天一阁、余姚吕氏父子、会稽王骥德、余姚孙氏、长兴王继贤、山阴祁氏父子、仁和沈泰、华亭徐迎庆、嘉兴屠用明、会稽高奕、常熟毛晋父子、常熟钱谦益绛云楼、钱曾述古堂、秀水朱彝尊等。

江南藏曲之风盛行，一方面是文化、地理渊源使然，另一方面，从藏书观念的角度来看，反映了明代包容并举的藏书理念，这从明代藏书目录的类目设置也可见一斑。

（三）追求"宋刊元椠"的潮流

追求珍本秘籍是藏书家普遍的心态，而明代藏书家的主要贡献是在搜罗珍本的同时，从方法和理论上总结了历代版本的优劣，为藏书家进行版本选择提供了指南，进而形成了推崇"宋刊元椠"的风尚，并一直延续至近代。明代藏书家中，追求"宋刊元椠"最典型的例子就是王世贞和毛晋。

王世贞是明中后期的文坛领袖，独掌文坛二十余年，他的藏书、读书处有小酉馆、尔雅楼、九友斋等。据胡应麟记载："王长公小酉馆在弇州园凉风堂后，藏书凡三万卷，二典不与，构藏经阁贮焉。尔雅楼庋宋刻书皆绝精。余每读《九友歌》，辄泠然作天际真人想。"[①] 他还曾留下"得一奇书失一庄"的书林佳话。据王世贞自云，其所藏宋版书有三千余卷，其中以宋刻《汉书》《后汉书》最为珍贵，"余平生所购《周易》《礼经》《毛诗》《左传》《史记》《三国志》《唐书》之类，过三千余卷，皆宋本精绝。最后班、范二

---

① 胡应麟等著，王岚、陈晓兰点校：《经籍会通 外四种》，北京燕山出版社，2008年，第56页。

《书》，尤为诸本之冠，前有赵吴兴象。余失一庄而得之"①。特辟尔雅楼收藏宋本书，再以宋版书中最精致的九种为"友"，单独陈列，其对宋本书的痴迷跃然眼前。

受王世贞影响，其弟世懋亦好宋版。胡应麟记载："次公亦多宋梓。一日燕汪司马，尽出堂中，并诸古帖画卷列左右，坐客应接不暇。司马谓此山阴道上行也。司马公尤好古，汇刻坟雅诸书，今盛传于世云。"②

明清之际的常熟派甚至还有"佞宋"的称号，藏书家不仅不以为忤，反而视之为一种荣誉。汲古阁主人毛晋"奋起为儒，好古博览。构汲古阁、目耕楼，藏书数万卷……其所藏旧本，以宋本、元本椭圆印别之。又以'甲'字印钤于首，其余藏印用姓名及'汲古'字者以十数"③。曹溶总结乃师钱谦益的藏书特点，谓："一所收必宋元板，不取近人所刻及抄本，虽苏子美、叶石林、三沈集等，以非旧刻，不入目录中；一好自矜啬，傲他氏以所不及，片楮不肯借出。尽有单行之本，烬后不复见于人间。"④明清之交常熟派的这种藏书风尚，直接引领了清代藏书事业的发展。

---

① 叶昌炽著，王锷、伏亚鹏点校：《藏书纪事诗》，北京燕山出版社，1999年，第185页。
② 胡应麟等著，王岚、陈晓兰点校：《经籍会通 外四种》，北京燕山出版社，2008年，第56页。
③ 郑钟祥、张瀛修、庞鸿文等纂：《中国地方志集成·江苏府县志辑22：光绪常昭合志稿》卷三十二，江苏古籍出版社，1991年，第559页。
④ 曹溶：《绛云楼书目题辞》，载王余光主编《藏书四记》，湖北辞书出版社，1998年，第183页。

第二节　明代藏书建设的方法和理论

藏书建设指藏书家按照其藏书理念，采用一定的方式、方法，有目的、有计划地选择入藏的各种文献资料的活动。古代藏书搜集的手段主要有抄录、购买、进献或捐赠（主要是官府和书院藏书）等几种，明代的藏书汇集途径也不例外，但从明代开始，出现了系统总结藏书建设理论的著作，这是明代学者对中国古代图书馆学的杰出贡献。

一、藏书搜集的方法与途径

（一）抄录

抄录是古代藏书收集最重要的手段，即使在雕版印刷术已经普及的时代，抄本仍是收藏者，特别是私人藏书家的主要收藏来源。按照主体不同，抄录的形式一般有自抄、雇抄两类。自抄又包括藏书家手抄和组织家人抄写两种方式。

一般来说，收藏数量较多的藏书家都有亲自抄书的经历。亲自抄写，除了成本方面的考虑，对藏书家来说，亦被认为是藏而能读，或者搜集善本珍籍的手段。著名藏书家精抄精校的版本，大多成为后世藏家追捧之物。近代著名文献学家袁同礼曾总结道:"明人好钞书,颇重手钞本。藏书家均手自缮录,至老不厌。"①

明初大儒宋濂在其名篇《送东阳马生序》中就曾记录自己少时抄书的经历:

> 余幼时即嗜学。家贫,无从致书以观,每假借于藏书之家,手自笔录,计日以还。天大寒,砚冰坚,手指不可屈伸,弗之怠。录毕,走送之,不敢稍逾约。以是人多以书假余,余因得遍观群书。②

有明一代,类似的抄书记载屡见不鲜。杨士奇,"吾早有志于学,而孤贫不能得书。稍长,事钞录,无以为楮笔之费。则往往从人借读,不能数得"③。阎起山,"喜积书,见书必力购,家惟一童,日走从友人家借所未读书,手钞口吟,穷日夜不休,所获学俸,尽费为书资。家甚贫,或时不能炊,至质衣以食,而玩其书不忍弃"④。蒋少补,"家贫不能购书,人间多有之书,皆手自缮写,积至盈箱溢几"⑤。钱绅,"质醇行端,所藏书皆手自缮写"⑥。邹缉,"廉静嗜学,见异书必露抄雪纂"⑦。秦四麟,"夙喜藏书,从人得秘

---

① 袁同礼:《明代私家藏书概略》,《图书馆学季刊》1927年第1期。
② 宋濂:《送东阳马生序》,载徐一波主编《中华经典诗文诵读》第3卷,山东友谊出版社,2015年,第106页。
③ 叶昌炽著,王锷、伏亚鹏点校:《藏书纪事诗》,北京燕山出版社,1999年,第105页。
④ 杨立诚、金步瀛合编,俞运之校补:《中国藏书家考略》,上海古籍出版社,1987年,第328页。
⑤ 杨立诚、金步瀛合编,俞运之校补:《中国藏书家考略》,上海古籍出版社,1987年,第304页。
⑥ 钱谦益:《列朝诗集小传》,上海古籍出版社,1983年,第203页。
⑦ 钱谦益:《列朝诗集小传》,上海古籍出版社,1983年,第167页。

籍，多用行书抄写，篝灯校勘，老而不倦"①。朱存理，"闻人有异书，必从访求，以必得为志，手自缮录前辈诗文，积百余家"②，祝希哲赠之诗云："书钞满箧皆亲手，诗草随身半在舟。"③

叶盛，生平嗜书，手自雠录至数万卷，数十年间几乎无一日不抄书。"虽持节边徼，必携钞胥自随。每钞一书成，辄用官印识于卷端。"④ 谢肇淛在所抄《竹友集》跋中说：

时方沍寒，京师佣书甚贵，需铨京邸，资用不赡，乃手自钞写。每清霜呵冻，十指如槌，几二十日始克竣，袠藏之于家，亦足诧一段奇事也。⑤

为了抄书，手指被冻伤亦在所不惜。顾铧，"性独好书，甚于饥渴饮食。其有裨于身心家国天下之务，足备一代之文献者，耳目所及，辄展转穷搜之，必购得之为快。……或力有所不能得，则手自钞写，穷日夜可尽百十纸。夜尝不寐，寐亦止尽数刻，而张灯披衣，往往达旦。手不释卷，不停钞，自以为愉快极，虽老至不知也。凡钞阅核雠，精审不讹一字，稍涉疑义，则尽记之，举其辞问晰乃已"⑥。秦景阳，"喜藏书，朱黄丹白，开卷烂然，从人得秘籍，

---

① 赵景深、张增元编：《方志著录元明清曲家传略》，中华书局，1987年，第480页。
② 钱谦益：《列朝诗集小传》，上海古籍出版社，1983年，第303页。
③ 吴晗：《江浙藏书家史略》，中华书局，1981年，第134页。
④ 叶昌炽著，王锷、伏亚鹏点校：《藏书纪事诗》，北京燕山出版社，1999年，第109页。
⑤ 王士禛：《王士禛全集》（五），齐鲁书社，2007年，第3879页。
⑥ 叶昌炽著，王锷、伏亚鹏点校：《藏书纪事诗》，北京燕山出版社，1999年，第259—260页。

多用行书好写,篝灯雠勘,老而不倦"①。

关于抄书,澹生堂主人祁承㸁在给儿子的家书中曾记载:"此番在中州所录书,皆京内藏书家所少,不但坊间所无者也。""发回书共八夹,内有河南全省志书二夹,不甚贵重,此外皆好书也,有一夹特于陕西三十八叔印来者。若我近所抄录之书,一百三四十种,共两大卷箱,此是至宝,自家随身携之回也。"②可见,即使是如澹生堂主人这样的大藏书家,其收藏亦需日积月累,而抄写始终是受到藏书家特别重视的收集方式。

杨循吉所藏书,多手抄及收购,其《抄书诗》云:"沈疾已在躬,嗜书犹不废。每闻有奇籍,多方必图致。手录畏辛勤,数纸还投弃。贸人共所好,恒辍衣食费。往来绕案行,点画劳指视。成编亦艰难,把玩自珍贵。家人怪何用,推却从散离。亦蒙朋友笑,既宦安用是?自知身有病,不作长久计。偏好固莫捐,聊尔从吾意。"③此诗将作者爱书抄书的形象刻画得十分生动。

明代藏书家的类似记载,可谓俯拾皆是。从上引史料可以看出,藏书家用抄写的形式搜集图书,首先是出于经济方面的考虑,抄写是购书的补充。其次,在不考虑经济因素的前提下,需要抄写的书大多是比较珍贵或稀见的,因为坊间(注:即书肆)所售者大多是常见、销量大的书,一些数量稀少、版本稀见,收藏于他人之手的书籍便只有通过抄写的方式获得副本了。最后,对于特别重

---

① 杨立诚、金步瀛合编,俞运之校补:《中国藏书家考略》,上海古籍出版社,1987年,第174—175页。
② 黄裳:《淡生堂二三事》,载《黄裳文集》(4),上海书店出版社,1998年,第481、482页。
③ 徐寒主编:《历代古诗鉴赏》(下),中国书店,2011年,第921页。

要、珍贵的版本，藏书家会亲自抄写，而且通常是抄写与校勘文字同时进行。

有明一代，部分藏书家的抄本因抄写精良、质量上乘，成为收藏界的珍本。仅以江苏为例，以抄书、藏书而知名的藏书家有长洲吴宽丛书堂的"吴抄"、长洲文徵明玉兰堂的"文抄"、金坛王肯堂郁冈斋的"王抄"、吴县沈与文野竹斋的"沈抄"、常熟杨仪七桧山房的"杨抄"、无锡姚咨茶梦斋的"姚抄"、常熟秦四麟致爽阁的"秦抄"、常熟毛晋汲古阁的"毛抄"。此外，尚有福建谢肇淛小草斋的"谢抄"，浙江祁承㸁澹生堂的"祁抄"等。有人总结明代较有名的藏书家手抄本版本特征如下：

叶盛，所抄书首尾二纸皆自手录，书成常用官印钤于卷端，所抄书版心有"赐书楼"三字，常用绿、墨二色格纸。①

吴宽，丛书堂抄本。叶昌炽在《藏书纪事诗》中评价道："余所见'丛书堂'钞本，公手书者精采奕奕，笔法绝似苏长公。"② 吴宽抄本喜用红格纸。清初钱曾藏有吴抄《孟子注疏》十四卷，钱氏跋云："《孟子注疏》是丛书堂录本，简端五行，为匏翁手笔。古人于注疏，皆命侍史缮写，好书之勤若是。间以监本、建本对校，舛谬脱落，乃知匏翁抄此为不徒也。"③

沈与文野竹斋抄本，格栏外有"吴县野竹斋沈辨之制"，或版心有"吴郡沈氏野竹斋校录"九字。④

杨仪梦羽七桧山房、万卷楼抄本，版心有"嘉靖乙未七桧山

---

① 李致忠：《古籍版本知识500问》，北京图书馆出版社，2001年，第376页。
② 叶昌炽著，王锷、伏亚鹏点校：《藏书纪事诗》，北京燕山出版社，1999年，第117页。
③ 黄丕烈撰，余鸣鸿、占旭东点校：《黄丕烈藏书题跋集》（上），上海古籍出版社，2015年，第44页。
④ 曹之：《中国古籍版本学》（第3版），武汉大学出版社，2015年，第563页。

房""万卷楼杂录"等字。①

姚咨茶梦斋抄本，版心有"茶梦斋抄"四字，多用蓝格纸。黄丕烈士礼居藏有影宋抄本《续谈助》，有姚咨识语，其文为："《续谈助》五卷，宋刻本，为故友秀水令江阴徐君子寅家藏。子寅殁后，其家人售于秦汝立氏。汝立乃余门人汝操之弟，青年癖古，储蓄甚富，亦友于余。□假而手录，阅三逾月，始讫事，惜乎断简缺文，未敢谬补，藏之茶梦阁，以俟善本云。嘉靖壬戌之秋八月二日，皇山人姚咨识，时年六十有八。"②可见姚氏抄书终身不辍，至暮年仍不改其癖。

祁承㸁澹生堂抄本，校勘精良，纸墨皆洁净。版心有"澹生堂钞本"五字，多用蓝格竹纸，原本每页十六行。③

毛晋汲古阁，多影抄本，字画、纸张、乌丝、图章追摹宋刻，与宋刻本无异。版心有"汲古阁"三字，格栏外有"毛氏正本汲古阁藏"，墨格或者不印格。④如影宋抄本《国语》五册，有毛晋之子毛扆题识："从绛云楼北宋版影写，与世本大异，即如首章'昔我先王世后稷'，今时本脱'王'字，盖言先王世为后稷之官也。此与《史记》合。他如此类甚多，此特其一尔。"⑤

谢肇淛小草斋抄本，版心有"小草斋钞本"五字，墨格，半页十行。⑥

---

① 曹之：《中国古籍版本学》（第3版），武汉大学出版社，2015年，第563页。
② 黄丕烈著，潘祖荫辑，周少川点校：《士礼居藏书题跋记》，书目文献出版社，1989年，第145页。
③ 顾志兴：《浙江藏书史》，杭州出版社，2006年，第239页。
④ 曹之：《中国古籍版本学》（第3版），武汉大学出版社，2015年，第563页。
⑤ 丁延峰：《古籍文献丛考》，黄山书社，2012年，第149页。
⑥ 曹之：《中国古籍版本学》（第3版），武汉大学出版社，2015年，第563页。

钱谦益绛云楼抄本，版心刻"绛云楼"三字，墨格或绿格。①

上述特征，也成为后世藏书家进行版本价值、年代判定的重要依据。

以个人或者家人的力量来抄写，所得毕竟有限。尽快扩大藏书规模的需求，催生了雇抄活动。就其本质而言，雇人抄写与花钱购书类似，都属于商业交易。之所以将其列入抄录而非购置的藏书建设手段，是因为雇抄的发起者和组织者一般是藏书家本人，相比被动购入，雇抄的行为带有更多的主动性，体现了藏书家对藏书建设的规划与藏书好尚。

同样以澹生堂主人为例，在论及自己多年藏书经历时，祁承㸁说："我仕途宦况，遗汝辈者虽少，而积书已在二千余金之外，汝辈不知耳。只如十余年来所抄录之书，约以二千余本，每本只约用工食纸张二三钱，亦便是五六百金矣。又况大半非坊间书，即有银亦无可买处。"②可见，藏书家雇人抄写在明代中后期已经比较常见了，雇抄之书大部分为稀见版本，或坊间难得一见之本，在佞古嗜旧已渐成风气之时，雇抄无疑是一种"物美价廉"的聚书方式。

叶盛抄书极为刻苦，复旦大学王欣夫为《藏书纪事诗》所作《补正》引《叶文庄公书跋·书传家集后》载：

《司马温公传家集》八十卷，六十六至终卷初借录于同年进士浦宗源，广州见司马昌训导，又录得目录至四十卷，今年从大理正卿所录补四十一至六十五卷，始为全书也。夫以余历三人者之家，积二十余年之久，而后克成一书，亦难矣！吾后之人乃欲易视吾书，可乎？吾

---

① 曹之：《中国古籍版本学》（第3版），武汉大学出版社，2015年，第565页。
② 黄裳：《澹生堂二三事》，载《黄裳文集》（4），上海书店出版社，1998年，第482页。

平生模录书册，其纸板字行多依原本，故讹字虽或未免，若脱行漏板则无之，如此书是已。并书以示子孙。①

于中不难见到叶盛执着的抄书精神。叶盛虽勤，但仅靠他一双手，所得有限，故也常雇胥吏为之，然首尾二纸必为其手书，此亦当时写本通例。叶盛所藏、抄之书还有一点值得注意，据《静志居诗话》卷七称："文庄中外扬历，不遑宁居。而见一异书，虽残编蠹简，必依格缮写，储藏之目，为卷止二万余，然奇秘者多亚于册府。"② 也就是抄写的时候必须"照猫画虎"，保留原书的行款格式。这种抄写方式的形成，应当与当时日渐发达的版本校勘之学不无关系。

上面举了两位著名藏书家的例子，事实上，明清两代，雇抄在民间藏书活动中已蔚然成风。叶盛宦游四方，"必携钞胥自随"③。杨循吉家有"笔生徐宗器"④。袁表家有抄工徐堂，焦竑家蓄侍史专司抄书。⑤ 项笃寿"见秘册，辄令小胥传抄"⑥。范大澈旅居长安时，"尝雇善书者誊写，多至二三十人"⑦。更遑论毛晋"家蓄奴婢二千指""入门僮仆尽钞书"⑧。从上述材料可见，至明代中后期，雇抄

---

① 叶昌炽撰，王欣夫笺正：《藏书纪事诗 藏书纪事诗笺正》（中），广西师范大学出版社，2021年，第985—986页。
② 朱彝尊：《静志居诗话》卷七，人民文学出版社，2006年，第181页。
③ 叶昌炽著，王锷、伏亚鹏点校：《藏书纪事诗》，北京燕山出版社，1999年，第109页。
④ 叶昌炽著，王锷、伏亚鹏点校：《藏书纪事诗》，北京燕山出版社，1999年，第123页。
⑤ 任继愈主编：《中国藏书楼》，辽宁人民出版社，2001年，第87页。
⑥ 叶昌炽撰，王欣夫笺正：《藏书纪事诗 藏书纪事诗笺正》（上），广西师范大学出版社，2021年，第368页。
⑦ 骆兆平：《天一阁丛谈》，宁波出版社，2012年，第19页。
⑧ 叶德辉著，吴国武、桂枭整理：《书林清话》，华文出版社，2012年，第189、191页。

已经是一种非常成熟的模式了，抄手或为家仆，或为专门的抄工，抄写的价格也相对固定，雇抄成为一种有一定规模的商业活动。

雇抄一般是藏书家的主动行为，另有一种商业性质的抄书活动，其规模较之雇抄更大，也更普遍。如李诩曾记载："余少时学举子业，并无刊本窗稿。有书贾在利考，朋友家往来，钞得灯窗下课数十篇，每篇誊写二三十纸，到余家塾，拣其几篇，每篇酬钱或二文或三文。……今满目皆坊刻矣，亦世风华实之一验也。"[①] 对于一些销路广且不易寻得的版本，书商也会主动组织抄写，再通过贩卖或刊刻渔利，这也是明代商业发达的标志。台湾学者陈冠至在《明代江南士人的抄书生活》中总结："抄录书籍是古代文士在阅读上一个重要的方式，也是藏书家在征集图书时最常用的手段，即使是在雕版印刷普遍流行的宋、元、明、清等朝代，仍是如此。"对私人藏书家来说，即使在雕版印书已经普及的时代，抄本仍以成本低廉、方式灵活的优势，成为藏书家汇集群书的重要手段。此外，对文人藏书家来说，抄写不仅可以增加藏书数量，更是读书、校书的重要方式，这也是明清两代藏书家抄本盛行的重要原因。

与私人藏书相比，官府在进行藏书建设时，抄录的规模就要大得多了。对于历代重视图籍收藏的统治阶层来说，抄写是国家"访求遗书"的"常规"手段，以国家的力量，组织人力物力进行大规模的抄书活动，是官府藏书增长的主要方式。弘治初年，大学士丘濬提出的加强国家藏书建设的建议，就多次提到抄录的方式、方法。

首先，明朝实现南北两京制，两京各设文渊阁典藏书籍，但与

---

① 李诩撰，魏连科点校：《戒庵老人漫笔》卷八，中华书局，1982年，第334页。

之相比，国家最高学府——国子监的收藏情况就不太乐观了。为了加强国子监的藏书建设，丘濬建议将南北两京宫中藏书的副本移送国子监，对于没有副本的，"将本书发下国子监敕祭酒司业行取监生抄录，字不必工，惟取端楷，录毕散各堂官校对，不许差错"[①]。

其次，对于国家藏书（宫内、内阁），要根据藏书及图书事业的发展情况随时增补。具体做法是，先令内阁对国家现有藏书进行编目，然后将目录下发至各省，由地方官员按照书目实时访查，"与凡官府学校寺观，并书坊书铺收藏。古今经、史、子、集，下至阴阳、艺术、稗官小说等项，文书不分旧板新刊及抄本未刻者，但系内阁开去目录无有者，及虽有而不全者，许一月以里送官"。收上来的图书，"分散各处儒学生员誊写，惟取成字，不拘工拙，但不许潦草失真，就令各学教官校对既毕，以原本归主"[②]。

最后，国家重要档案文献，如谱牒之类，需建金匮石室贮之以保其周全，还要建立副本制度，通过抄写使重要文献化身千万，以保永无疏失。"乞敕内阁儒臣计议，督令内阁书办中书舍人等官，遇其理办本等文书稍有暇隙，不妨本职分写累朝《实录》各一部，不限年月，书成盛以铜匮庋于楼之上层。"[③]

无独有偶，丘濬之后数十年，因距离明初年代已久，《永乐大典》原书的收藏状况不佳。嘉靖四十一年（1562），大学士徐阶等人奉诏组织重抄《永乐大典》，在给皇帝的回奏中，其对抄写的形

---

① 丘濬著，周伟民、王瑞明、崔曙庭等点校：《请访求遗书奏》，载《丘濬集》第八册，海南出版社，2006年，第3985页。
② 丘濬著，周伟民、王瑞明、崔曙庭等点校：《请访求遗书奏》，载《丘濬集》第八册，海南出版社，2006年，第3987页。
③ 丘濬著，周伟民、王瑞明、崔曙庭等点校：《请访求遗书奏》，载《丘濬集》第八册，海南出版社，2006年，第3988页。

式与制度进行了详细的说明。今录此文，以供读者了解明代官府藏书抄写的组织形式。

一、官生一百九员名，分为十馆：所写之书，总校官二员，总管各馆；分校官十员，各管一馆。除校对外，各要钤束官生，勿容怠肆。有不服者，开送臣等以凭参治。

一、催攒官收掌官俱总管各馆，催攒官总置簿一扇，开列各官生职名，每日责令画卯画酉。收掌官每馆置簿一扇，登记各馆生所领书数：先将官生职名开列簿面，其簿内按名次写某人领书一本，卷几至卷几；写完之日，即于下注某月日写完。领书之时，务照名次逐本给与，不许挨越紊乱，以杜规避，以便查考。其官生有无故不到及私自出外者，听催攒官，有领书不依次者听收掌官，各开呈臣等，以凭参究。

一、《大典》系秘书，况无副本。催攒收掌官务要督率各馆当该及校尉稽查官生，不许潜带出外，雇人代写，致有疏失。违者即便开呈臣等，以凭参治。

一、收掌官会同催攒官每馆置簿一扇，按月登记各官生所写书页。除题奉钦依每日须写三页，每人须足五千页外；其论页数须以实写之字扣算，凡图画等项，不许概作页数混开。如遇差错，发与另写，不拘一次二次，只算一页。其论行数，双行小字，只随大字作一行计算。如官生混报，罪坐官生。收掌催攒官纵容作弊，罪坐各官。[①]

国家组织的抄写活动，其特点有三：一是有严格的人员职掌，各部门人员各司其职。二是有明确的目的性和计划性，通过制定规

---

① 郭伯恭：《永乐大典考》，山西人民出版社，2014年，第109—110页。

章制度，分解目标任务，保证相关工作按时完成。三是有严厉的奖惩措施，特别是对抄写不认真、失误过多的情况，有明确的处罚手段，以保证抄写的质量。

（二）购买

如果说抄写是藏书家财力不济或者针对珍本秘籍而采取的藏书收集手段，那么，购买则是一种更为普遍的、能够在较短时间内大规模搜集图书的方式。

明代商业活动发达，出版业与书店业亦十分繁荣，在全国各地都形成了区域书业中心，这为藏书事业的发展提供了便利。所谓"挟资入贾肆，可立致数万卷"[1]，就是对当时书业发达的写照。

生活在明代中前期的胡居仁在给其老师的信中说："京中凡有先儒书籍，如《程子遗书》《朱子语类》《伊洛渊源》《晦庵文集》等书，皆发于义理，切于人心，有志圣贤之学者，不可不求也。闻国子监有版，未知真否？若的有版，可以入印，烦报数字，即附买纸印毕分赐。万幸！某去岁往建阳书坊买求，止有《晦庵文集》，即今刊版未完，其余诸书皆无。"[2] "某僻处穷乡，难得书籍，闻京国多书，困于贫乏，不能往来，如遇有圣贤遗书，更望赐焉。"[3] 胡居仁（1434—1484）是江西余干人，后因家贫举家迁徙到邻近的安仁，从硕儒吴与弼学，他效仿老师拒绝参加科举，终身以农耕和课徒为业，一生的主要活动轨迹都在江西、福建一带，曾执掌著名的

---

[1] 曹溶：《流通古书约》，载李希泌、张椒华主编《中国古代藏书与近代图书馆史料（春秋至五四前后）》，中华书局，1982年，第31页。
[2] 胡居仁：《胡敬斋集》卷一，中华书局，1985年，第10页。
[3] 胡居仁：《胡敬斋集》卷一，中华书局，1985年，第11页。

白鹿书院。上面的信是其青年时期写给老师于准的,从中可见,即使生活在当时的全国刻书中心——建阳附近,身处"穷乡僻壤"的普通士人想要购买心仪的书籍,仍要向京中的友朋求助。但也不难看出,明代中前期坊刻之普及程度,不论是建阳坊刻"比屋皆鬻书籍,天下客商贩者如织"[①],还是国子监藏版可供人印制,都是书业发达的表现。而胡氏所求之书未能在建阳寻到,其原因也不难解,以营利为首要目的的建阳刻本,追求薄利多销是其永恒不变的经营策略,胡氏信中提到的书籍,大部分并非实用的科举考试用书,书商们自然会"敬而远之"了。

再如何良俊,据其《四友斋丛说·自序》说:"何子读书颛愚,日处四友斋中。随所闻见,书之于牍,岁月积累,遂成三十卷云。四友云者,庄子、维摩诘、白太傅与何子而四也。夫此四人者,友也。……何子少好读书,遇有异书,必厚赀购之。撤衣食为费,虽饥冻不顾也。每巡行田陌,必挟策以随。或如厕,亦必手一编。所藏书四万卷,涉猎殆遍。"[②]何良俊一生以读书著述为业,藏书过四万卷,《四友斋丛说》中专辟一卷论"词曲",后人将其摘出,以《曲论》之名行世,该著述为中国古代戏曲理论发展做出了重要贡献。日积月累,不吝重金广罗群籍,是其积累藏书的重要手段。

明代商业发达,各地书肆林立,除了可以亲自去书肆挑选,大藏书家一般都有长期往来的相熟书商,这些书商十分了解各大藏书家的收藏偏好,会根据其喜好提供上门服务,兜售图书。比如汲古

---

① 《嘉靖建阳县志》卷三,载《天一阁藏明代方志选刊》,上海古籍出版社,1982年,第6页。
② 何良俊:《四友斋丛说·自序》,载周光培编《明代笔记小说》第六册,河北教育出版社,1995年,第2页。

阁主人毛晋，就留下了"湖州书舶云集于门"的美谈。这种情形，在明清时期的江浙一带十分普遍，"织里一乡，家家户户几乎皆'佣书为业'"①，为江浙藏书事业的发展创造了极佳的条件。当然，也有一些藏书家喜欢亲至书铺挑拣。赵琦美就有此爱好，他在为刊刻《酉阳杂俎》题写的序文中记载：

> 吴中廛市闹处，辄有书籍列入檐蔀下，谓之"书摊子"。所鬻者悉为小说、门事、唱本之类。所谓"门事"，皆闺中儿女之所唱说也。或有一二遗编断简如玄珠落地，间为罔象得之。美每从吴门过，必于书摊子上觅书一遍。②

赵琦美收藏的《酉阳杂俎》续编十卷就是从"书摊子"上觅得的，这与今天在文玩市场"捡漏"之举有异曲同工之妙，此亦藏书一乐。比赵琦美略年长的常熟藏书家孙楼也是同道中人，据其《博雅堂藏书目录》自序：

> 余家自先考功高曾而下，故多藏书。会中落，靡有孑遗，而厥嗜弥坚。米家船来，余先众以往，推篷恣搜，贾亦苦之。或赴试，薄游两都，日邀列肆间，一睹所未睹，辄大叫，喜不自禁，若一旦获拱璧，恨相遇晚。与之直，或倍其索，弗吝。既获，虽剧寒暑必讽之卒业。③

"精打细算"的藏书家往往擅长"捡漏"，陆深《江东藏书目

---

① 顾志兴：《浙江藏书史》，杭州出版社，2006年，第200页。
② 杨守敬撰，张雷校点：《日本访书志》，辽宁教育出版社，2003年，第138页。
③ 叶昌炽撰，王欣夫笺正：《藏书纪事诗 藏书纪事诗笺正》（上），广西师范大学出版社，2021年，第330—331页。

序》记载:"余家学时喜收书,然觊觎屑屑,不能举群有也。壮游两都,多见载籍,然限于力,不能举群聚也。间有残本不售者,往往廉取之。故余之书多断阙。阙少者或手自补缀,多者幸他日之偶完而未可知也。"[1] 虽然囊中羞涩,但低价购得好书,再多方谋求将其补全的过程,也是藏书之乐的一个侧面。

除了向书肆、书店购买,部分消息灵通、见识广博的藏书家还十分关注藏书界的动态,以便伺机购入故家所藏。比如胡应麟《经籍会通》记云:"张文潜《柯山集》一百卷,余所得卷仅十三,盖抄合类书以刻,非其旧也。余尝于临安僻巷中见抄本书一十六帙,阅之乃《文潜集》,卷数正同,书纸半已溷灭,而印记奇古,装饰都雅,盖必名流所藏,子孙以鬻市人。余目之惊喜,时方报谒臬长,不持一钱,顾奚囊有绿罗二匹代羔雁者,私计不足偿,并解所衣乌丝直裰、青蜀锦半臂罄归之。其人亦苦于书之不售,得直慨然。适官中以他事勾唤,因约明旦。余返寓,通夕不寐。黎明不巾栉访之,则夜来邻火延烧,此书倏煨烬矣!余大怅惋弥月,因识此,冀博雅君子共访,或更遇云。"[2] 得而复失,怅然之情跃然纸上。从中也可见到,藏书巨万并非一蹴而就,实赖藏书家悉心探访、随时留意,方能常有"意外收获",不断丰富其藏书。

相比私人藏书,官府藏书虽常有颁赐或赠与之举,但也需要依靠购买来充实收藏。如杭州府学,由杭州知府王德宣于洪武七年(1374)奉命而建,建成后王德宣捐俸禄购置31部图书。正德十二

---

[1] 胡应麟等著,王岚、陈晓兰点校:《经籍会通 外四种》,北京燕山出版社,2008年,第23页。
[2] 胡应麟等著,王岚、陈晓兰点校:《经籍会通 外四种》,北京燕山出版社,2008年,第46页。

年(1517),杭州知府留志淑将原藏仁和县学的《南宋石经》及《道统十三赞》移置府学内。当时的提学副使刘瑞又请求以刑金购书万卷,藏尊经阁内,一时"经史子集秩然略备,楼藏于阁"。①

根据前人研究成果,明代常见的书业形态主要有以下几种。

(1)书店,又称书坊、书林、书铺。最初的书店都是刻印与销售合在一起的。如福建建阳地区既是刻书之地,又是售书之地,后来又有了专门的售书店和兼营图书的杂货铺。

(2)集市,即图书买卖的专门集市或兼营图书的综合性集市,一般也都在刻书业发达的地区。如福建建阳的崇化里,每月一、六日都有定期的图书交易集市,"比屋皆鬻书籍,天下客商贩者如织"②。

(3)书摊,即售卖图书的摊点,一般设在城镇店铺周围。

(4)贩运,即把书长途运输到异地去卖。

(5)书船,即利用船舶作为贩运、卖书的工具,往来于有水道连通的乡镇乃至沿海地区。

(6)货担郎,古代卖日用杂货的货担郎也兼售图书。他们所售的书一般都是一些通俗性大众读物,虽然数量和品种不多,但他们的贩卖活动,把一些大众喜闻乐见的读物送到了读者手中,所以他们在读物的发行和流通中起着不可或缺的作用。

上述几种方式,构成了立体的图书销售渠道,为明代藏书事业的发达提供了坚实的物质基础。

---

① 丁申:《武林藏书录》,古典文学出版社,1957年,第11—12页。
② 《嘉靖建阳县志》卷三,载《天一阁藏明代方志选刊》,上海古籍出版社,1982年,第6页。

（三）颁赐

购买和抄写，是私人藏书家聚书的主要途径，而对于官府、书院、寺观藏书来说，还有另一条较为常见的获得藏书的渠道——朝廷或官府颁赐。

明代初年，便有赐书给宗室子弟的传统，"洪武初年，亲王之国，必以词曲一千七百本赐之"[1]。镇国中尉朱观𤏅，创承训书院，世宗赐以《五经》诸书。[2] 对此，清代大藏书家叶德辉曾总结道："诸藩时有佳刻，以其时被赐之书，多有宋元善本，可以翻雕，藩邸王孙又颇好学故也。"[3] 赐书与宗室子弟，一方面是希望他们刻苦读书，不要辜负先辈的创业艰难，亦不要卷入皇室权力之争；另一方面，也在客观上促进了藩王藏书之风的盛行。

赐给寺观的图书主要是《大藏经》和《道藏》。比如，据《明英宗实录》卷一二二记载：英宗正统九年（1444），"颁释、道大藏经典于天下寺观"；正统十年（1445）二月，赐大藏经于镇江甘露寺。[4] 据《明神宗实录》卷三七八记载：万历十三年（1585），神宗又数造《大藏经》颁赐天下名山，仅五台山就送去十藏；万历三十年（1602）十一月，赐扬州天宁寺、万寿寺藏经二部。

颁赐官学、书院的书籍主要是儒家经典，如洪武十四年（1381），颁赐"五经""四书"于北方学校。永乐十五年（1417），复颁《五经四书大全》《性理大全》于两京六部、国子监及天下府

---

[1] 王利器辑录：《元明清三代禁毁小说戏曲史料》（增订本），上海古籍出版社，1987年，前言第4页。
[2] 张廷玉等：《明史》卷一一六，中华书局，1974年，第3577页。
[3] 叶德辉：《（插图本）书林清话》卷五，上海古籍出版社，2008年，第87页。
[4] 王圻纂辑：《续文献通考》卷二四七，明万历三十一年刊本，第44页上。

州县学。① 弘治间，大学士丘濬曾说："两京国子监虽设典籍之官，然所收掌止是累朝颁降之书，及原贮书板，别无其他书籍。"② 可见，颁赐是官府藏书非常重要的汇集途径。

（四）多方谋求

古代社会，书籍价昂，访求不易。明代虽较前代藏书条件为佳，但仍有许多图书，需要藏书家耗费大量的精力，多方访求，综合使用各种藏书搜集手段才能获得。

如脉望馆主人赵琦美购得李诫《营造法式》一书，中缺十余卷。为求全本，赵琦美遍访各地藏书家，均无所获。此后数年，赵氏一直留心此书，终于再得残本三册，又借内府藏书参校，发现阁本亦缺，前后花了二十年时间方才凑齐全本。因《营造法式》中有大量专业图样，临摹抄录难度很大，聘得良工描图始成，费钱五万。③ 为求一书，使用了购买、借抄、雇抄等多种手段。钱曾藏有孙逢吉所著《职官分纪》一书，他在《读书敏求记》卷二记载："清常道人惜旧抄讹谬，借金陵焦太史本雠勘。而焦本亦多残缺，复赖此本是正之。清常又从书贾搜得宋椠本第七卷补订入。前辈好书之勤如此，惭予空蟫粱黍，展卷便欠申思睡。每睹清常手校书籍，未尝不汗下如浆也。"④ 访求之不易，从中可见一斑。

---

① 龙文彬：《明会要》卷二十六，中华书局，1956年，第419页。
② 丘濬著，周伟民、王瑞明、崔曙庭等点校：《请访求遗书奏》，载《丘濬集》第八册，海南出版社，2006年，第3985页。
③ 钱曾：《述古堂书目后序》，载《也是园藏书目》卷末，清道光六年刘氏味经书屋抄本。
④ 钱曾原著，管庭芬、章钰校证，傅增湘批注，冯惠民整理：《藏园批注读书敏求记校证》，中华书局，2012年，第148—149页。

红雨楼主人徐㶿也有类似的经历,他在万历三十年(1602)所作《红雨楼书目序》中说:"予少也贱,性喜博览,闲尝取父书读之,觉津津有味。……既长,稍费编摩,始知访辑,然室如悬磬,又不能力举群有也。"①后其家境逐渐好转,"会壬辰(注:万历二十年1592)、乙未(注:万历二十三年1595)、辛丑(注:万历二十九年1601)三为吴越之游,庚子(注:万历二十八年1600)又有书林之役,乃撮其要者购之,因其未备者补之,更有罕睹难得之书,或即类以求,或因人而乞,或有朋旧见贻,或借故家钞录,积之十年,合先君子、先伯兄所储,可盈五万三千余卷。存之小楼,堆床(注:原文作'林',据刘氏味经书屋本改)充栋,颇有甲乙次第,铅(注:原文作'铭',据刘氏味经书屋本改)椠暇日,遂仿郑氏《艺文略》、马氏《经籍考》之例,分经史子集四部,部分众类,著为书目四卷,以备稽览"②。

事实上,多方访求既体现了藏书家坚忍不拔的精神,也应被看作一种综合的藏书搜集手段。正是在这样孜孜以求的信念支撑下,藏书家们才能积累起令后人叹为观止的藏书数量,并激发了他们对藏书理论的不懈追求。

二、藏书建设思想的理论总结

前面我们介绍了明代比较常见的几种藏书收集手段,在长期的

---

① 晁瑮、徐㶿:《晁氏宝文堂书目 徐氏红雨楼书目》,古典文学出版社,1957年,第244页。
② 晁瑮、徐㶿:《晁氏宝文堂书目 徐氏红雨楼书目》,古典文学出版社,1957年,第244页。

藏书实践中，上述手段已被藏书家熟知并普遍采用，其经验也在藏书家群体世代流传。但是，从方法和理论上对藏书建设思想进行系统总结，则要归功于澹生堂主人祁承㸁。

祁承㸁对中国古代藏书建设理论最主要的贡献是提出了"购书三术"和"鉴书五法"。这也是祁承㸁对毕生藏书经验的总结，具有极高的理论价值。虽然"购书"在前，"鉴书"在后，但实际上"鉴书"是为"购书"服务的。祁承㸁所说的"鉴书"包括版本鉴定的内容，但更重要的是总结入藏书籍的标准，即通过对书籍价值的鉴定确定哪些书是值得购买收藏的。"购书"讨论的就是具体的图书采买的方法与原则。

先说"鉴书五法"，具体包括"审轻重、辨真伪、核名实、权缓急、别品类"。所谓"审轻重"，是说经、史、子、集四部书中，经部是最重要的，史部次之，集部再次之，子部排名最后。原因主要有两点：从数量上来说，经书最少，诸子书在秦汉以后日渐亡佚；史书、集部书则随时代发展越来越多。因此，经书最贵重，先秦诸子重于集部书，正史价值远高于小说、杂史。从时代上来说，"购国朝之书十不能当宋之五也，宋之书十不能当唐之三也，唐之书十不能当汉与六朝之二也，汉与六朝之书十不能当三代之一也，此其时之不相及也"[①]。从文献学的角度看，一般认为去今越远、越接近该书诞生时代的书籍，内容更接近历史原貌，版本价值也更高。

---

① 祁承㸁著，郑诚整理：《澹生堂读书记 澹生堂藏书目》（上），上海古籍出版社，2015年，第18—19页。

"辨真伪"就是鉴别书籍中的伪书。古书作伪是中国书籍史的普遍现象,古人出于各种目的制造了大量伪书,给后人鉴别带来了很大困难。发展到明清时期,辨伪学已成为文献学下的独立分支。祁承㸁从自身经验出发,提出"经不易伪,史不易伪,集不必伪,而所伪者多在子"[1]的观点,这是比较符合当时的实际情况的;然后举出了大量实例,指明了辨伪的范围和层次,总结了鉴别伪书的有用经验。

"核名实",就是要认真考察一部书的名称与内容是否相符。古书流传日久,古代也没有知识产权的观念,因此人们在引用书籍时,往往比较随意,使用的名称并不规范;更有甚者,部分书商为了牟利,在刻印贩卖图书的时候,将一本书分拆为数种,这些情况在明代尤其普遍。对于藏书家来说,如果不辨名实,就有可能浪费钱财、精力。祁承㸁根据经验,将图书名实不符的情况总结为五种:实同名异、名亡实存、得一概余、得散见全、故意分析书名以示其异。逐一举例说明后,他告诫子孙:"诸如此类,尔辈须逐一研核,不为前人所谩,则既不至虚用其力,而亦不至徒集其名,得一书,始得一书之实矣。"[2]

"权缓急",说的是图书收藏的顺序。因为书籍的数量是无穷的,藏书家不可能收集到所有的图书,这时就要考虑先收什么、后收什么的问题。这实际上关系到藏书家对藏书目的的认知。在祁承㸁看来,藏书的主要任务不仅是让藏书家学识广博,更重要的在于

---

[1] 祁承㸁著,郑诚整理:《澹生堂读书记 澹生堂藏书目》(上),上海古籍出版社,2015年,第19页。
[2] 祁承㸁著,郑诚整理:《澹生堂读书记 澹生堂藏书目》(上),上海古籍出版社,2015年,第21页。

"经世致用"。因此，藏书应以经济为先，而古人经世济民的经验大多记录在史书之中，所以，从尊经重史的角度出发，史部书应紧随经部之后，属于应"急收之"的类型，而子和集则可缓。这种见解对于古代社会的知识分子来说，是具有先进性且切合实际的，有利于藏书家在较短时间内建立起核心收藏。然后，祁承㸁还专门分析了史部书各子类的轻重缓急，认为"霸史、杂史缓，而正史为急"，与现当代史和古代史相比，"国朝典故"宜亟图之。[①]

"别品类"，就是辨析书籍源流以及如何分类图书的问题。关于祁氏分类理论的具体内容，后边将有专章阐述，在此仅介绍其类分图书的总体指导思想。在总结历代分类经验的基础上，祁承㸁指出"别品类"是一件很困难的事，"要以一人之闻见有限，既不能穷览载籍，一时之意见难凭，又未必尽当古今，即不欲同矮人之观场，亦终似盲者之说日。尔辈能知品别甚难，博询大方，参考同异，使井井不谬于前人，亦聚书一快事也"[②]。给图书分类需要综合应用古往今来、天文地理各方面的知识，就个人有限的知识面来说确实是困难的，因此需要多方求证，不盲从前人，且要虚心向人求教，方能使图书井井有条，这也是收藏图书的一大乐事。时至今日，这个观点也是完全正确的。

在上述鉴别标准的指导下，吸收郑樵"求书八法"的经验，祁承㸁提出了"眼界欲宽，精神欲注，而心思欲巧"[③]的"购书三

---

① 祁承㸁著，郑诚整理：《澹生堂读书记 澹生堂藏书目》（上），上海古籍出版社，2015年，第21—23页。
② 祁承㸁著，郑诚整理：《澹生堂读书记 澹生堂藏书目》（上），上海古籍出版社，2015年，第24页。
③ 祁承㸁著，郑诚整理：《澹生堂读书记 澹生堂藏书目》（上），上海古籍出版社，2015年，第15页。

术",即购求图书的具体方法。

"眼界欲宽",指藏书家应当开拓视野,不能坐井观天,不能陷入先入为主的思维定式。祁承㸁首先批评了当时读书人的不良风气:"今世所习为文人,守一经从博士弟子业者也。如古之著书立言不求闻达者,千百中不一二见焉。习俗溺人,为毒滋甚。每见子弟于四股八比之外略有旁览,便恐妨正业,视为怪物。即子弟稍窃窥目前书一两种,便自命博雅,沾沾自喜,不知宇宙大矣。"[①] 要么眼界狭小,只读非常有限的书;要么自以为是,稍微读了一两本书便自以为博学。须知古往今来,书籍数量汗牛充栋,难计其数,藏书过万卷的私人藏书家也比比皆是。既然致力于藏书,正确的做法就应当是"知旷然宇宙,自有大观"[②]。简单地说,"眼界欲宽"就是要求在购求图书时,不带偏见,扩大收藏范围,尽可能全面地收集图书,丰富收藏品类。按照儒家正统思想,戏曲、小说之类的俗文学作品都是不登大雅之堂的"小道",古代藏书家亦极少收集此类文献,祁承㸁则不同,澹生堂藏书中有大量元明传奇杂剧,其子彪佳后来能写出《远山堂曲品》《远山堂剧品》,与他的影响及其藏书基础是分不开的。可见,"眼界欲宽"是山阴祁氏父子一贯坚持的藏书建设理念。

"精神欲注",就是要先养成读书的嗜好。在祁承㸁看来,藏书是为了读的。有人喜欢金石器物,有人喜欢收集字画,藏书家的嗜

[①] 祁承㸁著,郑诚整理:《澹生堂读书记 澹生堂藏书目》(上),上海古籍出版社,2015年,第15页。

[②] 祁承㸁著,郑诚整理:《澹生堂读书记 澹生堂藏书目》(上),上海古籍出版社,2015年,第16页。

好就是书。"物聚于所好,奇书秘本多从精神注向者得之"①,用今天的话说就是"兴趣是最好的老师"。因为喜爱,自然能集中精神,孜孜不倦地求书、抄书、购书,所谓"古今绝世之技,专门之业,未有不由偏嗜而致者"②。

"心思欲巧"指的是要多动脑筋,想尽一切办法去搜求。祁承㸁以郑樵"求书八法"为基础,再增"三说"。一是辑佚,"书有著于三代而亡于汉者,然汉人之引经多据之。书有著于汉而亡于唐者,然唐人之著述尚存之。书有著于唐而亡于宋者,然宋人之纂集多存之。每至检阅,凡正文之所引用,注解之所证据,有涉前代之书而今失其传者,即另从其书各为录出"③。代有书出而代有书亡,前代典籍因种种原因消失在历史的长河中,是十分普遍的,但古人著述多引述前人之论,这就为辑佚提供了空间。从藏书建设的角度看,祁承㸁的理论贡献是引起藏书家对辑佚的重视,同时将辑佚与阅读、整理图书联系起来,使之更具可操作性。二是将一书之注本与原文拆分为两种,比如《水经注》。区分原文和注文,从文献流传的角度看是极有意义的,能够帮助人们厘清版本源流、传播路径,但将其作为求书的途径,是值得商榷的。三是编制购书目录,"采集诸公序刻之文而录为一目,自知某书可从某地求也,某书可向某氏索也。置其所已备,觅其所未有,则异本日集,重复无烦。

---

① 祁承㸁著,郑诚整理:《澹生堂读书记 澹生堂藏书目》(上),上海古籍出版社,2015年,第16页。
② 祁承㸁著,郑诚整理:《澹生堂读书记 澹生堂藏书目》(上),上海古籍出版社,2015年,第16页。
③ 祁承㸁著,郑诚整理:《澹生堂读书记 澹生堂藏书目》(上),上海古籍出版社,2015年,第17页。

斯真夜行之烛，而探宝之珠也"①。将想要获得的书籍的相关信息编成目录，随时翻阅，做到心中有数，这既让藏书建设目标更加明确，同时也可避免重复购置。

编制目录的方法，是祁承㸁在购书实践中应用并取得实际成效的经验总结。在《澹生堂藏书训略》"购书"条之后，他特意注明："以上三条，购书之法似无遗术，然特示儿辈云耳。若夫古书，有必不可致者，有求之苦而得之艰者，有可随时随地而求辄得者。余因集四部之名在而书不传者为《名存录》，集其艰于得而力于求者为《苦购录》，以见有镂板者为《广梓录》。"②编成三录分别对应上述三种情况，作为购求图书的指南，并附上《购书檄》一篇，与天下同好共享。

需要注意的是，祁承㸁增补的"三说"中，辑佚和编制购书目录都是很有价值的良法，而析经、注为两书，则有割裂原书的可能，且易为书贾利用，借以牟利，是需要谨慎对待的。但总的来说，祁承㸁的藏书建设理论是系统且具有很强的可操作性的，其藏书实践也很好地验证了他的理论。

祁承㸁本人嗜书成癖，在十余年的宦游生涯中，每到一地，政务之暇，他便将全部精力用于购书，并且经常请教内行，虚心向专家求教。比如在南京时，他与著名文献学家焦竑过从甚密，曾目睹焦竑的"藏书两楼，五楹俱满"③。澹生堂藏书，收罗全面，无所不

---

① 祁承㸁著，郑诚整理：《澹生堂读书记 澹生堂藏书目》（上），上海古籍出版社，2015年，第18页。
② 祁承㸁著，郑诚整理：《澹生堂读书记 澹生堂藏书目》（上），上海古籍出版社，2015年，第18页。
③ 祁承㸁著，郑诚整理：《澹生堂读书记 澹生堂藏书目》（上），上海古籍出版社，2015年，第16页。

包,据钱亚新先生统计,其全部收藏中经部书占13%,史部书占27%,子部书占36%,集部书占24%,数量相对比较平均,重要著作基本搜罗无遗。[①] 在祁承㸁特别重视的史部书中,国史类(当代史)种数占比为34%,为史部第一,四部235类中的第三。可见其对"审轻重、权缓急"思想的贯彻。而且,澹生堂藏书版本精良,宋元版本、南监、北监、藩府刻本不一而足,抄本纸张精良,字迹清秀,可谓量质俱佳的典范。

概言之,祁承㸁对藏书建设理论的总结,是建立在其丰富的实践经验基础上的,理论与实践相结合,故能言之有物,切中肯綮,对古代私人藏书活动有很高的指导价值。而其超越同时代藏书家之处,在于其藏书建设理论的系统性。"藏书为读""藏经世致用之书"是其藏书建设的根本原则,以此为指导,祁承㸁充分吸收了前代藏书家的经验、教训,结合自己多年来的心得体会,系统地建构了一套私人藏书建设的理论体系,对中国古代藏书理论的丰富与完善起到了重要的促进作用。

---

① 钱亚新:《我国图书馆学的先驱者——祁承㸁》,载南京图书馆编《钱亚新文集》,南京大学出版社,2007年,第38—39页。

第三节 藏书源流与聚散考

所谓藏书源流与聚散，用今天的话来说，就是对藏书史的研究。中国古代藏书的历史非常悠久，历代正史艺文志、综合性书目的总论部分，均有对图籍与藏书发展历程的介绍。明代已进入中国古代社会的晚期，学术上的突出特征便是对各个学科历史经验的总结，在藏书史方面也不例外。《大学衍义补·图籍之储》《经籍会通》等都用了很大的篇幅讨论书籍与藏书史的内容，特别是后者，对明代以前的藏书史进行了系统总结、精细考证，是中国藏书史上非常重要的文献。

一、官府藏书源流与聚散考

（一）国家藏书的源流与聚散

永乐初年，解缙等人奉命纂修《永乐大典》，前后历时五年，至永乐五年（1407）最终定稿，朱棣亲自为该书撰写了序文。该文简要回顾了中国历代典籍的发展：

昔者圣王之治天下也，尽开物成务之道，极裁成辅相之宜，修礼乐而明教化，阐至理而宣人文。粤自伏羲氏始画八卦，通神明之德，类万物之情，造书契以易结绳之治。神农氏为耒耜之利以教天下。黄帝尧舜氏作通其变，使民不倦，神而化之，使民宜之，垂衣裳而天下治。……所谓制法兴王之道，非有述于人者。暨乎文武相继，父作子述，监于二代，郁郁乎文。孔子生周之末，有其德而无其位，承乎数圣人之后，而制作已备。乃赞《易》序《诗》修《春秋》，集群圣之大成。语事功，则有贤于作者。周衰，接乎战国，纵横捭阖之言兴，家异道而人异论，王者之迹熄矣。迄秦有焚禁之祸，而斯道中绝。汉兴，六艺之教渐传，而典籍之存可考。由汉而唐，由唐而宋，其制作沿袭，盖有足征。然三代而后，声明文物所可称述者，无非曰汉唐宋而已。……惟有大混一之时，必有一统之制作，所以齐政事而同风俗。序百王之传，总历代之典，世远祀绵，简编繁夥，恒慨其难一。①

文中首先论述了书籍的价值，从文字的诞生到三代圣王的制度之作，典籍在帝王眼中，最主要的作用是资政辅治、教化民众。正是基于典籍的这种价值，盛世修文逐渐成为一种文化传统，所谓"有大混一之时，必有一统之制作"，在统治者眼中，收藏、整理典籍不仅有保存文献的现实价值，更有不可替代的象征意义。上述对中国古代典籍发展史的概述，相比《隋书·经籍志》等前代史籍并无新意，但从帝王口中说出，显示了最高统治阶层对"稽古右文"的重视，其影响的辐射力远远超出了论述本身的价值。

前面我们介绍明代藏书观念时说过，对古代王朝来说，藏书是国家兴盛的风向标，对王朝统治有着重要意义。丘濬在《大学衍义补·图籍之储》中反复申说这一观点，为了更好地论证自己的观点，他还回顾了历代官府藏书的源流。丘濬以"上古结绳而治"开

---

① 《四部备要·子部·十驾斋养新录》卷十三，中华书局，1920—1936年，第122页。

篇,下讫宋代馆阁藏书与职官设置,每一小段,均分为史实陈述、引述前人观点的"某某曰",以及丘濬总评的"臣按"。试以宋代为例,说明其体例。

丘濬首先介绍了宋代官府藏书的整体状况,"宋初有书万余卷",之后通过战争掠夺、下诏遣使求书,数量有所增加,到宋太宗时建立崇文院,转储三馆书籍,再分出万余卷,别建秘阁储之。仁宗时,崇文院、秘阁遭受火焚,损失惨重,剩余的书籍,据《崇文总目》记载,"书凡三万六百六十九卷"。宋神宗改崇文院为秘书省,徽宗将《崇文总目》更名为《秘书总目》,"诏购求士民藏书",有宋一代的国家藏书达到极盛,"始太祖、太宗、真宗三朝,次仁、英两朝,至神、哲、徽、钦四朝,撮其当时之目,为部六千七百有五,为卷七万三千八百七十有七焉"。靖康南渡后,国家藏书不复旧观,高宗重建秘书省,多番求访,"得四万四千四百八十六卷,至宁宗时又得一万四千九百四十三卷,视崇文总目又有加焉"。①

然后,他引用了《宋史·艺文志》对宋代官府藏书的评论:

宋有天下,先后三百余年,考其治代之污隆,风气之离合,虽不足以拟伦三代,然其时君汲汲于道艺,辅治之臣莫不以经术为先务,学士缙绅先生谈道德性命之学不绝于口,岂不彬彬乎进于周之文哉。宋之不竞或以为文盛之弊,遂归咎焉,此以功利为言,未必知道者之论也。自南渡之后,迄于终祚,国步艰难,军旅之事日不暇给,而君臣上下未尝顷刻不以文学为务,大而朝廷,微而草野,其所制作讲说纪述赋咏,动成卷帙,累而数之,有非前代之所及也。②

---

① 丘濬著,林冠群、周济夫校点:《大学衍义补》,京华出版社,1999年,第806页。
② 丘濬著,林冠群、周济夫校点:《大学衍义补》,京华出版社,1999年,第807页。

第三章 明代藏书观念与藏书建设

丘濬引用的这段"史臣曰"是有深意的,是为了佐证其观点"故由秦而降,每以斯文之盛衰,占斯世之治忽焉"①。图籍之储关乎国家命脉,藏书盛则国运盛,藏书衰则国运衰。

上面这些内容属于总论,后边则以具体的史实来说明宋代国家藏书的制度、发展历程等。丘濬先引用了太平兴国九年(984)、仁宗嘉祐年间的两份诏书,其内容均为国家鼓励藏书、大力搜访遗书、优赏进书者。然后他以"臣按"评述:"宋朝以文为治,而于书籍一事,尤切用心,历世相承,率加崇尚,屡下诏书,搜访遗书,或给以赏,或赐以官,凡可以得书者无不留意。然犹虑其或有非常之变,每卷皆有副本,分贮各所。"②并举宋代各朝的事例为证。再由史及今,将本朝制度与宋代对比,提出改进建议:"我朝馆阁之职,凡前代所谓集贤院、崇文院、秘书省、秘阁,皆不复置官,惟于翰林、太学置此官二员。今翰林院秘藏皆在文渊阁,其典籍固有所职掌,惟两京太学典籍,几于虚设。"③宫廷藏书尚可一观,但作为国家最高学府的两京太学藏书就大大不足了。指出问题后,丘濬即刻提出针对性的建议:"臣请敕内阁儒臣,将南北两京文渊阁所藏书籍,凡有副本,于南京内阁及两监各分贮一本。其无者,将本书发下两监,敕祭酒、司业行取监生抄录,给与人匠纸笔,责令各堂教官校对,不限年月,陆续付本监典籍掌管。"④

其后两条,分别介绍和评述了宋代国家藏书制度中的职官设置

---

① 丘濬著,林冠群、周济夫校点:《大学衍义补》,京华出版社,1999年,第807页。
② 丘濬著,林冠群、周济夫校点:《大学衍义补》,京华出版社,1999年,第807页。
③ 丘濬著,林冠群、周济夫校点:《大学衍义补》,京华出版社,1999年,第808页。
④ 丘濬著,林冠群、周济夫校点:《大学衍义补》,京华出版社,1999年,第808页。

以及藏书编目之法。

总的来说，《大学衍义补·图籍之储》主要价值有二：一是辑录了大量前代国家藏书的史料；二是以"臣按"的形式，对历代国家藏书的发展情况、主要特征进行了比较客观的评述。

如果说，丘濬的文章主要是从资料辑佚和国家藏书制度建设的角度进行的梳理，论述还比较零散、不成系统，那么，胡应麟的《经籍会通》就是明代历史上第一部对藏书史和书目理论进行系统总结的理论著作。《经籍会通》共四卷，成书于万历十七年（1589），初以单行本行世，后收入《少室山房笔丛》。全书分为"述源流""述类例""述遗轶""述见闻"四卷，分别对应藏书史、分类史、辨伪学、图书出版和流通学。其书的体例，是在广泛辑录古今论述的基础上，发现问题，然后提出作者自己的看法。比如在考述历代国家藏书数量时，胡应麟首先摘录了自《七略》至《崇文总目》的记载，比较之后，给出了自己考订后的数字。《经籍会通》保存珍贵历史文献的方式有三种：一是全录，比如《旧唐书·经籍志》《旧唐书·后序》《统论》《李氏山房记略》《二酉山房记》等；二是摘录，如叶少蕴、王明清、魏了翁、周密、荀勖、郑樵、马端临等人关于藏书源流、图书分类等方面的见解；三是记闻，即根据胡应麟自己的见闻对书史上各种现象进行的总结概况，如明代中叶后书籍刻印流传的情况。

关于我国明代以前藏书源流和历代图籍存藏情况的论述集中在第一卷"述源流"中。"述源流"是《经籍会通》的总论，通过对藏书史的梳理，重点阐释了作者"渊源六籍、薮泽九流、紬绎百家、溯洄千古，固文明之盛集、鸿硕之大观也"[①] 的理念，即通过对书籍史、藏书史的考述，明历代典籍之兴衰、部类升降之缘由。

在"述源流"的开篇，胡应麟开宗明义地论述了典籍的起源："《六经》删修尼父，授受孔门，卷轴篇章，类崇简要。《三坟》《丘》《索》，湮没不传，以《大易》《尚书》较之，其体制居可识也。盖古文峻洁，迥异浮靡，圣笔渊玄，亡资藻饰，故卷之不盈箧笥，而扩之函冒乾坤。春秋而降，诸子百家兴而道术离；楚汉以还，骚人才士作而文学盛，此其盈缩之大都也。"[②] 在对典籍聚散的史实进行梳理后，胡应麟提出了自己的观点："古文文籍不必尽减今时。顾世类弗传者，良由洪荒始判，楮墨未遑，竹简韦编既非易致，灵文秘检又率难窥；重以祖龙烈焰，煨烬之中仅存如线。"[③] 按照胡氏的观点，中国图书的起源甚早，春秋战国以前，受书籍制作方式与传播条件的限制，书籍往往言简意赅、篇幅不长。诸子之学兴起后，图书才渐渐多了起来，但又历经战国末期的战乱和秦始皇的文化专制，直到西汉中后期刘向父子校书时，大约有三万卷。但这不代表中国古代没有典籍，而是更多数量的书籍因为种种原因失传了。

三代之时，受教育与生产力水平的限制，书籍数量必然远远少于后世，胡应麟认为古人文籍不减今时的观点是值得商榷的，但他能敏锐地观察到文本与书籍生产方式变迁对典籍数量的影响，是很

---

① 胡应麟等著，王岚、陈晓兰点校：《经籍会通 外四种》，北京燕山出版社，2008年，第3页。
② 胡应麟等著，王岚、陈晓兰点校：《经籍会通 外四种》，北京燕山出版社，2008年，第5页。
③ 胡应麟等著，王岚、陈晓兰点校：《经籍会通 外四种》，北京燕山出版社，2008年，第5页。

有见地的。对此,胡应麟还有一段更加完整的表述:"今人事事不如古,固也;亦有事什而功百者,书籍是已。三代漆文竹简,冗重艰难不可名状;秦汉以还,浸知抄录,楮墨之功简约轻省,数倍前矣。然自汉至唐犹用卷轴,卷必重装,一纸表里常兼数番,且每读一卷,或每检一事,紬阅展舒甚为烦数,收集整比弥费辛勤。至唐末宋初,抄录一变而为印摹,卷轴一变而为书册,易成难毁,节费便藏,四善具焉。溯而上之,至于漆书竹简,不但什百而且千万矣!士生三代后,此类未为不厚幸也。"① 他指出,今天的人们固然有很多事情不如古人,但在书籍生产方面,是远胜古时的。随着纸张的发明、书籍装帧形式的变化、印刷术的发明与普及,书籍的生产速度大大加快,对于后世学子来说,可谓"生逢盛世"。

接下来,胡应麟聚焦于历代典籍数量的考证,以史志书目和其他综合性书目为材料,运用比较的方法说明历代典籍之流传。他说:"大抵历朝坟籍,自唐以前,概见《隋志》;宋兴而后,《通考》为详,第其卷帙之数往往异同。缘诸家辑录或但纪当时,或通志一代,或因仍重复,或节略猥凡,故刘、班接迹,繁简顿殊;王、谢并兴,多寡悬绝,即博洽之流勤于论核,而疑似之迹未易精详。今紬绎群言,旁参各代,推寻事势,考定异同。"② 见于史料的历朝文献卷帙数目,多有歧说,必须在比较众家之言的基础上,进行细致的考辨。在逐一罗列了《七略》《七录》《隋书·经籍志》《旧唐书·经籍志序》《后唐书·经籍志后序》《统论》等书关于历代典籍

---

① 胡应麟等著,王岚、陈晓兰点校:《经籍会通 外四种》,北京燕山出版社,2008年,第53页。
② 胡应麟等著,王岚、陈晓兰点校:《经籍会通 外四种》,北京燕山出版社,2008年,第10页。

数量的记载后,胡应麟给出了自己核定的数字:

西汉三万三千九十卷。 刘歆《七略》总目。《旧唐书》九十作九百,非是。据《班志》所省十家三百余篇,而所增又数十篇,仅得后数,与此不合,然他无可考。

东汉一万三千二百六十九卷。 班固《艺文志》,本刘氏《七略》,入刘向、扬雄等儒术三家。省伊尹、墨子、兵类十家。东汉无增者。

晋二万九千九百四十五卷。 荀勖《四部总目》书不存,见《隋志序》。《旧唐书》作二万七千九百四十五卷。

东晋三千一十四卷。 李充校定止此,惠、怀之乱故也。

东晋孝武增益三万余卷。 徐广校定,见《崇文总目序》。

宋万四千五百八十二卷。 谢灵运所校,《隋志》以为六万。按:六代间书尚难得,晋渡江才得三千,孝武时三万恐亦重复,宋初何遽能尔?当以《旧唐书》为正。阮氏《七录》数同。

齐万五千七十四卷。 至王俭校修。《隋志》作一万五千七百四卷。

齐永明增益一万八千一十卷。 谢朓、王亮修,诸家皆同。

梁二万三千一百六卷。 任昉部集,凡释氏书不与。

梁普通增集三万余卷。 阮孝绪《七录总目》。盖梁世荐绅家藏并在其中,秘书则或因任昉之旧。然释、道二典并存其间,则所增亦才数千,而梁世之书尽此矣。

隋初一万五千余卷。 见牛弘《进书表》。此时合正副本仅三万余,湘东煨烬所存并平陈所得也。

隋大业中三万七千余卷。 柳䎖等校定,总三十七万卷,正本进御仅此。然《隋志》总目八万九千余卷,盖柳氏校定之后或有所增,或唐诸人据前代旧目芟除猥杂,会为此编也。诸史《艺文》皆草草,惟

《隋志》盛，欲备一家言，追刘、王、阮氏诸书，《序》意可见大都。

唐开元中八万二千三百八十四卷。　《新唐书序》。总《旧唐书》止五万六千四百七十六卷，盖释、道二家不与，及唐人自著不全入也。

唐开成中五万六千四百七十六卷。　《旧唐志序》所载。是时搜录，未必如前之盛，盖释、道、本朝具录矣。

宋庆历中三万六百六十九卷。　王尧臣《崇文总目》。后屡增益，至四万余卷。

宋淳熙中四万四千四百八十六卷。　陈骙等《四库书目》。后屡增益，至五万九十余卷。

考诸史《艺文志》，往往与当时书目相左：隋三万七千而《志》八万九千六百六十六卷；唐八万二千而《旧唐后序》十二万五千九百六卷；宋《崇文目》四万、《中兴目》五万而《史》十一万九千九百七十二卷，盖《史》或会萃一代，《志》但纪录一时，故不无异同，而《宋史》则深可疑也。①

从上面的引文可以看出，胡应麟对历代典籍数量的判断，并不是简单地直接引述前人论述，而是在综合各种材料的基础上进行的分析判断。除了对历代典籍数量进行考证，在将这些数目从纵的方向加以排列比较后，胡应麟还对文献史的总体发展情况及背后的原因进行了分析、总结："夫以万乘南面之尊、石渠东观之富、通都大邑之购求、故家野老之献纳，而古今辑录不过如此。盖后人述作日益繁兴，则前代流传浸微浸灭，增减乘除，适得此数，理势之自

---

① 胡应麟等著，王岚、陈晓兰点校：《经籍会通 外四种》，北京燕山出版社，2008年，第10—12页。

然也。"① 所以，最后的结果便是"累朝增益，卷不盈万"，即每个朝代增加的卷数大致不超过万卷。

至此，胡应麟对历代国家藏书源流的梳理就告一段落了。《经籍会通》的"述源流"，是全书之总论，充分体现了胡应麟"会通"的学术观，即首先全面收集古往今来与论题相关的材料，然后按照一定的标准对材料进行排列、比较、分析，在此基础上，给出作者自己的判断，故而得出的结论逻辑清晰、条理清楚、立论全面。

（二）官学藏书源流

国子监，既是明代的最高学府，同时也是中央教育管理机构。明洪武十五年（1382），朱元璋将南京鸡鸣山下的国子学改为国子监。永乐十九年（1421）迁都北京后，明成祖将北京国子监改为京师国子监，同时保留了南京的全部官署设置，形成了"南监""北监"并存的局面。

明中叶以前，南监因为收藏了大量前代珍贵版片，成为最重要的中央刻书机构。嘉靖年间，著名学者梅鷟在景泰旧志的基础上，编成《南雍志·经籍考》，详细著录了南监藏书、版片收藏及刊刻图书的情况。书前识语云：

前所引者皆系黄佐之《南雍志》，故特著之。梓刻书本，《金陵新志》所载集庆路儒学史书梓数，正与同，则本监所藏诸梓，多自旧国子学而来。自后四方多以书板送入。洪武、永乐时，两经修补，板既丛乱，旋补旋亡。成化初，祭酒王伦会计之，已逾二万篇。弘治初，

---

① 胡应麟等著，王岚、陈晓兰点校：《经籍会通 外四种》，北京燕山出版社，2008年，第6—7页。

始作库供储藏。嘉靖七年，锦衣卫间住千户沈麟奏准校刊史书。礼部议以祭酒张邦奇、司业江汝璧学博才裕，使将原板刊补。其广东原刻《宋史》差取付监；辽、金二史原无板者，购求善本翻刻，以成全史。邦奇等奏称《史记》、前后《汉书》残缺模糊，剜补易脱，莫若重刻。后邦奇、汝璧迁去，祭酒林文俊、司业张星继之，方克进呈。①

其对南监藏本之源流进行了较为详尽的介绍。另据《续南雍志》卷十三《造士考》记载，南监收藏图书与书版的地方叫典籍厅，亦编有书目。"洪武十五年十一月壬戌，命礼部官修治国子监旧藏书板。二十四年六月甲戌，命礼部颁国子监印本书籍于北方学校。"② 这也是正史的首次集中刊刻。近人朱绪曾《南雍志跋》引用《经籍考》的记载，述南监藏书甚详：

《经籍考》，天顺年间官书有二十一史，分藏彝伦堂与六堂七处，一百四十七部三千七百八十本，以便师生观览。其十七史，皆元建康道肃政廉访使所得善本，正德十年刊补，嘉靖七年校正补刊，乃完其梓。刻本末，助教梅鸑盘板，分经、子、史、文、集、类书、韵书、杂书、石刻九类。十三经注疏多皆宋元刻，《六经正误》系元大德三年刊补，金仁山《论语集注考证》二十卷多于今本止十卷，元缑山杜氏《论语旁通》今无传，《唐书》二百十五卷、《释音》二十五卷另编，宋景定《临川志》三十五卷，宋静江教授江文叔乾道《桂林志》二十七卷，宋《瑞阳志》二十一卷，又有《新泉志》，俱佚。其余明人书多，

---

① 杨毅丰、康蕙茹编：《学衡派》，长春出版社，2013年，第189页。
② 杨毅丰、康蕙茹编：《学衡派》，长春出版社，2013年，第189页。

足备考证，亦目录家之所必考也。①

明中叶以后，南监的地位逐渐被北监取代。据学者介绍，北监建制与南监完全相同，亦以典籍厅储书，"北监刻书之书版，皆就地存贮于本监内。弘治十四年（1501），于载道所设置书橱，每间一个，共五橱。位居五橱之中者为红书橱，称'中红橱'：储藏制书及书版；其余四个均为黑书橱：左二橱分贮经、子之书及书版；右二橱分贮史、集之书及书版。嘉靖三十六年（1557），重修五橱，又增加五个版架，以防书版散失"②。关于北监藏书数量，国子监学官郭磐编撰的《明太学经籍志》著录其藏书88种，刻版76种。③此外，典籍厅对印版、书架和纸张的使用，均有严密的制度规定，如专门编制了《经籍书版簿》，著录书版存藏情况。夏秋之季，还要定时取出曝晒，并及时修复损坏的版片。

二、其他类型藏书源流与聚散考

（一）藏书史料汇编

《澹生堂藏书约》是明代最为系统的一部图书馆学理论著作，其中的《读书训》和《聚书训》亦可视为对明代以前藏书掌故、史料的汇编。

《读书训》23则，均为古人勤奋读书的故事，所记人物包括范

---

① 杨毅丰、康蕙茹编：《学衡派》，长春出版社，2013年，第190页。
② 肖东发主编，何东红、朱赛虹编著：《中国官府藏书》，贵州人民出版社，2008年，第147页。
③ 任继愈主编：《中国藏书楼》，辽宁人民出版社，2001年，第945页。

仲淹、朱穆、江总、朱仓、贾逵、孟公武、荀慈明、沈攸之、王充、沈麟士、董遇、杨子云、刘峻、顾欢、梁元帝、刘松、魏甄琛、陈莹中、左太冲、王彪之、叶廷珪、韦敬远、李永和。

《聚书训》30则，为历代藏书家藏书典故，特别注意辑录那些将书籍视为珍宝、苦心孤诣积累藏书的人物史料。所记人物包括司马光、窦禹钧、张华、曾参、申屠致远、任昉、李公择、常景、方渐、孙蔚、陆游、金楼子、升平里柳氏、丁颉、宋敏求、齐王牧、刘炳、宋绶、向朗、朗基、穆子容、袁峻、董仲玄、任束、臧逢世、孟景翌、王筠、张参、柳仲郢、刘道原、朱存理、杜暹。

（二）私人藏书源流

胡应麟《经籍会通》卷一"述源流"，不仅对国家藏书、典籍盛衰进行了梳理，也对明代以前的私人藏书进行了较为系统的回顾："累朝中秘所蓄外，荐绅文献、名藏书家代有其人。汉则刘向、桓谭，晋则张华、束晳，齐则王俭、陆澄，梁则任昉、沈约，唐则李泌、苏弁，皆灼灼者。自余尚众，而世不甚称。宋则李淑、宋绶、尤袤、董逌、叶梦得、晁公武等。大率人间所藏，卷轴不过三万，若任昉四万，极矣！宋又有濡须秦氏、莆田郑氏、漳南吴氏、荆州田氏，并著《目录》，盛于前朝。盖由印本易得，故储蓄者多，其数故不能溢也。《通志》有吴兢《西斋》、杜信《东斋》等目，则唐世非无编录，但不存尔。"[①] 其后摘录了前代论著中的藏书、藏书家典故，对明代以前的藏书史料搜罗得十分完备。在《经籍会通》中，胡应麟主要列出了历代大藏书家的姓名和基本藏书史实。在他

---

① 胡应麟等著，王岚、陈晓兰点校：《经籍会通 外四种》，北京燕山出版社，2008年，第14页。

的家藏书目《二酉山房书目序》中，胡氏对明代以前私人藏书的发展历程又有所补充：

> 至荐绅先生、博物君子收藏遗书，若张华之三十乘，任昉之四万卷，邺侯（李泌）之三万轴，宋公垂（宋绶）、叶梦得、尤延之（尤袤）代称宏富，大略相当；若渔仲氏（郑樵）之《（通）志·略》、（马）端临氏之《（文献）通考》，则又概录前人，不必代之所有、家之所藏也。余尝总览历代《艺文》以及诸家所录，而参之当代，经则十三家注疏外，丁、孟、夏侯传授仅著空名，其余六代以还，流传绝少，惟宋儒诸说盛行海内，大概存者十三。史则二十一代类梓于太学，单行于各州，编年自荀悦、袁宏至司马、朱氏，不过数家，而诸起居注、实录、野史之类，传不能半，大概存者十五。子则老、庄、列氏外，宋钘、关尹、淮南、《吕览》盛行，星历、谶纬间多湮没，而汉、唐、宋诸小说纷然毕出，传者殆十之八。惟诗文诸集，六代以前甚寡，唐宋至今乃始大盛，而最不易传，即唐诗八百余家，宋人有得五百家者，余方极意搜访、手抄集录，仅得二百余家。文集则唐以前存者不过数十家，而宋元诸名公不必能文之士皆有集行世，迨今尚数百家，而国朝尤盛，盖世代远近然也。①

私人藏书规模虽不如官府藏书，但其收藏均是藏书家手抄目验、苦心搜集而来，而藏书家多为读书人、学问家，故收藏的精善程度并不亚于官藏。后面的大段论述，概论了历代学术之兴衰，以学术升降见典籍数量之变迁；分经、史、子、集四部，概述其部类变革，这亦可看作私人藏书发展的学术、社会背景。

---

① 王嘉川编著：《胡应麟年谱简编》，上海交通大学出版社，2017年，第130—131页。

三、书厄论

所谓"书厄",是指中国历史上因兵祸天灾而导致的国家藏书大规模损失的事件,一般都发生在社会变革、战乱时期。隋代的牛弘是第一位系统阐述"书厄论"的学者,提出了著名的"五厄论"。自此命题被提出后,历代都有学者对其有所发挥,"书厄论"得到了进一步的发展。明代的丘濬、陆深、胡应麟、谢肇淛四位学者也专门论述过这个问题。

丘濬对于"书厄"的论述并不系统,而是在介绍各代藏书史实时,以"臣按"的形式加以补充评述。比如论秦始皇焚书:"秦无道之罪十数,如坏井田、刑三族、坑儒生、罪妖言之类,然皆一时之事也。继其后者,苟一旦兴改革起废之心,其弊端可撤而去,其坠绪可寻而理也。若夫诗书百家语,皆自古圣帝明王贤人君子精神心术之微,道德文章之懿,行义事功之大,建置议论之详,所以阐明以往而垂示将来者,固非一人之事,亦非一日可成,累千百人之见,积千万年之久,而后备具者也。乃以一人之私,快一时之意,付之烈焰,使之散为飞烟,荡为寒灰,以贻千万世无穷之恨。呜呼,秦之罪上通于天矣!始皇、李斯所以为万世之罪人欤!"[①] 其将焚书坑儒列为秦无道之罪之首,以反面典型再次强调了图籍之储对国家发展的重要意义。在论述"光武中兴"后东汉国家藏书的恢复时,他表彰了东汉诸帝对国家藏书事业的重视,同时指出"董卓之乱"又使东汉国家藏书付之一炬。至隋代藏书,他首先引用牛弘的

---

① 丘濬著,林冠群、周济夫校点:《大学衍义补》,京华出版社,1999年,第802页。

"五厄论",然后说道:"臣窃以为自隋之后,唐有禄山黄巢之乱,极而至于五代之季,宋有女真蒙古之祸,极而至于至正之末,其为厄也,又不止五矣。"① 这是对牛弘的补充。更具价值者,是丘濬接下来的一段论述:

> 大凡天下万事万物,祸乱之时,虽或荡废,然一旦治平,皆可稍稍复旧。惟所谓书籍者,出于一人之心,各为一家之言,言人人殊,其理虽同,而其所以为言者则未必同,其间阐义理,著世变,纪事迹,莫不各极其至,皆有所取,一有失焉,则不可复,虽复之亦非其真与全矣。是以古先圣王,莫不致谨于斯,以为今之所以知昔、后之所以知今者之具,珍藏而爱护之,惟恐其损失也,讲究而校正之,惟恐其讹舛也。既有者恒恐其或失,未有者惟恐其弗得。虽以偏安尚武衰乱之世,莫不知所爱重,矧重熙累洽之世,好文愿治之君哉。②

书籍的聚散与国家治乱关系密切,但书籍是不可再生资源,一旦损毁,便难恢复其旧。经历过"书厄"后,国家藏书虽能缓慢恢复,甚至有数量上的增长,但在这个过程中,散佚之书不计其数。通过访求遗书、辑佚而来的版本,与原书可能大相径庭。书籍是后人抚今追远的凭据,书籍失真,那么人们的认识就会相应地产生偏差。故此,对于藏书事业不可不尤其重视。

陆深的《统论》,首先引用了牛弘的"五厄论",又以此为线索,概述了"书厄"之后国家藏书恢复的基本情况。如论秦火之后,"虽然,经史具存,与孔壁汲冢之复出,见于刘向父子之所辑

---

① 丘濬著,林冠群、周济夫校点:《大学衍义补》,京华出版社,1999年,第804页。
② 丘濬著,林冠群、周济夫校点:《大学衍义补》,京华出版社,1999年,第804页。

略者为书凡三万三千九十卷，孔氏之旧，盖未尝亡也"。经过西汉初年的藏书征集活动，官府藏书得到了恢复，特别是汉武帝实行"独尊儒术"的文化政策后，儒家典籍得到了系统的整理与传播。他于唐代之后，补充了安史之乱、黄巢起义、宋室南渡后国家藏书的兴衰聚散情况。按照陆氏的考察，历代国家藏书"散亡之极，犹不失万卷"，而后世藏书复集，增加的主要是新书，历史上散佚之书的数量难以计数，"洪容斋谓《御览》引用一千六百九十种书，十亡八九，而姚铉所类文集，亦多不存，因以为叹"。① 陆氏此文最大的价值是收罗了前人著述中对历代藏书数量的记载，保存了珍贵的藏书史史料，因此胡应麟在考证历代典籍聚散时全文引录了此文。

胡应麟在《经籍会通》卷一"述源流"中，除了厘清了历代典籍数量和藏书源流，还重点讨论了典籍"盛聚"与"大厄"的分期和原因。藏书事业的发展一如中国古代社会的发展，盛乱交替，且一般来说，国运盛则藏书盛，反之则是"书厄"时期。在牛弘的"五厄"之外，胡应麟补充了隋代以后的五次"书厄"："然则书自六朝之后，复有五厄：大业一也，天宝二也，广明三也，靖康四也，绍定五也，通前为十厄矣。"② 其分别指隋末、唐明皇时期安禄山、唐末黄巢、宋末靖康、南宋理宗绍定之乱。至此，明代以前藏书事业遭受破坏的史实就基本被梳理清楚了。有"厄"则有"聚"，文化昌明之时，也是典籍盛聚的朝代："笃而论之，则古今书籍盛

---

① 胡应麟等著，王岚、陈晓兰点校：《经籍会通 外四种》，北京燕山出版社，2008年，第9页。
② 胡应麟等著，王岚、陈晓兰点校：《经籍会通 外四种》，北京燕山出版社，2008年，第10页。

聚之时、大厄之会各有八焉：春秋也，西汉也，萧梁也，隋文也，开元也，太和也，庆历也，淳熙也，皆盛聚之时也。"① 这是对典籍聚散论的有力补充。

牛弘的"书厄论"，记载的都是典籍遭受的"火厄"，胡应麟通过对资料的细读，又提出了"水厄"之说："古今书籍人知其厄于火，而不知其厄于水者二焉。"然后，他引用《旧唐书·经籍志后序》中记载的唐初书籍西运时漂没之事，又补充了东汉末年董卓迁都载舟西上，书籍因遇寇盗，不幸沉河，仅存数船的史料。再引《大业江都记》，述隋代书籍焚于广陵，补充了两次"水厄"：

> 古今书籍人知其厄于火，而不知其厄于水者二焉：隋嘉则殿书寇乱亡轶，武德初尚八万卷，王世充平，命司农少卿宋遵贵以舟载之，行经砥柱，漂没风浪，十仅二三，见《隋志》及《旧唐书经籍志后序》，俱云存者无几。《新唐书》以尽亡其书，盖信笔不考之过也。次则汉兰台、石室诸书，董卓迁都，载舟西上，因罹寇盗，沉溺河中，仅数船存。此一事，他书不载，独《旧唐经籍志后序》记此。考光武迁都，书籍二千余两，诸家以为三倍于前，固非实录，而时无纂辑，尺简不传，惜哉！
>
> 凡前代书籍之厄，史皆备书，独隋世篇籍最盛，而诸志不言所终。考隋世诸书咸在东都，炀幸广陵，东都守御独完。自王世充降唐，唐尽收其图史，仅八万卷，中间未尝被火，向之藏蓄之盛竟何在耶？惟杜宝《大业江都记》云："隋书籍三十七万，悉焚于广陵"，当是实录。盖隋炀酷嗜经典，既欲徙都广陵，必尽载诸书自从，洛阳八万，意当

---

① 胡应麟等著，王岚、陈晓兰点校：《经籍会通 外四种》，北京燕山出版社，2008年，第10页。

时副本耳。宋书籍绍定间复灾,所存者尚众;德祐航海、蒙古之难,又荡然矣。①

最后,他总结道:"观此,则图籍兴废,大概关系国家气运,岂小小哉?"② 胡氏论述与丘濬、陆深相比,显然在系统性与全面性上更胜一筹。

明末谢肇淛的笔记《文海披沙》中有三条涉及"书厄",分别是"焚书坑儒有本""物聚必散""藏书"。"焚书坑儒有本",分析了始皇帝焚书的思想渊源——商鞅的法家思想。"藏书",则是对私人藏书聚散情况的介绍,虽然古人珍重书籍,却从不见聚而不散之家,书籍聚而复散在所难免。谢肇淛在该书卷六《物聚必散》中总结了书籍散亡的几种情形:

大凡尤物聚极必散,毋论货财,即书画器具,裒集甚艰,而其究也,或厄于水火,或遘于兵燹,或败坏于不肖子孙,或攘夺于有力势豪。如隋嘉则之书籍,宋宣和之玩好,李卫公平泉之木石,赵明诚校雠之书刻;以四海之物力,毕世之精神,而一旦澌灭,无复孑遗。岂成毁自有数耶?抑亦造物之所忌也!千载之下,犹扼腕叹恨。何况当时?③

他将"书厄"的原因总结为水火灾害、兵燹、子孙不肖、有力

---

① 胡应麟等著,王岚、陈晓兰点校:《经籍会通 外四种》,北京燕山出版社,2008年,第12—13页。
② 胡应麟等著,王岚、陈晓兰点校:《经籍会通 外四种》,北京燕山出版社,2008年,第13页。
③ 谢肇淛著,沈世荣标点:《文海披沙》,大达图书供应社,1935年,第71页。

者强取豪夺,基本囊括了官府和私人藏书"书厄"的主要情形,但最后将"书厄"归咎于"定数",则带有宿命论的色彩,不足取法。

第四章

明代的藏书保藏

藏书保藏包含两方面的内容：藏书收藏与藏书保护。藏书家费尽千辛万苦收集图籍，自然希望能够传之久远，因此必然会努力探寻更好的藏书收藏条件与养护方式。一般来说，藏书收藏需要软、硬两方面的条件，硬件条件包括藏书处所的营建、藏书环境的营造等；软件条件则主要是管理制度、陈列方式等方面的规章制度。藏书保护则主要指对藏书进行日常养护、修补的各种方法和制度。

第一节 藏书楼、室的营建

一、建筑理念与建筑结构

明代的藏书事业发达,特别是在江浙地区,大藏书家层出不穷。藏书数量达到一定规模后,藏书家就要考虑书籍的长期与专门保存问题。此外,明代中后期,文人结社之风盛行,"游道广泛"成为令读书人艳羡之事,文人士子因共同的兴趣爱好竞相结社,饮宴之风大兴,受这种风气的影响,士大夫都热衷于建造园林建筑,江南地区尤甚。在上述因素的共同作用下,明代涌现了大量藏书名楼,对后世产生了巨大影响。在藏书处所的营建方面,藏书家们形成了一定的共识,较有价值的主要有以下几点。

(一)充分认识到藏书建筑的重要性

从明初宋濂的青萝山房、杨士奇的东里草堂、叶盛的菉竹堂,到明中叶胡应麟的二酉山房、王世贞的小酉馆、焦竑的澹园,再到明晚期的天一阁、澹生堂、脉望馆,明代藏书名楼辈出。知名的藏书家基本上都有设专室储书的事迹见载,可见,为藏书营建专门处所已经成为人们的共识。从理论上对藏书楼的作用进行论证的,首推明中叶著名学者丘濬，他在《请访求遗书奏》中说道：

> 自古帝王藏国史于金匮、石室之中，盖以金石之为物，坚固耐久，非土木比，又能扞格水火，使不为患。故有天下者，斫石以为室，锢金以为匮，凡国家有秘密之记，精微之言，与凡典章事迹，可以诒谋传远者，莫不收贮其中，以防意外之虞，其处心积虑，可谓深且远矣。后世徒有金匮、石室之名，而无其实，典守虽设官，藏贮虽有所，然无御灾备急之具。不幸一旦有不测之事，而出于常虑之外，遂使一代治体事功，人文、国典因而散失。后之秉史笔者，无所凭据，往往求之于草泽，访之于旧闻。简牍无存，真伪莫办，非但大功异政不得纪载，而明君良臣，为人所诬捏者，亦多有矣。①

弘治五年（1492），时任大学士的丘濬向明孝宗建议"访求遗书"，加强国家藏书建设与管理，其中非常重要的一条措施就是建筑专门的皇家秘档藏书楼。丘濬认为，国家的典章制度、政治文书、档案资料，都是关系国家治理、国运兴衰的重要文献，理应妥善保存。历代统治者大多也能认识到这一点，所以设立典藏之所、管理之官，可当后世之人真正需要利用这些资料时，却常常发现其并没有得到妥善保存，散佚严重，以至于要去民间重新搜集。究其原因，藏书建筑不够牢固、管理不够严格是重要的一个方面。因此，丘濬建议筑造坚固耐用的"金匮石室"，对于历代实录、政府文书这样重要的文献，必须建造超过一般标准的专门藏书处所贮之。他认为只有这样的藏书楼才能远离水火之灾，保国家重要图籍

---

① 丘濬著，周伟民、王瑞明、崔曙庭等点校：《请访求遗书奏》，载《丘濬集》第八册，海南出版社，2006年，第3987—3988页。

的安全,于文献保存、国家治理均有裨益。丘濬的建议是从国家与官府藏书层面出发的,私人藏书家对藏书楼的价值同样有深刻的认识,如祁承㸁在给二子的家信中说:"只是藏书第一在好儿孙,第二在好屋宇。"[1] 他格外强调藏书建筑对书籍保藏的重要性。

(二)严格区分生活区和藏书区

认识到藏书建筑的重要性,使得藏书家更积极地结合实践的需要,探索藏书楼的营建方式。中国古代建筑大部分为土木结构,极惧回禄之灾。但人们要生活,就不能完全避免明火。因此,尽量将生活区域与藏书区域进行物理空间的区隔,降低生活、照明用火对藏书的威胁,是明代藏书家经常提到的一点。

祁承㸁的澹生堂,"必须另构一楼,迥然与住房书室不相接联,自为一境方好。但地僻且远,则照管又难,只可在密园之内外裁度其地,汝辈可从长酌定一处来"[2]。首先要将藏书区与生活区隔开,藏书楼最好是独立建筑,不与居室相连,这是古代藏书家从历代正反藏书经验中总结的重要原则。其次从管理便捷性的角度,提出总的建设原则:藏书楼既要远离生活区,又不能太过偏僻,否则不便打理,亦不利于防盗。

丘濬同样建议"于文渊阁近便去处,别建重楼一所,不用木植,专用砖石垒砌为之……收贮紧要文书,以防意外之虞"[3]。这里的"重楼"也是一座独立的建筑,只是建筑材料更为特殊,是以砖

---

[1] 黄裳:《淡生堂二三事》,载《黄裳文集》(4),上海书店出版社,1998年,第481页。
[2] 黄裳:《淡生堂二三事》,载《黄裳文集》(4),上海书店出版社,1998年,第481页。
[3] 丘濬著,周伟民、王瑞明、崔曙庭等点校:《请访求遗书奏》,载《丘濬集》第八册,海南出版社,2006年,第3988页。

石筑成，更利于防火。嘉靖时仁和人张翱，"藏书甚富，造楼水中，庋置甲乙，悉有次第，以小舟通之，晡后即禁往来"①。将藏书楼建在水中，天黑之后禁止出入，其一可防火，其二可防盗，是一举两得之举。

（三）注意防火、防潮、防晒、防虫

为了更好地保存书籍，藏书家们需要在实践中总结各种常见的书籍受损的情形，再想办法避免这些问题的出现。古籍所惧者，水、火、虫灾而已，建造藏书楼时，藏书家们也需要充分考虑这些因素，将其融入建筑设计中去。比如天一阁畔的水池、阁旁较高的墙垣，就是为了避免火灾。防潮、防虫的技术和方法，我们在后边有专节介绍，这里就略去不谈了。

二、藏书环境的营造

明代中后期，江南地区商业发达，人们生活比较富庶，逐渐形成了追求精致、奢靡生活的风尚。江南地区素有优越的人文传统，富庶的经济条件、悠闲的生活、高雅的品位，造就了兴建园林的物质与文化契机。而在明末波谲云诡的朝堂斗争中深感厌倦的致仕官员的回归，又使这种风气迅速在一定圈层中传播开来，促进了明末江南园林文化的发达。藏书楼是园林的重要组成部分，是文人雅致生活的重要象征，因此，明代藏书家不仅重视藏书楼的实用性，对藏书楼周边环境的营造也同样一丝不苟。

---

① 丁申：《武林藏书录》，载祁承㸁等《澹生堂藏书约（外八种）》，上海古籍出版社，2005年，第43页。

这方面最有代表性的就是高濂,论者多关注其在《遵生八笺》"论藏书"条对藏书价值和版本鉴定的论述,而品位高雅、精于生活之道的高濂,对藏书环境的追求与设计同样也是值得称道的。

在《遵生八笺·起居安乐笺》中,高濂首先引用了宋林洪《山家清事》中关于文人起居处所的描述:

择故山滨水地,环篱植荆,间栽以竹,余丈,植芙蓉三百六十,入芙蓉二丈,环以松梅,入此余三丈。重篱外,芋栗羊枣桃李,内植梅。结屋前茅后瓦,入阁名尊经,藏古今书。左塾训子,右道院迎宾,进舍三:寝一,读书一,治药一。①

居处建于山脚水滨,园中花团锦簇,在松竹掩映下现一阁楼,这就是专用来藏书的尊经阁。可见,在高濂等士大夫心中,藏书楼是理想居住环境必不可少的一部分,而藏书楼周边环境则以清幽为要。除了藏书处所,书斋也是明代文人居家时的主要活动场所,对于这个兼具藏书和阅读双重作用的处所,高濂也有非常精细的设计:

书斋宜明静,不可太敞。明净可爽心神,宏敞则伤目力。窗外四壁,薜萝满墙,中列松桧盆景,或建兰一二,绕砌种以翠芸草令遍,茂则青葱郁然。旁置洗砚池一,更设盆池,近窗处,蓄金鲫五七头,以观天机活泼。斋中长桌一,古砚一,旧古铜水注一,旧窑笔格一,斑竹笔筒一,旧窑笔洗一,糊斗一,水中丞一,铜石镇纸一……②

---

① 高濂:《遵生八笺》,巴蜀书社,1988年,第266页。
② 高濂:《遵生八笺》,巴蜀书社,1988年,第270页。

书斋营建的总体要求是安静明亮。其后,高濂不厌其烦地陈述了书房各处的布置,包括床榻、古物陈设、书画摆件等。最后,谈到书架及陈列的书目:"右列书架一,上置《周易古占》、《诗经旁注》、《离骚经》、《左传》、林注《自警》二编、《近思录》、《古诗纪》、《百家唐诗》、王李诗、《黄鹤补注》、《杜诗说海》、《三才广记》、《经史海篇》、《直音》、《古今韵释》等书。释则《金刚钞义》《楞严会解》《圆觉注疏》《华严合论》《法华玄解》《楞伽注疏》《五灯会元》《佛氏通载》《释氏通鉴》《弘明集》《六度集》《莲宗宝鉴》《传灯录》。道则《道德经新注指归》《西升经句解》《文始经宗旨》《冲虚经四解》《南华经义海纂微》《仙家四书》《真仙通鉴》《参同分章释疑》《阴符集解》《黄庭经解》《金丹正理大全》《修真十书》《悟真》等编。医则《黄帝素问》、《六气玄珠密语》、《难经脉诀》、《华佗内照》、《巢氏病源》、《证类本草》、《食物本草》、《圣济方》、《普济方》、《外台秘要》、《甲乙经》、《朱氏集验方》、《三因方》、《永类钤方》、《玉机微义》、《医垒元戎》、《医学纲目》、《千金方》、丹溪诸书。闲散则《草堂诗余》《正续花间集》《历代词府》《中兴词选》。法帖,真则《钟元常季直表》《黄庭经》《兰亭记》。隶则《夏丞碑》《石本隶韵》。行则《李北海阴符经》《云麾将军碑》《圣教序》。草则《十七帖》《草书要领》《怀素绢书千文》《孙过庭书谱》。此皆山人适志备览,书室中所当置者。"①

上列书目是以高濂为代表的晚明文人心目中的家庭基本藏书,从中不难发现两个特征:其一,从知识体系来看,体现了南宋以

---

① 高濂:《遵生八笺》,巴蜀书社,1988年,第271—272页。

来，越来越强烈的儒释道三教合一的思想文化发展趋势；成为一个"合格"的士子，不但要通经明史、善曲能文，还应当具有佛教、道家方面的文化修养。其二，从知识结构来看，士大夫居家，不仅要精研学问，也要精通医学养生、书法艺术，也就是要具备经营雅致生活的能力。能如此者，方得燕居清闲之妙，才是士大夫心目中理想的生活方式，以至于高濂在此篇最后不无陶醉地感叹，如能如此布置书斋，则"此真受用，清福无虚，高斋者得观此妙"①。

三、天一阁的营造法式及其影响

明代藏书楼建筑，以宁波天一阁最为著名，其对后世影响也最大。清代中期，乾隆为了建南北七阁以贮藏《四库全书》，派人对天一阁建筑形制进行考察后极为推崇，下令七阁尽仿天一阁建筑法式。在官方带动下，天一阁式藏书楼风靡全国。今天通过文字和实地考察，亦不难在各地藏书楼上看到天一阁的影子。因此，本节我们将对天一阁的营造法式进行专门介绍。

嘉靖四十二年（1563），天一阁第一代主人范钦结束了多年的宦海沉浮，致仕还乡。嘉靖皇帝治下的大明朝，权臣当道，吏治腐败，皇帝热衷求仙炼丹之道，无心朝政。范钦虽有一腔报国之志，其抱负终不得施展，宦海沉浮多年，虽已官至兵部侍郎，但已对官场产生了深深的厌倦。终于在五十多岁时，他决定致仕还乡，将余生精力全部投入到藏书、聚书活动中去。由于他多年为官，颇有家资，因而在较短时间内便聚沙成塔，拥有了规模庞大的藏书。为了

---

① 高濂：《遵生八笺》，巴蜀书社，1988年，第272页。

更好地与友人谈诗论道、把酒言欢,范钦在宁波月湖附近置地造园,园中藏书处所就是天一阁,建成的时间大致在嘉靖末年(嘉靖四十至四十五年)。据学者考证,范钦造园之初,天一阁并不是专做藏书之用。阁成之日,范钦曾亲笔致函(信函保存在《天一阁集》"邀竹墟东沙过湖上小启"中),邀请老友屠大山和张时彻光临。观此信之意,天一阁并非专为藏书而建,而是范钦理想中的一个与友朋把酒言欢、作诗宴集的地方。二楼的设计似有专为藏书所用的打算,但是真正实行则要到隆庆五年(1571)以后,以堂中悬挂的"宝文堂"黑底金字匾额为据,此匾由当时的宁波太守王原相所书,题为隆庆五年季冬所立,[①] 可见至隆庆初年,天一阁的二楼才被辟为藏书之用。较为合理的解释,是范钦矢志藏书之后,首先建东明草堂作为读书、藏书之所,后来随着藏书数量的增加,便将书籍移入宅东新建成的天一阁了。

今天我们提到天一阁的得名与形制,"天一生水,地六成之"的说法家喻户晓。作为我国现存年代最早的私人藏书楼,天一阁至今仍屹立在东海之滨。这是一座外观两层、重檐硬山坡顶六楹的砖木结构建筑,通高 8.5 米。底层面阔,进深各六间,前后有廊。一楼左侧有楼梯,右侧一间为书房,中间是宽敞的明堂,以木板隔断。二楼除楼梯外为一大通间,进深压缩为四间,以统一形制的书橱隔一而为六。书橱离墙腾空,前后橱门对开,橱下设石灰石质的英石,橱内置芸草驱蠹。我国古代建筑一般采用奇数开间以便对称,天一阁独辟蹊径的六开间,就是"地六成之"理念的反映,楼下的一大通间,则暗含"天一生水"的意思。[②] 纸书惧火,而水能

---

① 戴光中:《天一阁主——范钦传》,浙江人民出版社,2006 年,第 164—165 页。
② 杨菁、李声能、白成军:《文溯阁研究》,天津大学出版社,2017 年,第 31—32 页。

克火，起名"天一"，表达了阁主希望藏书免遭回禄之灾的美好愿望。

事实上，范钦当年命名藏书楼之旨，并无同时代文献可证。据学者考证，天一阁并非此楼原名，建成之初，此阁叫作"十洲阁"，大约是藏书放入后，范钦才将之改为现在的名字。[①] 为何改名？并无直接的文献记载。最早记述此事缘由的是清代学者全祖望。全祖望的六世祖全元立，是范钦的至交好友，两家本有通家之好。因此，全祖望得以在弱冠之年登上天一阁，此后数十年里，他又数次获准登楼读书。乾隆三年（1738），在《天一阁碑目记》中，全祖望记述了天一阁得名的过程：

> 阁之初建也，凿一池于其下，环植竹木，然尚未署名也，及搜碑版，忽得吴道士龙虎山天一池石刻，元揭文安公所书，而有记于其阴，大喜，以为适与是阁凿池之意相合，因即移以名阁。[②]

在全祖望《揭文安公天一池记跋》中，他进一步申说了天一阁命名的旨意："张真人龙虎山天一池，揭文安公为之记并为之书，别有'天一池'三大字。吾乡范侍郎东明筑阁贮书，亦取以水制火之旨，署曰'天一阁'，而凿池于其前，双勾文安三大字，将重摹以上石，未果而卒。"[③]

由是观之，范钦修建藏书阁楼的同时，在楼畔凿建一池，其是否有防火的考虑今已不得而知。池、阁落成后尚未命名，此时范钦

---

① 《月湖街道志》编纂委员会编：《月湖街道志》，宁波出版社，2021年，第404页。
② 骆兆平编：《天一阁藏书史志》，上海古籍出版社，2005年，第175页。
③ 全祖望：《鲒埼亭集》卷三十八，商务印书馆，1936年，第491页。

恰好得到了书法碑帖作品《揭文安公天一池记》，是记记载了江西龙虎山天一池得名之缘由：

> 吴公凿大池宫南门之外……请名吴大宗师，宗师曰："夫生天地者道也，载天地者气也。无形曰道，有形曰气，气者道之用也。道为万物之祖，气为万物之母，道与气一而已。故天一生水，一者万物之所由生也，一之生无穷，万物之生生亦与之无穷，故一者万物之终始也，宜名曰天一之池。"①

范钦读后大悦，认为"天一生水"的意思很适合用在藏书楼上，便给藏书楼取名为"天一阁"，还命人将文安公所写的"天一池"三个大字刻石立于池畔，以示怀古。

全祖望与范钦后人交好，他的记载应该是可信的，"天一阁"之得名，确实有"水能克火"的期待蕴含其中，其建筑形制方面诸多精巧的设计，也已经达到了古代砖木结构藏书楼的最高水平。但天一阁在范钦身后很长一段时间里，也只是在江浙一带小有名气，其"曝得大名"，进而影响了其后数百年中国藏书楼建筑样式的发展，则主要发生在清代中期以后。

清康熙十二年（1673），范氏天一阁已传至第四代，浙东学派的领军人物黄宗羲慕名来访，受到了范氏后人的热情接待。黄宗羲登楼后，一边刻苦研读，一边整理编目，他编成的《天一阁书目》，在士林间广泛流传，这是天一阁藏书的第一部书目，对扩大天一阁的影响发挥了重要作用。三年后，范氏子弟重订《天一阁书目》，请求黄宗羲为之作序，宗羲欣然应命，写下了《天一阁藏书记》。

---

① 骆兆平：《天一阁丛谈》，宁波出版社，2012年，第15页。

此文一出，天一阁名声大噪，轰动江南士林。全祖望就是在读到此文后，心生向往，并对天一阁及范氏家族充满敬意，在获准登楼读书后，先后写下了《天一阁藏书记》《天一阁碑目记》《久不登天一阁，偶过有感》等诗文，这进一步提高了天一阁的知名度，也为乾隆皇帝注意到天一阁埋下了伏笔。

乾隆三十七年（1772），乾隆帝打着"稽古右文"的旗号，投入大量人力、物力编纂《四库全书》。编书之初，其下诏在全国范围内征集遗书，谕旨中多次提到天一阁："而江浙人文渊薮，其流传较别省更多，果能切实搜寻，自无不渐臻美备。闻东南从前藏书最富之家，如昆山徐氏之传是楼，常熟钱氏之述古堂，嘉兴项氏之天籁阁、朱氏之曝书亭，杭州赵氏之小山堂，宁波万（范）氏之天一阁，皆其著名者。"①

此时天一阁主事之人叫范懋柱，是范钦的第八代传人。从后来发生的事情来看，显然这是一位人情练达之人。收到乾隆皇帝的旨意后，他立刻在藏书中挑选了六百余种精品进呈，为私人藏书家之冠。收到书后，乾隆皇帝十分高兴，投桃报李，欣然下旨赐给范家一套《古今图书集成》。天一阁也愈发得到皇帝的关注，乾隆三十九年（1774）六月二十五日，乾隆帝专门下旨给杭州织造寅著：

浙江宁波府范懋柱家所进之书最多，因加恩赏给《古今图书集成》一部，以示嘉奖。闻其家藏书处曰天一阁，纯用砖甃，不畏火烛。自前明相传至今，并无损坏，其法甚精。著传谕寅著亲往该处，看其房间制造之法若何，是否专用砖石，不用木植，并其书架款式若何。详

---

① 中国第一历史档案馆编：《纂修四库全书档案》，上海古籍出版社，1997年，第70页。

细询察,烫成准样,开明丈尺呈览。寅著未至其家之前,可预邀范懋柱,与之相见,告以奉旨,因闻其家藏书房屋书架造作甚佳,留传经久,今办四库全书,卷帙浩繁,欲仿其藏书之法,以垂久远。故令我亲自看明,具样呈览,尔可同我前往指说。如此明白宣谕,使其晓然于心,勿稍惊疑,方为妥协。将此传谕知之。仍著即行覆奏。①

《四库全书》卷帙浩繁,是中国古代规模最大的一部丛书,也是乾隆皇帝的得意之作,他希望成书后的《四库全书》能够代代流传,向后世宣说其文治武功。因此,修建坚固耐用、形象美观的藏书楼就十分必要了。他听说天一阁已屹立东南二百余年不倒,猜想其中必有诀窍,便专门派人前往调查,以备日后修建七阁参考。

寅著接旨后,火速赶往宁波。见到天一阁后,他稍加考察便发现,天一阁不过是一座普通的江南民居,与乾隆想象的"专用砖石"完全不同。然而,聪明的寅著知道皇帝想要的是什么,想必他也已经读过全祖望《天一阁藏书记》中"天一生水"的说法,相比"平平无奇"的一座木楼,这个玄妙的说法自然更能让皇帝满意。于是,寅著回奏说:

天一阁在范氏宅东,坐北向南。左右砖甃为垣。前后檐,上下俱设窗门。其梁柱俱用松、杉等木。共六间:西偏一间,安设楼梯。东偏一间,以近墙壁,恐受湿气,并不贮书。惟居中三间,排列大橱十口;内六橱,前后有门,两面贮书,取其透风。后列中橱二口,小橱二口。又西一间,排列中橱十二口,橱下各置英石一块,以收潮湿。

---

① 中国第一历史档案馆编:《纂修四库全书档案》,上海古籍出版社,1997年,第212页。

阁前凿池。其东北隅又为曲池，传闻凿池之始，土中隐有字形，如"天一"二字，因悟"天一生水"之义，即以名阁。阁用六间，取"地六成之"之义。是以高下、深广及书橱数目、尺寸，俱合六数。特绘图具奏。①

乾隆果然十分欣赏"天一生水，地六成之"的说法，而寅著的记载和其命人绘制的图画，也就成了最早描述天一阁建筑形制的文字资料。从文字记载与今存实物对比来看，天一阁的建筑形制几百年来没有发生大的变化，基本保持了范钦及其子修建时的基本结构。这也充分说明了，范钦当初的设计是非常符合中国古代藏书实践需要的。

乾隆皇帝收到寅著寄来的图样后，很快便下令仿范式天一阁之制，建造南北七阁，并在相关诗文中反复宣告。如《文源阁记》云："藏书之家颇多，而必以浙之范氏天一阁为巨擘，因辑《四库全书》，命取其阁式，以构庋贮之所。既图以来，乃知其阁建自明嘉靖末，至于今二百一十余年，虽时修葺，而未曾改移。阁之间数及梁柱宽长尺寸，皆有精义，盖取'天一生水，地六成之'之意。于是就御园中隙地，一仿其制为之，名之曰文源阁。"②

又，其《御制诗》五集收录了乾隆五十三年（1788）在避暑山庄写下的《趣亭》诗，其中"书楼四库法天一"句下原注云："浙江鄞县范氏藏书之所名'天一阁'，阁凡六楹，盖义取'天一生水，

---

① 王先谦：《东华续录·乾隆七十九》，载《续修四库全书·史部·编年类》，上海古籍出版社，1996年，第447—448页。
② 弘历：《文源阁记》，载李希泌、张椒华主编《中国古代藏书与近代图书馆史料（春秋至五四前后）》，中华书局，1982年，第16—17页。

地六成之'为厌胜之术,意在藏书,其式可法,是以创建渊、源、津、溯四阁,悉仿其制为之。"①

为了表彰天一阁的贡献,乾隆又于乾隆四十四年(1779),赐给天一阁御笔题字的《西域得胜图》32幅;乾隆五十二年(1787),再赐《金川得胜图》12幅。有了皇帝的关注与褒扬,天一阁声名大噪,在士林之地位已臻其极。此后,仿照天一阁样式修建的藏书楼层出不穷,较有名的如范钦同里著名学者、藏书家卢址的抱经楼,清末四大藏书家之一杨以增的海源阁,清末藏书家吴引孙的测海楼等。有鉴于此,来新夏先生评价天一阁是"传统藏书楼建筑的典范"②。

今天,我们到底应该如何评价天一阁确立的古代藏书楼建筑范式?第一,所谓"天一生水,地六成之"的说法,带有明显的迷信色彩,并不足信。天一阁屹立东南四百余载,成为我国存留至今最古老的私人藏书楼,依靠的也并非某种神秘力量。但我们也应当正视这种说法产生背后的文化环境,对神秘力量的信仰和期许,实际上折射的是古代私人藏书家对藏书保藏呕心沥血的投入,以及对书畏回禄这种普遍经验的高度共识。第二,在否定神秘主义的同时,也需要看到,天一阁在建筑设计方面已经达到了古代藏书楼建筑的极致。阁前凿水池,在藏书楼与范氏家族住宅区之间修建防火墙,起到了很好的防火效果。一楼六间用作接待、内部管理,二楼以一大通间储书,通风效果极佳,避免了南方潮湿气候对藏书的损害。此外,严格的管理制度、专门设计的双向开门书橱、除湿避蠹的措

---

① 张淑敏编著:《乾隆御笔避暑山庄碑诗》,新华出版社,1998年,第161页。
② 来新夏:《综论天一阁的历史地位》,载天一阁博物馆编《天一阁文丛》第四辑,宁波出版社,2006年,第2页。

施，构成了藏书长期保存的软硬件条件。在这两方面条件的作用下，也无怪乎天一阁成为我国古代藏书楼建筑的标杆了。第三，天一阁能够长期矗立不倒，主要依赖的是历代传人、政府部门的精心维护。道光九年（1829），天一阁历经三百年风雨侵袭，局部损毁严重，范氏后人动用祭田，竭尽全力进行了一次大修，上至大木作结构，下至石作台阶，都进行了全面的翻新。1933年9月，天一阁遭台风袭击，东侧倒塌，当时的鄞县文献委员会集资修复，前后历时三年，拆除木栏杆，改筑围墙，疏浚天一池。历次大修都遵循"修旧如旧"的原则，保持藏书楼的建筑平面布局、梁架结构和建筑样式不变。其间激励一代又一代人们为之投入巨大热情的，是天一阁四百余年来不朽的藏书精神。

第二节　图书典藏与管理的方法与制度

图书入藏后，对其按照一定的方法原则进行加工整理、保管的工作则属于图书典藏的内容。就明代的实际情况来看，副本制度、藏书管理方法与制度的规范化系统化发展趋势，是图书典藏与管理方面较有特色的地方。

一、副本制度

副本制度，就是在正本之外再抄写一个或几个副本，分存各处,以免珍本遗失的方法。该制度在明代官府藏书中较为常见。

永乐初年,明成祖下令编撰《永乐大典》,由于卷帙浩繁,历时一年多才抄写完毕,存于南京文渊阁中,被称为"永乐正本"。正统十四年(1449),南京文渊阁大火,《永乐大典》底本付之一炬;嘉靖三十六年(1557),宫中再次失火,《永乐大典》正本差点被焚毁。有此教训,嘉靖四十一年(1562),明世宗命徐阶、高拱等人负责重录《永乐大典》,此本被称为"嘉靖副本"。隆庆初年,抄写工作完成,正本归南京,贮文渊阁,副本留北京,储藏在皇史宬中。

为宫廷藏书抄写副本,在明代似已成定制。广寒殿、清暑殿、琼华岛、通集库都是明代皇宫的藏书之处。据记载,宣德八年(1433)四月,宣宗命少傅杨士奇、杨荣于馆阁中择能书者数十人,取"五经""四书"及《说苑》之类,"各录数本,分贮广寒、清暑二殿及琼花岛,以备观览"[①]。

将抄写副本上升到制度层面的,则是明代中期的儒学名臣丘濬。在《请访求遗书奏》《图籍之储》中,他将分地而藏和副本制度作为两项重要的国家藏书建设措施,建议"请于内阁见存书籍,内查有副余之本,各分一本送两京典籍厅国子监收掌"[②],"南北两京文渊阁所藏书籍,凡有副本,于南京内阁及两监各分贮一本"[③]。已有副本的,要分地而藏,这既便于学术传播,也能避免书籍集中可能带来的风险。对于没有副本的书,则主张组织人力抄写,"其

---

① 倪灿:《明史艺文志·序》,载黄虞稷编《明史艺文志·补编·附编》,商务印书馆,1959年,第4页。
② 丘濬著,周伟民、王瑞明、崔曙庭等点校:《请访求遗书奏》,载《丘濬集》第八册,海南出版社,2006年,第3985页。
③ 丘濬著,林冠群、周济夫校点:《大学衍义补》,京华出版社,1999年,第808页。

止有一本无副余者,将本书发下国子监敕祭酒司业行取监生抄录,字不必工,惟取端楷,录毕散各堂官校对,不许差错,每卷末识以誊写监生、校对教官衔名。其师生只照常例俸廪,别无支给,挨次差拨如常",然后将副本分藏各处,以保"永无疏失之虞"。[①] 既不增加政府开支,又保证了图书的副本率,可谓老成谋国之论。

二、管理的方法与制度

明代的藏书管理制度已经十分成熟,不论公私藏书,均已出现管理规范化与制度化趋势。官府藏书方面,形成了从中央到地方层级分明的管理体制,设置了专门的官员职数,制定了相应的规章制度。私人藏书则主要依靠严格的日常管理,以及对藏书长期保存的制度设计,以达到世代相传的目标。书院和寺观藏书,也涌现了大量较为规范的管理制度。以下,我们将按照人员配置、借阅制度、定期编目制度、长期保存制度来分别介绍明代藏书管理方面的经验。

(一)人员配置

设专人专职管理藏书,是官府藏书的"特权"。前文已及,明代宫廷藏书,见于记载的有文渊阁、大本堂、华盖堂、东阁、皇史宬、司礼监、通集库等。中央官府藏书,则主要在翰林院、国子监、行人司等。其中,只有翰林院专门负责执掌典籍。洪武十三年(1380)废秘书监,设翰林院典籍官,自此宫廷藏书管理的各项事

[①] 丘濬著,周伟民、王瑞明、崔曙庭等点校:《请访求遗书奏》,载《丘濬集》第八册,海南出版社,2006年,第3985、3986页。

务都由翰林院掌管。

翰林院典籍官,职数二人,官属从八品,负责宫廷和翰林院藏书的具体事务与日常管理。其他翰林院的官员,也都同时肩负理书之职。如明代历次宫廷藏书编目,均由翰林院学士主持。殿阁大学士和院内官员,可对典籍保藏事务发表意见。从管辖范围看,翰林院典籍官管理的主要是中央官府藏书和文渊阁藏书。宫廷其他处所的藏书事务,由詹事府内的司经局负责。司经局下设洗马、校书、正字等官。洗马掌管四部书籍的收藏与刊印、日常借阅和管理。校书、正字掌缮写装潢、校正文字。

弘治初年,针对官府藏书管理不严的弊端,大学士丘濬上疏要求强化专官分理制度,"请于典籍之外,其修撰、编修、检讨,皆以编辑校定之任专委其人,而责其成功。每岁三伏,会官曝书如宋制,因阅其数"[1];并且要求严格把控制度实施,严格校雠图书内容,定期曝晒防止霉变,流通借阅要遵守规定,落实登记、门禁等措施。

应当说,明代继承了前代遗产,在国家藏书制度设计方面是比较完备的,但事实上,由于废除了秘书监,翰林院中掌管图籍的官员位卑职低,管理效果并不理想。沈德符《万历野获编》卷一"先朝藏书"云:"(注:中央藏书机构)但掌管俱属之典籍,此辈皆赀郎幸进,虽不知书,而盗取以市利者实繁有徒,历朝所去已强半。"[2] 站在士大夫的角度,沈德符将管理不善归咎于管理者不学无术。但究其根本,是明初诸帝后,国家对藏书事业不够重视,皇帝甚少过问宫廷藏书的存藏状况,主其事者也得不到皇帝青睐,于是

---

[1] 丘濬著,林冠群、周济夫校点:《大学衍义补》,京华出版社,1999年,第808页。
[2] 沈德符撰,杨万里校点:《万历野获编》卷一,上海古籍出版社,2012年,第24页。

宫廷和中央官府藏书管理日渐废弛，图书丢失的现象十分严重。比如，正德年间，李继先借整理文渊阁藏书的机会，窃取善本[①]；杨升庵借父亲的权势，出入禁中，攫取秘本[②]；内阁大学士们也常常"假阅者，往往不归原帙"[③]。

皇权时代，帝王对于典籍的重视程度，直接决定了国家藏书的命运。明代初期的几位皇帝，深知创业艰难，尚能认识到典籍的重要性，对国家藏书时有关注，因此，这一阶段的藏书管理也较为严格，且在皇帝的支持下，完成了《永乐大典》《文渊阁书目》的编撰，国家藏书得到了较好的利用。其后的帝王，或是热衷求仙问道，或是不学无术胸无点墨，对藏书毫不在意，而管理藏书的官员大多位卑职低，也无怪乎一代藏书散失殆尽了。

国家藏书之外，建立了专人管理制度的还有书院藏书。明代讲学之风盛行，书院林立。书院的性质决定了必须要有一定规模的藏书供学生借阅利用。为了保证书籍的流通秩序，迫切需要建立比较严密的管理制度。与官府藏书设官值守不同，书院藏书大多采用的是专人负责制。比如江西白鹿洞书院，李梦阳《白鹿洞书院新志·书籍志》前小序记载："凡各部书籍见在、残失数目，蔡宗兖（注：书院山长）俱已查对明白，装造四册，申解提学首，讨取钤印，一留本道，一发府治，一发本学，一给付本洞库子。"[④] 嘉靖四十五年（1566），山长李资元在《白鹿洞学交盘册序》说："夫洞学接管，

[①] 余继登辑：《皇明典故纪闻》，书目文献出版社，1995年，第948—949页。
[②] 阮葵生：《茶余客话》卷一，中华书局，1959年，第27页。
[③] 倪灿：《明史艺文志·序》，载黄虞稷编《明史艺文志·补编·附编》，商务印书馆，1959年，第4页。
[④] 吴国富编纂：《新纂白鹿洞书院志》，江西人民出版社，2015年，第370页。

必有交盘，慎职守也。交盘必有册，详记载也。"① 两相对看，白鹿洞书院藏书实行的是山长负责制，山长对藏书负有完全的责任，并且在职务交接时，书籍也必须按册清点，盘点清楚后方能卸任。

（二）借阅制度

借阅制度是藏书管理制度的核心。明代的官私、书院、寺观藏书，在借阅管理方面都是非常严格的，这与整个古代社会"藏重于用"的观念有关。但客观来说，在书籍价昂、访求不易的古代，严苛的借阅制度，是保证书籍安全且能够长期流传的必要手段。

明代宫廷和中央藏书的借阅制度，史无明载。但从时人笔记中亦可一窥端倪。文渊阁藏书是明代官府藏书的精华，按照沈德符、谢肇淛等人的记载，当时的殿阁学士、翰林侍读等文学侍从之臣，都是可以入内查阅的。比如谢肇淛《五杂组》卷十三"事部一"云："内府秘阁所藏书甚寥寥，然宋人诸集，十九皆宋板也。……但文渊阁制既庳狭，而牖复暗黑，抽阅者必秉烛以登，内阁老臣无暇留心及此，徒付管钥于中翰涓人之手，渐以汩没，良可叹也。吾乡叶进卿先生当国时，余为曹郎，获借钞得一二种，但苦无拥书之资，又在长安日浅，不能尽窥东观之藏，殊为恨恨耳。"② 结合前文引沈德符云内府书日渐散失之事可知，文渊阁书不仅可以看，甚至可以借出抄录，这虽然一定程度上促进了文渊阁书的利用，但也可见阁书管理的松散。以至于丘濬在弘治五年（1492）建议"内外大小衙门，因事欲有稽考者，必须请旨，不许擅自开取"③，管理松弛

---

① 吴国富编纂：《新纂白鹿洞书院志》，江西人民出版社，2015年，第373页。
② 谢肇淛：《五杂组》，上海书店出版社，2009年，第266页。
③ 余继登辑：《皇明典故纪闻》，书目文献出版社，1995年，第907页。

导致的阁书日渐凋零的状况,令人痛心疾首,已经到了不得不管的地步。

寺观所藏多为宗教书籍,对于名山古刹来说,朝廷颁赐《大藏经》《道藏》是重要的收藏来源。与藏经同时下达的还有帝后要求严格管理的诏书,比如正统十年(1445)二月十五日赐灵谷寺藏经护敕如下:

朕体天地保民之心,恭成皇曾祖考之志,刊印大藏经典,颁敕天下,用广流传。兹以一藏安置南京灵谷寺,永充供养。听所在僧官、僧徒看诵赞扬,上为国家祝釐,下与生民祈福。务须敬奉守护,不许纵容闲杂之人私借观玩,轻慢亵渎,致有损坏遗失。敢有违者,必究治之。故谕。①

赏赐道观《道藏》时也会提出类似的要求,如正统十二年(1447)八月,赐北京白云观《道藏》时下旨云:

朕体天地保民之心,恭成皇曾祖考之志,刊印《道藏》经典,颁赐天下,用广流传。乃以一藏,安奉白云观,永充供养。听所在道官道士,看诵赞扬,上为国家祝釐,下与生民祈福,务须祗奉守护,不许纵容闲杂之人,私借观玩,轻慢亵渎,致有损坏遗失,违者必究治之。谕。②

---

① 葛寅亮:《金陵梵刹志》(上),南京出版社,2011年,第103页。
② 小柳司气太著,刘莹整理:《白云观志:附东岳庙志》,北京联合出版公司,2019年,第154页。

两者的措辞、要求基本相同，都是指示接受颁赐的寺观要妥善保管，严格管理，除了寺观内部人员，不允许随意借阅。

书院藏书本就是为教学储备的，而且都是当时常见的版本，没有秘藏的必要，但藏书数量有限，书院学生众多，为了保持图书长期流通，让更多的学生能够使用藏书，同样需要严格的借阅制度。正德十六年（1521）十一月初一日，白鹿洞书院山长蔡宗兖请示江西提学等主管部门后公布《申明洞禁榜》，其中一条云：

> 本洞储书，专以教迪士类。近年江西科场，必取洞书应用，本洞解入科场，场散领回，缺者不敢言缺，失者不敢言失，洞书残落，大半由此。且天下处处大比，岂皆借白鹿之书乎？今后江西科场书籍，合行布政司自备，毋得辄取白鹿洞书籍，以致迷失。其有行文取讨，令洞学申报本道待报。
>
> 前件科场书籍必须布政司自备，方为久计，若取洞书，必有缺失。仰府呈巡按衙门详示，用绝弊源。后蒙巡按江西监察御史石批：借取洞书，委有失散之弊。科场书籍，布政司支取无碍官钱，查照该洞书目，先期置买听用。①

书院藏书以儒家经典和科举考试用书为主，因此，除了供本院师生使用，一度还被江西科场征用。然而，书院的书被借走后，并没有得到妥善的保管，甚至出现了"借而不还"的现象，这使书院藏书蒙受损失。当时的山长为了革除此弊，专门将相关情况请示江西监察御史，获得上峰首肯，不再调用书院藏书。这项规定很快被

---

① 北京学苑文化研究中心编：《中国社会力量办学大辞典》（上），红旗出版社，1997年，第664—665页。

写入白鹿洞书院的规章，以制度的形式确定下来。

除了慎于外借，白鹿洞书院内部借阅也要遵守严格的制度，李资元嘉靖四十五年（1566）所作的《白鹿洞学交盘册序》记载："在洞肄业诸生，凡有考究必须取书，取时书书名于门库，览毕，则门库持帖类收。"① 其形态与我们今天使用的借书卡相似，师生取用图书时，必须登记书名、姓氏，以便事后查收。

如果说上述三种类型的藏书都带有一定"公家"性质，那么，私人藏书则完全依靠藏书家苦心经营而来，其属于私人或家族财产，自然更被珍视，体现在借阅制度方面，就是更加精密而具体的制度设计。

前面我们介绍了澹生堂主人祁承㸁精心设计的藏书楼，除了在建筑上精益求精，充分考虑藏书贮藏的需要，祁承㸁还认识到必须以严格的制度作为配套，才能真正保证书籍的安全。书畏水火，为了避免水火之灾，最佳的方法是隔绝生活区和藏书区。但藏书是为了读的，对于大部分藏书家来说，入藏的书籍都是自己的心头好，不会将之"束之高阁"，而会时常检阅。那么，如何避免人类活动对书的影响？最重要的一点就是严格地执行管理制度，因此"惟后用翻轩一带，可为别室检书之处，然亦永不许在此歇宿，恐有灯烛之入也"②。在藏书楼后部专门设计了检阅书籍之所，人们白天可以在这里看书，但决不允许留宿，这样就避免了火灾隐患。在借阅过程中，则要严格遵守以下规则："子孙取读者就堂检阅，阅竟即入架，不得入私室；亲友借观者，有副本则以应，无副本则以辞，正

---

① 吴国富编纂：《新纂白鹿洞书院志》，江西人民出版社，2015年，第374页。
② 黄裳：《祁承㸁家书跋》，载朱东润、李俊民、罗竹风主编《中华文史论丛》总第三十二辑，上海古籍出版社，1984年，第265—266页。

本不得出密园外。"① 一是只能就地翻阅，不许将书籍带出藏书楼；二是没有副本的书绝对不能外借。

应当说，上述方法都是古代藏书家惯常采用的手段。比如，菉竹堂叶盛同样以《书橱铭》告诫子孙："读必谨，锁必牢，收必审，阁必高。子孙子，惟学教，借非其人亦不孝。"②

上述这些借阅管理方式，在明代私人藏书实践中并非孤例，而是普遍现象。今天我们说起明代藏书家严格管理的典型，一般都会提到天一阁"代不分书，书不出阁"的规定，并以之作为藏书公开的"反面教材"。③ 事实上，以此归罪于天一阁主人是有失偏颇的，天一阁严苛的管理制度并非一朝形成的，它的出现有其特殊的历史背景。

范钦归乡矢志藏书后，与当时的文坛领袖王世贞建立了互抄约，这至少说明范钦并不是一个思想保守、敝帚自珍的藏书家。此外，范钦还精心校订刊刻了大量古籍。古时候的士大夫将"立德、立言、立功"三不朽作为毕生事业追求。以范钦生平行事观之，他早年热衷仕途，晚年对当时的政治环境失望后才立志藏书，其藏书特色也带有强烈的"事功派"色彩。藏书、刻印书籍对他来说就是一种变相的"立言"，因此，从思想倾向来看，范钦并没有强烈的主观意识去限制书籍的流通。当然，书籍聚集不易，耗费了范钦大

---

① 祁承㸁著，郑诚整理：《澹生堂读书记 澹生堂藏书目》（上），上海古籍出版社，2015年，第13页。
② 齐鲁书社编：《藏书家·第3辑》，齐鲁书社，2001年，第151页。
③ 比如周少川就认为："明代范氏'天一阁'一开始就立下了'代不分书，书不出阁'的族训。这些禁戒确实为避免图书流失发挥了作用，但往往也禁锢了图书的传布。"（见周少川《文化情结：中国古代私家藏书心态探微》，《图书馆学研究》2002年第6期。）

量精力、财力，他当然也希望自己苦心收集来的藏书能够长期保存，惠泽子孙。天一阁建成后不久，范钦就进入了生命的倒计时，如何处理藏书成为他必须要考虑的问题。

对此，后世有两种不同的记载，一种是全祖望的《天一阁藏书记》，云范钦生前主持二子分家，拿出藏书和万金让二子挑选，次子取金，长子自然就继承了藏书。另一种说法出自屠可堂《双柏庐遗闻》，云范钦析产时，次子已丧，次媳取金，后来又后悔，与长子对簿公堂，经多方调解方才作罢。① 今天我们不必去考证哪种说法更加符合历史真实，但从文献记载和天一阁后来的归属来看，范钦生前便定下了"书不可分"的规则。

范钦长子范大冲，虽然功名不及乃父，但其言行确实称得上是一个孝子，他遵从父亲的遗志，妥善照料天一阁藏书，在他手上，天一阁"代不分书，书不出阁"的族规才最终成型。范大冲亦有两子，为了避免兄弟相争，他做出决定：天一阁藏书不再作为遗产分配，而是归属范氏家族共有共管，并特别拨出自己名下的良田，作为支撑藏书楼图书保管、扩充、维护的公产。为了更好地保护藏书，也是在范大冲时期，才明确规定只能在阁中阅读，不可将书带出。但是，以此认定天一阁已经实行全封闭管理也是不准确的。明清之际，黄宗羲、李嗣邺、全祖望等人均多次登楼观书，得到了范氏子孙的热情招待，并尽出所藏供学者观览。至乾隆时期，因修《四库全书》献书之故，天一阁声名大噪。

乾嘉名臣阮元担任浙江学政期间，多次登临天一阁，并在《宁波范氏天一阁书目序》中首次披露了范氏家族的管理规定："子孙

---

① 骆兆平：《天一阁丛谈》，宁波出版社，2012年，第30页。

各房相约为例：凡阁厨锁钥，分房掌之，禁以书下阁梯，非各房子孙齐至，不开锁。"① 如有违反，其惩罚措施如下："子孙无故开门入阁者罚不与祭三次。私领亲友入阁及擅开书橱者罚不与祭一年。擅将藏书借出外房及他姓者罚不与祭三年，因而典押事故者，除追惩外，永行摈逐，不得与祭。"②

此时，范氏各房人数众多，集齐各房子孙才能登阁看书，显然已经是"不可能完成的任务了"，天一阁从此才进入了封闭时代，其藏书的象征意义远大于实用价值。这些族规，前人多以为范氏第二三代便已经制定并执行了，但细读全祖望的记载："是阁之书，明时无人过而问者，康熙初，黄先生大冲始破例登之，于是，昆山徐尚书健庵，闻而来钞。其后登斯阁者，万征君季野，又其后，则冯处士南耕，而海宁陈詹事广陵纂赋汇，亦尝求之阁中。"③ 至全祖望登临之时，"予之登是阁者最数，其架之尘封，衫袖所拂拭者多矣"④。显然，在明末清初，并不是范氏拒绝人来看书，而是天一阁尚没有什么名气，范氏家族对于藏书的日常打理也并不频繁。因此，自然没有制定严格借阅制度的必要了。

乾嘉时期苏州藏书家吴翌凤亦云："明季藏书，浙中为盛，而鄞县范氏天一阁尤富，立法亦尽善，其书借人，不出阁，子孙有志者，就阁读之，故无散佚之患。"⑤ 此处只强调了天一阁借阅之法的

---

① 戴光中：《天一阁主——范钦传》，浙江人民出版社，2006年，第297页。
② 虞浩旭：《嫏嬛福地天一阁》，宁波出版社，2011年，第121页。
③ 全祖望：《天一阁碑目记》，载《鲒埼亭集·外编》卷十七，商务印书馆，1936年，第888页。
④ 全祖望：《天一阁碑目记》，载《鲒埼亭集·外编》卷十七，商务印书馆，1936年，第888页。
⑤ 转引自骆兆平《天一阁丛谈》，宁波出版社，2012年，第32页。

合理性，若果真如阮元所记般严格，"其书借人""就阁读之"之事又如何实现呢？

因此，阮元所记者，很可能是天一阁受到乾隆皇帝注意后，在地方官（包括阮元在内）的压力下制定的"新法"，以严格的制度设计来营造天一阁藏书的"神秘感"，颇有点"造神运动"的意味了。在这种特殊的社会背景下，天一阁的管理制度愈发趋向严格，道光九年（1829），范氏后人又制定了一份更加苛刻的禁约，其内容涉及藏书管理的方方面面。为了便于读者了解其全貌，一并引录于此：

阁上敬贮宸翰秘书、得胜图，凡登阁者，各宜祗憷，毋得轻亵。

司马公藏书历三百载，乾隆甲午年间，荷蒙绘图烫样进呈，迭叨恩赐奖励，俾远祖德泽弥彰，凡属后嗣，益宜谨慎，永昭世守。

书阁建造历有年所，虽时经修理，总恐日久难支。今春会同子姓筹费鸠工，需用繁多，工程浩大，后人因修理之维艰，益思创建之非易，宜各恪遵勿替。

阁上门槛橱门锁钥、封条，房长每月会同子姓稽考，并察视漏水、鼠伤等情，以便即行修补。

阁下每月设立巡视二人，其护程及阁下各门锁钥，归值月轮流经管，如欲入内扫刷以及亲朋游览，值月者亲自开门，事毕检点关锁。倘阁下稍有疏失，损坏花木器物，罚不与馂一次。

阁下搁几大座、茶几、矮方八仙桌，毋得借用及移置厅堂，所有乌木大公式□□，亦不许借用。

阁下六间并前后游巡明堂，俱不得堆积寄放物件、暂行工作，及护程上挂晒衣裳，犯者罚不与馂二次。

前后假山植有花木，今春略为增莳，如子姓攀折毁伤，罚不与馂一次。

　　花坛、假山及一应石砌，毋得扒掘损坏、捶白捣衣，违者罚不与馂一次。

　　池水为一门仰给，如有向池水洗污及游泳，犯者罚不与馂二次。

　　总门内外不得安放凳桌、堆积物件，致碍行走。①

　　写着上述内容的"禁牌"，至今仍保存在天一阁内。自此之后，直到民国时期，范氏后人都严格执行族规。1931年，郑振铎、赵万里、马廉等人慕名来访，多方觅人接洽，然限于族规，终未能如愿，可见禁约强大的约束力。应当说，天一阁后期的借阅制度，已经是古代私人藏书最严格的规定了，它一方面限制了书籍的流通使用，另一方面也保证了天一阁书能够被较为完整地保存下来。今天对其进行评价，亦应充分考虑这两方面的因素。

　　（三）定期编目制度

　　除了严格的日常借阅管理制度，定期编目也是明代各类型藏书管理十分普遍的一项制度。

　　官府藏书方面，鉴于迁都以来，朝廷从未对文渊阁、东阁藏书进行过盘点，明正统年间，皇帝下旨命大学士杨士奇等人对宫内各处藏书进行一次全面整理登记，成果就是《文渊阁书目》。明初诸帝后，统治者对藏书多不加注意，致使国家藏书管理混乱。嘉靖中叶，御史徐九皋上议："欲查历代艺文志书目参对，凡经籍不备者，行士民之家，借本送官誊写，原本给还，且加优赏；又乞上御便

---

①　骆兆平编：《天一阁藏书史志》，上海古籍出版社，2005年，第16—17页。

殿，省阅章奏，处分政事，赐见讲读诸臣，辨析经旨。"① 他提议整顿宫内藏书，并根据书目增补图籍。然而，此议虽佳，却不被嘉靖帝采纳。直到万历三十三年（1605），张萱等人奉诏整理国家藏书，编成《内阁藏书目录》，明代国家藏书才得到一次大规模整理，这也是明代最后一次校理官府藏书。虽然明代对国家藏书的管理并不严格，但从当时的记载来看，定期整理编目，至少在观念上是得到普遍认同的。

  坚持编制目录，亦是明代书院藏书的一大特色。正德年间，李梦阳《白鹿洞书院新志·书籍志》前小序称："凡各部书籍见在、残失数目，蔡宗兖俱已查对明白，装造四册，申解提学首，讨取钤印，一留本道，一发府治，一发本学，一给付本洞库子。"② 郑廷鹄《白鹿洞志》卷十二所收邵锐万历六年（1578）《拟白鹿洞禁约》第三条中亦有类似记载。可见，定时对照书院藏书目录清核藏书，已经是一种制度了。而这种制度能够实行的前提就是对书院藏书的定期整理编目。嘉靖四十五年（1566），时任山长的李资元在其所作的《白鹿洞学交盘册序》中，详细记载了其主持编目的过程："余继提举洞事，通将经史子集类分先后，以圣制列于经部之先，志书附于史部之后。附子部者，诸子创作也。附集部者，诸子之新选也。已经修整者，序列于前，未经修整者，附列于后。条具分明，总计一百七十二部，发与门库四役，照数收藏看守。"③ 在制度的促进下，明代书院藏书编制目录的现象十分普遍，存留至今的仍有十余部，其中以白鹿洞书院书目居多，也最有代表性，这也从一个侧

---

① 沈德符撰，杨万里校点：《万历野获编》卷一，上海古籍出版社，2012年，第4页。
② 吴国富编纂：《新纂白鹿洞书院志》，江西人民出版社，2015年，第370页。
③ 吴国富编纂：《新纂白鹿洞书院志》，江西人民出版社，2015年，第373—374页。

面反映了白鹿洞书院管理的严格与精细。

明代私人藏书目录的数量更为庞大,相比官府和书院藏书,私人藏书都是藏书家苦心经营而来,他们对藏书的照料也更为精心。对藏书进行整理编目,是其管理和利用藏书的一种主要形式。藏书家在给子孙的训约中也经常强调这一点,比如祁承㸁就与子孙约定:"书目视所益多寡,大较近以五年、远以十年一编次。"[①] 要求后世子孙每隔五至十年就要更新一次藏书目录。

(四)长期保存制度

所谓长期保存制度,主要是私人藏书家为了其藏书能够世代流传,长期为家族保有而设计的制度。其中,澹生堂主人的方法就非常有代表性。

首先,借助孝道的力量。祁承㸁在《密园记》中嘱咐子孙:

> 楼上用七架,又后一退居。退居之中即肖我一像。每月朔日,子孙瞻礼我像,即可周视藏书之封锁何如。而此楼之制,既欲其坚固,又欲其透风,须我与匠人自以巧心成之。但汝辈定此一处,可分付筑基也。[②]

古人讲究孝道,后世子孙可能不会像祁承㸁那样酷嗜藏书,但无论如何也背不起"不孝"之名。将对长辈的礼敬、恭顺与藏书管

[①] 祁承㸁著,郑诚整理:《澹生堂读书记 澹生堂藏书目》(上),上海古籍出版社,2015年,第13页。

[②] 黄裳:《淡生堂二三事》,载《黄裳文集》(4),上海书店出版社,1998年,第481—482页。

理相结合，保证了后世子孙对藏书的妥善照料。天一阁对破坏藏书、不遵守管理制度的惩罚方式与此异曲同工，采用"不与祭"的方式，这对宗法时代的人们有巨大的约束力。

其次，保持藏书的流动性。终藏书家一世，虽然可以做到插架琳琅，藏书千万，但书籍本身就是有一定寿命期限的，而且在使用过程中，书籍也会因各种原因产生自然损耗，如果只是简单地守护先世传承下来的藏书，随着年代日久，藏书数量和质量一定会不断下降。为了避免这种现象的发生，祁承㸁与子孙约定：

> 及吾之身则月益之，及尔辈之身则岁益之；子孙能读者则以一人尽居之，不能读者则以众人递守之；入架者不复出，蠹啮者必速补。①

他从藏书建设的角度，要求藏书数量必须稳定增长；从管理的角度，坚持集中管理的原则。祁承㸁甚至还专门刻制了一方藏书印，其铭文曰："澹生堂中储经籍，主人手校无朝夕。读之欣然忘饮食，典衣市书恒不给。后人但念阿翁癖，子孙益之守勿失。"② 但是，再严密的制度设计，也终无法如祁承㸁所愿，让澹生堂藏书常聚不散。明末山河破碎，继承了澹生堂藏书的四子祁彪佳自沉殉国，山阴祁氏藏书历三代而亡，散落于世。治乱兴衰，这是古代私人藏书无法逃脱的宿命，既令人抚卷叹息而又无可奈何。但祁承㸁能够充分考虑藏书长期保存的实际需要，多角度、多方位地综合考量，进而设计较为严密的藏书长期保存制度，其理念是值得今天的图书馆

---

① 祁承㸁著，郑诚整理：《澹生堂读书记 澹生堂藏书目》（上），上海古籍出版社，2015年，第13页。
② 叶德辉：《（插图本）书林清话》，上海古籍出版社，2008年，第216页。

工作实践者思考的。

第三节 图书保护的方法与制度

一、装帧、修补的方法与制度

弘治、正德以后,明代宫廷藏书多有缺残,且因藏书处所地处宫中卑湿之地,不宜图书的长期保存,故历代均有官员建议修建新馆,派官员整理图书,加强管理。但此时中央官僚机构重叠,办事不力,虽委派官员整理,但收效甚微。明正德十年(1515),因内阁和东阁藏书有残缺,令原管主事李继先等次第修补。但由于藏书管理制度不严,任意取拿的现象严重,李继先监守自盗,致使内阁藏书宋刻精本损失很多。① 《明史艺文志·序》在总结明中后期官府藏书情况时亦称:"其后(注:指弘治以后)内阁诸书,典司者半系赀郎,于四部之旨懵如,且秩卑品下,馆阁之臣假阅者,往往不归原帙。值世庙而后,诸主多不好文,不复留意查核,内阁之储,遂缺轶过半。"② 万历间,张萱等编《内阁藏书目录》,"视前所录,

---

① 阮葵生:《茶余客话》卷一,中华书局,1959年,第27页。
② 倪灿:《明史艺文志·序》,载黄虞稷编《明史艺文志·补编·附编》,商务印书馆,1959年,第4页。

十无二三。所增益者,仅近代文集地志,其他唐宋遗编,悉归子虚乌有"①。不仅不注意增置书籍,更不重视对现有图籍的修补、装帧。与之相比,私人和书院对藏书的经管要精心得多。江西白鹿洞书院《整书事宜》中,专列一条明确图书修整的要求:

修整书籍,每五年一大修,三年一小修。南康府呈委主洞教官,慎选博识谨笃洞生四名,查理损坏书籍若干本,动支洞租,召募书匠逐一修整。②

文字不多,但图书装帧、修补的要点俱备:首先要定时,形成惯例与制度;其次要委专员负责;最后,资金来源由公费支持。当然,这条记载只是明确了图书装帧、修补的总原则。藏书修补、装帧的具体做法和措施,更多体现在私人藏书活动中。需要说明的是,古代私人藏书家在藏书的同时,往往同时热衷于法帖、书画等艺术作品的收藏,相比书籍,书画对修补、装帧的要求更高、需求更大,因此明代论述书画装帧修补经验的论著远多于论书者,而相关经验又反过来促进了书籍装帧、修补的发展。

(一)装帧修补的指导思想

为什么要对书籍、书画进行装帧和修复,直接原因就是古画古籍在长期流传过程中难免损坏,装帧修补是延长其寿命的必要手段。周嘉胄云:"圣人立言,教化后人,抄卷雕板,广布海宇,家

---

① 倪灿:《明史艺文志·序》,载黄虞稷编《明史艺文志·补编·附编》,商务印书馆,1959年,第5页。
② 李梦阳等编:《白鹿洞书院古志五种》,中华书局,1995年,第427—428页。

户颂习,以至万世不泯。上士才人,竭精灵于书画,仅赖楮素以传,而楮质素丝之力有限,其经传接非人,至兵火丧乱,霉烂蠹蚀,豪夺计赚,种种恶劫,百不传一。……窃谓装潢者,书画之司命也。"①

装帧、修补都是由能工巧匠完成的,若没有合适的匠人,那么就宁可保持原状。对此,周嘉胄云:"于百一之中,装潢非人,随手损弃,良可痛惋。故装潢优劣,实名迹存亡系焉。"② 极言良工的重要性。那么,什么样的人可称良工呢?"良工须具补天之手,贯虱之睛,灵惠虚和,心细如发。充此任者,乃不负托。又须年力甫壮,过此则神用不给矣。好事者必优礼厚聘。其书画高值者,装善则可倍值,装不善则为弃物,讵可不慎于先,越格趋承此辈,以保书画性命?书画之命,我之命也,趋承此辈,趋承书画也。"③ 良工需要具备灵巧的双手、敏锐的观察力,心细如发,而且年龄不能太大也不能太小,太老精力不济,太年轻则经验不足,可见其要求之严格。

(二)装帧、修补的工艺材料

古书的装帧、修补需要用到一些特殊的材料,比如浆糊、函套等,选用这些材料时,不仅要保证装帧、修补的美观度与实用性,还要考虑材料本身的安全性与防护性,最突出的就是浆糊制作工艺。古时用来作为黏合剂的浆糊,都是用面粉或淀粉制作的,极易招虫。因此,如何在保证粘连性的同时,防止虫蛀鼠咬,是需要在

---

① 周嘉胄:《装潢志》,中华书局,1985年,第1页。
② 周嘉胄:《装潢志》,中华书局,1985年,第1页。
③ 周嘉胄:《装潢志》,中华书局,1985年,第2页。

制作浆糊之初就考虑的问题。周嘉胄《装潢志》记载了"治糊"之法：

> 先以花椒熬汤，滤去椒，盛净瓦盆内放冷。将白面逐旋轻轻糁上，令其慢沈，不可搅动，过一夜，明早搅匀。如浸数日，每早必搅一次，俟令过性，淋去原浸椒汤，另放一处，却入白矾末乳香少许，用新水调和，稀稠得中，入冷锅内，用长大擂槌不住手擂转，不令结成块子，方用慢火烧候熟，就锅切作块子，用元浸椒汤煮之，搅匀再煮，搅不停手，多搅则糊性有力。候熟取起，面上用冷水浸之，常换水，可留数月，用之平贴不瓦，霉候不宜久停，经冻全无用处。①

高濂《遵生八笺》"法糊方"也记载了一种浆糊制作工艺：

> 白面一斤，浸三五日，候酸臭作过，入白芨面五钱，黄蜡三钱，白芸香三钱，石灰末一钱，官粉一钱，明矾二钱。用花椒一二两，煎汤去椒。投蜡矾、芸香、石灰、官粉，熬化，入面作糊，粘褙不脱。又法：飞面一斤，入白芨末四两，楮树汁调，亦妙。②

在面粉之中加入花椒、白芨等材料，是为了在保证黏性的基础上，更好地解决防虫的问题。冯梦祯《快雪堂漫录》卷二十六"造糊法"对前代流传的两种制糊方法进行了介绍：

> 用面搭作掌大块，入椒矾蜡等末，用水煮，俟面浮起为度。取出

---

① 周嘉胄：《装潢志》，中华书局，1985年，第8—9页。
② 高濂：《遵生八笺》，巴蜀书社，1988年，第542页。

入清水浸，浸至有臭气，白泛，即易水。直待气泛尽，取出待干，配入白芨汁，作糊。永远不受霉湿。《季象传》。一法，又白芨为末，匀入白面，洁净水漫漫澄过，不可将水入面，但以面水入器内盖好，一日一夜，待面沉入底，务令粘腻。量水多少，入白蜡及明矾川椒末，置火上不住手搅。火须用文火，不得令焦。结实如麻腐，取出作数块，浸水中以次用之。《子晋传》。①

明景泰年间的文物鉴定学专著《新增格古要论》记载了元代著作《居家必用事类全集》中的制糊之法："用瓦盆盛水，以面一斤掺水上，任其浮沉。夏五日，冬十日，以臭为度，沥漫面清水，蘸白芨半两、白矾三分，去滓，和元浸面，打成浓糊。入桐油、黄蜡、芸香等各三钱重。就锅内打作一团，别换水，煮令熟。去水，倾置器内。候冷，日换水浸，临用，以汤调开。"②

文震亨《长物志》"法糊"条亦云："用瓦盆盛水，以面一斤掺水上，任其浮沉，夏五日，冬十日，以臭为度；后用清水蘸白芨半两、白矾三分，去滓和元浸面打成，就锅内打成团，另换水煮熟，去水，倾置一器，候冷，日换水浸，临用以汤调开，忌用浓糊及敝帚。"③两相对看，文字大同小异，有明显的因袭关系。总而言之，到了明代，中国古代书画修补、装帧时使用的制糊工艺已经发展得比较成熟，形成了较为固定的程序和方法，而各种记载最主要的差别是加入面糊的"添加剂"不同。

浆糊制作完成后，使用方法妥当与否也会影响其效果。对此，

---

① 冯梦祯：《快雪堂漫录》，载《四库全书存目丛书·子部二四七》，齐鲁书社，1995年，第333页。
② 曹昭撰，王佐补：《新增格古要论》，中国书店，1987年，第164—165页。
③ 文震亨撰，胡天寿译注：《长物志》，重庆出版社，2017年，第104页。

周嘉胄总结道："表之于糊,犹墨之于胶,墨以胶成,表以糊就。胶用善则灵液清虚,糊用佳则卷舒温适。调用之宜,妍媸攸赖。良工用糊如水,止在多刷。刷多则水沁透纸,凝结如抄成者,不全恃糊力矣。如墨用胶轻,只资锤捣之力耳。"① 在装裱过程中,强调"多刷"使浆糊均匀浸润纸张,以达到最好的效果。冯梦祯《快雪堂漫录》云:"糊裱宜夏,折订宜春,若夏天折订,手汗并头汗,滴于书上,日后泛潮,必至霉烂生虫,不可不防。"② 这则是强调刷糊应当充分考虑气候条件,与天时相合。

(三)第一部书画装帧理论著作——《装潢志》

书画作品对于装裱的要求更高,因此相较书籍,古代书画装裱技术发展得更快。明代出现了我国书画史上第一本装潢学专著——周嘉胄《装潢志》,该作集中总结了书画装帧的各种用料和技术方法。

周嘉胄,生卒年不详,大约生活在明末清初,家庭条件应当比较优渥,富有书画收藏,与当时著名的书画装潢艺人多有往来。在对书画装潢的历史进行全面考察,与江南各地书画家、收藏家、装潢师广泛交流经验后,他将多年所得整理成《装潢志》。

是书共分四十三小节,每节均有标题,大致可分为六个部分。第一部分为前言,讲装帧的重要性,"装潢优劣,实名迹存亡系焉,窃谓装潢者,书画之司命也"③。第二部分四节,为《古迹重装如病医》《妙技》《优礼良工》《宾主相参》,论述装潢人才的重要作用,

---

① 周嘉胄:《装潢志》,中华书局,1985年,第9页。
② 陈登原:《古今典籍聚散考》,上海书店,1983年,第491页。
③ 周嘉胄:《装潢志》,中华书局,1985年,第1页。

强调要重视人才、礼遇良工。第三部分十七节，按步骤介绍装潢的全过程，从《审视气色》到《囊》。第四部分十六节，介绍装潢过程中一些具体问题的解决办法，如手卷、册叶、碑帖、治糊、用糊、纸料等。这部分内容对于书籍装帧也是同样适用的。比如《绫绢料》节，作者首先给出总的结论："宣德绫佳者，胜于宣和，糊窗绫其次也。"然后再分述各地绢料优劣："嘉兴近出一种绫，阔二尺，花样、丝料皆精绝，乃从锦机改织者，固书画之华衮也。""白门近亦织绫可用。""松江绢，皆可为挖嵌包首等用。"[①] 第五部分三节，记载装潢典故以及作者本人与装潢名家交游的情况。最后两节是对全书的总结，强调自己的"切切婆心"："盖为古迹神妙者，气脉将绝，倘寄托得人，便可超劫回生。再历年月，垂赏于世，岂不伟欤！"[②]

《装潢志》虽然是对书画装裱经验的系统总结，但书画装帧与图书装帧在原理上是相通的。比如周嘉胄在《手卷》节说："每见宋装名卷皆纸边，至今不脱，今用绢折边，不数年便脱，切深恨之。古人凡事期必永传，今人取一时之华，苟且从事，而画主及装者，俱不体认，遂迷古法。"[③]虽然说的是书画的包边，但其经验在图书装帧方面也是通用的。

二、防潮、防虫的方法与制度

前面介绍明代藏书楼建筑理念与结构时，我们已经了解到藏书

---

① 周嘉胄：《装潢志》，中华书局，1985年，第9页。
② 周嘉胄：《装潢志》，中华书局，1985年，第11页。
③ 周嘉胄：《装潢志》，中华书局，1985年，第6页。

家防火的首要原则，是拉开藏书区和生活区之间的物理距离。藏书不仅怕火，南方阴冷潮湿的气候同样是其"天敌"。由于明清两代的大藏书家多集中在江南地区，为了防潮、防虫，藏书家们也尝试并总结了许多方法。

（一）防潮

丘濬的应对之道是营建藏书石室。丘濬少年时期家境贫寒，为读书历尽人间冷暖，后科举得中，宦游四方。母丧居家期间，他深恤海南地僻人稀、读书艰难，便捐出毕生积蓄，建造石室保存图书。为什么要选择石头作为建筑材料，最主要的原因就是海南的气候条件：

顾南方卑湿，竹帛不可久藏，竭生平积聚，鸠工凿石以为室。凡梁柱楹瓦之类，皆石为之，不用寸木。①

南方多雨，纸张极易受潮，选用石材，不仅建筑坚固耐用，也可以很好地起到隔绝地气的作用。丘濬后来向皇帝提出在宫中建造"金匮石室"贮藏国家重要文献的建议，应该也是受此启发。

对于藏书楼的规制，澹生堂主人同样很有自己的想法，祁承㸁当时宦游中州，在给二子祁凤佳、四子祁彪佳的家信中，嘱咐儿子妥善营建藏书楼，并对其形制规划进行了详细的解说：

我意若起楼五间，便觉太费，而三间又不能容蓄。今欲分做两层，

---

① 丘濬：《藏书石室记》，载仇江选注《岭南历代文选》，广东人民出版社，2009年，第96页。

下层离基地二尺许，用阁栅地板，湿蒸或不能上，只三间便有六间之用矣。前面只用透地风窗，以便受日色之晒，惟后用翻轩一带，可为别室检书之处，然亦永不许在此歇宿，恐有灯烛之入也。①

间，是古代建筑的长宽计量单位。祁承㸁设计的藏书楼，楼高两层，每层三间。祁氏居于山阴（今绍兴），气候比较潮湿，所以藏书楼的底层地基要离地远一些，以防书籍受潮。同时，南方空气湿度大，为了保持藏书楼干燥就要经常通风、晾晒，而古书长期受日光直射纸张又会变黄发脆，所以要设计透地风窗，既起到通风的效果，又避免日光曝晒。

再如胡应麟的二酉山房，"屋凡三楹，上固而下隆其址，使避湿，而四敞之可就日。为庋二十又四，高皆丽栋，尺度若一"②，建筑面积虽不大，但是特意垫高地基以隔绝湿气，保持四面敞开通风，使空气流通、阳光照射，同样可以起到降低空气湿度的作用。

明代最著名的藏书楼天一阁在防潮方面也有专门的设计。天一阁为一排六开间的两层楼房，下分六间，二楼则是一大通间，以书橱相隔，房间前后均有窗户，书橱亦两面开门。这种设计，既可在江南梅雨季节紧闭门户，防止潮气入侵，又可在出梅后，敞开窗户、书橱，通风除湿。另外，范钦及其子孙在每年梅雨季后至中伏期间均要统一曝书。天一阁的书橱内还放置了石英吸潮。这些措施被后代子孙严格执行，为天一阁藏书营造了良好的保存环境。

高濂采用的则是物理除湿法，《遵生八笺》"居家建置"条，针

---

① 黄裳：《书海沧桑》，江苏凤凰文艺出版社，2018年，第217页。
② 胡应麟等著，王岚、陈晓兰点校：《经籍会通 外四种》，北京燕山出版社，2008年，第30页。

对南方潮湿,藏书、药物容易受潮的问题,建议通过建造"温阁"来解决:

> 南方暑雨时,药物、图书、皮毛之物,皆为霉潴坏尽。今造阁,去地一丈有多,阁中循壁为厨二三层,壁间以板弭之,前后开窗,梁上悬长筦,物可悬者,悬于筦中,余置格上。天日晴明,则大开窗户,令纳风日爽气。阴晦则密闭,以杜雨湿。中设小炉,长令火气温郁。又法:阁中设床二三,床下收新出窑炭实之。及置画片床上,永不霉坏,不须设火。①

简单地说,就是设计一个专门的房屋,与地面有一定距离,前后设窗,空中吊笼,能悬空放置的物品尽量悬空。天气晴明之时,依靠阳光风力;阴雨之时,采用火烤除湿的方法排出湿气。

(二)防虫

防虫也是南方藏书家关心之事,明代在书籍防蠹方面的最大成就,是"万年红"的发明。据中国历史博物馆防蠹纸研究小组《对明清时期防蠹纸的研究》② 及刘启柏《古籍防蠹》③ 等文的研究,明代广东南海(今佛山)一带出现了一种名叫"万年红"的防蠹纸,这种纸张涂有用铅、硫磺、硝石等化合而成的橘红色粉末物质铅丹(亦称"红丹"),其主要化学成分是四氧化三铅,蠹虫接触铅丹就会死亡。同时四氧化三铅在空气中化学性能稳定,可以在较长时期

---

① 高濂:《遵生八笺》,巴蜀书社,1988年,第268页。
② 中国历史博物馆防蠹纸研究小组:《对明清时期防蠹纸的研究》,《文物》1977年第1期。
③ 刘启柏:《古籍防蠹》,《四川图书馆学报》1979年第3期。

内防止蠹虫蛀蚀书籍。当时广东刻书，会在扉页和封底各装一页以作防蠹之用，效果极佳。

天一阁使用的防虫方法是使用芸香草。芸草辟蠹的说法由来已久，宋代沈括《梦溪笔谈》卷三说："古人藏书辟蠹用芸。芸，香草也，今人谓之'七里香'是也。叶类豌豆，作小丛生，其叶及芬香，秋间叶间微白如粉污，辟蠹殊验。南人采置席下，能去蚤虱。"① 宋代邵博《邵氏闻见后录》卷二十九记载："芸草，古人用以藏书，曰芸香是也。置书帙中，即无蠹，置席下，即去蚤虱。叶类豌豆，作小丛，遇秋则叶上微白如粉汗，南人谓之七里香。大率香草花过则无香，纵叶有香，亦须采掇，嗅之方觉。此草远在数十步外，已闻香。自春至秋不歇绝，可玩也。"② 可见至宋代时，藏书家已经普遍使用这种植物来防虫了，天一阁在书橱下也放置了大量的芸香草。但据《文汇报》1982年8月8日报道，根据现代科学研究，天一阁防蠹所用之芸草，实为广西产的一种中药材灵香草，范钦在广西做官时，曾采用这种本用作止痛的中药以防蠹护书，这种草实际上并无驱虫的效果。

除了药物除虫，明代的藏书家还使用了不少物理方法。如明福建藏书家谢肇淛，在《五杂组》卷九"物部"中记载："书中蠹蛀，无物可辟，惟逐日翻阅而已。置顿之处，要通风日，而装潢最忌糊浆厚褙之物。宋书多不蛀者，以水褙也。日晒火焙固佳，然必须阴冷而后可入笥，若热而藏之，反滋蠹也。"③ 蠹鱼喜欢的环境，除了潮湿温热，还要有可食之物。古籍裱书用的浆糊就是书虫喜欢的食

---

① 沈括著，侯真平校点：《梦溪笔谈》卷三，岳麓书社，1998年，第19页。
② 邵博：《邵氏闻见后录》卷二十九，上海书店，1990年，第313页。
③ 谢肇淛：《五杂组》，上海书店出版社，2009年，第189页。

物,因此,减少浆糊的使用量也可达到防虫的效果。汲古阁主人毛晋采用伏天糊裱,书用厚衬料,压平伏。裱面用洒金墨笺,或石青、石绿、棕色、紫笺,内用科举连裱里,浆糊用小粉、川椒、百部等草药细末拌之等方法,皆可防蛀。①

三、曝书的方法与制度

明代藏书家留下的关于曝书的具体过程和方法记录不多,但各类型藏书均有曝书的记载。官府藏书方面,余继登《典故纪闻》卷十六载弘治年间大学士丘濬的奏议:"又请于文渊阁近地别建重楼,不用木植,但用砖石,将累朝实录、御制玉牒及干系国家大事文书,盛以铜柜,庋于楼之上层。如诏册、制诰、行礼仪注、前朝遗文旧事,与凡内府衙门所藏文书可备异日纂修全史之用者,盛以铁柜,庋之下层。每岁曝书,先期奏请,量委翰林院堂上官一员晒晾查算,事毕封识。"②沈德符《万历野获编》云:"六月六日,本非令节,但内府皇史宬晒曝列圣实录、列圣御制文集诸大函,则每岁故事也。"③

私人藏书方面,《澹生堂聚书训》规定:"吾每岁以上伏及重阳间,视天气晴明,设几案于当日所,侧群书其上,以暴其脑,所以

---

① 叶德辉等撰,湖南图书馆编:《湖南近现代藏书家题跋选》,岳麓书社,2011年,第24页。
② 余继登辑:《皇明典故纪闻》,书目文献出版社,1995年,第906—907页。
③ 沈德符撰,杨万里校点:《万历野获编》卷二十四,上海古籍出版社,2012年,第520页。

年月虽深,终不损动。"①

书院藏书方面,嘉靖四十五年(1566),时任白鹿洞书院山长的李资元在其所作的《白鹿洞学交盘册序》中,详细地记载了其主持编目的过程:"凡于四季,遇湿气则加曝晒,有尘垢则加展拂,照类收拾,使经久不坏。"②

可见,曝书对于明代藏书家来说,已经是一种普遍使用的藏书保护、日常维持的常规方法了。

---

① 祁承㸁著,郑诚整理:《澹生堂读书记 澹生堂藏书目》(上),上海古籍出版社,2015年,第32页。
② 吴国富编纂:《新纂白鹿洞书院志》,江西人民出版社,2015年,第374页。

第五章

明代的藏书整理

　　明代藏书整理的思想与方法，主要体现在明人编撰的藏书目录之中。在长期编目实践中，其分类思想、类例体系、编目规则都得以不断累积和完善。此外，明代一些文献学家，从文献分类发展源流的角度，对历代分类思想和类例体系进行了评述，并提出了自己的观点，这些内容可被认为是明代藏书整理思想的理论总结。在本章中，我们将对明代重要藏书目录及其主要内容进行介绍，然后从中提炼分类、编目及版本鉴定思想的主要内容与特征。

第一节　明代重要藏书目录介绍

一、官府藏书目录

（一）《文渊阁书目》

杨士奇等编。杨士奇是明代前期名臣，历仕四朝，仁宗、宣宗时期开始担任辅政大臣、殿阁大学士，编撰《文渊阁书目》应当属于其职务行为。正统六年（1441），杨士奇等奏称，永乐年间从南京移来的图书缺乏整理，没有完整书目，因此请求对其进行整理编目后移存文渊阁，本次编目的成果便是《文渊阁书目》。该目原不分卷，清嘉庆五年（1800），鲍廷博刊刻时厘定为二十卷。①

该目不依四部分类，收录图书悉以《千字文》编号，自"天"至"往"字，共计 20 号 50 橱，每个号下再分若干个类目，共有 40 类。其类目体系如下：

天字号五橱：国朝类
地字号四橱：易、书、诗、春秋、周礼、仪礼、礼记

---

① 王国强：《明代目录学研究》，中州古籍出版社，2000 年，第 77—78 页。

玄字号一橱：礼书、乐书、诸经总类
黄字号三橱：四书、性理　附 经济
宇字号六橱：史
宙字号二橱：史附、史杂
洪字号一橱：子书
荒字号一橱：子杂、杂附
日字号三橱：文集
月字号二橱：诗词
盈字号六橱：类书
昃字号一橱：韵书、姓氏
辰字号二橱：法帖、画谱（附诸谱）
宿字号一橱：政书、刑书、兵法、算法
列字号二橱：阴阳、医书、农圃
张字号一橱：道书
寒字号二橱：佛书
来字号一橱：古今志（附杂志）
暑字号三橱：旧志
往字号三橱：新志[①]

著录项目包括书名、部数、册数、存残情况、复本情况。该目类例方面的主要特点有：一是在官修书目中首新增"国朝"类，收录当朝皇帝御制诗文、典章制度，这对明代官私书目影响甚大。二是史部类别被大量简化，佛道书被一并收入。三是重视性理书和经济类书籍，前者指程朱理学诸家的著述，后者主要是历代名臣奏

---

① 参见杨士奇等《文渊阁书目》，商务印书馆，1937年。

议。总的来说，《文渊阁书目》并不能算一部严谨的图书目录，其分类体系比较杂乱，著录也非常简略，很可能只是当时内廷藏书的登记账簿。但由于它是明代第一部官修书目，产生的影响极大。

（二）《内阁藏书目录》

明万历中后期，内廷藏书失于管理，混乱不堪。中书舍人张萱等人请求重新整理内廷藏书，其最终成果就是《内阁藏书目录》八卷。该目完成于万历三十三年（1605），收书2447种，有民国时期张钧衡《适园丛书》排印本。据《目录》后题识所云，参与该目编撰的工作人员有内阁敕房办事大理寺副孙能传，中书舍人张萱、秦焜、郭安民、吴大山等人。

该目应当是以《文渊阁书目》为蓝本编撰的，亦不依四部，以圣制、典制为首，接经、史、子、集四部，然后又设类书、金石、图经、乐律、字学、理学、奏疏、传记、技艺、志乘、杂部等11类，不再收录佛道书籍。著录方面，较之《文渊阁书目》要详细一些，除书名、作者、卷册数、残缺情况外，间有注释。

（三）《南雍志·经籍考》

该目在前面介绍明代中央机构藏书时已经提到，为南京国子监的藏书目录，由当时的国子监助教梅鷟编订，成书于嘉靖年间，共两卷。《经籍考》全目分为9类：制书、经、子、史、文集、类书、韵书、杂书、石刻，共著录图书300余种。著录项目包括书名、作者、卷/套/本/叶/板块数、装帧情况，以及该书的版本源流、存残情况，间有注释，涉及刻书始末、编纂过程等内容。篇首有识语，介绍了南监藏书和刻书的源流。从总体结构来看，《南雍志·经籍志》比较符合我国古代目录学"辨章学术"的传统,其识语相当于"序",为所著录的每部书都作了详略不等的提要。

(四)《明太学·经籍志》

该目为《皇明太学志》卷二别出单行本。国子监祭酒郭磐撰。该目不分类,按照藏书贮藏的书柜登记著录。计有:中红橱6种14部、左一黑橱14种62部、左二黑橱11种22部、右一黑橱21种34部、右二黑橱4种4部、东厢书橱8种8部、西厢书橱15种15部。著录项目包括书名、套/部/本数,以及与旧志相比的增删存佚情况。

(五)《行人司重刻书目》《续书目》

明万历三十年(1602)刻本。徐图等编。按明代惯例,行人司官员出京公干,须带回1种以上图书上缴,充实司中藏书,若其书品相不佳或与现有藏书重复则驳回,令其另易。故需对司中所贮书籍及时编目,供相关人员查阅。在徐图本前,行人司书目尚有黄怡堂所编本,成书于万历二十三年(1595),惜其书已不存。至徐图担任行人司司正时,司中藏书与黄目相比已发生了许多变化,因此需要新编书目,以便查检利用。是目分六大类:典故、经、史、子、集、杂。其中典故类收明代政书、奏疏;杂类收不能归入其他类别的杂书,包括农学、书画、医药等。共著录图书1571种,著录项目包括书名、册/本/套数,偶注版本。

(六)《府学藏书目》

该目为杭州府学藏书目录。府学建于洪武七年(1374),始建时有时任杭州知府王德宣捐俸购置的书籍 31 部，永乐间又有朝廷赐书 17 部。正德十三年（1518），提学副使刘瑞请以库金购书，充实府学藏书。刘瑞书文并刻碑记此事，目录刻在碑阴，至此，杭州府学藏书经、史、子、集四部皆备。

该目不分类，但记载次序依经、史、子、集、政书、地方志，依次著录，每书仅记书名、册数。

二、私人藏书目录

相比官府藏书书目的"简陋"，明代私人藏书目录则要发达得多，且出现了大量不依四部、"任性发挥"的书目，这些书目虽在目录学史上颇受诟病，但对我国目录学理论的多元化发展起到了重要的促进作用。以今存明代私人藏书目录观之，其中大部分是万历以后编撰的，明初的则多散失。以下择要介绍现有传本存世或类例可考的明代私人藏书目录。

（一）《菉竹堂书目》

叶盛编。据目前自序，完成于成化七年（1471），是现存最早的明代私人藏书目录，共著录藏书 4600 余册，22700 余卷，分圣制，及经、史、子、集各一卷。然流传至今的版本，据清代学者周星诒、陆心源等人考证，认为其为伪本，是根据《文渊阁书目》删削而来的。[①]

[①] 陈伟军：《〈菉竹堂书目〉的伪本》，《中华读书报》2005 年 8 月 17 日。

(二)《江东藏书目》

陆深撰。陆深,字子渊。明孝宗弘治间进士,任詹事府詹事,著述甚丰。该目成于武宗正德三年(1508),著录不依四部,首创十四分之法。其目虽不传,但自序保留在《经籍会通》及清卞永誉《式古堂书画丛考》中,现摘录其论述类例的部分如下:

夫书莫尚于经。经,圣人之书也。后有作焉,凡切于经咸得附矣,故录经第一;理性之书倡于宋而盛之,然经之流亚也,故录理性第二;语曰"经载道,史载事",故录史第三;书作于经史间而非经史可附者,概曰古书,故录古书第四;圣辙既逝,诸子竞驰,故录诸子第五;质渐趋华,而文集兴焉,故录文集第六;四诗既删,体裁益衍,按厥世代,考高下焉,故录诗集第七;山包海汇,各适厥用,然妍媸错焉,类书之谓也,故录类书第八;纪见闻、次时事而掌不在官,通谓之史可也,故录杂史第九;山经地志,具险易、叙贡赋,寓王政矣,故录诸志第十;声音之道,与天地通而礼乐所由出也,故录韵书第十一;不幼教者不愍成,不早医者不速起,其道一也,故录小学医药第十二;方艺伎术,故有成书者,孔子曰"虽小道,必有可观者焉",故录杂流第十三;圣作物睹,一代彰矣,宣圣从周,遵一统故也,特为一录,以次宸章令申,示不敢渎云。目为制书。[①]

其中的"制书""理性""诗集""类书"等类目,仿自《文渊阁书目》。此外,将理学、音韵文字等小学书籍从经部中剥离,将

---

① 胡应麟等著,王岚、陈晓兰点校:《经籍会通 外四种》,北京燕山出版社,2008年,第24页。

杂史、诸志等类从史部中分出，将诸子、医药等类从子部中独立，也是其突出特点。

同时《江东藏书目》的序言也是目录学史上一篇重要理论文献。在序言中，陆深阐释了如此安排类例的考虑，从中亦可见明代目录学家对于学术分类和图书分类之间关系的认识。"制书类"冠于众部之首，是因为皇权"不敢渎"，体现了古代社会中晚期专制制度的强化。理学是南宋以来占据正统思想地位的学说，虽从本质上来说属于儒家，但地位与一般的儒家学说不同，故而也别出一类，仅次于"经"。前面的十二类均为专指，对于融合了多学科的各种杂学，以及具体的技艺、应用技术等方面的书籍，专设"杂流"殿后，这从分类的逻辑上来说更为完善。

（三）《李蒲汀家藏书目》

李廷相撰。收入宣统二年（1910）上虞罗振玉《玉简斋丛书》二集。该目不分类，仅依藏书摆放位置依次著录，著录为"一屋几柜""一柜几层"等，著录项目包括书名、套数、册数，间注版本，是明代最早的版本书目。

（四）《白华楼书目》

茅坤撰。茅坤，字顺甫，嘉靖间进士。其目已佚，唯存自序，该目最大的价值在于创立了"九学十部"分类法，突破了四部法的窠臼：

九学者，一曰经学，二曰史学，三曰文学，四曰说学，五曰小学，六曰兵学，七曰类学，八曰数学，九曰外学。十部者，即九学之部，而加以世学。世学不可以示来世，然时王之制，吾先人以兹名于世，吾敢忽诸？①

茅氏此目，除亦采用列举式分类法外，最大的特点在于试图以学术分类替代图书分类，故而该目称"学"而非"部"，也就是说茅坤希望创造一种主要按照书籍内容和学术思想，而非图书形态特征分类的方法，相比明代普遍的按收藏情况为标准的"削足适履"式的私人藏书目录，茅坤的处理方法显得独树一帜。

（五）《百川书志》

高儒撰。成书于嘉靖十九年（1540），其书前自序云："《百川书志》既成，追思先人昔训之言曰：'读书三世，经籍难于大备，亦无大阙。'……愈励先志，锐意访求。或传之士大夫，或易诸市肆。数年之间，连床插架，经籍充藏，难于检阅；闲中次第部帙，定立储盛。又恐久常无据，淆乱逸志，故六年考索，三易成编，损益古志，大分四部，细列九十三门，裁订二十卷。书志不备者，盖聚多而未已也。书刻类中，注陈书后，顿忘寒暑，蠹检篇章，志略始成。"②

高儒生平原不明晰，仅有的几条资料，是来自黄虞稷、王世祯、周中孚等人的记载，大致知道其生活于明代中期，世袭武弁。而《百川书志》因记载详瞻、著录准确，受到后世学者的高度重视，以至于胡玉缙在评价该目时不无惊诧地说："以武弁而能好学

---

① 郑元庆：《吴兴藏书录》，古典文学出版社，1957年，第12页。
② 高儒等：《百川书志 古今书刻》，古典文学出版社，1957年，第3页。

若是，尤当表而出之者矣。"① 近年来，罗旭舟博士根据新出土的明代墓志铭资料，对高儒的生平家世进行了详尽的考察。据其考证，高儒的叔祖为弘治、正德年间的司礼监太监高凤，极受武宗信赖，权倾一时。高儒的父亲高荣、伯父高得林也都先后担任了武职高官，高氏家族在正德一朝门第显赫。高儒大致出生在弘治十二年（1499）至正德七年（1512）之间，卒于嘉靖三十二年（1553），最高曾做到从三品的锦衣卫指挥同知。② 显赫的家世为高儒聚书藏书提供了便利，近人在统计了《百川书志》各部类著录比例后认为，"高儒的收书是薄古厚今的"③。事实上，这也从另一个侧面说明，高家并非藏书世家，其书是在较短时间内，由高氏祖孙三代聚集而得的。也正因为高氏出身武弁，并非典型的诗书之家，故而其藏书类型才显得更为多元，小说、戏曲等不入正统士大夫"法眼"的书籍，也被收入《百川书志》，这反而造就了其独特的文献价值。

是目依四部分类，下列93门，其分类体系如下：

经志：正经易、书、诗、礼、春秋、大学、中庸、论语、孟子、孝经、经总、仪注、小学、道学、乐、蒙求

史志：正史、编年、起居注、杂史、史钞、故事、御记、史评、传记、职官、地理、法令、时令、目录、姓谱、史咏、谱牒、文史、野史、外史、小史

子志：儒家、道家、法家、名家、墨家、纵横家、杂家、兵家、

---

① 胡玉缙撰，吴格整理：《续四库提要三种》，上海书店出版社，2002年，第119页。
② 罗旭舟：《高儒生平家世与〈百川书志〉》，《中国典籍与文化》2014年第3期。
③ 钱亚新：《试论〈百川书志〉在我国目录学史上的价值》，《广东图书馆学刊》1985年第1期。

小说家、德行家、崇正家、政教家、隐家、格物家、翰墨家、农家、医家、卫生术、房中术、卜筮家、历数家、五行家、阴阳家、占梦术、刑法家、神仙家、佛家、杂艺术、子钞、类书

集志：秦汉六朝文、唐文、宋文、元文、圣朝御制文、睿制文、名臣文、汉魏六朝诗、唐诗、宋诗、元诗、圣朝御制诗集、睿制诗集、名臣诗集、诏制、奏议、启札、对偶、歌词、词曲、文史、总集、别集、唱和、纪迹、杂集[①]

从一级类目来看，《百川书志》依四部成法，由此可见即使在类例创新蔚然成风的明代，四部法仍有巨大的影响力。但在二级类目方面，《百川书志》与前代书目相比，更加详细，也做出了大量的调整。比如经部的"蒙求""道学（即理学）"，史部的"文史""野史""外史"等，子部的"德行家""崇正家""政教家"，集部的"启札""歌词""词曲""文史""唱和"等，均为首创。同时，在集部历代文集的著录方面，引入了按时代划分的方法，这也是很有价值的尝试。

（六）《宝文堂书目》

晁瑮撰。晁瑮，字君石，号春陵，嘉靖二十年（1541）进士，官至国子监司业，家富藏书。该目有三卷，不依四部，设34类著录藏书，分别为：御制、诸经总录、易、书、诗经、春秋、礼、四书、性理、史、子、文集、诗词（以上上卷）；类书、子杂、乐府、四六、经济、举业（以上中卷）；韵书、政书、兵书、刑书、阴阳、医书、农谱、艺谱、算法、图志、年谱、姓氏、佛藏、道藏、法帖

[①] 见高儒等《百川书志 古今书刻》中《百川书志总目》（古典文学出版社，1957年）。

（以上下卷）。

该目著录了大量元明话本、小说、传奇、杂剧，与《江东藏书目》和《文渊阁书目》一样，采用了平面展开的列举式分类方式。

（七）《博雅堂藏书目录》

孙楼撰。孙楼（1515—1583），字子虚，号百川，嘉靖二十五年（1546）举人，曾任湖州推官，调汉中，后辞职归。孙楼爱书成癖，藏书逾万卷，手自校雠，建博雅堂储书，编有《博雅堂藏书目录》（佚）。在自序中，孙楼记述了其藏书的情况："余髫不喜弄，雅嗜文籍。暨长而嗜益甚，似有癖者，乃屈于赀，不克致，重购者致之尤难。"① 嘉靖四十四年（1565），孙楼又修建了丌册庋以藏书，并为之作《丌册庋记》。该目撰成于嘉靖三十年（1551），不依四部，共分十八类：诸经类、诸史类、诸子类、诸文集类、诸诗集类、类书类、理学书类、国朝杂纪类、小说家书类、志书类、字学书类、医书类、刑家类、兵家类、方技类、禅学类（道书附）、词林书类、制书类（附试录、墨卷）。②

（八）《玩易楼藏书目录》

沈节甫撰。节甫，字以安，号锦宇，嘉靖三十八年（1559）进士，累仕工部侍郎。该目撰于隆庆年间，共两卷，原书已佚，其序载《吴兴藏书录》。祁承煠在《庚申整书例略四则》中评价其

---

① 孙楼：《百川先生集》卷一，载《四库全书存目丛书·集部一一二》，齐鲁书社，1995年，第614页。
② 叶昌炽撰，王欣夫笺正：《藏书纪事诗 藏书纪事诗笺正》（上），广西师范大学出版社，2021年，第330—331页。

类例：

> 首重王言，故一曰制、二曰谟、三曰经、四曰史、五曰子、六曰集、七曰别（别者，道其所道，非圣人之所谓道也）、八曰志、九曰类、十曰韵字、十一曰医、十二曰杂。①

共分十二类，亦不依四部。类目设置基本仿自陆深《江东藏书目》。

（九）《玩画斋藏书目录》

姚翼撰。姚翼，字翔卿，嘉靖年间贡生，藏书楼号"玩画斋"。其目已佚，《吴兴藏书录》载其自序：

> 金玉珠玑之好，举世所同也，同则聚于吾也，垂涎者必众。而况其人所好，既终身于此，则其子若孙，率皆溺于纨绮膏粱，作业竭而财日匮；其末也，必不能自给，又无义礼以养其心，而孝敬之念既衰，则其于祖父精神手泽，渺然不为介虑，举而弃之于人，以求免夫一旦之饥寒也，如视敝屣。以子孙如视敝屣之心，而乘之以举世垂涎之欲，吾见聚之以数十年之力者，不终朝而澌灭无遗矣。乃若书之好，千万人而无二三焉。方吾之好而聚之也，人将群嗤之不暇，焉能更有同好者睥睨其傍哉？而况为其子若孙者，纵非皆能读父书，而目染耳濡之余，或稍稍习俭素以自保。且非甚狂病不肖，当不忍死其亲而捐其所甚好；虽欲捐之，又或苦于售之不易而中沮。然则吾之好书，虽限于

---

① 祁承㸁著，郑诚整理：《澹生堂读书记 澹生堂藏书目》（上），上海古籍出版社，2015年，第42页。

力而不能多致，使汗牛充栋，窃独喜其可久据以为吾有也。故特斋而藏之，又籍而录之，使由吾之子若孙，以传于世世。不特贤而能读吾书者之所宝爱，而或附益之；虽中材以下，苟非甚病狂不肖者，因以知我所好之甚，虽不幸而偶不免于饥寒，或姑存之，而不强售于非所同好云耳。①

（十）《万卷堂书目》

朱睦㮮撰。睦㮮，字灌甫，号西亭，封镇国中尉，为明代宗室，担任周藩宗正多年，富有藏书，著述甚丰。此目有十六卷，为其自编的家藏书目，依四部分类，前有自记：

余宅西乃游息之所，建堂五楹，以所储书环列其中，仿唐人法，分经、史、子、集，用各色牙签识别。经类凡十一，易、书、诗、春秋、礼、乐、孝经、论语、孟子、经解、小学，凡六百八十部，凡六千一百二十卷；史类凡十二，正史、编年、杂史、制书、传记、职官、仪注、刑法、谱牒、目录、地志、杂志，凡九百三十部，凡一万八千卷；子类凡十，儒、道、释、农、兵、医、卜、艺、小说、五行家，凡一千二百部，凡六千七十卷；集类凡三，楚辞、别集、总集，凡一千五百部，凡一万二千五百六十卷。编为四部，人代姓名，各具撰述之下。②

---

① 胡应麟等著，王岚、陈晓兰点校：《经籍会通 外四种》，北京燕山出版社，2008年，第129—130页。
② 朱睦㮮：《万卷堂家藏艺文自记》，载《观古堂书目丛刻》，光绪癸卯秋刻本。

著录较为简略，仅录书名、卷数、作者。① 有《观古堂书目丛刻》本和《玉简斋丛书》本。

（十一）《赵定宇书目》

赵用贤撰。赵用贤（1535—1596），字汝师，号定宇，隆庆五年（1571）进士，万历初年因上疏弹劾首辅张居正父丧夺情，遭杖成。张居正去世后，起复，历官礼部右侍郎兼翰林院侍读学士，终官吏部左侍郎，《明史》卷二二九有传。赵用贤毕生爱好读书、藏书，其书斋号曰"松石斋"，藏书上万卷，编有《赵定宇书目》。

《赵定宇书目》系其为自藏书所编目录。编成后长期以抄本流传，曾经曹寅、富察昌龄、查莹、韩泰华等人递藏。《楝亭书目》"书目"类著录。原藏上海市文物保管委员会，1957年上海古典文学出版社据以影印，今归上海图书馆收藏。

原本不分卷，共著录图书3000余种，在分类方面，编者未依四部列类，而是自行列出类目31种。著录项目包括书名、卷/本数、作者、收藏来源、版本、丛书子目、异本情况等。② 由于原书只有唯一的抄本流传，故而错简、乱简之处颇多，如第32页为"佛书"类，但其中所收多部书与佛教无关。此外，有学者据类目考证，用贤在"六朝文集"后又列出"晋人文集"一类，可见此书

---

① 朱睦㮮：《万卷堂书目》，载《丛书集成续编》第68册，上海书店出版社，1994年，第221—301页。
② 原书的著录项目并不统一，是编者根据该类书的实际情况以及对书籍的了解程度而设置的，如碑帖注明为何人所书、《稗统》注明子目等，著录项目也有一定的随意性。可以看出，该书目确实是赵定宇亲手所编的藏书账簿，但从中亦不难看到编者对所著录之书的了解程度，非一般藏家可比。

一直处在不断编定之中,应当是作者为家藏书所编的"账簿"。①

该目的主要贡献主要有以下几个方面:一是,记录了今天已经失传的、明清时期十分流行的一部丛书《稗统》和《稗统续编》的详细目录。《稗统》是明清时期一部大部头笔记小说丛书,孙从添《藏书记要》曾有记载,不知何时失传。《赵定宇书目》完整地记录了《稗统》244册和《稗统后编》《稗统续编》的子目。二是,赵定宇的分类系统,虽然被认为是"极不精密"②的,但是由于其突破了四部分类法,且年代较早,对后世虞山派藏书家的目录编制和分类体系构建都产生了较大的影响。③三是,虽然该目只是赵氏的藏书账簿,但其著录项目较多,著录信息丰富,相比宋元以来的簿录式书目,赵氏书目的编制技术有所提高。四是,赵氏书目的分类体现了明清时期书籍流通情况的变迁。以该目文集类为例,除了"总文集",又按照朝代列出"六朝文集"等六类,这体现了明代以来集部书数量激增的事实。五是,除经、史、子、集四部书外,还收录了大量小说、类书,体现了明代以来藏书家收藏价值观的变迁。

(十二)《二酉山房书目》

胡应麟撰。应麟,字元瑞,别号少室山人,其生平经历详见后文"图书馆学家"相关章节。应麟潜心藏书,也是明代非常重要的一位文献学家,其藏书是为学术研究服务的,编目也同样带有文献

---

① 谷文彬、温庆新:《精编细分的"账簿式"书目:〈赵定宇书目〉发覆》,《图书与情报》2015年第1期。
② 赵用贤:《赵定宇书目》,古典文学出版社,1957年,出版说明。
③ 刘和文:《简论赵用贤学术文献价值》,《大学图书情报学刊》2007年第6期。

整理实践经验总结的意味。原目已佚,甚至其是否最终成书都有待考证。该目自序被收入《少室山房类稿》卷八十三,考述了历代帝王、公卿将相之家藏书兴废之由,提出"藏书为读"的观点,最后自述了编目缘由:

> 余自早岁营心载籍,累铢积寸,至四万有余卷。虽今人所自为书居三之一,倘有以释、道二藏来售者,尽鬻负郭之产以当之,则余家所藏几可与前代等,不可谓非布衣之幸也。第凡物,盛必有衰,聚必有散,即前代帝王、名公巨儒竭天下之力畜之,而一旦且散轶而不能保,则余今所得,庸讵可据为己物?因略叙其意,录四部书为《二酉山房书目》,藏于家。①

该目的分类体系总体上遵从四部,其创见在于将类书、佛道两藏以及赝书等归为一类,附列四部之末。

(十三)《玄赏斋书目》

董其昌撰。其昌,字玄宰,号思白,万历十六年(1588)进士。该目有八卷,共分6部103类,著录图书5100余部。原本仅以抄本流传,今藏国家图书馆。但据学者考证,此目系伪造,是将《近古堂书目》《也是园藏书目》删改而成的伪书。②《明代书目题跋丛刊》本据抄本影印。据其摘录,其分类体系如下:

---

① 王嘉川编著:《胡应麟年谱简编》,上海交通大学出版社,2017年,第131页。
② 李丹、武秀成:《一部伪中之伪的明代私家书目——董其昌〈玄赏斋书目〉辨伪探》,《中国典籍与文化论丛》(第九辑),北京大学出版社,2007年,184—215页。

经部：诸经总录、易、尚书、诗、春秋、礼、乐、孝经、论语、孟子、尔雅、小学、字书、经解、纬、书、碑刻、数

史部：正史、编年史、史学、杂史、故事职官、仪注、刑法、谥法、国玺、家礼、职掌、营建、时令、货宝、器用、酒茗、食经、种艺、豢养、传记、仙佛、列女、校书、冥异、地理志、山川、朝聘行役、名胜、游览、别志、属夷、人物、文献、牒谱、书目

国朝史：制书、宝录、敕修、国纪、传记

子部：儒家、道学、道家、释家、墨家、法家、名家、纵横家、农家、兵家、军占、杂家、天文、壬遁、易数、卜筮、星命、相法、地理、医书、画录、类书、伪书、小说

集部：制诏、论策、奏议、骚赋、六朝人文集、六朝诗集、唐人文集、唐诗、宋人集、金人集、元人集、国初人集、僧人集、文总集、诗总集、文说、诗话、四六、诗余

释道部：释藏、道藏[①]

此目也是在四部基础上，稍加删减而成的，较多地参考了焦竑《国史·经籍志》的类目设置。新设立的国朝史部和释道部，前者收明代制书和史书，后者收释、道二藏，体现了编撰者重视当代文献的思想倾向。明代以降，三教融合的趋势日渐加强，儒家在发展过程中受到了佛、道二教极大的影响，将二教文献独立，应该是这种学术趋势的体现。史部设立的"史学"类也颇有见地，专收各种史学理论著作。我国史学发达，但在史部著录时，大多只考虑史书的分类，对于史学理论关注不够，为其单独列类，可见编撰者的眼

---

① 冯惠民、李万健等选编：《明代书目题跋丛刊》，书目文献出版社，1994年，第1491—1557页。

光。此外，新增的"营建""校书""别志""文献""军占"等类，也都是前人较少关注的专门文献。

（十四）《澹生堂藏书目》

祁承㸁撰。承㸁生平参见"图书馆学家"相关章节。该目共十四卷，著录图书九千余种，十万余卷。书目采用表格著录，分上、下两栏，上栏记书名，下栏小字双行著录卷册数、版本、著者、目录、附录或注释等项。其分类体系如下：

经部
易类：古易、章句注传、疏义集解、详说、拈解、考正、图谱、蓍卜、易纬、拟易、续收
书类：章句注疏、传说、图谱、考订、外传、续收
诗类：章句注疏、传解、考证图说、音义注释、外传、续收
春秋类：经传总、左传、公羊、穀梁、通解、考证、图谱、外传、续收
礼类：周礼、仪礼、二戴礼、通解、图记、礼纬、中庸、大学、续收
孝经类：注疏、丛书（按：疑"说"之误）、外传
论语类：章句疏义、解说、别编、图志、外传
孟子类：章句疏义、杂解、外传
经总解类：传说、考定、图说、音释、经筵、续收
理学类：性理、集录、遗书、语录、论著、图说、续收
小学类：尔雅、蒙书、家训、纂训、韵学、字学、续收

史部

国朝史类：御制、敕纂、汇录、编述、分纪、武功、人物（附续收）、典故（附续收）、时务（附续收）、杂记、行役、风土

正史类：附续收

通史类：会编、纂略

编年史类：通鉴、纲目、纪、记事

约史类：（注：不分子目）

史抄类：节详、摘略

史评类：考正、论断、读史、续收

霸史类：列国、偏霸

杂史类：野史、稗史、杂录、续收

记传类：袞辑、垂范、高贤、汇传、别传、忠义、事迹、行役、风土、续收

礼乐类：国礼、家礼、乐律、祀典、续收

典故类：故实、职掌、续收

政实类：时令、食货、刑法、官守、事宜、续收

图志类：统志、通志、郡志、州志、邑志、边镇、山川、题咏、揽胜、园林、祠宇、梵院、续收

谱录类：统谱、族谱、年谱、世家、试录、姓名、书目

子部

儒家类：附续收

诸子类：墨家、法家、名家、纵横家、杂家

小说家类：说汇、说丛、佳话、杂笔、闲适、清玩、记异、戏噱

农家类：民务、时序、杂事、树艺、牧养

道家类：老子、庄子、诸子、诸经、金丹、汇书、诠述、修摄、

养生、记传、余集、续收

释家类：大乘、小乘、宋元续入经、东土著述经、律仪、经典疏注、大小乘论、宗旨、语录、止观、警策、诠述、提唱、净土、因果、记传、禅余、文集、续收

兵家类：将略、兵政、续收

天文家类：占候、历法、续收

五行家类：占卜、阴阳、星命、堪舆、续收

医家类：经论、脉法、治法、方书、本草、伤寒、妇人、小儿、外科、续收

艺术家类：法书、画、琴（附丝竹）、棋、数、射（附投壶）、杂伎

类家类：会辑、小纂、随笔、续收

丛书家类：国朝、经史子杂、诸子、小说、杂集

集部

诏制类：王言、代言

章疏类：奏议（附续收），书牍（附启笺、四六）

辞赋类：骚、拟骚、赋

总集类：诗文总编、文编、古乐府、诗编、郡邑文献、家乘诗文、遗文考识、制科艺、续收

余集类：逸文（附摘录）、艳诗（附词曲）、逸诗（附集句摘句）

诗文评类：文式、文评、诗式、诗评、诗话（附续收）、续收

别集类：帝王集、汉魏六朝唐诗文集（附续收）、宋诗文集（附续收）、元诗文集（附续收）、国朝诗文集御制集（附续收）、阁臣集（附

续收)、分省诸公集①

祁承㸁的分类法有以下几个特点:一是,类目划分得特别详尽、细致,共计四部46类230余子目,这在古代书目中是不多见的。二是,对各部类目均有所增益。如经部增加理学类,下分性理、集录、遗书、语录、论著、图说等六目,收录宋元明理学之书,这与宋明以来理学成为思想界主流的社会思潮相符。三是,充分体现了"经世致用,史部为急"的购求指导思想。史部不仅分类特别详细,还增加了不少新类目,如约史一类,收既非正史又非稗史的书目,如范祖禹的《唐鉴》、吴兢的《贞观政要》等。强调史部,尤其是当代史籍与史料的价值,体现在"国朝史"和十二子目的设计。四是,子部下设"小说家"类,再细分为说汇、说丛、佳话、杂笔、闲适、清玩、记异、戏噱(注:即笑话、滑稽)八目,这在祁氏以前的书目中实属罕见。五是,首创"丛书家"类,下又分国朝、经史子杂、诸子、小说、杂集五目,其中又特别重视国朝史的丛书。六是,集部增余集类,亦为独创,"文有滑稽,诗多艳语,搜耳目未经见之文,既称逸品;摘古今所共赏之句,独夸粹裘。非可言集,而要亦集之余也"②,即收明中叶后兴起的通俗文学作品,这是对当时社会风尚的及时反映。七是,分省诸公集下按照区域归类书籍,分为南直、北直、河南、山东、秦晋、两浙、江西、福建、东西两粤、湖广、四川、云贵等区域,这也是祁承㸁首

---

① 祁承㸁著,郑诚整理:《澹生堂读书记 澹生堂藏书目》(上),上海古籍出版社,2015年,第243—249页。
② 胡应麟等著,王岚、陈晓兰点校:《经籍会通 外四种》,北京燕山出版社,2008年,第89页。

创的新方法。①

（十五）《绛云楼书目》

钱谦益编撰，该目共四卷，又名《牧斋书目》。成书后以抄本流传，康熙年间，吴中人陈景云为之作注，陈注本辗转为吴翌凤抄录传出。道光二十年（1840），伍崇曜得之，将其刊入《粤雅堂丛书》，此书遂得以流传，后又收入《丛书集成初编》。现存《绛云楼书目》抄本较多，有四卷本和七十四卷本两个版本系统，七十四卷本实际上是将四卷本的每一子类均单独列为一卷，另补遗一卷。上述陈注本为四卷本，七十四卷本有上海郁松年宜稼堂藏本，后归丁日昌持静斋。民国初年，叶德辉刊印《观古堂书目丛刻》，从持静斋抄本抄出第七十四卷补入。②

《粤雅堂丛书》本是较为通行的本子，包括曹溶《题词》、《文道先生行略》、曹溶后序、伍崇曜跋、吴翌凤跋等。原书采用突破四部的一级类目分类法，共析出73类，著录图书1000余种。著录较简，一般只包括书名、著作、册数三项。陈景云的补注包括卷数、作者姓名、仕宦履历、内容提要、辨伪等项。此目著录并非绛云楼藏书的全部，对此，钱谦益的学生曹溶早已指出："宗伯暮年，楗户注佛经，于书无所不采，禅林推为该博，何故道藏则细碎必收，释氏虽《法苑珠林》《宗镜录》等，俱不载。近人刻《有学集》，集中体制，颇拟议宋文宪公，其文集当朝夕省览，目亦缺之，

---

① 钱亚新：《我国图书馆学的先驱者——祁承㸁》，载南京图书馆编《钱亚新文集》，南京大学出版社，2007年，第41页。
② 严佐之编著：《近三百年古籍目录举要》，华东师范大学出版社，2008年，第6页。

足征目非其全。"① 其类例体系如下：

经总、易、书、诗、礼、乐、春秋、孝经、论语、孟子、大学、中庸、小学、尔雅、经解、纬书、正史、编年、杂史、史传记、故事、刑法、谱牒、史学、书目、地志、子总、儒家、道学、名家、法家、墨家、类家、纵横家、农家、兵家、释家、道家、小说、杂艺、天文、历算、地理、星命、卜筮、相法、壬遁、道藏、道书、医书、天主教、类书、伪书、六朝文书、唐文集、唐诗、诗总集、宋文集、金元文集、国初文集、文集总、骚赋、金石、论策、奏议、文说、诗话、本朝制书实录、本朝实录、本朝国纪、传记、典故、杂记②

关于此书的价值，从目录学的角度来看是十分有限的。虽然该书突破了四部分类法，但类目设置标准不一，著录亦无严格体例。其新立类目如"天主教"，为历代目录之首创，体现了明末天主教传入后在士林中的巨大影响。该书自传出以来，一直受到世人追捧，究其原因，当与钱谦益一代文宗的声名，以及绛云楼藏书秘不示人、奇珍自赏的藏书风格有关。后世藏书家多以其为索骥之资，寻访绛云遗珍。

钱谦益在长期的藏书活动中还撰写了大量题跋，这些题跋多收录在钱氏文集之中，今人潘景郑将其辑录为《绛云楼题跋》，于1958年由上海中华书局排印出版。原书不分卷，共收录题跋265篇，每篇下注明来源，包括《初学集》《有学集》《有学集补》《牧

---

① 曹溶：《绛云楼书目·后序》，载钱谦益《绛云楼书目》，商务印书馆，1935年，第109页。
② 参见钱谦益《绛云楼书目》，商务印书馆，1935年。

斋有学集补遗》《牧斋外集》《草莽私乘》《楹书隅录》《白云诗》《英社诗集》《秋槐别集选》等。[①] 题跋是古人鉴赏校读金石书画、古书版本时的随笔札记，兴起于两宋，盛于明清易代之际。由于其文体比较自由，藏书题跋的记录事项并无定规，只是因其围绕藏书展开，所以也被看作解题目录之变体。《绛云楼题跋》的内容也是如此，具体来说，其内容包括著作缘起与目的、古籍版本及鉴别方法、文字校勘和考订、阅读方法、收藏源流、艺文品评、人物评价、史学思想、政治见解、个人感悟等，可谓包罗万象。其价值不仅限于藏书史领域，也是今人研究钱谦益思想历程、史学和文学思想，甚至晚明文化史的重要史料。

（十六）《笠泽堂书目》

王道明撰。笠泽是其父王继贤的号，此目当为王继贤去世后，其子为纪念乃父编制的藏书目录。有北京大学图书馆、山东大学图书馆藏抄本。该目分经、史、子、集四部著录图书，下分38子类，共著录图书2300多种。

（十七）《世善堂藏书目录》

陈第撰。陈第，字季立，号一斋，是明代著名的将军藏书家。嘉靖年间，陈第曾与戚继光并肩作战抗击倭寇，后驻扎北古口，任游击将军。后因触怒权贵辞官返乡，从此醉心藏书，刻苦读书、著述，与当时的大学者焦竑等人交好，"遇书辄买，若惟恐失，故不择善本，亦不争价值。又在金陵焦太史、宣州沈刺史家得未曾见

[①] 王雅新：《〈绛云楼题跋〉研究》，山东大学硕士学位论文，2009年。

书,钞而读之。积三四十余年,遂至有万卷余"①。

《世善堂藏书目录》共六卷,著录的 1500 多种图书,大部分都是陈第辛勤搜集而来的。是目先分经、四书、子、史、集、各家六大类,其下再分 63 子类,与前人分类颇异,其分类体系如下:

经部:周易、尚书、毛诗、春秋、礼记、二戴、周礼、仪礼、礼乐各著、孝经、诸经、尔雅

四书部:大学、中庸、论语、孟子、四书总编

诸子百家部:诸子、辅道诸儒书、名家传世名书

史部:正史、编年、鉴选、明朝纪载、稗史野史并杂记、语怪各书、实录、偏据伪史、史论、训诫书、四译载记、方州各志、典制、律例、诏令、奏议、谱系、类编

集部:帝王文集、历代大臣将相文集、两汉魏晋六朝诸贤集、唐诸贤集(附南唐)、宋元诸名贤集、皇明诸名贤集、缁流集、闺阁集、词曲、诸家诗文名选、金石法帖、字学

各家部:农圃、天文、时令、历家、五行、卜筮、堪舆、形相风鉴、兵家书、医家、神仙道家、释典、杂艺②

此目将"四书"从经部中独立出来,体现了朱熹编订"四书"以来,特别是"四书"成为科举考试指定内容后,其在儒家经典中地位的上升。"明朝纪载"类,著录了大量当代史著作。"四译载记",则专门著录明朝邻国、属国的情况,这在古代书目中是非常少见的,为明代外交史研究提供了重要资料。当然,该目的著录比

---

① 叶昌炽著,王锷、伏亚鹏点校:《藏书纪事诗》,北京燕山出版社,1999 年,第 232 页。
② 见陈第编《世善堂藏书目录》,商务印书馆,1937 年。

较简单，只有书名、卷数和作者三项，且据王重民先生考证，流传至今的《世善堂藏书目录》在康熙年间，曾被陈氏后人删改，其中新增的图书，很多是从《文献通考》和福建地方志中抄出的，这些都是在使用此目时需要注意的问题。[1]

（十八）《红雨楼书目》

徐𤊹撰。该目系徐氏家藏目录，成书于万历三十年（1602），共四卷，分四部49类：

经部：易、书、诗、礼、月令、春秋、学庸、论语、孟子、孝经、尔雅、经总、乐

史部：正史，旁史，本朝世史汇，人物传（下分圣贤、历代、各省、名贤），姓氏，族谱，年谱，科目，家训，方舆（再分总志、分省、边海、外夷、各省杂志、各省题咏）

子部：诸子、子、小说、兵、卜筮、地理、医、农圃、器用、艺术、韵、字、书（书法）、画、汇书、传奇、道、释

集部：集（再分唐、宋诗、元、明），总集，总诗，词调，诗话，启札，四六，连珠，家集[2]

与《宝文堂书目》一样，《红雨楼书目》也是以著录戏曲、小说作品著称的。此外，《红雨楼书目》还著录了大量明代文集，集部"明"类别下还记载有详细的作者履历。"宋集"部分采用表格

---

[1] 王重民：《中国目录学史料（四）》，《吉林省图书馆学会会刊》1981年第5期。
[2] 晁瑮、徐𤊹：《晁氏宝文堂书目 徐氏红雨楼书目》，古典文学出版社，1957年，第247—421页。

著录,上栏著录书名,下栏为作者的姓氏、别号。该目虽编成于万历三十年,但著录的图书一直在增长,可能是徐氏后人不断增补所致。

从类目设置来看,《红雨楼书目》虽采用四部分类,但在子类设置上却颇有调整。如经部增"学庸",史部增"旁史""家训",子部增"韵""字""传奇",集部增"词调""诗话""四六""启札"等;删去的部类,史部有"编年""霸史""杂史""起居注",子部有"儒""墨""名""法"诸类。应该看到,徐氏的分类是按照家藏图书的实际情况订立的,其革新精神虽值得肯定,但类目设置较为混乱,不足取法。

(十九)《脉望馆书目》

《脉望馆书目》,不分卷。该目为赵用贤之子赵琦美脉望馆藏书目录,编者不详,现在比较公认的看法,认为其出于"赵氏门仆之手"[①]。

此目长期以抄本流传,有平江贝氏抄校本。贝镛,字既勤,号礀香,家有藏书室"千墨庵"。宣统二年(1910),罗振玉编刻《玉简斋丛书》,收录此本。1916年,涵芬楼秘笈丛书据贝氏藏本影印。

原本不分卷,著录藏书5000余种,基本按照四部法分类,但将"奏议""经济"作为个人著作归入集部,另辟宋元旧刻一类。按照《千字文》次序排列,始于"天",终于"吕",共22类,每字后标明类目名称,类目名称后标注藏处,以便查找,大类下又设

---

① 孙毓修辑:《脉望馆书目·跋》,涵芬楼秘笈本,1916年。

子类约 200 个。① 著录项目包括书名、卷/本数、残缺情况、收藏情况。关于此书的成书年代，郑振铎根据书目未收《古今杂剧》，推断其为后人所编。② 另有学者则根据书目后附万历四十六年（1618）《续增书目》，认为此目编写于赵琦美生前，《古今杂剧》尚未抄校完成之时。③

此目在目录学史上的主要贡献有四：一是，分类体系较其父《赵定宇书目》更加严密。二是，著录了大量戏曲、小说等俗文学文献。三是，首创"不全旧宋元板书"类目，被孙毓修评价为"实开近世著录残宋元本之先例"④。四是，著录了九种"大西人著述"，即早期西方传教士的译作。

（二十）《得月楼书目》

李鹗翀撰。鹗翀，为明代文学家李诩之孙，其家世代藏书，该目为其家藏书目的摘录本，只著录图书 190 余种，著录项目包括书名、卷数、本数、作者，版本流传情况等，是明代比较重要的版本目录。传本后有缪荃孙跋文：

右《得月楼书目》一卷。得月楼，为明李鹗翀如一藏书之所。如一为李诩戒庵之孙，藏书最富，与文文起、钱受之相友善，世所谓赤

---

① 赵琦美：《脉望馆书目》，载《丛书集成续编》第 68 册，上海书店出版社，1994 年，第 303—428 页。
② 郑振铎：《跋脉望馆抄校本古今杂剧》，载《西谛书话》，生活·读书·新知三联书店，2005 年，第 328 页。
③ 郑爽：《〈脉望馆书目〉浅析》，《图书馆界》2013 年第 4 期。
④ 孙毓修：《清千墨斋钞本脉望馆书目跋》，载柳和城《孙毓修评传》，上海人民出版社，2011 年，第 404 页。

岸李氏者也。其孙成之《跋戒庵漫笔》云"乙丙易代之际，土贼四起，书仓煨烬，独其目幸存于家，李将俟刻之，聊志先大夫汇集之苦心"云。蔡澍《江阴志列传》云："如一仿宋《晁氏目录》发凡起例，自为诠次。"是如一本有书目，而今亦不传。此目止百九十余种，虽云"摘录"，然世间已佚之书如李廉《春秋诸传会通》廿四卷，陈伯宣《史记注》八十七卷，刘攽《东汉刊误》一卷，汪应辰《唐书列传辨证》二十卷，吕祖谦《新唐书略》三十五卷，李德裕《大和辨谤略》三卷，欧阳靖《圣宋掇遗》一卷，蒋之奇《魏公逸史》二十卷，倪思《正斋台谏论》二卷，《中兴集议名臣言行录》三十卷，吕东莱《观史类编》五卷，胡恢《南唐书》十卷，刘恕《十国纪年》四十二卷，宋敏求《河南志》二十卷，周淙《临安志》十五卷，赵抃《成都古今记》三十卷，杨侃《职林》二十卷，张著《翰林盛事》一卷，白太素《续通典》二百卷，万俟卨《绍兴贡举考法》五十卷，丁谓《景德会计录》六卷，顾烜《钱谱》十卷，陶岳《货钱录》一卷，董逌《续钱谱》十卷，陈绎《山堂遗集》十卷、续八卷、《文苑摘粹》十卷，共二十七种。王文简《居易录》云，陆云士令江阴云有胡恢《南唐书》，今见此目方知陆所云者即李氏所藏，而书久佚。荃孙从汪郎亭前辈所假得，为黄荛圃旧藏，与述古堂、《传是楼宋元本目》各为一帙，喜为录存，并录副赠金君淮生。淮生即梓入《粟香室丛书》，特苦其编次无法，又复出《十国纪年》《文苑纂要辨证》两种。辛卯，自京旋里，又从赤岸故家觅得钞本一帙，较为完善，复为梓行。江阴藏书家，前明推朱君子儋、李君如一。今，子儋仅有《存余堂诗话》及以爱妾易《宋本汉书》一事，又不如如一尚有此目存也。①

---

① 缪荃孙：《艺风堂文集》（下），朝华出版社，2017年，第532—535页。

（二十一）《香梦楼藏书目录》

周文燨撰。其父明辅爱好藏书，此目是文燨在父亲故后编制的家藏目录，原目已佚，其自序保留在《海宁州志稿·典籍五》中：

> 林宗五千卷，茂先三十乘，灿烂如列宿，磊落若联珠，学者称之尚矣。先君子怀才抱德，落落不事家人生产。而性嗜奇好古，集遗采逸，日不暇给，自先秦以降迄于皇明，提纲挈要之书，大略完备。经营校雠，讨论阐绎，四十年如一日。每佳时令节，良朋萃止，则焚膏命酒，订将绝之微言，振方靡之丽藻，博观远览，索异问奇。或风雨连绵，闭门无侣，即呼不肖兄弟列侍于侧，壶觞徐引，缣策杂陈，探秘笈于云阁，校奇蕴于石仓，乐此忘疲，无间寒暑。……爰同两弟，设榻小楼，志力相勖，游息自娱，门分类聚，中秘何须借观，缄贮簇收，洛市不烦假阅，则皆先君子赐也。或者曰贮书贵有得耳，玉函金简何足云。是则诚然，然伦次无章，字句讹谬，蠹蚀纷纭，糊涂满纸，亦足使人坚而弃之。且此牙签锦轴，什袭珍藏，俱先君一生精神所在，不肖何忍废，亦何敢废。谨录经史子集若干卷，方术传记释道诸书又若干卷，为《香梦楼藏书目序》，因志其概。①

从中可见，该目为周氏父子兄弟藏书目录，分为经史子集、方术、传记、释道等若干类，亦为对四部分类有所变易者。

（二十二）《赖古堂书目》

撰人不详。为槜李姚氏家藏书目。《郑堂读书记》卷三十二

---

① 海宁图书馆编：《海宁藏书文化研究》，西泠印社出版社，2004年，第4页。

著录：

《赖古堂书目》，无卷数，一册，写本。

不知著编辑者名氏，乃明季携李姚氏家藏书目。以千字文编号，凡四十号。制部二、经部二、史部十、子部十二、集部十四，约四千七百余种。每种但著册数而无卷数，如《文渊阁书目》之式。于释藏诸种，但著套数而无册数，则与杨氏书目又异。其所谓制部者，皆御制敕修，附以记注时政。集部第十四号，则皆乡会试录也，终于崇祯壬午科，且称皇明乡会试录，知为明季时人所编辑矣。①

其对该目的类例、体例结构、编著者进行了介绍和考证，从中不难看到，《文渊阁书目》对明代目录学发展产生的巨大影响。

（二十三）《奕庆藏书楼书目》

祁理孙撰。祁氏为浙东藏书名家，自祁承㸁开创书香家风，至理孙已是第三代。其祖祁承㸁，生平事迹详见"图书馆学家"章节。其父祁彪佳，是明末著名戏曲家、文学家，以身殉国的忠义之士。理孙与其弟班孙，都是明季著名的诗人、文学家。《奕庆藏书楼书目》是理孙自编的藏书目录，但过去很长一段时间，一直被误认为是清沈复粲编的《鸣野山房书目》，经学者考证，才终于为理孙正名。该目共五卷，著录图书 1500 余种，分为经、史、子、集、四部汇五部 38 类子目。其类目如下：

---

① 周中孚：《郑堂读书记》卷三十二，商务印书馆，1940 年，第 585 页。

经：经总、易、尚书、诗、春秋、礼（乐附）、孝经、四书、理学、小学（尔雅、字学、音韵、法书）

史：正史（别史、节史）、编年、裒辑、记传、典故、政实、外史、评论、谱录、图志

子：诸子、释家、道家、兵家、五行家、医家、杂家、类家、稗乘家（说汇、说丛、杂笔、演义）、乐府家（评谱、传奇、杂剧、散词）

集：文总、诗总、章疏、尺牍、骚赋、诗余、前代诗文、国朝诗文

四部汇[①]

据钱亚新先生考证，《奕庆藏书楼书目》的分类体系是在其祖《澹生堂藏书目》的基础上修订而成的，比如将"四部汇（即丛书）"从二级类目上升到一级类目，与经史子集并列；将综合丛书分入"四部汇"，专门丛书则各入其类等。[②] 集部取消了"总集"类，另立"文总""诗总""章疏""尺牍"，采用文体作为类目划分的标准。"稗乘家""乐府家"下设三级类目，这在古代目录中是十分少见的，显示了其对俗文学的喜好与重视。此外，该目收录了大量明代诗文集，碑帖、杂剧、小说等俗文学作品，这也是其突出特点。如子部"乐府家"下，收录"名剧汇"72本，杂剧270种。[③]

三、史志目录

明代的史志目录数量不多，明初修《元史》，未设艺文志或经

[①] 见沈复粲编、潘景郑校订《鸣野山房书目》，上海古籍出版社，2005年。
[②] 钱亚新：《祁理孙与〈奕庆藏书楼书目〉》，《图书馆工作》1978年第4期。
[③] 倪莉：《中国古代戏曲目录研究综论》，知识产权出版社，2010年，第135页。

籍志。万历年间编修国史,成《国史·经籍志》,是明代史志目录的代表。此外,还有私人撰述的《续文献通考·经籍考》等。

(一)《续文献通考·经籍考》

王圻撰。圻字元翰,嘉靖年间进士,晚年辞官回归故里,潜心著述。《续文献通考》成书于万历十四年(1586),体例仿《通考》,参酌《通志》。其中"经籍考"十二卷,其类目如下:

> 内府书、易、书、诗、春秋、礼记、论语、学庸、孟子、孝经、经解、乐律、仪注、小学、史、正史、杂史、故事、传记、史评、职官、地理、谱牒、儒家、杂家、小说家、农家、天文家、历算家、五行家、占筮家、刑法家、兵家、医家、神仙家、佛家、类书、艺术、文集(宋辽金元皇明)、诗集(宋元明)①

著录项目包括书名、卷数、作者,附作者小传。

(二)《国史·经籍志》

焦竑撰。焦竑生平及《国史·经籍志》的成书和学术价值,参见"图书馆学家"的相关章节。《国史·经籍志》是焦竑参与万历年间国史纂修工作的"副产品"。其中著录的图书,宋代以前的以《通志·艺文略》为基础,元代以后的参考《文献通考·经籍考》以及明代的书目。

《国史·经籍志》的体例与一般史志书目均不同,既非"记录一代藏书之盛",也非"记一代著述之盛",而是不问存佚、通记古

---

① 王圻:《续文献通考》第五卷,现代出版社,1986年,第2651—2768页。

今，这是其体例上的最大特点。著录方面，每类前有小序，每部书著录书名、卷数、作者简介，间有注释。

四、专科目录

专科目录是指某一领域内的专门目录，常见类型有刻书目录、俗文学（戏曲、小说等）目录、佛道书目等。以下择其要者简要介绍。

（一）《太和正音谱》

朱权撰。宁献王朱权是朱元璋的第十七子，封地在安徽宁国，是明初很有势力的藩王。后参与朱棣的"靖难之役"，徙封南昌，备受新帝猜忌，只能潜心杂剧、戏曲创作。《太和正音谱》是其重要的戏曲理论著作，内附《群英所编杂剧》，汇集元明知见杂剧目录，分为"元五百三十五""国朝三十三本""古今无名杂剧一百一十本""倡夫不入群英四人共十一本"，共收杂剧689本。著录项目包括作者、剧名。①

（二）《远山堂曲品》《远山堂剧品》

祁彪佳撰。彪佳，字幼文，号世培，别号远山堂主人，为著名藏书家祁承𤐨第四子。彪佳少年成名，弱冠之年便高中进士，好戏曲收藏。《远山堂曲品》《远山堂剧品》是其戏曲理论代表作，前者点评明代传奇，后者则以元明杂剧为评论对象。《曲品》将传奇作

---

① 见朱权著、姚品文点校笺评《太和正音谱笺评》，中华书局，2010年。

品分为"妙、雅、逸、艳、能、具"六品及"杂调",共著录传奇466种。《剧品》不分卷,亦以"妙、雅、逸、艳、能、具"为序,著录杂剧242种。著录项目包括品第、剧名、作者、点评。[1]

(三)《医藏书目》

殷仲春撰。仲春,字方叔,本为良医,有感于医书浩瀚,立志要仿道、释二藏搜集医家书籍,"使仁人求具书而广济于群生也"。该目共著录医书490余种,分为20函,受道、佛藏影响,并未分类,而是"按医藏录者,取诸如来法藏,权立其名,以齐度群生也"。[2] 每类前有小序,介绍本类的收书内容和源流演变,然后分列书名。

(四)《阅藏知津》

释智旭撰。智旭俗家姓钟,字藕益,早年业儒,出家后遍习法相、禅、律、华严、天台、净土诸宗,是明代四大高僧之一。《阅藏知津》共四十四卷,编成于顺治八年(1651),按类著录佛教典籍,其分类体系如下:

  经藏:大乘经:华严部
       方等部:显说;密咒(经、仪轨)
      般若部
      法华部
      涅槃部

---

[1] 见祁彪佳著、黄裳校录《远山堂明曲品剧品校录》,古典文学出版社,1957年。
[2] 殷仲春:《医藏书目》,陈氏慎初堂,1912—1949年。

　　　　小乘经

　　律藏：大乘律、小乘律

　　论藏：大乘论：释经论（西土、此土）

　　　　　　　　　宗经论（西土、此土）

　　　　　　　　　诸论释（西土、此土）

　　　　小乘论

　　杂藏：西土撰述

　　　　此方撰述：忏仪、净土、台宗、禅宗、贤首宗、慈恩宗、密宗、律宗、纂集、传记、护教、音义、目录、序赞诗歌、应收入藏此土撰述①

姚名达在《中国目录学史》中曾高度评价了此目的价值：

其凡例于分类法颇有精微之论。综其所见，有善于以前诸录者五端：(1) 别立杂藏，使杂著得有所归。此例虽仿自法上《录》，然中间各录皆所未有。(2) 变更部次，以《华严》为首。(3) 分出《密部》，使《显》《密》不致混淆。(4) 合单本重本于一处，使一经不分散数处。(5) 以符号判别书之优劣缓急，使读者得依照选读。②

（五）《道藏经目录》

明永乐年间，敕命江西龙虎山第四十三代天师纂修《道藏》，至正统九年（1444）完成，共计5305卷，以《千字文》为序，是

---

① 见智旭《阅藏知津》，线装书局，2001年。
② 姚名达：《中国目录学史》，岳麓书社，2013年，第216页。

为正统道藏。万历三十五年（1607），复命第五十代天师续修，是为万历续道藏。《正统道藏》末收《道藏经目录》四卷，附《续道藏经目录》。陈国符《道藏源流考》记云：

> 此录前有道教宗源及凡例，《正藏》天字至英字号，《续藏》杜字至缨字号。卷一《洞真部》，卷二《洞玄部》，卷三《洞神部》，各分为十二类。卷四《太玄部》《太平部》《太清部》《正一部》。每卷首录部类。次字号及各字号重编卷数，即原刊本册数。各字号册数多寡不等。道书分列于各字号后，著书名原卷数《道藏》重编卷数。①

第二节　目录学的理论发展

一、对目录功用的理解

明代以前关于目录功能的认知，大致可以分为两派：一派是自刘向、刘歆父子一系沿袭下来的"剖判艺文，总百家之绪"② 的传

---

① 陈国符：《道藏源流考》，中华书局，1963年，第182页。
② 武汉大学图书馆学系编：《目录学研究资料汇辑（第二分册）·中国目录学史》，1983年，第8页。

统，至清代，章学诚将其总结为"辨章学术，考镜源流"①，即重视以目录见学术流变的"学术史"价值，因此特别强调叙录（提要）在目录工作中的地位。另一派以宋代郑樵为代表，提出"类例既分，学术自明"②的观点，认为通过分类体系的系统划分，学术源流自明，不必过分依赖提要、叙录。概言之，两种目录学传统虽取径不同，但在目录功能认知上并无本质的不同，相比目录的查检功能，均更看重其作为"学术史"的价值，为此甚至可以"牺牲"目录查检的便利性。

明代的目录学，在中国古代目录学史上似乎是一个"异类"。整个明代，并没有产生如前代那样著录详尽、提要完备的书目，明代的藏书家好像集体受到《文渊阁书目》的影响，无论公私书目，大多著录简明，甚至是仅记书名、卷数的登记式簿录。但这并不能说明明代目录学家不重视目录和编目工作，上一节我们概要地介绍了明代各类型藏书目录，仅从数量上说，明代藏书目录丝毫不逊色于之前的任何朝代。显然，明代藏书目录的这种"反传统"的倾向是与其对目录功能的认知有关系的。王国强先生在《明代目录学研究》中就认为，明代目录的这种风格，是在目录学发展的内在逻辑、明代空疏学风、工具书发展等因素的共同作用下形成的，其突出特征就是重视书目的"检阅"功能。③

而明代目录重视"查检"功能的传统，由来有自。明代第一部官修书目——《文渊阁书目》，阁臣自述其编纂目的："近奉旨，移

---

① 章学诚著，王重民通解，傅杰导读，田映曦补注：《校雠通义通解》，上海古籍出版社，2009年，自序第1页。
② 郑樵撰，王树民点校：《通志二十略·校雠略》，中华书局，1995年，第1806页。
③ 王国强：《明代目录学研究》，中州古籍出版社，2000年，第283—284页。

贮文渊阁，臣等逐一打点清切，编置字号，写完一本，总名曰《文渊阁书目》。请用'广运之宝'钤识备照，庶无遗失。"① 也就是说，编目是查检图书的"副产品"，属于图书登记账簿，供查找与管理之用。作为明代的第一部官修书目，《文渊阁书目》对书目功能认知的这种倾向，对明代目录学的发展路径产生了显著的影响。

明中叶，大学士丘濬从理论上对目录的功用进行了阐释：

> 夫献书之路不开，则民间有书无由上达；藏书之策不建，则官府有书易至散失；欲藏书而无写之者，则其传不多；既写书而无校之者，则其文易讹；既校之矣，苟不各以类聚而目分之，则其于检阅考究者无统矣。②

从献书到藏书，再到校书，最后一步是编目，其描述了图书整理的完整过程，前一步是后一步的基础，而编目的功用落脚于"检阅考究"，即使收藏者和利用者能够更快地找到书籍。

在《请访求遗书奏》中，丘濬再次深入论述了书目的检索作用：

> 然藏蓄数多，不无杂乱；积历年久，不无鼠蠹，经该人众，不无散失。今内阁储书有匮，书目有籍，皆可查考。乞敕内阁大学士等官……逐柜开盘，将书目一一比校，或有或无，或存或欠，或多或少，分为经、史、子、集四类，及杂书、类书二类，每类若干部，部若干

---

① 杨士奇等：《文渊阁书目》，商务印书馆，1937年，卷首。
② 丘濬著，林冠群、周济夫校点：《大学衍义补》，京华出版社，1999年，第802页。

卷，各类总数共若干，要见实在数，明白开具奏报。①

为什么要编制书目？首要的目的就是方便盘点，根据书目检查收藏情况，这就要求在编目过程中一定要将类别、藏处、数量等项注明。

官藏书目的这种风格也影响了明代的私人藏书书目，高儒、祁承㸁等著名藏书家在论述书目功能时，都强调了其在查检方面的作用。

高儒《百川书志》云："虽有万轴之储，读可一时乎？此重积书之功，书目所由作也。书无目，犹兵无统驭，政无教令，聚散无稽矣。"② 他将书目比喻成军队的统帅，由书目查书，事半而功倍；无目之藏书，则聚散皆无凭，是无法长久的。这种看法在明代并不鲜见，祁承㸁也有类似的比喻：

架插七层，籍分四部，若卒旅漫野而什伍井然，如剑戟摩霄而旌旗不乱。此吾部勒法也。目以类分，类由部统。暗中索摸，惟信手以探囊；造次取观，若执镜而照物。此吾之应卒法也。③

军旅之中，以行军列队之法操练，是为了便于战时指挥，以之比喻排架编目，就是认为编目起到的作用是类似的，是为了方便藏书家了解收藏情况，同时当有检索需求时，也能提高查找效率。

---

① 丘濬著，周伟民、王瑞明、崔曙庭等点校：《请访求遗书奏》，载《丘濬集》第八册，海南出版社，2006年，第3984页。
② 高儒等：《百川书志 古今书刻》，古典文学出版社，1957年，第2页。
③ 祁承㸁著，郑诚整理：《澹生堂读书记 澹生堂藏书目》（上），上海古籍出版社，2015年，第40页。

上述关于目录功能的认知在明代应当是相当普遍的，因此，明代藏书家在论其编目缘由时，都格外强调"检索"功能的实现。如高儒在《百川书志》中说："数年之间，连床插架，经籍充藏，难于检阅。闲中次第部帙，定立储盛，又恐久常无据，淆乱逸志。故六年考索，三易成编，损益古志，大分四部。"① 徐图《行人司重刻书目·凡例》亦云："昔以藏书棼杂，不便检阅，特胪列其目而绣之梓。"② 徐𤊹《红雨楼书目》自序说："分经史子集四部，部分众类，著为书目四卷，以备稽览。"③ 祁承㸁在《庚申整书例略四则》中云："部有类，类有目，若丝之引绪，若网之就纲，井然有条，杂而不紊……循序仿目，检阅收藏，莫此为善。"④ 概言之，从藏书家的角度，编目的直接动机是藏书日多后存放杂乱无据，因此需要通过编列目录做到心中有数、便利使用。

可见，便于检索是明代藏书家对目录价值的首要认知，这种与"辨章学术，考镜源流"传统略显不同的目录学取径，使得明代藏书目录展现出独特的风貌。比如，书目都较为简略，较少出现提要目录，著录项目比较完备，互著别裁广泛应用等。应该说，明代目录的这些特征，是在明人关于目录价值认知的思想指导下形成的，留存至今的明代藏书目录，也比较好地发挥了检索的功能，使得"目录"的工具属性得以展现，这是其对中国古代目录学史的重要贡献。当然，在尤其重视目录"学术史"价值的清代，对明代目录

---

① 高儒等：《百川书志　古今书刻》，古典文学出版社，1957年，第3页。
② 冯惠民、李万健等选编：《明代书目题跋丛刊》，书目文献出版社，1994年，第620页。
③ 晁瑮、徐𤊹：《晁氏宝文堂书目　徐氏红雨楼书目》，古典文学出版社，1957年，第244页。
④ 祁承㸁著，郑诚整理：《澹生堂读书记　澹生堂藏书目》（上），上海古籍出版社，2015年，第42页。

学的总体评价普遍不高，将之视为明代学风空疏的表现，认为其体现了明代学者在文献考证方面积累的浅薄。不能否认，相比清代文献目录学家的群星璀璨，明代目录学显得黯淡无光，无论如何强调明代目录的便于检索，也不能掩盖其编制的粗疏。但是，目录的功能本就是多元的，在普遍重视目录"学术史"功能的古代社会，明代目录学家能够正确认识到"检阅"是目录的首要价值，这无疑是值得大书特书的。正如祁承㸁在《澹生堂藏书约》中对各家书目的评价一样，客观认识各类型书目的优缺点，根据实际需要综合应用书目编制技术，才是对待文化传统的正确态度：

> 区别品流，始于《七略》，嗣此而后，代有作者。……学者所可考览，独有郑渔仲之《艺文略》十有二类、马贵与之《经籍考》七十六卷、王伯厚之《玉海·艺文》二十八卷，及焦弱侯太史《经籍志》六卷、王宪副所编《续经籍考》十二卷、邓元锡《经籍志》一卷，此其所载皆班班可考。……总而言之，书有定例而见不尽同，且亦有无取于同者。……尔辈能知品别甚难，博询大方，参考同异，使井井不谬于前人，亦聚书一快事也。①

虽然《澹生堂藏书目》是仅记书名、著作、卷数的"查检书目"，但并不妨碍祁承㸁给予《七略》《文献通考》等提要式目录足够的尊重与重视，并以之作为考订群籍的依据。由此亦可见，明代目录学家的选择，并不是出于对前代目录"一无所知"而做出的"疏略"之举，相反，他们是在系统研究了前代目录编制经验后，

---

① 祁承㸁著，郑诚整理：《澹生堂读书记 澹生堂藏书目》（上），上海古籍出版社，2015年，第22—25页。

结合自己对于书目价值的认知，进行的有意识的创新。

二、历代书目评

对前代目录分类与编制经验的总结，是目录学的重要内容。前文已及，明代目录学家在综合比较了前代目录学著作的基础上，形成了自身独特的目录学传统，对历代书目的评论，也构成了明代目录学的重要内容。其中，最具代表性的学者是焦竑、胡应麟和祁承㸁。

《国史·经籍志》是明代著名学者焦竑参与国史修撰的"副产品"。作为一部史志目录，焦竑在序言中述及编目缘由，并对前代书目类例特征进行了简评：

> 刘歆《七略》，类例精已。荀勖乃更著《新录》，析为四部，合兵书、术数、方伎于诸子；《春秋》之内，别出《史记》。经、子、文赋，一仍其旧。縰近世史籍猥众，若循《七略》，多寡不均，故谢灵运、任昉悉以勖例铨书，良谓此也。今之所录，亦准勖例，以当代见存之书，统于四部，而御制诸书，则冠其首焉。①

文虽不长，但已经基本勾勒出古代图书分类从"六分法"向"四分法"过渡的过程，将"御制诸书"冠于四部之首，是《文渊阁书目》的首创，后被明代文献学家普遍接受。

焦竑对前代书目的评述还比较简略，真正从理论上对前代目录学成就进行系统梳理的明代学者首推胡应麟。在其文献目录学代表作《经籍会通》中，胡应麟使用了大量篇幅来总结评述明代以前的

---

① 焦竑：《国史经籍志》，中华书局，1985年，序。

目录学发展历程。

首先，胡应麟从图书分类演变的角度，论述了古代分类法从"七略"向"四部"发展的全过程。

> 经史子集区分为四，九流百氏咸类附焉，一定之体也。第时代盛衰，制作繁简，分门建例，往往各殊，唐宋以还，始定于一。①

我国最早的官修书目《七略》，开创了图书"六分法"的体例，《七略》虽已不存，但其基本内容保留在《汉书·艺文志》中并流传下来。刘向、刘歆父子之后，王俭《七志》、阮孝绪《七录》根据《七略》开创的"六分法"，在继承的基础上又有所损益。胡应麟在比较上述书目后认为："（注：《七志》）前六志咸本刘氏六略，但易其名而益以图谱及佛、道二家，名虽曰七，实九志也。"②而《七录》"又本王氏而加纪传，并诸子、兵书为子兵，阴阳、术艺为伎术，又益以佛、道二家，史书至是渐盛，与经子并列，而佛、道二家之言大行中国矣"③。随着时代的发展，特别是受学术升降、图书生产方式等因素的影响，刘向创造的"六分法"已经不适应图书事业发展的需要，新分类法应运而生：

> 书之分四部也，实魏荀勖始之……此时史、集二部尚希，故王、

---

① 胡应麟等著，王岚、陈晓兰点校：《经籍会通 外四种》，北京燕山出版社，2008年，第19页。
② 胡应麟等著，王岚、陈晓兰点校：《经籍会通 外四种》，北京燕山出版社，2008年，第20页。
③ 胡应麟等著，王岚、陈晓兰点校：《经籍会通 外四种》，北京燕山出版社，2008年，第20页。

阮二《目》更从刘氏分七类。至唐大盛，于是史居子上，次经；佛、老附子，次史；而终之以集，定为四部。宋氏以还，递相沿袭，而作者之意未有所明。①

至此，明代以前分类法的发展主线就非常清晰了，最早定型的图书分类是"六分"，取而代之者为"四部"，而四部之所以取代六分，是由图书数量、学术发展直接决定的。四部取代六分，是古代分类法发展的"树干"，而主干之外尚有"枝叶"。对四部盛行后，不依四部著录者，胡应麟同样给予了关注，如李淑的《邯郸图书志》、郑寅的《郑氏书目》、尤袤的《遂初堂书目》、郑樵的《通志·艺文略》等，胡氏都在比较分析的基础上，给予了恰当的评价。比如论郑樵《通志·艺文略》：

> 郑渔仲《艺文略》，凡十二类：一经类，九家、八十八种；二礼类，七家、五十四种；三乐类，十一种；四小学，十二种；五史类，十三家、九十种；六诸子，十一家、四十八种；七星数，三家、十五种；八五行，三十家、三十三种；九艺术，一家、十七种；十医方，一家、二十六种；十一类书，一家、二种；十二文，三家、六十六种。共一百家，四百六十二种、一十二万余卷。按：郑之析类，颇极苦心。第自唐以后，四部卷数相当，总之经、史、子、集而细分之，乃为得体。今艺术等书仅数百卷，亦为一类，可乎？②

---

① 胡应麟等著，王岚、陈晓兰点校：《经籍会通 外四种》，北京燕山出版社，2008年，第20—21页。
② 胡应麟等著，王岚、陈晓兰点校：《经籍会通 外四种》，北京燕山出版社，2008年，第23页。

胡应麟在对《通志·艺文略》的分类体系和类目数量进行统计分析后，既肯定了郑樵改进分类体系、自创类例的"苦心"，同时也指出了其分类法存在各部类图书数量不平衡的问题。对于其他不依四部之书目的评价大多类此。

接下来，胡应麟对明代以前的书目类型进行了总结，并评价了各种类型书目的优缺点。胡氏认为：

> 书之有目，体制虽同，详厥品流，实分三种：吴、尤诸氏，但录一官之藏者也；隋、唐诸史，通志一代之有者也；《古今书录》《群书会记》，并收往籍之遗者也；荐绅雅士鸠集以广见闻，馆阁词臣雠校以存故实。目录之纂，例不可无。第中秘尽笼天下之书，故匪一家之力，而故家上世之传、帐中之秘，亦往往内府所无，其目可以互稽，难于偏举。郑氏古今并载，本属大观，而读者眩于名实，代之有无、家之藏畜反不可知，然亦各有长也。①

胡应麟将古今书目分为私人藏书目录、史志书目、历代总书目（大多为官修书目）三种，并指出各类型书目"各有所长"，有各自的适用范围，可以互相参考稽核。在《经籍会通》中，胡应麟根据历代史志目录的记载综合判断了历代典籍数量及其变迁趋势，因此，也特意评价了明代以前的五部正史《艺文志》或《经籍志》：

> 历朝诸史，志艺文者五家：《前汉》也，《旧唐》也，《新唐》也，《隋》也，《宋》也。班氏规模《七略》，刘昫沿袭《隋书》，《新唐》校

---

① 胡应麟等著，王岚、陈晓兰点校：《经籍会通 外四种》，北京燕山出版社，2008年，第30页。

> 益《旧唐》，而《宋史》所因则《崇文》《四库》等目也。中垒父子，奕叶青缃，纪例编摩，故应邃密，第遗书绝寡，考订靡从。《隋志》简编，亦多散佚，而类次可观，论辩多美。《旧唐》之录，本朝大为疏略；《新书》间增所缺，颇自精详。欧阳《宋志》，紊乱错杂，元人制作，亡足深讥。大率史氏精神，全寓纪传，论序次之，表、志之流便落二义。至于经籍，尤匪所先，且人靡博极，业谢专门，聊具故事而已。①

五部史志目录各有所本，并非史臣亲自编撰，且由于正史体制的特点，属于"志"的"经籍志"或"艺文志"并没有得到足够的重视，编者也缺少相关的专业素养，故而胡应麟对史志目录的总体评价较低，认为其只是"聊具故事而已"。

对于官修和私人藏书目录，胡应麟除了就其中具有代表性的目录进行"个案分析"，也有整体性的评论：

> 自余正史之外，奉命纂修、类例足征、卷轴可考，若刘歆之《略》、荀勖之《部》、王俭之《志》、孝绪之《录》，并轶不传。宋自庆历、淳熙、嘉定诸《目》外，荐绅文士，宋、尤、李、叶，并富青缃。今惟文简《目》存，亦多阙漏。郑氏《艺文》一略，该括甚巨，剖核弥精，良堪省阅。第通志前朝，失标本代，有无多寡，混为一途。番阳《通考》，以四部分门，实因旧史，而支流派别条理井然；且究极旨归，推明得失，百代坟籍炳如指掌。倘更因当时所有，例及亡篇，咸著品题，稍存故实，则庶几尽善矣。②

---

① 胡应麟等著，王岚、陈晓兰点校：《经籍会通 外四种》，北京燕山出版社，2008年，第5—6页。
② 胡应麟等著，王岚、陈晓兰点校：《经籍会通 外四种》，北京燕山出版社，2008年，第6页。

其精要地指出了郑樵《通志·艺文略》、马端临《文献通考》各自的优缺点。除了总结前代书目的特征，表彰其在分类、编目理论方面的贡献，胡应麟也客观指出了前代书目存在的不足或者著录错误之处。比如论郑樵对班固《汉书·艺文志》之成见：

凡著述最忌成心，成心著于胸中则颠倒是非，虽丘山之巨、目睫之近，有蔽不自知者。郑渔仲平生不喜班固，其论已过，不已，则訾其《古今人表》可矣。至谓其胸中全无伦类，不当取扬雄《太玄》《法言》《乐箴》三书，总列儒家。余考固《艺文志》，雄之前，"刘向六十七篇"，则《七略》旧目也，下注《新序》《世说》《说苑》《列女传》四家，亦不分析，固正沿其旧耳。乃以固步趋刘氏尚可，挽入《七略》所无，便失之。然则向书《新序》《说苑》，子类也；《世说》《列女》，史类也，必訾其失，当归于歆，固何与耶？[①]

他批评郑樵因人废书、治学态度不够严谨。至清代中期，章学诚也就此点提出了批评："郑樵讥班固之混收扬雄一家为无伦类，而谓班氏不能学《七略》之征，不知班氏固效刘歆也。乃于刘歆之创为者，则故纵之；班固之因仍者，则酷断之，甚矣，人心不可有偏恶也。"[②] 我们不能肯定章学诚是否受到胡应麟观点的影响，但是对比两人的论述，至少说明胡应麟对前人目录的评价是比较客观且有独特见解的，在书目评论领域，可谓导夫先路。

---

① 胡应麟等著，王岚、陈晓兰点校：《经籍会通 外四种》，北京燕山出版社，2008年，第25页。
② 章学诚著，刘公纯标点：《校雠通义》，古籍出版社，1956年，第34页。

至明代晚期，澹生堂主人祁承爜在《澹生堂藏书训略》"鉴书"论中，系统梳理了前代目录编撰的成就。祁氏的本意，是希望后世子孙通过学习目录学知识，准确判断古书的价值，这在无意中也为我们考察明代学者关于书目功能的认知提供了材料。在以祁承爜为代表的明代藏书家、文献学家看来，编制书目是藏书活动的重要组成部分，而书目首先是用来备查、备考的工具书，其次才是学术史研究的工具。祁承爜首先从《七略》谈起，介绍了"六分法"时代的代表书目：

> 区别品流，始于《七略》，嗣此而后，代有作者。王俭之《七志》，多本刘氏，特易诗赋为文翰，易术数为阴阳，易方技为术艺，无辑略而有图谱，及益以佛道二书，名虽七而实九也。阮孝绪之《七录》，又本王氏而加以纪传，史书之盛，始与经子并列矣。[①]

西汉末期，虽然儒家已经取得了"独尊"的地位，但去百家争鸣之时不远，诸子之书仍流传得比较广泛，史书数量还不多，为《春秋》之附庸足可容纳，考虑到西汉官府藏书的实际情况，刘向、刘歆父子确立了"六分法"。从西汉到魏晋，史书数量激增，子书减少，私人著述盛行，道教形成，佛学传入，虽代有学者根据图书事业的发展情况，不断损益"六分法"，使其适应时代发展，但新起的四部分类最终还是取代了"六分法"："四部之分，实始荀勖。以甲部纪六艺小学等书，以乙部纪诸子兵术等书，以丙部纪《史

---

① 祁承爜著，郑诚整理：《澹生堂读书记 澹生堂藏书目》（上），上海古籍出版社，2015年，第22页。

记》《皇览》等书，以丁部纪诗赋图籍等书。"① 荀勖的四分法，是四部分类萌芽时期的过渡产物，类例并不完善，故而祁承㸁评价道："然史固宜居子上，孝绪之以纪传次经典，得矣。"②

在总结了整体发展趋势后，祁承㸁转而按照书目类别逐一评述，首先是历朝的正史艺文志：

若历朝正史志艺文、经籍者，惟班氏规模《七略》，刘昫沿袭《隋书》，《新唐》较益《旧唐》，《宋史》多因《崇文》《四库》。《隋志》简编虽多散佚而类次可观；《旧唐》之录，本朝多缺，而《新书》褒益，颇自精详；《宋志》紊乱，元人制作无足深求，然总之可深惜者。③

除少数几种正史艺文志，大量的古代书目都散佚了，宋代的官修书目虽然流传下来，但"世不易得"。官私书目中，唯有南宋郑樵《通志·艺文略》，元代马端临《文献通考·经籍考》，宋王应麟《玉海·艺文》，明代焦竑《经籍志》、王圻《续文献通考·经籍考》、邓元锡《经籍志》等少数几部存留下来，可供学者备览。接下来，祁承㸁便重点评述了这几部存世目录：

然焦氏之志，国史也，是宜简严，不及著书之纤悉是矣。郑氏《通志》，概征往籍，而昔人著作之旨无所发明。王伯厚之纂述，大都

---

① 祁承㸁著，郑诚整理：《澹生堂读书记 澹生堂藏书目》（上），上海古籍出版社，2015年，第22页。
② 祁承㸁著，郑诚整理：《澹生堂读书记 澹生堂藏书目》（上），上海古籍出版社，2015年，第22页。
③ 祁承㸁著，郑诚整理：《澹生堂读书记 澹生堂藏书目》（上），上海古籍出版社，2015年，第22—23页。

为应宏词博学之用，故略存梗概，而无所折衷，且既以御制之文自为一类，则承诏撰述宜缀其后，而复列于别集，殊不可解。邓《志》之议论颇详，而书目未备。《续通考》之收罗未广，而编辑尚淆。至于条贯灿然，始末毕具，莫精于马氏之一书。其为经者十三类、为史者十三类、为子者二十一类、为集者四类，一一准中垒父子校书之法，撮其指意而列于下。即所据者多晁氏、陈氏之遗言，然而其编摩采辑之功，精且详矣。[1]

祁氏指出了上述几部书目各自的优劣，对马端临的《文献通考》给予了最高的评价。最后，他以自己的亲身体会娓娓道来：

余每遇嗜书之癖发不可遏，即取《通考》番阅一过，亦觉快然，庶几所谓过屠门而大嚼者乎。但其所载者皆当时见行之书，而古人遗逸者无从考究耳。总而言之，书有定例而见不尽同，且亦有无取于同者。[2]

书目对藏书家的重要性历历如在眼前，它不仅是增长见识的必读物，更是按图索骥的"良方"。

三、分类体系沿革

前文已及，古今分类体系的变迁，是古代目录学的核心内容。

---

[1] 祁承爜著，郑诚整理：《澹生堂读书记 澹生堂藏书目》（上），上海古籍出版社，2015年，第23页。
[2] 祁承爜著，郑诚整理：《澹生堂读书记 澹生堂藏书目》（上），上海古籍出版社，2015年，第23页。

在《经籍会通》中，胡应麟除了评述前代目录，也对部类变迁的原因进行了讨论。他认为随着时代发展，各类图书数量多寡不一是部类变迁的直接原因：

> 夏商以前，经即史也，《尚书》《春秋》是已。至汉而人不任经矣，于是乎作史继之。魏晋其业浸微，而其书浸盛，史遂析而别于经，而经之名禅于佛、老矣。周秦之际，子即集也，孟轲、荀况是也。至汉而人不专子矣，于是乎有集继之。唐宋其体愈备而其制愈繁，子遂析而入于集。而子之体夷于诗、骚矣。①

也就是说，各类图书数量的增减反映在目录分类上，就是部类的增删变革。应当说，胡氏的这种思想是非常切合实际的，展现了明代目录学家一贯重视实用的思想倾向。正是在深入分析前代部类变迁的基础上，胡应麟结合明代学术发展的实际情况，提出了五部分类法，并对每部下的子类进行了考证和重新划分。具体内容可参见"图书馆学家"的章节，这里就不再赘述了。

---

① 胡应麟等著，王岚、陈晓兰点校：《经籍会通 外四种》，北京燕山出版社，2008年，第19页。

第三节 分类思想

明代学风向为清人批评,"明清之际三大家"之一的顾炎武就曾评价:"若有明一代之人,其所著书无非窃盗而已。"① 其对明代学者、著述的轻蔑溢于言表。纵观整个古代思想、学术史,明代确实不是一个善于创造的时代,专制统治的空前强化、程朱理学的盛行、读书目的的利禄化倾向,导致了人们思想的僵化、创造性的停滞。然而,明代的目录学在这种沉闷的学术风气中却显得独树一帜。前面我们介绍了明代重要的官私书目及其分类体系,可以看到,不论是官修的《文渊阁书目》,还是私家藏书目录,明代目录学家在安排目录体例时,多不因循旧制,常常有出人意表的创举,甚至于遍观明代书目,都很难找到一部完全依照前人四部成法编制的目录。虽然,以《四库全书总目》的编纂者为代表,清代学者对明代目录学成就评价不高,认为其"草率以塞责。较刘向之编《七略》、荀勖之叙《中经》,诚为有愧"②。但是,如果我们能够抛开对"辨章学术,考镜源流"目录学传统的"迷恋",仅从文献分类以及目录编制技术的角度来看待明代目录学,则会有一番新的发现。

---

① 顾炎武著,黄汝成集释,栾保群、吕宗力校点:《日知录集释》,上海古籍出版社,2014年,第421页。
② 永瑢等:《四库全书总目》卷八五,中华书局,1965年,第731页。

一、官府藏书的分类体系

明代的官修书目不多，第一部国家藏书目录——《文渊阁书目》，便创下了不依四部的成例，可以说为明代官私书目尽皆突破四部埋下了伏笔。

《文渊阁书目》的编撰者，以大学士杨士奇为首。在进行这次国家藏书整理活动时，杨士奇已经是77岁的老人了。身为明帝国这艘大船的实际掌舵人，在繁忙的政务之余，挂名总纂官的老人显然不会有太多的精力放在书目工作上。因此，从性质上来说，《文渊阁书目》更像是一部图书登记账簿。该目以《千字文》为序给类目编号，共20号50橱。每号下有若干类目，共有类目40个，即划分了40个一级类目。

该目打破了四部分类体系，取消了经史子集的一级类目划分，但从类目的排序和内容观之，基本上还是按照"经史子集"的次序，只是将类目划分得更加细致。具体来说：（1）经部类目基本保持原样，但取消了"经"部的称谓，将经部下的二级类目全部提升为一级类目；将"韵书"独立出来成为单独的一类。（2）史、子两类变化较大。"史"类的名称得以保留，但只余史、史附、史杂三个子类。政书、姓氏、方志等类从史部中独立出来。"子部"只留子书、子杂、杂附三类，类书、法帖、画谱、兵法、算法、阴阳、医书、农圃、道佛二藏与"子"类平行。（3）集部的名称被取消，分成文集、诗词两类。

除了改易成法，"国朝""性理""经济""方志"等类则是由《文渊阁书目》所创制，并被后世的分类法所接受的新类目。

总的来看，作为明代第一部官修书目，《文渊阁书目》难称完美，相比前代与后代官府藏书整理活动的规模，明代朝廷对藏书事业的重视程度实在显得微不足道。《文渊阁书目》著录表现出的简陋、随意，与朝廷上下对藏书的漠视不无关联。但是，也许正是因为去掉了掩盖在藏书事业上的那层"神圣"的面纱，书目的编撰者才能得以按照图书事业的实际情况来进行类目划分。

首先，南宋以后，随着程朱理学成为官方认可的正统思想，"经部"的内容有所拓展，突出表现便是"四书"地位的上升。此外，理学盛行后，学派林立，各家著述数量大增，这也给图书事业带来了新的变化。其次，汉代以后，儒家取得独尊的地位，诸子学说衰落。到了明代，与刘向父子时代的"诸子略"相比，子类已经"面目全非"，从专收诸子著作的部类变成了一个"大杂烩"。举凡无法被"经""史""集"三部容纳的书，全都被归入子部。比如"六分法"中的"方技""术数"等在古代学术体系属于"术"的部分，全都被归入子部。最后，随着造纸、印刷等书籍生产技术的进步，出现了许多新的图书类型，比如类书、丛书，都是将多位作者、多种著述的资料汇集起来，并没有统一的思想主张，将其放入子部，亦属无奈之举。

综上，古代学术和图书事业发展到明代，从唐代以来一直占据主流的四部法已经不适应类分图书的需要了，时代迫切地呼唤对旧分类法进行革新。但是，传统的力量是十分强大的，尤其在古代中国那样一个尊古崇圣的文化传统根深蒂固的社会环境里，对旧制的任何改动都有可能引起激烈的反对。因此，即使是在一个"稽古右文"的时代，举全国之力、集硕学鸿儒来整理官府藏书，万众瞩目之下，主事者恐怕也未敢轻易成法。但是明代中叶的这次藏书整理活动，名不见经传，帝王、首辅也未必真正重视，一切按照藏书整理与日常管理、查检的便利为准则，反而在不经意间对四部法做出了有价值的革新。当然，这种"革新"未必是编撰者本意，参与其事者的想法也许只是想尽快完成对藏书的校理，尽早回奏皇帝，而其诉求恰好与藏书管理与利用的客观要求暗合，于是便诞生了这样一部在中国目录学史上别具一格的作品。

在肯定《文渊阁书目》对目录学的贡献的同时，也应当正视该目明显的缺点。由于编者中并没有擅长文献目录学者，其列类常有不合逻辑之处，比如"史部"不加细分，子、杂二类的类目比较混乱，有互相包含的情况。而《文渊阁书目》的价值与影响，除了在目录类例上别出心裁，更重要的是它是明代第一部官修书目，其分类、著录的倾向极大地影响了明代书目的编撰，起到了引领风气的作用。

从正统到万历初年，明代宫廷和官府藏书再未被系统整理。直到万历三十年（1602）后，才接连出现了两部官府藏书目录——《行人司书目》和《内阁藏书目录》。二者对《文渊阁书目》体例的因袭清晰可辨：首先，二目均将"圣制""典制"等本朝掌故列于书目之首；其次，二目均未依四部列类，而是采用了另立新类的方法。

其中，《行人司书目》对四部的改动较小，除增设"典部"于各部之首外，另立"杂部"，收无可归类之书。二级类目方面，将儒家从子部移出，归入经部；文部设立了国朝文集、诗集，显示了对当代文献的重视。

《内阁藏书目录》受《文渊阁书目》影响更为明显，同样采用了平面展开的列类方式，基本抛弃了四部成法，虽保留了经、史、子、集的名号，但将其中的众多子类提升为一级类目，如类书、金石、乐律、理学等。

总体来看，明代官府藏书目录类目体系的最大特征是不依四部,并首创将"圣制"列为首部的著录方式,而其弊病在于著录简省、考证疏略,故而虽在分类法方面屡有创见,但类目设置却不尽合理,以至于为后代学者诟病。

二、书院藏书的分类体系

明代是书院藏书管理走向规范化、制度化的一个时期,其突出标志之一就是书院藏书目录的编制。前面在介绍明代书院藏书概况时已经提到,白鹿洞书院、白鹭洲书院、虞山书院等声名卓著的书院,均在院志中设立"书籍"或"经籍"志,以著录本院藏书。但明代书院书目流传下来的并不多,今天常看到的主要是《白鹿洞书院经籍志》和《虞山书院经籍志》两种。

收入《白鹿洞书院古志五种》的志书,共载有藏书目录5种,按照时间顺序分列如下。

嘉靖乙酉(1525)刊本李梦阳《白鹿洞书院新志》中的"书籍志",该志约成书于正德年间,分经、史、子、集四部,著录83部1038本,附书版10部,计2768片。每部书均著录书名、卷数、存佚情况三项。从分类的角度来看,其特色是将子部提升到史部之前,如《四书大全》《性理大全》《朱子语类》之类的子部书,是程朱理学被奉为官方正统思想后,科举考试的重要内容。书院除了讲明学问,最重要的功能便是培养青年学子参加科举考试,提高子部书的地位,当是书院藏书实际使用情况在书目中的反映。

嘉靖甲寅(1554)郑廷鹄《白鹿洞志》,分为经、史、子、集四部,著录图书176种1940本,每条只记书名、本书。类目体系方面,"以制书入经部,以类书入集部",诗集和诗选分析著录入子集二部，为其特色。附录"镂板书目"，著录书版 11 种 3151 片，以及嘉靖年间当地官员赠书 68 部 353 本，均只记书名、本数。

嘉靖四十五年（1566）山长李资元《白鹿洞学交盘册序》载，"通将经史子集类分先后，以圣制列于经部之先，志书附于史部之后，附子部者诸子创作也，附集部者诸子之新选也，已经修整者序列于前，未经修整者附列于后"①，共著录图书 170 部。

万历二十年（1592）刊周伟《白鹿洞书院志》，分圣制、经部、史部、子集部四大类，著录藏书 188 种 2047 本，每部亦只记书名、本书，偶注复本及残缺情况。

天启二年（1622）刊李应升《白鹿洞书院志》，不分部类，著录图书 197 种 1855 本，只记书名、本书，偶记复本或残缺情况。事实上，此目虽不标类名，著录次序一仍周伟之目。

《虞山书院志·经籍志》②，孙慎行、张鼐编，约成书于万历晚期。虞山书院是万历三十四年（1606）在原文学书院基础上重建的明代著名书院。③《经籍志》为《虞山书院志》的第六卷，共著录院藏图书 265 部，共分为圣制、典故、经部、子部、史部、理学部、文部、诗部、经济部、杂部、类书等 13 个大类。圣制收御制或钦定书籍；典故收国朝典章制度；理学部收程朱陆王各派理学名家文集；文部为历代文集或选本；诗部为历朝诗歌总集和别集；经济部收古代各种"经世致用"的学问，包括盐铁、天文、水利、农田、赋税、边防等；杂部收医学著作。每部书只著录书名一项。此目完全突破了四部分类，增设了七个大类与之平行。设典故、经济部，

---

① 傅荣贤：《中国古代图书馆学思想史》，黄山书社，2016 年，第 307 页。
② 见姜亚沙等编《中国书院志》，全国图书馆文献缩微复制中心，2005 年。
③ 戈炳根主编：《常熟国家历史文化名城词典》，上海辞书出版社，2003 年，第 401 页。

收与社会生活密切相关的书籍，是明末对心学末流进行深刻反思、重新呼唤实学的社会风气的直接反映。同样，将《阳明文集》归入文部而非理学部，也暗含对心学的批判。对于诗歌、散文的特别重视，可能是书院师生的特别好尚所致。总的来说，《虞山书院志·经籍志》的类目设置，未必尽皆合理，个别类目也不符合同一级类目应按统一标准划分的基本原则，但其勇于突破四部成法的尝试，是对古代分类学的重要贡献。

总的来看，与官府和私人藏书目录相比，明代书院藏书目录的分类体系基本遵循四部分类，有所改易者，也是在四部分类基础上的"微调"。如将"制书"放在经部之前，或径入经部；将诸子诗文入集部，思想著作入子部等。这些改易，一方面是为了适应科举考试的需要，方便书院士子更好地掌握科举所需的知识结构；另一方面也是由书院藏书的实际情况决定的，与官府和私人藏书相比，书院藏书多者不过一二百种，其中还有大量朝廷颁赐的书籍，建立复杂、多层次的分类体系亦无必要。

三、私人藏书目录的分类体系

明代的目录学相比清代不算发达，但是与之前的朝代相比，流传下来的私人藏书目录数量远胜往昔。与历史上较为重视文教事业的统治者相比，除了明初诸帝，明王朝并不十分重视国家藏书事业，对整理编目也不甚关注，于是产生了《文渊阁书目》这样比较"简陋"的国家书目，但该目开创了明代目录学的一番新气象。私人藏书目录受这种风气的影响，也表现出不依成法、类例创新的气质。下面我们用表格的形式，将明代代表性的私人目录按照改四部法、另立新法、依四部成法，分成三类，分别列出其一至三级类目，从对比中可略见明代私家藏书目录分类体系之大概。

明代私人编撰书目类例表

类别	书名	一级类目	二级类目	三级类目
改四部法者	菉竹堂书目	圣制		
		经		
		史		
		子		
		集	别出"举业"类	
	百川书志	经志	正经易、书、诗、礼、春秋、大学、中庸、论语、孟子、孝经、经总、仪注、小学、道学、乐、蒙求	
		史志	正史、编年、起居注、杂史、史钞、故事、御记、史评、传记、职官、地理、法令、时令、目录、姓谱、史咏、谱牒、文史、野史、外史、小史	
		子志	儒家、道家、法家、名家、墨家、纵横家、杂家、兵家、小说家、德行家、崇正家、政教家、隐家、格物家、翰墨家、农家、医家、卫生术、房中术、卜筮家、历数家、五行家、阴阳家、占梦术、刑法家、神仙家、佛家、杂艺术、子钞、类书	

· 255 ·

续表

类别	书名	一级类目	二级类目	三级类目
改四部法者	百川书志	集志	秦汉六朝文、唐文、宋文、元文、圣朝御制文、睿制文、名臣文、汉魏六朝诗、唐诗、宋诗、元诗、圣朝御制诗集、睿制诗集、名臣诗集、诏制、奏议、启札、对偶、歌词、词曲、文史、总集、别集、唱和、纪迹、杂集	
	二酉山房藏书目录	经、史、子、集 附：类书、佛藏、道藏、赝书		
	国史·经籍志①	制	御制、中宫御制、敕修、纪注时政	
		经类	易	古易、石经、章句、传注、集注、疏义、论说、类例、谱、考正、音、数、图、谶纬
			书	石经、章句、传注、集解、疏义、问难、图谱、名数、音、纬候
			诗	石经、故训、传注、义疏、问辨、统说、名物、图谱、音、纬

① 从类别上说，《国史·经籍志》属史志目录，但其编撰主要体现了焦竑个人的分类编目观点，且在明代产生了巨大的影响，故亦列入此表，以见明代私家书目类例变迁之貌。

续表

类别	书名	一级类目	二级类目	三级类目
改四部法者	国史·经籍志	经类	春秋	石经、左氏、公羊、穀梁、通解、诘难、论说、条例、图谱、音、纬、外传
			礼	周礼、仪礼、丧服、二戴礼、通礼
			乐	乐书、歌辞、曲簿、声调、钟磬、管弦、舞、鼓吹、琴
			孝经	古文、传注、疏义、考正、广义、音、纬
			论语	古文、正经、传注、疏义、辨正、名氏图谱、音释、续语、事纪、庙典
			孟子	
			经总解	
			小学	尔雅、书、数、近世蒙书

续表

类别	书名	一级类目	二级类目	三级类目
改四部法者	国史·经籍志	史类	正史	史记、汉书、后汉、三国、晋、宋齐梁陈、后魏北齐后周隋、唐、宋、辽金元、通史
			编年	古魏史、两汉、三国、六朝、北朝、隋、唐、五代、宋、运历、纪录
			霸史	
			杂史	古杂史、两汉、魏晋、南北朝、隋、唐、五代、宋、金元
			起居注	起居注、实录、时政记
			故事	
			职官	
			时令	
			食货	货宝、器用、酒茗、食经、种艺、豢养

续表

类别	书名	一级类目	二级类目	三级类目
改四部法者	国史·经籍志	史类	仪注	礼仪、吉礼、凶礼、宾礼、军礼、嘉礼、封禅、汾阴、明堂郊祀社稷释奠风雨师仪注、陵庙制、东宫仪注、后仪、王国州县仪注、会朝仪、耕籍仪、车服、谥法、国玺、家礼祭仪、射仪、书仪
			法令	律、令、格、式、敕、总类、古制、专条、贡举、断狱
			传记	耆旧、孝友、忠烈、名贤、高隐、家传、交游、列女、科第、名号、冥异、祥异
			地理	地理、都城宫苑、郡邑、图经、方物、川渎、名山洞府、朝聘、行役、蛮夷

续表

类别	书名	一级类目	二级类目	三级类目
改四部法者	国史·经籍志	史类	谱系	帝系、皇族（附戚里）、总谱、韵谱、郡谱、家谱
			簿录	总目、家藏总目、文章目、经史目
		子类	儒家	
			道家	老子、庄子、诸子、阴符经、黄庭经、参同契、诸经、传记、论、杂著、吐纳、胎息、内观、导引、辟谷、内丹、外丹、金石药、服饵、房中、修养、科仪、符箓
			释家	经、律仪、论、义疏、语录、偈颂、杂著、传记、塔寺
			墨家	
			法家	
			名家	
			纵横家	
			杂家	

续表

类别	书名	一级类目	二级类目	三级类目
改四部法者	国史·经籍志	子类	农家	
			小说家	
			兵家	兵书、军律、营阵、兵阴阳、边策
			天文家	天文（天象、天文总占、天竺国天文、星占、日月占、风云气候物象占、宝气）、历数（正历、历术、七曜历、杂星历、刻漏）
			五行家	易占、易轨革、筮占、龟卜、射覆、占梦、杂占、风角、鸟情、逆刺、遁甲、太一、九宫、六壬、式经、阴阳、元辰、三命、相法、相笏、相印、相字、堪余、易图、婚嫁、产乳、登坛、宅经、葬书

·261·

续表

类别	书名	一级类目	二级类目	三级类目
改四部法者	国史·经籍志	子类	医家	经论、明堂针灸、本草、种采炮灸、方书、单方、夷方、寒食散、伤寒、脚气、杂病、疮肿、眼药、口齿、妇人、小儿、岭南方
			艺术家	艺术、射、骑、啸、画录、投壶、弈棋、博塞、象经、樗蒲、弹棋、打马、双陆、打球、彩选、叶子格、杂戏
			类家	
		集部	制诏	
			表奏	
			赋颂	
			别集	楚、汉、魏、蜀、吴、晋、宋、齐、梁、后魏、北齐、后周、陈、隋、唐、宋、金、元、明
			总集	
			诗文评〔附〕	

续表

类别	书名	一级类目	二级类目	三级类目
改四部法者	世善堂藏书目录	经部	周易、尚书、毛诗、春秋、礼记、二戴、周礼、仪礼、礼乐各著、孝经、诸经、尔雅	
		四书部	大学、中庸、论语、孟子、四书总编	
		诸子百家部	诸子、辅道诸儒书、名家传世名书	
		史部	正史、编年、鉴选、明朝纪载、稗史野史并杂记、语怪各书、实录、偏据伪史、史论、训诫书、四译载记、方州各志、典制、律例、诏令、奏议、谱系、类编	
		集部	帝王文集、历代大臣将相文集、两汉魏晋六朝诸贤集、唐诸贤集（附南唐）、宋元诸名贤集、皇明诸名贤集、缁流集、闺阁集、词曲、诸家诗文名选、金石法帖、字学	
		各家部	农圃、天文、时令、历家、五行、卜筮、堪舆、形相风鉴、兵家书、医家、神仙道家、释典、杂艺	

续表

类别	书名	一级类目	二级类目	三级类目
改四部法者	玄赏斋书目	经部	诸经总类、易、尚书、诗、春秋、礼、乐、孝经、论语、孟子、尔雅、小学、字书、经解、纬书、碑刻、数	
		史部	正史、编年史、史学、杂史、故事职官、仪注、刑法、谥法、国玺、家礼、职掌、营建、时令、货宝、器用、酒茗、食经、种艺、豢养、传记、仙佛、列女、校书、冥异、地理志、山川、朝聘行役、名胜、游览、别志、属夷、人物、文献、牒谱、书目	
		国朝史部	制书、实录、敕修、国纪、传记	
		子部	儒家、道学、道家、释家、墨家、法家、名家、纵横家、农家、兵家、军占、杂家、天文、壬遁、易数、卜筮、星命、相法、地理、医书、画录、类书、伪书、小说	
		集部	制诏、论策、奏议、骚赋、六朝人文集、六朝诗集、唐人文集、唐诗、宋人集、金人集、元人集、国初人集、僧人集、文总集、诗总集、文说、诗话、四六、诗余	

续表

类别	书名	一级类目	二级类目	三级类目
另立新法者	江东藏书目	经、理性、史、古书、诸子、文集、诗集、类书、杂史、诸志、韵书、小学医药、杂流、制书		
	宝文堂书目	御制、诸经总录、易、书、诗经、春秋、礼、四书、性理、史、子、文集、诗词、类书、子杂、乐府、四六、经济、举业、韵书、政书、兵书、刑书、阴阳、医书、农谱、艺谱、算法、图志、年谱、姓氏、佛藏、道藏、法帖		
	博雅堂藏书目录	诸经类、诸史类、诸子类、诸文集类、诸诗集类、类书类、理学书类、国朝杂纪类、小说家书类、志书类、字学书类、医书类、刑家类、兵家类、方技类、禅学类（道书附）、词林书类，制书类（附试录、墨卷）		
	玩易楼藏书目录	制、谟、经、史、子、集、别、志类、韵字、医、杂		

续表

类别	书名	一级类目	二级类目	三级类目
另立新法者	九学十部书目	经学、史学、文学、说学、小学、兵学、类学、数学、外学、世学		
	近古堂书目	经总、易、尚书、诗、礼、乐、春秋、孝经、论语、孟子、大学、中庸、小学、尔雅、经解、纬、宋版正史、正史、史编年、杂史、史传记、故事职官、刑法、谱牒、史学、书目、地志、子、子总、子儒家、子名家、子法家、子墨家、子杂家、道学、纵横家、子农家、子兵家、子释家、释经、子道家、子杂艺术、子杂家、小说、谱录、天文、历算、地理、星命、卜筮、相法、壬遁、道藏、神仙家、杂道家、天主教、医书、类书、伪书、六朝人文集、唐人文集、杜李集、韩柳集、唐诗、诗总、宋人集、南宋人集、金人集、元人集、僧人集、国初人集、文总集、骚赋、金石、书画、论策、奏议、文说、诗话、本朝制书、实录、国纪、传记、典故、小说①		

① 见《丛书集成续编》第68册，上海书店出版社，1994年，第575—615页。

续表

类别	书名	一级类目	二级类目	三级类目
因循四部者	万卷堂书目	经	易经、书经、诗经、春秋、礼、乐、孝经、论语、孟子、经解、小学	
		史	正史、编年、杂史、史评、起居注、奏议、官制、仪注、法律、谱传、书目、地志、杂志	
		子	儒家、道家、释家、农家、兵家、医家、小说家、五行家	
		集	楚辞、女史、总集、杂文、类书	
			别集	汉魏六朝、唐、宋、元、明
	红雨楼书目	经	易、书、诗、礼、月令、春秋、学庸、论语、孟子、孝经、尔雅、经总、乐	
		史	正史、旁史、本朝世史汇、姓氏、族谱、年谱、科目、家训	
			人物传	圣贤、历代、各省、名贤
			方舆	总志、分省、边海、外夷、各省杂志、各省题咏
		子	诸子、子、小说、兵、卜筮、地理、医、农圃、器用、艺术、韵、字、书（书法）、画、汇书、传奇、道、释	
		集	集（再分唐、宋诗、元、明）、总集、总诗、词调、诗话、启札、四六、连珠、家集	

· 267 ·

续表

类别	书名	一级类目	二级类目	三级类目
因循四部者	澹生堂藏书目	经部	易	古易、章句注传、疏义集解、详说、拈解、考正、图谱、蓍卜、易纬、拟易、续收
			书	章句注疏、传说、图谱、考订、外传、续收
			诗	章句注疏、传解、考证图说、音义注释、外传、续收
			春秋	经传总、左传、公羊、穀梁、通解、考证、图谱、外传、续收
			礼	周礼、仪礼、二戴礼、通解、图记、礼纬、中庸、大学、续收
			孝经	注疏、丛书（注：疑说之误）、外传
			论语	章句疏义、解说、别编、图志、外传
			孟子	章句注疏、杂解、外传

续表

类别	书名	一级类目	二级类目	三级类目
因循四部者	澹生堂藏书目	经部	经总解	传说、考定、图说、音释、经筵、续收
			理学	性理、集录、遗书、语录、论著、图说、续收
			小学	尔雅、蒙书、家训、纂训、韵学、字学、续收
		史部	国朝史	御制、敕纂、汇录、编述、分纪、武功、人物（附续收）、典故（附续收）、时务（附续收）、杂记、行役、风土
			正史	
			编年史	通鉴、纲目、纪、记事
			通史	会编、纂略
			约史	
			史钞	节详、摘略
			史评	考正、论断、读史、续收
			霸史	列国、偏霸
			杂史	野史、稗史、杂录、续收
			记传	襄辑、垂范、高贤、汇传、别传、忠义、事迹、行役、风土、续收

续表

类别	书名	一级类目	二级类目	三级类目
因循四部者	澹生堂藏书目	史部	礼乐	国礼、家礼、乐律、祀典、续收
			典故	故实、职掌、续收
			政实	时令、食货、刑法、官守、事宜、续收
			图志	统志、通志、郡志、州志、邑志、边镇、山川、题咏、揽胜、园林、祠宇、梵院、续收
			谱录	统谱、族谱、年谱、世家、试录、姓名、书目
		子部	儒家	
			诸子	墨家、法家、名家、纵横家、杂家
			小说家	说汇、说丛、佳话、杂笔、闲适、清玩、记异、戏噱
			农家	民务、时序、杂事、树艺、牧养
			道家	老子、庄子、诸子、诸经、金丹、汇书、诠述、修摄、养生、记传、余集、续收

续表

类别	书名	一级类目	二级类目	三级类目
因循四部者	澹生堂藏书目	子部	释家	大乘、小乘、宋元续入经、东土著述经、律仪、经典疏注经、大小乘论、宗旨、语录、止观、警策、诠述、提唱、净土、因果、记传、禅余、文集、续收
			兵家	将略、兵政、续收
			天文家	占侯、历法、续收
			五行家	占卜、阴阳、星命、堪舆、续收
			医家	经论、脉法、治法、方书、本草、伤寒、妇人、小儿、外科、续收
			艺术家	法书、画、琴（附丝竹）、棋、数、射（附投壶）、杂伎
			类家	会辑、小纂、随笔、续收
			丛书	国朝、经史子杂、诸子、小说、杂集

续表

类别	书名	一级类目	二级类目	三级类目
因循四部者	澹生堂藏书目	集部	诏制	王言、代言
			章疏	奏议（附续收）、书牍（附启笺、四六）
			辞赋	骚、拟骚、赋
			总集	诗文总集、文编、古乐府、诗编、郡邑文献、家乘诗文、遗文考识、制科艺、续收
			余集	逸文（附摘录）、艳诗（附词、曲）、逸诗（附集句、摘句）
			诗文评	文式、文评、诗式、诗评、诗话（附续收）
			别集	帝王集、汉魏六朝唐诗文集（附续收）、宋诗文集（附续收）、元诗文集（附续收）、国朝诗文御制集（附续收）、阁臣集（附续收）、分省诸公集
	脉望馆书目	经部	经书总类、石刻十三经、北监板十三经注疏、总类、易、尚书、毛诗、春秋左氏、春秋公羊氏、穀梁、春秋胡氏、礼记、周礼、仪礼、大学、中庸、论语、孟子、四书、孝经、尔雅	

续表

类别	书名	一级类目	二级类目	三级类目
因循四部者	脉望馆书目	史部	正史、杂史、职官、起居注、编年、史评、传记、伪史霸史、总志、河	
			南直	南直总志、南直、苏州府、松江府、常州府、镇江府、庐州府、凤阳府、宁国府、徽州府、池州府、太平府、淮安府、扬州府、安庆府、徐州、和州、滁州
			北直	北直、保定府、永平府、河间府、真定府、顺德府、广平府、大名府
			南京各衙门志、北京、北九边、南九边、外夷、圣制、吏部、户部、礼部、兵部、刑部、工部、词类·集、升庵	
			山东	山东总志、济南府、兖州府、东昌府、青州府、登州府、莱州府
			山西	山西通志、太原府、平阳府、潞安州、大同府、宣府、汾州

续表

类别	书名	一级类目	二级类目	三级类目
因循四部者	脉望馆书目	史部	河南	河南总志、归德府、彰德府、卫辉府、怀庆府、河南府、汝宁府、汝州、南阳府
			陕西	陕西总志、西安府、汉中府
			四川	四川总志、成都府、保宁府、重庆府、夔州府、潼川府、嘉定州、眉州
			云南	
			贵州	贵州、镇远府、思州府
			福建	福建、福州府、泉州府、兴化府、福宁州、邵武府、建宁府
			广东	广东、广州府、南雄府、韶州府、惠州府、潮州府、肇庆府、高州府
			广西	广西、金州、平乐府、梧州府、庆远府、南宁府、思恩州

续表

类别	书名	一级类目	二级类目	三级类目
因循四部者	脉望馆书目	史部	湖广	湖广、武昌府、黄州府、郧阳府、承天府、汉阳府、德安府、荆州府、岳州府、长沙府、宝庆府、辰州府、常德府、衡州府、永州府
			江西	江西、南昌府、饶州府、南康府、九江府、广信府、抚州府、吉安府、建昌府、临江府、袁州府、赣州府、南安州、延平府、汀州府、漳州府
			浙江	浙江、杭州府、嘉兴府、湖州府、宁波府、绍兴府、台州府、金华府、衢州府、严州府、温州府、处州府

续表

类别	书名	一级类目	二级类目	三级类目
因循四部者	脉望馆书目	子部	总子、儒家、杂家、名家、墨家、兵家、法家、纵横家、道家、医总门、本草门、素问门、脉诀门、伤寒门、小儿科、针灸门、外科、养生门、女科、眼科、风科、祝由科、按摩科、医马门、类书、元人文集、佛家、仙家、地理、算数、太乙局、六壬、奇门、龟卜、风鉴、易数、围棋、象棋、琴、星命、大定数、演禽数、选择、杂术、小学、书画、书目图籍、小说、乐、大西人著述、历家、谱牒、奏议门、经济总门	
		集部①	总文、总诗、汉魏六朝文集、四六、诗话、唐人诗集、宋人文集、本朝文集	

（一）明代类例变革的取径

需要说明的是，此处判断是否依四部成法的标准是一级类目，即一级类目按照经、史、子、集著录者，就算因循四部者。实际上，即使是一级类目依遵四部者，其二级、三级类目与宋元四部成

---

① 以内容观之，《脉望馆书目》为赵氏书柜排架目录，每类均注明架号、位置，新入藏而未及编目者附列于后，故在"集部"后尚有不全旧宋元板书、旧板书、碑帖、某年某月某日续增书、画、墨刻等类，其下之书尚未分类，仅作记录位置之用。

法相比，也有非常大的变化。由是观之，创新类例是明代目录学家的整体倾向。

中国最早的图书分类法，是刘向父子发明的"六分法"，即将当时西汉官府藏书分为"六艺""诸子""诗赋""兵书""数术""方技"六大类，其下再细分出二级类目 38 个，共著录图书 596 家，13269 卷。[①] 刘向、刘歆父子校理图书的时代，儒家虽然已经取得了独尊的地位，但由于距离先秦诸子活跃的时代还不是太远，诸子学说仍有相当的影响力，经学大行其道的同时仍有大量的诸子著作流传。而"数术""方技"二略，收录的主要是应用技术方面的著作，体现了古代学术"学"与"术"分离、"道上器下"的传统。因此，"六分法"是根据西汉末年图书事业与官府藏书的实际状况确定的，这决定了当学术思潮、社会环境发生变化之时，"六分法"也就需要做出相应调整了。

取代"六分法"的"四部法"，是我国古代影响最大、使用时间最长的一种图书分类体系，诞生于晋荀勖的《晋中经簿》，定型于《隋书·经籍志》。此后，历代正史经籍志、艺文志均按四部法著录，四部法取得了图书分类法中的统治地位。然而，正如"六分法"随时间流逝被时代"抛弃"一样，四部法从诞生之日起，也时刻面临着学术与图书事业发展带来的挑战。比如，经、史、子、集四部虽"泾渭分明"，各有所指，却天然存在一个巨大缺陷——无法容纳交叉学科，特别是综合性图书。魏晋以后，随着书籍生产条件的改善，大部头的类书、丛书数量越来越多，当需要类分这种内容庞杂、主题丰富的图书时，四部法就显得有些"力不从心"了。

[①] 张三夕主编：《中国古典文献学》（第三版），华中师范大学出版社，2018 年，第 84 页。

为了让图书分类更加合理,历代都有学者对四部法进行"微调",以适应学术与出版事业的发展。然而,在我国的文化基因中,"尊古"传统的力量十分强大,以至于任何领域的改革都不得不"谨小慎微"地进行。明代以前,文献学家改革四部法的方式有两类:援引"六分法"或自创新法。前者如宋郑寅的《郑氏书目》[①],后者如宋李淑《邯郸图书志》、郑樵《通志·艺文略》[②] 等。但是,改革并非图书分类领域的主流,其产生的影响也比较有限,四部法仍然是被广泛采用、奉为正统的分类标准,其标志就是宋代所有的官修书目,如《崇文总目》等,都是严格遵守四部法的。

然而,时至明朝,也许是因为统治者对于图书事业"漫不经心",改革四部成法成为目录学的主流。在四部法改造的两个方向——另立新法和增删四部上,明代目录学家均有突出的表现。

一是,另立新法者以《文渊阁书目》启其端绪,其后效法者甚众,官藏书目如《内阁藏书目录》,私人藏书目录如《江东藏书目》《宝文堂书目》《九学十部书目》《也是园藏书目》等,均不依四部成例而另立新法。从分类学特征来看,此类书目基本采用平面展开的列举式分类,不设二级子目,类目数量在10至70余个之间。设类的具体做法,是在保留四部的基础上,将原来四部中的子类析出,上升为一级类目,如"理性""小学""韵书"等从经部中分

[①] 《郑氏书目》七卷,分为经、史、子、文、艺录、方技、类录,共七类。与前面介绍的"六分法"相比,差异较大,更像是在"四分法"基础上,增加丛书、方技等类别组合而成。(参见张三夕主编《中国古典文献学》(第三版),华中师范大学出版社,2018年,第89页。)

[②] 北宋李淑《邯郸图书志》将其家藏图书分为"经史子集、艺术、道书、书志、画志",共八志。南宋郑樵《通志·艺文略》,将图书分为"经、礼、乐、小学、史、诸子、天文、五行、艺术、医方、类书、文"十二类。(参见张三夕主编《中国古典文献学》(第三版),华中师范大学出版社,2018年,第89页。)

出。当然，也有许多新立类目为此类分类法首创，如《江东藏书目》中的"古书""杂"，《九学十部书目》中的"数学""外学"等。

此类分类法突破了四分的限制，大多将"类书"单独列类，因此较好地解决了四部法无法容纳综合性图书的问题。近代以后，分类法改革的重要一环，便是在四部之外，增立丛书部，这不能不说是受到了明代目录学的启发，充分体现了其前瞻性。当然，此类分类法的缺陷也是十分明显的，与多级类目体系相比，平面展开的类目体系，一级类目数量众多，各类之间经常出现交叉重合的现象，类目设置不尽合理，且不便检索。因此，清代的目录学家对此大加鞭挞，此后我国的目录学传统又回归到四部占据正统地位的路径。

二是，一级类目基本因循四部，但另立"类书""丛书"等部者。此类书目基本沿用四部法，但为了解决无法容纳综合性图书的问题，增设了一至两个一级类目。如《国史·经籍志》增"制部"，《二酉山房书目》附"佛道二藏""类书"部。

三是，一级类目遵从四部，但二级、三级类目多有调整者。调整的情况又可分为增、删、分、合四种。增加新类目的，如《百川书志》将史部扩充至22类，《澹生堂藏书目》增设"国朝史""经史子杂""说汇"等类，《脉望馆书目》增设"大西人术"类。删除旧有类目的，如宋代书目中常见的"伪史"类，明代书目基本都将其删去。分拆旧类目的，如宋代书目中的"谱牒"类，明代书目多将其分拆成姓谱、族谱、年谱等。合并部分类目的，如《澹生堂藏书目》将"墨、法、名、纵横"诸家合并为"诸子"类。

（二）明代目录的类例特征

前面的章节我们介绍了明代官私、书院、史志书目的基本情况，如果将明代目录学作为一个整体，我们可从上述书目中总结出以下总体特征。

一是，从类目数量与设置来看，明代目录普遍出现了类目增多的趋势。王国强对宋代以来的著名书目进行了子类数量的统计，《崇文总目》《新唐书·艺文志》《郡斋读书志》《遂初堂书目》《直斋书录解题》等宋代书目，子目数量在44—53个；元代的《文献通考·经籍考》《宋史·艺文志》的子目数量分别为57个和45个；清代目录最杰出的代表——《四库全书总目》的子类数量为44个。而明代的《百川书志》《国史·经籍志》《红雨楼书目》《澹生堂藏书目》《好古堂书目》的子类数量从46到93个不等，特别是《国史·经籍志》还有302个三级类目，《澹生堂藏书目》有三级类目244个，类目数量冠绝历代。不依四部的明代目录，也呈现子目数量越来越多的趋势，如明末清初的《近古堂书目》有85类，《绛云楼书目》有73类。[①] 类目数量的增长，说明明代书目类目划分得较为细致。为什么会出现这种现象？明代文献学家对书目实用性的重视，是形成这种趋势的思想根源，关于此点在前面的章节已经反复申说。明代公私藏书目录的编纂者，似乎都一致同意书目的价值首先在于便利检索，因此，在设计类例体系、著录次序时，首先考虑的是需要整理编目的图书的具体情况，再结合排架的需要，各类型图书数量相对平衡，以及便利查检的考虑，于是，往往倾向于给图书数量较多的类目进行更为精细的划分。比如《澹生堂藏书目》对"集部"文集的著录，就同时采用了著者、区域、时代复分处理。

在类目设置方面，明代目录的最大贡献是增加了"丛书"类。

---

① 王国强：《明代目录学研究》，中州古籍出版社，2000年，第203—204页。

祁承㸁在《庚申整书例略》中，从理论上对这种现象进行了阐释：

> 丛书之目不见于古，而冗编之著叠出于今，既非旁搜博采以成一家之言，复非别类分门以为考览之助，合经史而兼有之，采古今而并集焉。如后世所刻《百川学海》《汉魏丛书》《古今逸史》《百家名书》《稗海》《秘笈》之类，断非类家所可并收，故益以"丛书"者四。①

其论述了增设"丛书"类的原因：丛书是随着学术和图书事业发展而产生的新生事物，非经非史，包罗古今，故而旧有分类法无法容纳此类书籍。对于既往目录将丛书归入类书的做法，祁氏也提出了批评：二者属于不同性质的书籍，强行将其归为一类，更显杂乱，所以要将丛书单列一类。这种看法在中国目录学史上是独具创见的，故而姚名达评价："（注：祁承㸁）尤以'丛书'之独立，于分类学之功勋最巨。"②

二是，进行了大量平面展开式分类法的有益尝试，为目录学理论与实践的丰富做出了贡献。这一点主要体现在不依四部的书目中，其列类的基本原则就是以列举的方式尽可能全面地设置平行类目。这种分类思想起源于宋代李淑的《邯郸图书志》，最有代表性的是王应麟的《玉海·艺文志》，该目将著录的全部图书分为了44个平行的子类。但是，在明代以前，平面展开式的分类目录虽偶有出现却并非主流，直至明代，这种目录的数量才多了起来。

相比传统的四部分类法，平面展开式分类法更加灵活，藏书家

---

① 祁承㸁著，郑诚整理：《澹生堂读书记 澹生堂藏书目》（上），上海古籍出版社，2015年，第43页。
② 姚名达：《中国目录学史》，湖南大学出版社，2014年，第102页。

可以根据收藏的具体情况增删添减类目,从而使得书籍的归类更加明确,避免出现因强行归入四部而导致的错误归类的情况出现。同时,也可根据学术与图书事业的发展随时增加新的类目。比如"伪书"类,就是《近古堂书目》和《绛云楼书目》独有的。自秦汉以来,因各种原因,我国古书作伪的现象十分普遍,宋明诸儒对此多有评论。从理论上来说,"伪书"都是有问题的书,不应该与"真书"并列,但随着时代的发展,许多被认定的"伪书",或因其独特的文献价值,或因其年代久远,也成了一种特殊的研究材料,被藏书家精心收集,因而需要在书目中加以反映。明代目录学家设置此类,无疑是一种有眼光的选择。再如《脉望馆书目》中的"大西人术"类、《近古堂书目》中的"天主教"类,都展现了明末西学传入后的巨大影响,以及明代目录学家对学术潮流的敏感度。

再者,明代的经学并不发达。明朝建立之初,洪武帝用国家意志的形式确立了朱子学说的正统地位,一时之间,儒家学者以"述朱"为荣,这直接导致了明初学风的僵化,学者不敢发表新见,只能在朱学的框架内"向内生长"。明中叶以后,以陈献章为首,心学开始兴起,至王阳明而大成,虽然程朱理学的官方地位并未动摇,但在知识阶层中,心学的影响越来越大。心学家强调"心"的作用,要求"致良知""知行合一",这与朱子对待典籍"居敬持志"①的态度大不相同,也为明中叶后的思想解放运动提供了理论武器。但就经学本身的发展来说,明代是一个沉寂的时代。至明末,心学末流将心学带上了"玄学化"的方向,明代学风空疏之病展现得淋漓尽致,学者空谈心性,更无心于经学。为了匡扶时弊,

---

① 出自"朱子读书法"。参见顾明远主编《教育大辞典(第9卷)·中国古代教育史(下)》,上海教育出版社,1992年,第97页。

明末有识之士倡导重视"经世致用"的学问，于是乎，实学兴起，藏书家也开始重视与国计民生直接相关的书籍的收藏。明代学术与思想的发展，是平面展开式分类法盛行的重要原因，经学虽然保持了正统地位，但研究相对沉寂，新的成果并不多，而以心学为代表的明代理学，成就众多，这是明代诸多书目增设"性理"或者"理学"部的原因之一。而重视实学，则会导致对当代文献投入更多的关注，反映在目录上就是"国朝"及其细分原则的普遍确立。

　　三是，创造了以《千字文》为代表的分类配号系统。现代分类法中，类名和分类号都是必备要素。而明代以前，我国古代目录是没有设置分类号的习惯的。明代书目，以《文渊阁书目》为代表，发明了一种以《千字文》为分类号的配号制度，从分类技术的角度来看，这是具有时代进步性的。

　　《千字文》是我国古代启蒙读物，四字一句，共计千字，涵盖了古代人文社会、自然地理各方面的基本知识，读来朗朗上口，也是古人蒙学阶段要求"熟读成诵"的基本读物。早在宋代，在官府文书管理中便应用了"千文架阁法"，即按照《千字文》的顺序排列公文，以便保管、检索。① 而将这种方法应用到图书分类领域，则首推《文渊阁书目》，该目按照文渊阁藏书的陈列情况，依照《千字文》的顺序给书橱排序，每一字号下有类别若干，虽然还没有近代分类法将类名与类号一一对应那样成熟，但类号与类别相结合的标识方法，无疑能够更好地实现快速定位图书的功能，是我国分类法的一大进步。

---

① 王金玉：《王金玉档案学论著》，中国档案出版社，2004年，第80页。

(三)明代目录类例的缺陷

上面我们从目录学史的角度分析了明代目录学家的贡献,在整个学科史的维度上,明代是一个充满变革精神的时代,其对分类法不拘一格的探索,是其对目录学最大的历史贡献。但是,我们也同时注意到,清人对明代目录学的评价向来不高,《四库全书总目》著录了不少明代书目,但总的来说,批评之词远多于赞扬。

乾嘉以降,汉学派掌握了学术话语权,考据之学大兴,汉学家对明代空疏的学风、不问文字仅谈义理的治学取径不屑一顾,对明代目录学的评价,也基本沿袭了《四库全书总目》的论调。清代学者普遍认为,目录不仅仅是检索工具,更是学术著作,特别是在梳理学术史方面具有不可替代的意义。因此,明代更重检索功能、不依四部成法的编目实践及其成果,对清人而言,自然"难入法眼"了。即使是以"异端"自诩的章学诚,对书目价值的认知也是如此。在目录学经典著作《校雠通义》中,章学诚提出:

> 校雠之义,盖自刘向父子部次条别,将以辨章学术,考镜源流。非深明于道术精微、群言得失之故者,不足与此。后世部次甲乙,纪录经史者,代有其人,而求能推阐大义,条别学术异同,使人由委溯源,以想见于坟籍之初者,千百之中不十一焉。[①]

章学诚重"义例"之学,与清代主流的考据学风并不"兼容",但其对我国目录学传统的阐释和总结十分精辟,得到了后世学者的普遍认同。此后,"辨章学术,考镜源流"便成了我国古代目录学

---

① 章学诚:《校雠通义》,中华书局,1936年,第1页。

精神的权威论述。但是，明代的目录显然并不完全是这样的，著名文献学家缪荃孙就曾批评：

> 目录之学，始于向歆。以私家著录，屹立于天壤者，以昭德晁氏与安吉陈氏为最。国朝以来，钱遵王《敏求记》为人所重，然钞刻不分，宋元无别，往往空论，犹沿明人习气。若《也是园书目》、《汲古》、沧苇仅存一名，更无论已。①

其一方面肯定了刘向父子创造的提要式目录体例，对兼能反映书籍"精神、形式"②的目录大加表彰；一方面将明代书目作为反面教材，认为清初仅记录书名、卷数，考证不严、类例不精的书目，是沿袭了"明人习气"，褒贬尽寓文字之间。上述批评固然受到学术派别的影响，但是，明代目录本身存在的问题也确实给批评者提供了足够多的"靶子"。

首先，从类目体系的平衡性来看，子类划分细致、数量繁多是明代目录的特点，但过分细致的类目划分也存在著录书籍数量悬殊、多寡不一的问题。对此，明代的祁承爜已经有所批评：

> 虽各出新裁，别立义例，然而王制之书不能当史之一，史之书不能当集之三，多者则丛聚而易淆，寡者又寂寥而易失，总不如经史子

---

① 缪荃孙：《积学斋藏书志序》，载《艺风堂文漫存·乙丁稿》（第2卷），民国初年艺风堂自刊本，第21页。
② 钱亚新：《略论缪荃孙在目录学上的贡献》，载南京图书馆编《钱亚新文集》，南京大学出版社，2007年，第240页。

集之分，简而尽、均而且详。[①]

祁氏的评论针对的是《江东藏书目》和《玩易楼藏书目录》两种另立新类的目录，认为其著录的"王制"类图书不到"史部"的十分之一，不到"集部"的十分之三，各部类图书数量多寡不一，相差悬殊。

其次，除各类别图书数量相差较大外，在具体的类目设置上，也存在逻辑关系不清晰、类目涵义不明的情况。比如《世善堂藏书目录》，既设立了"经部"，又立"四书部"，四书本就属于经书，将其单独分出，理由何在？再如该目"子部"之外又有"各家部"，收书也有重合。明代书目类目设置多有交叉，又缺少"大小序"等必要的类目说明，就使得人们对类目涵义的理解更加困难。除《江东藏书目》《国史·经籍志》《行人司重刻书目》等少数几部目录在序言中说明立类标准和类目涵义外，明代书目大多是没有说明文字的。这就很容易让读者对类目的具体涵义产生误解，比如明代书目常见的"小学"类，传统文化中"小学"一般是指文字、音韵、训诂等工具学问。而焦竑在《国史·经籍志》中设置的"小学"类，含义略同于今日之"小学"，即启蒙阶段的教育，算术、启蒙读物等都被归入此类。《万卷堂书目》的"小学"类设置沿用了焦竑的做法，但对类目收书范围并无说明，而这里的"小学"又与人们一般认知的"小学"涵义并不一致，这便很容易引人诟病了。

再次，明代书目类目设置巨细不一，也是其比较突出的问题。比如《红雨楼书目》，将集、总集、诗集、词调、诗话与启札、四

[①] 祁承㸁著，郑诚整理：《澹生堂读书记 澹生堂藏书目》（上），上海古籍出版社，2015年，第42页。

六、连珠、家集并列,后者的数量、范围显然是不能与前者相提并论的。

第四节　编目思想

明代书目的著录向来被认为"苟简""粗疏",这主要是从其没有提要的角度提出的。相比宋代和清代的目录,明代书目的著录项目确实较为简略,也较少围绕图书内容、版本等进行详细的考证,但正如我们在本章反复强调的那样,明代目录学家对书目检索功能的重视,让其书目著录也显示出同样的风格,这在中国目录学史上也是同样具有价值的。

一、著录项目和内容

明代书目著录的项目和内容,总体来看是较为简略的,但也经历了不断发展、完善的过程,著录项目与内容都呈现不断增多的趋势。

明初的《文渊阁书目》,著录项目仅有书名、部/册数、图书的残缺情况,间或著录作者,从性质上看就是一个简单的图书登记簿册。试举几例说明:

天字号第一橱书目
　　皇明祖训 一部一册 完全
　　皇明祖训 一部一册 阙
天字号第二橱书目
　　直注古今列女传稿 一部三册 完全
　　铁榜 一匣
天字号第四橱书目
　　永乐实录 十套二百三十四册[①]

正统年间，钱溥将《文渊阁书目》抄出，后经其子钱山补入"未收书目"，以《秘阁书目》之名行世。该目虽从《文渊阁书目》而来，但抄录时删去了复本、志书，并对著录项目做了较大调整。正文仅记书名、册数，共分37类，著录图书4155种。[②] 附录"未收书目"，只记书名。

万历年间，张萱等人编撰《内阁藏书目录》，对明代内阁藏书进行了重新整理，相比《文渊阁书目》，该目的著录项目更为丰富，包括书名、作者、版本、书籍的主要内容、创作缘起、命名由来、存佚情况、同书异名信息等，此外，还有简单的解题。试举一例说明：

圣制部
《存心录》二册，不全
　　洪武间，命儒臣刘三吾等编次本朝祭祀坛位、礼仪、图说，又以

---

① 杨士奇等：《文渊阁书目》，商务印书馆，1937年，第1—12页。
② 孙蕴：《明代书目研究》，山东大学博士学位论文，2017年。

历代群书灾祥可验者条列于后,且述斋戒之义,以备观览。先有刻本,后改订作写本,今止共存三册。①

解题要言不烦,简要地向读者介绍了该书的主要内容、章节结构、创作主旨、版本和存佚情况,信息含量比较丰富。《内阁藏书目录》是明代为数不多的带有提要的书目,在官藏书目中更是唯一的一部。故而,清代著名学者朱彝尊对其大加褒扬,认为其"大略合乎晁氏、陈氏之旨"②,在编目思想方面继承了《郡斋读书志》《直斋书录解题》等宋代提要式目录的传统,编目水平要高于之前的几部官修书目。

著录项目方面,《内阁藏书目录》亦较《文渊阁目录》丰富。比如其对版本项的重视,"《五代史》十册,全。宋欧阳修撰,国子监新刻","《李文公集》二册,全。同前人。邵武新板"。对同书异名的情况亦特别标注,如《铜板经》一册,注明"一名《列宿演义》"。

以上是官府藏书目录著录项目与内容的发展情形,私人藏书目录也体现了同样的特征。成化年间,吴宽的《吴文定公藏书目》,著录项目包括书名、卷数、作者,间著录书籍年代、作者简介、著述形式。如:

经 · 易

《易举正》三卷。唐苏州司户郭京撰。

---

① 孙能传、张萱等编:《内阁藏书目录》,乌程张氏适园,1913 年,第 4 页。
② 朱彝尊:《跋重编内阁书目》,载《四部备要 · 集部 · 曝书亭全集》卷四十四,中华书局,1920—1936 年,第 14 页。

经·论语孟子

《唐志》三十家三十七部三百二十七卷。失名姓三家，韩愈以下不著录二家。十二卷。①

相比同时期的官藏书目，著录项目略多一些。但总体来说，不论官私书目，记载的信息都比较简略，多为仅登记书名、卷册数的账簿。到明代中期的代表性私家书目——《宝文堂书目》，其著录项目与内容就显而易见地变多了，包括书名、版本、部册数、印刷用纸、图书残缺情况，间记作者信息、成书年代等。

在著录项目方面，《宝文堂书目》最大的特征是记录了大量珍贵的版本信息。比如对用纸情况的著录，"春秋"类下的《春秋列传》、"史"类下的《资治通鉴白文》、"子"类下的《辍耕录》等，均注明为"棉纸"。再如对版本来源的记载，"阴阳"类的《选择历书》，注为"南礼部刻"；"诸经总义"类的《尔雅》、"易"类的《易经大全》《易传》，注为"内府板"；"春秋"类的《春秋繁露》、"史"类的《靖康要鉴》，注为"抄本"。除此之外，部分版本还著录了刊刻者和刻书时、地，如"文集"类的《补注古文大全》著录"弘治刻，李纪板"，"春秋"类的《音点白文左传》为"徽州刻"，"史"类的《十七史纂》为"元刻"等。明代中晚期，版刻业发达，全国各地都形成了区域刻书中心，而随着藏书活动的活跃，藏书家对宋元旧版也越来越重视，这些时代背景体现在书目中，就是对图书版本的考订与专门记录。

到了明代晚期，私人藏书事业发展至高峰，藏书家在充分吸收前人编目经验的基础上不断总结完善，私人藏书目录的编制技术也

---

① 孙蕴：《明代书目研究》，山东大学博士学位论文，2020年，第61页。

随之进入成熟阶段。以《脉望馆书目》和《百川书志》为例，前者没有解题，但著录项目十分完备，包括书名、数量、作者（非必备项）、版本、内容、残缺情况、校订情况、同名书、收录时间、抄配情况、用纸、字体等，偶尔还有点评。

在著录方法方面，《脉望馆书目》亦颇有特点。一是，采用了多种计量方式，包括本、套、册、捆、束、包等。其中部分用语并不是古籍的标准计量单位，但反映了脉望馆藏书的原始面貌。以"捆""包"计者，很可能是残本，暂且将其捆扎起来方便保存。二是，作为常熟派藏书家的前驱，赵琦美的《脉望馆书目》十分注重著录版本信息，引领了常熟派重视版本的风气。在著录复本较多的书籍时，常以"又一本""甲、乙"作为标识；对一些特殊版本，赵琦美也给予特别标注，《脉望馆书目》著录的版本类型计有大板、宋大板、宋大监板、宋中板、宋板中样、小板、大字本、宋板、宋刻、宋拓、宋板元修、翻刻宋板、活板、元板、石刻本、北监板、南监板、内板、棉纸本、抄本、批点本、古本、改本、巾箱本、成化年板、麻沙板、福建板、白口板、新板、旧板、袁家板。三是，《脉望馆书目》除注明版本外，亦注明书口等版本识别信息。在中国版本史上，宋刻多为白口，元至明代前期多为黑口，明代中后期，白口又复盛行。赵琦美特意标注书口信息，其实就是为了方便鉴定版本。

《百川书志》则是明代私人藏书目录中少见的解题式目录，清末著名藏书家丁丙称其："每书之下，略叙简要。不冗不漏，可为成法。"[①] 正因如此，《百川书志》成为较为后人称道的明代书目，

---

① 丁丙：《善本书室藏书志》，载高儒等《百川书志 古今书刻》，古典文学出版社，1957年，第317页。

认为其从体例上，承继了宋《郡斋读书志》的传统，编制技术高于同时代的账簿式目录。当然，受高儒本人学识水平所限，其书目提要的学术水平并不高，清代周中孚便认为："间有注崖略者，亦皆习见之文。"①

从书目结构和内容来看，《百川书志》前有高儒的两篇自序，介绍了该目的编撰要旨，并对类例情况进行了说明，功能相当于"大序"。正文的著录项目有书名、卷数、提要。提要的主要内容包括作者及其生平、书籍内容概述、高儒本人的阅读体会等。试举一例说明：

《大明会典》一百八十卷《序例目录》二卷
国朝弘治年，少师吏部尚书华盖殿大学士臣李东阳等奉敕纂修。诸司衙门，统理事物，因革损益，上尊成宪，下博典籍，以成一代之典，颁布臣工，永为遵守。②

其简要介绍了《大明会典》的编纂缘由、作者、主要内容等。钱亚新先生曾统计《百川书志》中各朝图书提要数量，发现该目共收2112种书，共有提要964篇，而为明代著作所写的提要比之前代，每百种要多9篇。③钱先生据此认为，这体现了高儒"厚古薄今"的收书标准和"略古详今"的提要撰写准则。前面我们已经提到，重视当代书籍是明代藏书家的普遍好尚，且高儒家族的藏书历史并

---

① 周中孚：《郑堂读书记》卷三十二，商务印书馆，1940年，第582页。
② 高儒等：《百川书志 古今书刻》，古典文学出版社，1957年，第69页。
③ 钱亚新：《试论〈百川书志〉在我国目录学史上的价值》，《广东图书馆学刊》1985年第1期。

不久远，其万卷收藏集于"数年之间"，故其收藏"现当代书"多于前代书是完全可以理解的，提要数量的对比也说明了这一点。从另一个角度来看，这也恰好体现了高儒的提要风格，即提要多为亲自阅读后的体会，其对"当代书"作者、创作源流的了解程度当然是强于"古代书"的。

在著录方面，《百川书志》也屡有创见。例如，提要的形式可分为两种：一种为单书提要，附于每书之后，前引《大明会典》即属此类。一种为多书合并提要，将同类书籍一一著录后，在最后附上一个总说明。如"集志·杂集"类著录"《太白楼集》"等十九种，第十九种后提要云："以上十九书，因一古迹，一今迹，或编类篇章，动成卷帙，盖彰美于名山胜景，游居佳境也。"[①] 这种合并提要法，既可避免语言上的重复，也能更集中地总结同类型图书的特征。

上面我们从官私藏书目录两个维度举例说明了明代书目著录由简到繁的发展历程。应当说，《文渊阁书目》开启的明代书目著录风格，对之后的官私书目产生了深远影响。从整体来看，明代书目著录较之前后代都更为简略，早期书目更加明显，基本上都是仅起到登录、检索作用的登记式账簿。随着时代发展，特别是藏书家对目录学理解程度的不断加深，明代中晚期的书目，类例日趋完善，著录项目更加完备，对读者的指示作用更大。虽然，清代学者多因明代目录之疏略而对其大加鞭笞，但我们也应该看到，明代目录著录的发展是有其独特的内在逻辑的，强调实用性是其最大的功能追求，因此也展现出灵活多变、适应性强的特点。

---

① 高儒等：《百川书志 古今书刻》，古典文学出版社，1957年，第311页。

探究明代书目著录由简到繁的原因与时代背景,可总结为如下几点:其一,这是图书事业发展的必然要求。中国上古时代的图书,以卷为计量单位,这是简牍缣帛时代的遗存,也比较适应唐代以前图书的装帧形式。雕版印刷普及后,书籍的主要装帧形态从卷轴迅速转为册页,册(本)、套(函)逐渐成为新的通用计量单位。当然,卷作为书籍内容计量单位仍在广泛使用,但对藏书家来说,出于便于管理与检索的需要,在著录藏书时,册、套显然比卷数更有价值。这是许多明代书目舍"卷"而以"本""册""部"标明图书数量的根本原因。其二,宋代以后,版刻盛行,与图书出版事业相得益彰的是版本学的发达,宋版书、精刻精校本受到藏书家的热烈追捧。于是,在藏书目录中特别注明版本信息,便成了"题中应有之义",藏书目录中的版本项也随之日渐完善起来。其三,明代的藏书目录对检索的便利性比较重视,希望用简略的标注方式,起到一目了然的效果,因此,在目录体制上也多有创新,如表格式著录、合并著录的流行,即属此例。

二、互著、别裁方法的广泛应用

互著、别裁,是我国古代目录学最杰出的理论贡献之一,用今天的编目术语来说,就是互见著录和分析著录,前者指同一部书在不同类别分别著录,后者指把一部书的内容拆分出来,在相应类别分别著录,这两种方法都是为了解决书籍"理有互通,书有两用"[①]的情况,即一部书的内容涉及多个不同类别。

---

① 章学诚著,刘公纯标点:《校雠通义》,古籍出版社,1956年,第5页。

关于互著、别裁在著录中的应用，比较公认的看法是最早出现在元代马端临《文献通考·经籍考》中，但此时的"互著"仅有一两处，并不明显。[①] 至明代，藏书家已经十分熟练地在编目过程中使用这两种方法了。据王国强先生考证，明代最早使用互著、别裁法的是编于嘉靖十九年（1540）的《百川书志》，其后的《宝文堂书目》《红雨楼书目》《澹生堂藏书目》也都有意识地采用此法。[②]

《百川书志》不仅是明代少见的有提要的私家藏书目录，也是别裁法的"试水者"。试举一例说明：

集志·唐
  韩昌黎文集四十卷 外集六卷
  《顺宗实录》，详见史志。[③]
史志·起居注
  唐顺宗实录五卷 唐韩愈撰[④]

《顺宗实录》是《韩昌黎文集》中的一部分，但亦可单行，于是在相应类别下别出。再如：

子志·兵家
  武侯将苑二卷
  武侯十第二卷
  武侯十六策二卷

---

① 徐召勋：《学点目录学》，安徽教育出版社，1983年，第162页。
② 王国强：《明代目录学研究》，中州古籍出版社，2000年，第235页。
③ 高儒等：《百川书志 古今书刻》，古典文学出版社，1957年，第178页。
④ 高儒等：《百川书志 古今书刻》，古典文学出版社，1957年，第49页。

后汉诸葛亮孔明撰。共七十六篇。《将苑》《十六策》，行世久矣，后人益以十策，总成《卧龙文集》，世儒疑其依托所为，是非孔明所著。其词旨不迫《出师表》。此集不载二表，必有所见。其书专论兵事，故此类列之。①

集志·秦汉六朝文

卧龙文集

后汉诸葛亮。凡七十六篇，其《将权》至《北狄》五十篇，谓之《将苑》，又名《心书》，及《治国》至《阴察》十六篇，谓之《十六策》，世行久矣。《武德》至《兵戒》十篇，最出晚者，后人合三书而一之，继名《卧龙文》，而《出师表》《梁父吟》皆遗，不知何谓。又见子志兵家。②

《百川书志》中此类例子还有很多，文繁不录。可见，高儒使用的别裁法，是专门针对一种书内可独立成书但未单行者，最常见的情形便是从某人的全集、文集中，析出内容独立且世无传本的一部分，在相应的类别加以著录。

高儒的做法，完全符合章学诚对"别裁"的定义：

盖古人著书，有采取成说，袭用故事者，其所采之书，别有本旨，或历时已久，不知所出；又或所著之篇，于全书之内自为一类者，并得裁其篇章，补苴部次，别出门类，以辨著述源流。至其全书，篇次具存，无所更易，隶于本类，亦自两不相妨。盖权于宾主重轻之间，

---

① 高儒等：《百川书志 古今书刻》，古典文学出版社，1957年，第103页。
② 高儒等：《百川书志 古今书刻》，古典文学出版社，1957年，第176页。

知其无庸互见者，而始有裁篇别出之法耳。①

也就是说，古人著书并没有明确的"引用"观念，只是单纯地将"成说"引录下来佐证自己的观点，历时日久后，原书散失，后人不知其出处，但引文明显有独立的宗旨；或者古之通人，博古通今，掌握了多学科知识，其全集中的篇章主题独立，可单独成书，对于这两类情况，皆应将其析出，在相应的类别做"别裁"处理。故此，章学诚给"别裁"的规定，就是裁出之书应当没有"别出行世"的单行本，并且裁出的篇章要注明原始出处。这与高儒的做法若合符节。

《百川书志》中的互著之例，如"传记"类的《麟台野笔》二卷，又分别著录在"子志·小说家"类、"集志·别集"类。所谓"互著"，章学诚对其定义如下：

> 古人著录，不徒为甲乙部次计。如徒为甲乙部次计，则一掌故令史足矣，何用父子世业，阅年二纪，仅乃卒业乎？盖部次流别，申明大道，叙列九流百氏之学，使之绳贯珠联，无少缺逸，欲人即类求书，因书究学。至理有互通，书有两用者，未尝不兼收并载，初不以重复为嫌，其于甲乙部次之下，但加互注，以便稽检而已。②

可见，"互著"的含义大约等同于"互注"，指一书内容同时涉

---

① 章学诚著，王重民通解，傅杰导读，田映曦补注：《校雠通义通解》，上海古籍出版社，2009年，第24页。
② 章学诚著，王重民通解，傅杰导读，田映曦补注：《校雠通义通解》，上海古籍出版社，2009年，第15页。

及多个类别时,可在各个类别分别著录,起到增加检索点的作用。

《宝文堂书目》是明代书目中使用"互著"之法最普遍的一种,据学者统计,该目收录图书 7000 余种,重复著录 400 余次。[1] 如此高的重复率,除书目编制的疏漏外,很大一部分是因为采用了互著法。如:

阴阳
　康节前定[2]
算法
　康节前定　见阴阳[3]

《康节前定》,全名《康节前定易数》,署名为北宋著名思想家、易学家邵雍,以七言、五言诗歌的形式表达某人在某年某月出生即注定其一生的际遇。[4] 这种性质的书籍,在古代知识分类中既可入算法类,也可入阴阳类,故在两类下都进行著录。

晚明时期的《红雨楼书目》和《澹生堂藏书目》中,互著与别裁两种方法已经应用得十分纯熟了。除了将内容涉及多领域的图书著录入相应类别,在使用别裁法时,《红雨楼书目》常在析出的条目中以"附某某""见某某""某某内"标示这些书籍的原始出处,

---

[1] 王国强:《明代的书目著录(二)》,《图书与情报》1999 年第 1 期。
[2] 晁瑮、徐㷿:《晁氏宝文堂书目　徐氏红雨楼书目》,古典文学出版社,1957 年,第 164 页。
[3] 晁瑮、徐㷿:《晁氏宝文堂书目　徐氏红雨楼书目》,古典文学出版社,1957 年,第 184 页。
[4] 胡彦、丁治民:《邵雍"击壤三千首"考论》,《上海大学学报》(社会科学版)2011 年第 4 期。

如"书"类下著录的"尚书传统论六卷",注"张九成横浦集内"[1]。《澹生堂藏书目》最能体现互著、别裁之法的是其对丛书的著录,如:

丛书家·小说
四十家小说
天宝遗事 续齐谐记 十洲记 卓异[记]葆光录 洛阳名园记 赵飞燕外传 高力士外传 博异志 杨太真外传 卧游录 山家清事 资暇集(博) 集异记 幽闲鼓吹 小尔雅 明道杂志 宜斋野乘 松窗杂录 柳氏旧闻 钟嵘诗品 本事诗 画品 鼎录 古今注 隋唐嘉话 周秦行纪 南岳魏夫人传 刘宾客嘉话 啸旨 文录 深雪偶谈 芥隐笔记 艾子杂说 梅妃传 虬髯客传 松漠纪闻 别国洞冥记 白猿传 碧云騢[2]

小说家·说丛
前四十家小说 五十卷 十册 一套[3]
杂史
开元天宝遗事 六卷 王仁裕 载《四十家小说》[4]

"四十家小说"是丛书名,既可归为"丛书"类,也可归入"小说家"类下的"说丛(小说丛书)"类,二类下均著录,是"互

---

[1] 晁瑮、徐𤊓:《晁氏宝文堂书目 徐氏红雨楼书目》,古典文学出版社,1957年,第252页。
[2] 祁承㸁著,郑诚整理:《澹生堂读书记 澹生堂藏书目》(下),上海古籍出版社,2015年,第610—611页。
[3] 祁承㸁著,郑诚整理:《澹生堂读书记 澹生堂藏书目》(下),上海古籍出版社,2015年,第454页。
[4] 祁承㸁著,郑诚整理:《澹生堂读书记 澹生堂藏书目》(上),上海古籍出版社,2015年,第366页。

见"。《开元天宝遗事》既是"四十家小说"的子目,又可归入"杂史"类下的野史、稗史,则又在相应类目进行著录,是为"别裁"。

三、表格式著录法的发明

表格式著录是明代目录学的又一项创造,应用此法的代表是《红雨楼书目》和山阴祁氏祖孙的《澹生堂藏书目》《奕庆藏书楼书目》。

《红雨楼书目》在"集部"的"宋诗"部分采用了表格著录,格式如下:

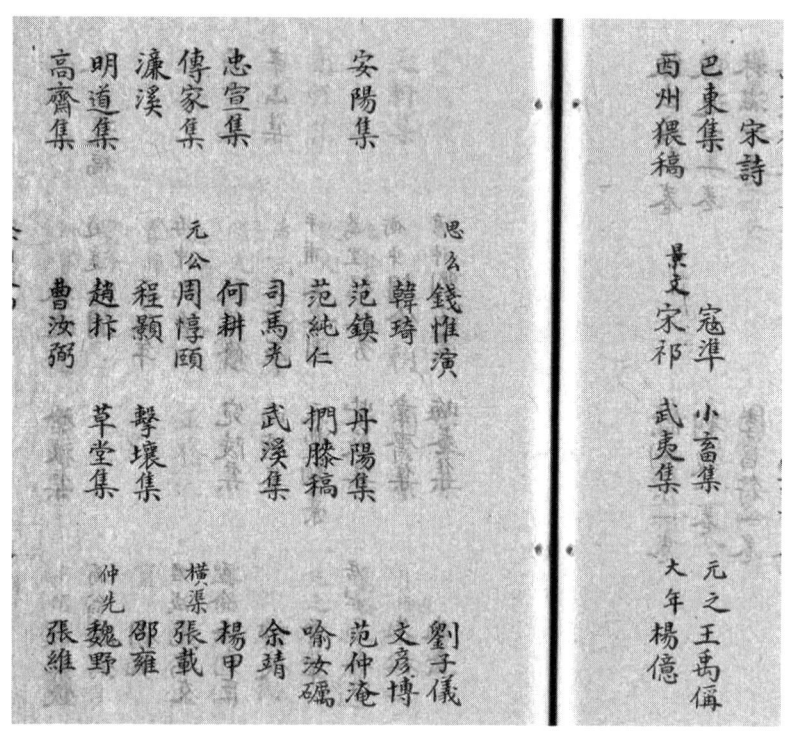

徐𤊹《徐氏家藏书目》,抄本

页面分为上、下两层,上层著录书名,下层著录作者姓名字号。因为是在"集部·宋诗"下,省略了作者的朝代,部分作者标明了字号。此类下共著录图书 151 种,部分诗集只著录了作者名号,同时标注诗集名称的只有 100 种。① 采用此法的缘由,一为节省篇幅,再者以表列的形式著录,书名、著者一目了然。

《澹生堂藏书目》和《奕庆藏书楼书目》则是完全采用表格著录的典型。《澹生堂藏书目》每半页八行,每行分上、下两栏,上栏记录书名,下栏再分为两行,记录卷数、册数(套数、篇数)、著者时代及姓名、版本、丛书细目、附注或注释等项。②

《奕庆藏书楼书目》与《澹生堂藏书目》著录格式基本一致,可见祁氏家风之传承。在明代诞生的表格式著录法,实际上是明代藏书家对书目功能认知的又一次展示,相比书目的学术史作用,他们更看重书目的实用性,因此,才会发明这些便于检索的著录方式。

四、编目理论的发展

明代学者中,在编目理论方面贡献最大的是澹生堂主人祁承㸁,其关于分类编目的见解,集中在《庚申整书小记》和《庚申整书例略四则》两篇文章中。万历四十八年(1620),祁承㸁对家藏书籍进行了一次全面整理,《庚申整书小记》以与儿辈对话的形式,将祁氏对藏书分类、编目价值的深刻认知娓娓道来。在这篇文章中,他把藏书比作"墨兵",主张以统兵之法来给书籍分类,"架插

---

① 陈微:《明代藏书家徐惟起研究》,福建教育出版社,2016 年,第 224 页。
② 吕绍虞:《中国目录学史稿》,武汉大学出版社,2012 年,第 107 页。

七层，籍分四部，若卒旅漫野而什伍井然，如剑戟摩霄而旌旗不乱。此吾之部勒法也"①。澹生堂藏书分经、史、子、集四大类，类下再分目，"目以类分，类由部统。暗中索摸，惟信手以探囊；造次取观，若执镜而照物。此吾之应卒法也"②。这里虽然没有直接阐释分类的目的与功能，但从行文不难读出，祁承㸁的分类、排架法，首要功能是便于取阅利用，如将帅将兵，必须采用一定的部伍之法，做到将知其兵。这是其分类、编目思想的第一个显著特征。③

《庚申整书例略四则》则类似于编目规则，是对祁承㸁编目原则的理论阐释，提出了"因、益、通、互"的分类编目观点。

所谓"因"，是指因袭经、史、子、集四部分类法，他认为"部有类，类有目，若丝之引绪，若网之就纲，井然有条，杂而不紊"④。就是说整理藏书必须要按照分类体系来，这样才能避免杂乱无章。然后，祁氏评述了《七略》《七志》《七录》《江东藏书目》《玩易楼藏书目》等前代书目的分类体系，认为其虽各有特点，但终不如四部分类法"类聚得体，多寡适均"，"简而尽、均而且详"，⑤按照四部法来给图书进行分类编目，于检阅、收藏都是最方便的。

"益"，就是增加的意思。四部分类法虽然大体得当，但历代、

---

① 祁承㸁著，郑诚整理：《澹生堂读书记 澹生堂藏书目》（上），上海古籍出版社，2015年，第40页。
② 祁承㸁著，郑诚整理：《澹生堂读书记 澹生堂藏书目》（上），上海古籍出版社，2015年，第40页。
③ 傅荣贤：《中国古代图书馆学思想史》，黄山书社，2016年，第332页。
④ 祁承㸁著，郑诚整理：《澹生堂读书记 澹生堂藏书目》（上），上海古籍出版社，2015年，第42页。
⑤ 祁承㸁著，郑诚整理：《澹生堂读书记 澹生堂藏书目》（上），上海古籍出版社，2015年，第42页。

各家的藏书情况各有不同，应当根据实际情形，适当增设新类目，以适应现实需要。他说："益者，非益四部之所本无也，而似经似子之间，亦史亦玄之语，类无可入，则不得不设一目以汇收；而书有独裁，又不可不列一端以备考。"①《澹生堂藏书目》独创了不少新类目，比如"丛书""约史""诏制"等，是适应图书事业发展的开创之举。

"通"和"互"就是"别裁"与"互著"，二者是对中国古代编目理论独特的贡献。所谓"通"，"通者，流通于四部之内也。事有繁于古而简于今，书有备于前而略于后。故一《史记》也，在太史公之撰著，与裴骃之注、司马贞之《索隐》、张守节之《正义》，皆各为一书者也。今正史则兼收之，是一书而得四书之实矣。……凡若此类，今皆悉为分载，特明注原在某集之内，以便检阅，是亦收藏家一捷法也"②。也就是说，一部书中有多个内容独立的单元，这些单独的内容分属不同的类别，类似于丛书的子目，应当将其分析出来，归入不同的类目，这样就可以拓宽检索途径。祁承㸁以列举的形式总结了五种需要采用"通"法的书籍：文集中内容可以单行的文献；书中与全书体例或内容明显不符的部分；"各自成卷，不行别刻而附见于本集之中者"；文集中明显应当独立成书者；文集中单篇久不行世但确可独立者。总之，那些内容或体例与整部书明显不同、可以独立的部分，都应该"悉为分载，特明注原在某集之内"。

---

① 祁承㸁著，郑诚整理：《澹生堂读书记 澹生堂藏书目》（上），上海古籍出版社，2015年，第42—43页。
② 祁承㸁著，郑诚整理：《澹生堂读书记 澹生堂藏书目》（上），上海古籍出版社，2015年，第43—44页。

所谓"互","互者,互见于四部之中也。作者既非一途,立言亦多旁及,有以一时之著述,而倏尔谈经,倏尔论政;有以一人之成书,而或以撼古,或以征今,将安所取衷乎?故同一书也,而于此则为本类,于彼亦为应收;同一类也,收其半于前,有不得不归其半于后"[1]。祁氏认为,一部书的内容凡涉及两类或者两类以上的,都应该在两个类别下分别注明,以尽其用。比如王应麟的《小学绀珠》本为类书,但同时也是古代的启蒙书,因此类书和小学类均应著录。

祁承㸁从编目实践的角度,提出了上述四条编目原则,应当说对指导藏书家进行编目工作是非常具有实用价值的,而且显示出了与传统目录学"辨章学术,考镜源流"略显不同的旨趣,这一点尤其值得研究者注意。

第五节　图书版本鉴定思想

版本学是研究图书版本演变源流的学问[2],对于藏书家来说,版本学知识是其辨别图书价值、真伪的依据。宋代版刻大盛,版本学也随之发展起来,至明代,版本学已进入繁荣阶段,其中,藏书

---

[1] 祁承㸁著,郑诚整理:《澹生堂读书记 澹生堂藏书目》(上),上海古籍出版社,2015年,第44页。
[2] 曹之:《中国古籍版本学》(第3版),武汉大学出版社,2015年,第10页。

家为推动其进步做出了卓越的贡献。

一、版本发展史

中国古代的图书生产,经历了缣帛时代、写本时代、刻本时代等不同发展阶段,对版本发展史的梳理,是藏书家深入研讨版本学的基础。胡应麟在《经籍会通》中,使用了大量篇幅讨论历代书籍生产方式的演变:

> 三代漆文竹简,冗重艰难不可名状;秦汉以还,浸知抄录,楮墨之功简约轻省,数倍前矣。然自汉至唐犹用卷轴,卷必重装,一纸表里常兼数番,且每读一卷,或每检一事,紬阅展舒甚为烦数,收集整比弥费辛勤。至唐末宋初,抄录一变而为印摹,卷轴一变而为书册,易成难毁,节费便藏,四善具焉。溯而上之,至于漆书竹简,不但什百而且千万矣![1]

夏商周三代,出现了我国最早的书籍形态——竹简和漆文,因载体形态非常笨重,刻写不易,故而书籍数量极少,人们得书也十分艰难。等到纸张发明后,抄录成为书籍的主要生产与传播方式,比起简帛时代已大为便利,然而此时书籍的装帧形态是卷轴装,读者需要按顺序展开,依次阅读,不便检索。唐代中期以后,雕版印刷术逐渐普及,长方形的书版刻好后,可在很短的时间反复大量印制,书籍赖此化身千万。由于刻好的书叶是一页页单张,其装帧形

---

[1] 胡应麟等著,王岚、陈晓兰点校:《经籍会通 外四种》,北京燕山出版社,2008年,第53页。

式也变成了更加便于检索翻阅的册页装,这给读书人带来了极大的便利。胡应麟从书籍事业发展的角度,对这种变化趋势给予了充分的肯定,感叹"士生三代后,此类未为不厚幸也"。相比一味"好古"的文化传统,其认知是客观且具有进步意义的。胡应麟生活的时代,刻书已经十分普及,已成为书籍大规模生产、流通的主要方式,因此他又重点介绍了刻书的源流。胡氏首先引录了前人关于雕版印书的记载,据此给出结论:

> 雕本肇自隋时,行于唐世,扩于五代,精于宋人,此余参酌诸家,确然可信者也。①

其对雕版印刷术发明、成熟、普及时间进行了考证,寥寥数语,概括了雕版印刷从产生到普及的发展历程,是中国版刻史的重要资料。而对于明代的刻书系统,胡应麟也给予了精到的评价:

> 凡刻之地有三:吴也,越也,闽也。蜀本宋最称善,近世甚希。燕、粤、秦、楚今皆有刻,类自可观,而不若三方之盛。其精,吴为最;其多,闽为最,越皆次之。其直重,吴为最;其直轻,闽为最,越皆次之。②

明代坊刻最发达的三个地区分别是吴中、江浙、福建。其他如四川、北京、广东、陕西、湖北等地也都有刻书,但均不如三地发

---

① 胡应麟等著,王岚、陈晓兰点校:《经籍会通 外四种》,北京燕山出版社,2008年,第52页。
② 胡应麟等著,王岚、陈晓兰点校:《经籍会通 外四种》,北京燕山出版社,2008年,第50页。

达。从刻印质量来看，苏州最高；从刻印数量来看，福建最多。胡氏的论断是符合我国印书史史实的。

二、版本观念

版本学的诞生，直接诱因便是雕版盛行后大量出现同书异本的现象，即同一种书随着时代变迁、书籍生产方式变化，经过不断重抄、刻印之后形成多种传本。鉴别传本的先后、流传脉络、价值高低，直接催生了版本学。而在鉴定版本之前，首先需要确定的便是版本观念。其中，最为人们关注的便是什么是"善本"，亦即好的版本应该有哪些判定标准。对此，明人也有自己的看法。

高濂在《遵生八笺》中说：

> 即有富而好书，不乐读诵，务得善本，绫绮装饰，置之华斋，以具观美，尘积盈寸，经年不识主人一面，书何逸哉？……藏书者，无问册帙美恶，惟欲搜奇索隐，得见古人一言一论之秘，以广心胸未识未闻……宋人之书，纸坚刻软，字画如写，格用单边，间多讳字，用墨稀薄，虽着水湿，燥无湮迹，开卷一种书香，自生异味。①

高濂主要是从收藏角度来论述这个问题的，他认为书是用来读的，但是读书首先要求得"善本"。何谓"善本"？并非外观最美者，而是其内容能客观真实地展现古人论著之原貌。具体来说，善本的标准就是要如宋版书那样，纸张、字体、版式、墨色俱佳。

明代后期的藏书家徐𤊹在《丁鹤年诗》"跋"文中云：

---

① 高濂：《遵生八笺》，巴蜀书社，1988年，第468页。

余向家藏《丁鹤年诗》三卷，乃永乐间刻版，后有庐陵杨文贞士奇跋语，纸墨古洁，余珍惜之。斯本为元版，亦分三卷，简首有高惟一印章。惟一，国初人，有孝行，事详郡志。二本俱善，因合藏之。①

判定善本的标准主要集中在外在形态特征方面。张应文在《清秘藏》中亦云："藏书者贵宋刻，大都肥瘦有则，佳者绝有欧柳笔法，纸质莹洁，墨色青纯，尤可爱耳。"② 上述引文可说明两点：其一，明代中后期，宋版书越来越少，物以稀为贵，价值上升，被藏书家奉为珍品、善本；其二，从外在形态特征鉴定善本，是明代藏书家的普遍认识。

除了求"善本"，藏书家还有一种普遍倾向——求"旧本"或者"古本"。按照人们的一般认识，年代越古的书距离作者越近，也就越接近作者本意。对此，杨慎《升庵诗话》卷五"书贵旧本"条曾有系统阐释：

古书无讹字，转刻转讹，莫可考证。余于滇南见故家收《唐诗纪事》抄本甚多，近见杭州刻本，则十分去其九矣，刻《陶渊明集》，遗季札赞。《草堂诗余》旧本，书坊射利，欲速售，减去九十余首，兼多讹字。余抄为《拾遗辩误》一卷，先太师收《唐百家诗》，皆全集。近苏州刻，则每本减去十之一。如《张籍集》本十二卷，今只三四卷，又傍取他人之作入之。王维诗取王涯绝句一卷入之。诧于人曰"此维之全集"，以图速售。今王涯绝句一卷，在《三舍人集》之中，将谁欺

---

① 徐𤊹等：《新辑红雨楼题记 徐氏家藏书目》，上海古籍出版社，2014年，第142页。
② 曹之：《中国古籍版本学》（第3版），武汉大学出版社，2015年，第103页。

乎？……书所以贵旧本者，可以订讹，不独古香可爱而已。[①]

其云"古书无讹字"未免带有盲目尊古的"滤镜"，但书籍在流通传播过程中，会因为各种各样的原因产生舛误，这是不争的事实，从这一点说，越是接近作者创作时代的版本，其错误越少，也是符合逻辑的。明代著名学者焦竑亦云："景德中，又摹印司马、班、范诸史与《六经》，皆传世之写本渐少。然墨本讹驳，初不是正，而学者无他本刊验，司马、班、范三史，尤多脱乱，其后不复有古本可证，真一恨事也。"[②] 明代常熟派代表藏书家冯班也曾说："读书须求古本，近时所刻，多不可读。"[③] 可见，这是明代藏书家的共识。

对于古代藏书家，特别是对藏书万卷以上的大藏书家来说，"藏"的意义是超过"读"的，从收藏角度考虑，珍贵的宋版书、年代久远的"古本"，价值更高。因此，重视宋元旧刻、古本旧本是藏书家的普遍追求。但是也应注意到，一些学者型藏书家也能超越单纯的价格考量，从学术传承、书籍内容角度全面认识版本的价值，这就涉及我们下面要谈的版本鉴定问题。

三、版本鉴定方法与理论

明代学者中，提出了最为完整的版本鉴定标准的依旧是胡应麟，他在《经籍会通》中说：

[①] 杨慎：《升庵诗话》卷五，中华书局，1985年，第61—62页。
[②] 焦竑：《焦氏笔乘续集》卷三，中华书局，1985年，第208页。
[③] 冯班：《钝吟杂录》卷二，中华书局，1985年，第29页。

凡书之直之等差，视其本、视其刻、视其纸、视其装、视其刷、视其缓急、视其有无。本视其抄刻，抄视其讹正，刻视其精粗，纸视其美恶，装视其工拙，印视其初终；缓急视其时，又视其用。远近视其代，又视其方。合此七者，参伍而错综之，天下之书之直之等定矣。①

也就是说，判定书版价值高低有七条标准。其中，"纸（用纸）""装（装帧）""刷（印制）"是形式标准；"本""抄""刻"是"内容＋形式"标准；"缓急"是书籍的使用价值；"有无"是书籍的收藏价值。应当说，胡氏的总结提供了一种立体、全面、实用的善本鉴定法。

胡应麟从理论角度阐释了如何鉴定善本，明代的其他学者则大多是从具体的鉴定法则和经验的角度进行总结的。

明代早期的叶盛云："宋时所刻书，其匡廓中折行上下不留黑牌，首则刻工私记本版字数，次书名次卷第数目，其末则刻工姓名，予所见当时印本书如此，浦宗源郎中家有司马公《传家集》，往往皆然。又皆洁白厚纸所印，乃知古于书籍不惟雕镂不苟，虽模印亦不苟也。"② 其从框格、版心、牌记、用纸等方面总结了宋本书的特征。

明代藏书家中，对宋元版鉴定最有心得的首推高濂，在《遵生八笺·论藏书》中他重点探讨了宋元刻本的特点及鉴定方法：

---

① 胡应麟等著，王岚、陈晓兰点校：《经籍会通 外四种》，北京燕山出版社，2008年，第50页。
② 叶盛撰，魏中平校点：《水东日记》卷十四，中华书局，1980年，第147页。

又如宋元刻书，雕镂不苟，较阅不讹，书写肥细有则，印刷清朗。况多奇书，未经后人重刻，惜不多见。佛氏医家，二类更富。然医方一字差误，其害匪轻，故以宋刻为善。①

他解释了为何要重视宋元本，根本原因在于宋元本校刻认真负责，错误较少，且印制精美。也就是说，他是从刻印质量的角度来认识宋元本的价值。那么，宋元本有何特点呢？

宋人之书，纸坚刻软，字画如写，格用单边，间多讳字，用墨稀薄，虽着水湿，燥无湮迹，开卷一种书香，自生异味。元刻仿宋单边，字画不分粗细，较宋边条阔多一线，纸松刻硬，用墨秽浊，中无讳字，开卷了无臭味。有种官券残纸背印更恶。②

他分别介绍了宋、元本各自的外形和用纸特征，给读者提供了明确的判定依据。而且比较之下，宋本较元本更佳，错误更少。接下来，从用纸、装帧的角度继续揭示宋版书的特点，并向读者介绍了宋代以后，元明人补刻、补印的情况：

宋板书刻，以活衬竹纸为佳，而蚕茧纸、鹄白纸、藤纸固美，而存遗不广。若糊褙，宋书则不佳矣。余见宋刻大板《汉书》，不惟内纸坚白，每本用澄心堂纸数幅为副，今归吴中，真不可得。又若宋板遗在元印，或元补欠缺，时人执为宋刻元板。遗至国初，或国初补欠，

---

① 高濂：《遵生八笺》，巴蜀书社，1988年，第468页。
② 高濂：《遵生八笺》，巴蜀书社，1988年，第468页。

人亦执为元刻。然而以元补宋,其去犹未易辨,以国初补元,内有单边双边之异,且字刻迥然别矣,何必辩论?[1]

高濂重点针对当时书商为了牟利伪造宋元版的现象,阐释了其原因。明万历以后,宋版日稀,藏书家对宋版书的追捧却有增无减,书商为了获得暴利,不惜采用种种手段伪造宋本书,高濂对这些手法进行了集中揭露,以免藏书家受害:

若国初慎独斋刻书,似亦精美。近日作假宋板书者,神妙莫测。将新刻模宋板书,特抄微黄厚实竹纸,或用川中茧纸,或用糊褙方帘绵纸,或用孩儿白鹿纸,筒卷用棰细细敲过,名之曰刮,以墨浸去臭味印成。或将新刻板中残缺一二要处,或湿霉二五张,破碎重补。或改刻开卷一二序文年号。或贴过今人注刻名氏留空,另刻小印,将宋人姓氏扣填两头角处。或妆茅损,用砂石磨去一角。或作一二缺痕,以灯火燎去纸毛,仍用草烟熏黄,俨状古人伤残旧迹。或置蛀米柜中,令虫蚀作透漏蛀孔。或以铁线烧红,锤书本子,委曲成眼。一二转折,种种与新不同。用纸装衬绫锦套壳,入手重实,光腻可观,初非今书仿佛,以惑售者。或札夥囤,令人先声指为故家某姓所遗。百计瞽人,莫可窥测,多混名家售收藏者,当具真眼辨证。[2]

其将作伪的方法一一道来,可谓藏书家版本鉴定的实用指南了,也展现了明代藏书家在版本鉴定过程中积累的丰富经验。

---

[1] 高濂:《遵生八笺》,巴蜀书社,1988年,第468—469页。
[2] 高濂:《遵生八笺》,巴蜀书社,1988年,第469页。

第六章

明代的藏书利用与流通

  藏书的利用与流通，是中国古代图书馆学相对薄弱的一环，除了书院藏书主要是为了利用，其他类型的藏书，对"藏"的关注都是高于"用"的。造成这种现象的原因，既有古代图书生产能力的制约，也有我国"文本崇拜""经典崇拜"等文化心理的影响，更是藏书本身的财产属性决定的。无视时代文化背景，以后世的公藏观念去评判古代藏书事业，实有苛责古人的"嫌疑"，是不足取法的。概言之，不论是官府藏书还是私人、寺院藏书，支持其藏书行为的动力，与书籍本身的珍贵程度，以及古人对书籍象征意义的高度认同是交织在一起的。正是书籍本身的稀缺性及其具有的独特文化内涵，才让古人在对待藏书时"慎之又慎"，甚至达到了"敝帚自珍""秘不示人"的程度。今天，我们用公共图书馆的藏书开放标准去要求古人，从理论基础上来说就是站不住脚的，二者并非同类事物，并不具备可比性。但是，研究古代藏书利用与流通思想仍然是有价值的，从文化传承的角度来说，藏书的利用与流通是保证图书能够世代流传的基础,假如所有的藏书家都像传说中的唐太宗一样,将珍爱的字帖带入坟墓,那么我们的传统文化不会如此丰富。流传下来的无数珍本秘笈也在用事实说明,古代藏书家对于版本流传、文化传承做出了卓越的贡献。从图书馆学发展史的角度来说,古代藏书家关于利用与流通的方法、思想,对于今天的古籍保护仍有重要借鉴价值。同时,以私人藏书家为代表,在利用藏书的同时,费尽心机地妥善保护珍本、善本,其中蕴含的读书精神与传统,对于书香社会建设亦有所启示。

第一节 藏书利用的主要方式

古代藏书流通与利用的主要方式有两种:一是藏书刊刻,二是藏书开放借阅、互抄。中国古代读书人受"三不朽"思想的影响,大多将刊刻图书视为"立言"的一种形式,因为著书立说对个人知识素养要求很高,刻书则相对容易,而古代藏书家一般都出身于家境比较优越的人家,这为其刊刻图书提供了便利。需要说明的是,中国古代刻书一般分为四大系统——官刻、家刻、坊刻、书院刻书,从藏书史的角度来看,以藏书为基础进行的刻书活动,才能算作藏书的流通、利用方式。因此,四大刻书系统中,只有家刻最能满足这一条件,以藏书家个人或家族收藏为基础,通过刻印的形式,主动将其化身千万,可被当作藏书利用的一种方式。

一、藏书刊刻

明代是我国古代刻书业十分发达的时期，四大刻书系统均呈现繁荣发展的趋势。按照上面的说明，这里我们只介绍以藏书为基础的刻书活动及其主要特征。

（一）藩府刻书

明代藩府藏书与刻书，是中国文化史十分独特的现象。为了防止藩王割据威胁中央政权，从明太祖时期起，便对藩王实行物质上优抚、政治上提防的措施。藩王宗亲虽然享有尊荣的地位、优厚的物质条件，但被剥夺了参与国家政治生活、建功立业的机会，于是，稍有抱负者便将志趣投入藏书刻书活动之中。而藩王为了打消皇帝的戒心，营造沉溺于藏书、刻书的"形象"，无疑也是"上上之选"。

藩府藏书为其刻印提供了底本，据曹之先生统计，明代有记载的藩府刻书就有 327 种，其中刻书在 10 种以上的有：弋阳王府、蜀藩、楚藩、周藩、宁藩、赵藩、辽藩、庆藩、益藩、沈藩。[①] 而藩府刻书的种类，主要集中在子部和集部，比如宁藩朱权，爱好黄老之学，多刊道家养身之书；晋藩则以刊刻《文选注》《宋文鉴》《唐文萃》《初学记》等集部书与类书闻名于世。此外，明代的藩王为了避嫌，远离政治风波，大多寄情山水，善治艺术、养生之学，有此家学渊源，再加上优渥的生活条件，使得明代藩王中出现了许

---

① 曹之：《中国古籍版本学》（第 3 版），武汉大学出版社，2015 年，第 292 页。

多著作等身的文学家、书法家、画家。藩府刻书除了刻印前人典籍，还有一个重要方面便是刻印藩王自己的著作，如宁藩朱权的《太和正音谱》、周藩朱有燉的《诚斋乐府》等。

（二）私人藏书家刻书

明初，社会经济刚刚从战乱中恢复，刻书数量不多，种类也比较少。正德、嘉靖以后，刻书逐步增多，隆庆、万历以后，又兴起了一股翻刻、仿刻宋版书的热潮，刻书数量大增，种类也日渐丰富，从费尽心机搜罗来的"秘本珍籍"，到个人著作，再到各类丛书，包罗万象。明代私刻系统的刻书家，一般也是大藏书家，他们的刻书以藏书为基础，客观上起到了保存书籍、传播文化的作用。

有明一代，私人刻书数量极大，已难精确考证，下面仅列举一些史籍可考，且具有代表性的"藏书刻书家"。

朱承爵，字子儋，江阴著名藏书家，刻有《浣花集》《庾开府诗集》《黄太史精华录》《樊川诗集》《西京杂记》等，所刻印图书偶有书耳，题"江阴朱氏文房"。

沈与文，号姑余山人，生于嘉靖年间，斋名野竹斋，刻有：《韩诗外传》十卷，有"吴郡沈辨之野竹斋校雕"两行牌记；《西京杂记》六卷，有"吴郡沈与文野竹斋校勘翻雕"牌记；嘉靖间翻刻宋版《潜夫论》十卷等。沈氏刻书纸墨均精善，藏、刻本均有"吴门世儒家""野竹斋"等印。

张綖，字世文，江苏高邮人，生活在正德、嘉靖年间。嘉靖十五年（1536）刻自撰《诗余图谱》三卷；嘉靖十六年（1537）刻自著《杜工部诗释》三卷；嘉靖十八年（1539）刻秦观《淮海集》四十卷，书口下有"玩珠堂"三字。

洪楩，清平山堂主人，以刊刻宋元话本闻名于世，详见后文。

顾元庆，字大有，藏书甚富，择善本刻之，刻有《梓吴四十种》（一名《明朝四十家小说》）、《顾氏文房丛刻四十种》、《阳山顾氏文房小说四十种》等。

顾起经，字元纬，号罗浮外史、冠龙山外史，刻有《类笺唐王右丞诗集》《国雅》《标题补注蒙求》等。其中，《类笺唐王右丞诗集》目录后有一份记录了写勘、雕梓、装潢人姓名籍贯的《无锡顾氏奇字斋开局氏里》。其中，"写勘"3人，"雕梓"24人，"装潢"3人；刻书"程限"从"嘉靖三十四年十二月望"至"三十五年六月朔"。① 这是一条非常珍贵的中国版刻史资料，从中可以看到当时无锡、苏州等地刻书业之发达，同时也可见顾氏刻书之认真、仔细，不仅邀请名家反复校勘，最后还亲自参与，增补漏字。不计工本以及强烈的个人爱好支撑，是私人刻书易出精品的原因。

郭勋，明朝开国功臣郭英的五世孙，正德三年（1508）袭爵，在嘉靖朝是权倾一时的宠臣。刻书甚多，有《元次山集》《白乐天文集》《三家世典》《将鉴通论》《水浒传》《三国志演义》《英烈传》等。其中，《水浒传》是流传至今的版本中刻印年代最早的。

昆山叶氏菉竹堂，菉竹堂藏书始于昆山叶盛，到其玄孙叶恭焕时终于完成先祖遗愿，建成菉竹堂藏书。以万卷藏书为基础，刻有：宋陶谷《清异录》二卷；唐冯贽《云仙杂记》十卷，卷末有"玉峰叶氏菉竹堂中绣梓"牌记；宋黄庭坚《豫章黄山谷文集》三十卷、外集十四卷、别集二十卷；胡献忠《大统皇历经世》三卷等。

---

① 曹之：《中国古籍版本学》（第3版），武汉大学出版社，2015年，第300页。

王世贞，字元美，号凤洲，明代中期文坛领袖，刻有《乔庄简公集》《沧溟先生集》《皇明盛事》《华礼部集》《唐世说新语》《尺牍清裁》，以及自著的《弇州山人四部稿》等。

　　冯梦祯，字开之，藏书室名快雪堂，刻有《妙法莲华经》《陶靖节集注》《大唐新语》《先秦诸子合编》《由拳集》等。

　　屠隆，字纬真，刻有《董解元西厢记》《唐诗品汇》《竹箭编》《徐孝穆集》《庾子山集》等。

　　安国，字民泰，自号桂坡，其桂坡馆刻书以铜板活字印书著称。刻有：《石田诗选》十卷；《颜鲁公文集》十五卷，《补遗》一卷（活字本）；宋留元刚《年谱》一卷，《附录》一卷，嘉靖二年（1523）铜活字本，半页十三行，每行二十六字，白口，上下单边，左右双边，书口上方有"锡山安氏馆"五字；《吴中水利通志》十七卷，嘉靖三年（1524）铜活字本，半页八行，行十六字，单鱼尾，卷十七后题"嘉靖甲申锡山安国铜版刊"；明施仁《左粹类纂》十二卷，嘉靖刊本，序后有"锡山安国刻于弘仁堂"牌记；唐徐坚《初学记》三十卷，嘉靖十年（1531）锡山安国桂坡馆刊，书口题"安桂坡馆"四字，据宋绍兴本翻刻。

　　王延喆，字子贞，号林屋山人，震泽先生王鏊长子。建恩褒四世之堂藏书、刻书。嘉靖四年（1525）十二月至六年（1527）三月，鸠集良工，摹刻宋刊黄善夫本《史记集解索隐正义》一百三十卷，刻校俱精，以至于被时人误认为宋版，序后有"震泽王氏刻于恩褒四世之堂"牌记，半页十行，行十八字。还刻有《本草单方》八卷、《性理大全书》、《王文恪公集》等。

　　袁褧，字尚之，以嘉趣堂、两庚草堂为名刻书。刻有仿宋本《六家文选注》六十卷，从嘉靖十三年（1534）至嘉靖二十八年

(1549），耗时十六年刊成，有袁裘跋云："余家藏书百年，此本甚称精善，因命工翻雕。匡郭字体，未少改易，计十六载而完。用费浩繁，梓人艰集。今模榻传播海内。览兹册者，毋徒曰开卷快然也。"① 署"吴郡汝南袁生裘题于嘉趣堂"。另有影宋本《大戴礼记注》十三卷，嘉靖十二年（1533）刊，有"嘉靖癸巳吴郡袁氏嘉趣堂重雕"。此外，尚刊有《楚辞集注》《世说新语注》《国宝新编》《夏小正戴氏传》《金声玉振集》《奉天刑赏录》等。

李之藻，字振之，明末实学代表人物之一，与徐光启一起从利玛窦学习西方科学知识，刻有自著《天学初函》，以及《江湖长翁文集》四卷，宋秦观《淮海集》四十卷、《后集》六卷、《长短句》三卷，徐光启译《泰西水法》六卷，利玛窦《万国舆图》六幅。

曹学佺，自能始，号雁泽，万历二十三年（1595）进士。刻有自辑《石仓历代诗选》1263卷、自编《皇明文选》20种、《大明一统名胜志》208卷、《蜀中广记》108卷、唐黄滔《唐黄御史集》8卷、宋释普济《五灯会元》20卷等。抄书用纸印墨格，版心刻"曹氏书仓"四字。

徐𤊹，字惟起，号兴公，刻有唐欧阳詹《唐欧阳先生集》八卷、宋唐庚《唐子西集》三十卷、《幔亭集》十五卷、《晞发集》十卷、《焦山古鼎考》等。

张溥，字天如，明末复社主要成员，室名七录斋，刻有自编《易经注疏大全合纂》68卷、《诗经注疏大全合纂》34卷、《孟子注疏大全合纂》14卷、《汉魏六朝百三家集》118卷，《礼书》150卷、《大学衍义补》100卷、《南史》80卷、《历代名臣奏议》320

---

① 程千帆：《程千帆全集（第一卷）：校雠广义·版本编》，河北教育出版社，2000年，第122页。

卷、《明辨类函》64卷等。

上面我们择要列举了明代较为著名的私刻家。总的来看，明代藏书家刻书具有以下一些共同特征：一是，刻印大多不以营利为目的，不惜工本，追求刻书质量，许多珍贵的典籍赖以保存。二是，所刻书带有强烈的个人色彩，与藏书家的收藏旨趣相得益彰，比如李之藻多刻西学方面的书籍，臧懋循、屠隆等人专注戏曲、小说。此外，家集、个人文集、总集，也是私刻的重要方面。应该说，明代私人藏书家的刻书活动，对于我国古代典籍流传、文化传播做出了杰出贡献，而尤其具有特色的就是戏曲、小说、丛书的刻印。

明代藏书家中刊刻戏曲、小说最有名的是臧懋循和洪楩。

臧懋循（1550—1620），字晋叔，与著名戏曲家、文学家汤显祖及明末文坛霸主王世贞友善，毕生致力于收集元杂剧。元杂剧、宋元南戏被认为是我国古代戏曲发展至成熟的标志，尤其是元杂剧，因有大量文人参与创作，曲文故事都比较典雅，有较高的艺术水平，在明代被誉为"北曲正音"，受到知识阶层的追捧。明初诸王为避祸远灾，都热衷参与杂剧创作，宁献王朱权的《太和正音谱》，就是一部专录北曲的戏曲理论名著。因此，大量收藏杂剧、传奇，也成为明代私人藏书的风尚之一，臧懋循无疑是这些藏书家中最为投入的一位。

万历四十四年（1616），在多年辛勤收集的基础上，臧懋循将家藏元杂剧"参伍校订"，编成《元曲选》一百卷，收元杂剧九十六种、明初人杂剧四种，自元马致远《汉宫秋》起，无名氏《冯玉兰》止。书原分十集，以天干排次，自甲集迄于癸集，每集各分上下，各收五种杂剧，每种一卷，一集十种。据学者统计，目前仍有传本存世的元杂剧不过一百六十余种，而《元曲选》选编的就占了一半以上，其中不少已成今日唯一传本。由于对自己的鉴赏能力极度自信，在编选过程中，臧懋循"戏取诸杂剧为删抹繁芜，其不合作者，即以己意改之，自谓颇得元人三昧"①，后人因此认为《元曲选》删改失真，颇以为病。② 著名戏曲史学家徐朔方先生在认真比勘了《元曲选》和其他元明刊本杂剧后，给予《元曲选》极高的评价："三百多年来《元曲选》几乎成为唯一选本兼全集本而为读者所接受，不少人通过它才得以享有元代杂剧的光辉遗产。……当时不受重视的书会才人的绝代才华由于《元曲选》的存在而得以青春焕发，千古如新。臧懋循的这一伟大贡献将随着元代杂剧而永世长存。"③ 这应当是对臧懋循工作最为公允的评价。

洪楩的《清平山堂平话》是明代藏书家刊刻小说的代表。洪楩出身书香世家，其祖、父辈世代藏书，洪楩成年后，在其祖"两峰书院"基础上，继续扩大藏书规模，在杭州城南构"清平山堂"，编有《洪子美书目》。《清平山堂平话》（又名《六十家小说》），编印于嘉靖年间，共分六十卷，包括《雨窗集》十卷、《长灯集》十卷、《随航集》十卷、《解闲集》十卷、《欹枕集》十卷、《醒梦集》十卷。平话，或称话本，古代俗文学体裁之一，是供市井说书人所用的底本，以历史故事为主要题材，是孕育明清小说的直接土壤。《清平山堂平话》是现存刊印时代最早的话本集，今已残缺不全，原刊本现藏日本内阁文库，保留了宋人话本十二种，元人话本六

---

① 臧懋循：《寄谢在杭书》，载俞为民、孙蓉蓉编《历代曲话汇编：新编中国古典戏曲论著集成·明代编》第1集，黄山书社，2009年，第624页。
② 中国大百科全书总编辑委员会编：《中国大百科全书·戏曲 曲艺》，中国大百科全书出版社，2002年，第555页。
③ 徐朔方：《元曲选家臧懋循》，中国戏剧出版社，1985年，第36页。

种。书中的故事被明代短篇小说"三言二拍"大量采用，比如元代话本《刘耆卿诗酒玩江楼记》，被冯梦龙改编成《众名姬春风吊柳七》，收入《古今小说》（《喻世明言》）；《阴鸷积善》被凌濛初改编为《袁尚宝相术动名卿 郑舍人阴功叨世爵》的"头回"。

《元曲选》和《清平山堂平话》从形态上来说都属于丛书，这也是明代藏书家刻书的另一个突出特点——大量刊刻丛书。谢国桢先生在总结中国古代丛书刊刻源流时说："三古遗书，汉唐子集，原书罕见，若隐若亡，经明人刊刻，赖以得存，或记史料，或志乡贤，昔人不易经见之书，今则可置诸几席之间，其功不可胜量。"①从这个评价中已约略可见明代藏书家刻印丛书数量之多，对文化保存贡献之大。当然，明人疏略的学风在刻书上也有所体现，谢国桢对此也并不讳言："然而明人刻书，喜妄立名目，臆改卷第……至删改文字，自立标题，更不遑论已。"② 这是我们在使用明刻本丛书时需要多加留心的。

明代藏书家刻印的丛书，较为著名的还有：顾元庆《阳山顾氏文房小说》，共收书四十种，其中的《太真外传》《梅妃传》《高力士传》等，均为世间孤本。胡震亨《秘册汇函》，多收罕见之书，惜书未成而版毁于火，残版后归常熟毛晋，修缮增补后刻成著名的汲古阁本《津逮秘书》。胡文焕《格致丛书》，收书一百八十余种，内容十分丰富，涉及经史、居官、家训、农事、艺术等多个领域。除《格致丛书》外，胡文焕还刊有《寿养丛书》《百家名书》《儒门

---

① 谢国桢著，谢小彬、杨璐主编：《谢国桢全集》第五册，北京出版社，2013年，第431页。
② 谢国桢著，谢小彬、杨璐主编：《谢国桢全集》第五册，北京出版社，2013年，第431页。

数珠》《古今原始》《全庵胡氏丛书》《胡氏粹编》等。

最后，我们介绍一位鼎鼎大名的藏书刻书家——天一阁主人范钦。在前面的章节中，我们已从管理制度、藏书保护等方面介绍过天一阁的藏书管理经验。在很长一段时间内，天一阁因为管理严格、藏书从不轻易示人，而被作为我国古代私人藏书"封闭性"的典型，前面我们已经举例驳斥了这种说法。事实上，私人藏书首先是私人或者家族财产，对于如何处理自己的财产，藏书家拥有完全的权力，后人并不应该以此置喙。再者，纵观私人藏书史亦可发现，明清时期的私人藏书家，对其藏书只有利用程度、开放范围的差异，并没有哪位藏书家完全开放，也没有任何一位藏书家绝对拒绝使用、借阅藏书。相反，"藏书为读"是明清藏书家更为普遍的认识，当然，这里"读"者的范围，一般是限制在家人、亲朋等较小的圈子内。严格的管理制度，恰恰是其珍视藏书，希望藏书能更好地传之后世，让子孙后代都能从中受益的必要措施。我们固然要赞扬那些开放程度较高，愿意将自己的藏书与天下人共读之的藏书家，他们无疑具备了崇高的人格修养，但是也不应该采用简单的二元评价法，以偏概全地给藏书家戴上"开放"或者"封闭"的"帽子"。因此，在这里我们愿意稍微花一些篇幅，来简单梳理范钦通过图书刊布为藏书流通事业做出的贡献。

据骆兆平先生统计，天一阁刻书共计 31 种，其中大部分是由范钦亲手校订的，其余部分是由其子范大冲主持刊刻的。刻印的内容涵盖经、史、子、集四部，以及范钦所著之书。[1] 受聘于范氏父子的刻工，前后共有六十余人，亦可见其刻书之规模。其中，被证

---

[1] 骆兆平：《天一阁丛谈》，宁波出版社，2012 年，第 47—60 页。

实是范钦亲自主持刊刻的有《乾坤凿度》二卷《周易乾凿度》二卷、《周易古占法》二卷、《周易略例》一卷、《周易举正》三卷、《京氏易传》三卷、《关氏易传》一卷、《麻衣道者正易心法》一卷、《穆天子传》六卷、《孔子集语》二卷、《论语笔解》二卷、《郭子翼庄》一卷、《广成子解》一卷、《三坟》一卷、《商子》五卷、《素履子》三卷、《竹书纪年》二卷、《潜虚》一卷、《虎钤经》二十卷、《两同书》二卷、《新语》二卷等。

二、藏书借阅、互抄

互抄是藏书家搜集藏书的重要手段，借阅则是藏书利用的主要方式。在前面介绍藏书建设与管理制度的章节里，我们已经从制度层面对明代官府、书院、私人藏书的借阅方式进行了梳理。总体来看，不论官私，明代藏书的借阅管理都是比较严格的，但这基本是出于保护图书的需要。换句话说，在古代藏书保藏条件十分有限的情况下，如果藏书家不设置严苛的管理制度，书籍的损毁率将是难以承受的。从目前所能看到的史料来看，明代藏书家之间，借抄、借阅的现象还是比较普遍的，只是互抄、互阅的范围被严格限制在"小圈子"以内。这也是很容易理解的，藏书家个人力量有限，一批志同道合的藏书家聚在一起，互通有无，是一种非常高效的增加藏书数量的方式。同时，藏书作为一项比较高雅的爱好，也需要一定的社交场域，供藏书家互相交流心得，分享藏书经验，否则对藏书家来说，不免有"锦衣夜行""宝玉蒙尘"之憾。因此，就明代的藏书流通行为来说，如果将之与后世的公共图书馆相比，自然是"封闭"的，但是在一定的藏书家团体之间，则称得上十分"开放"了。

首先,虽然开放范围有限,但是不少藏书家是乐于将其藏书与人"共读"的,这在客观上提高了藏书的利用率。比如,王行受到卖药徐翁的赏识,于是徐翁将藏书无偿向王氏开放,王行"遂淹贯经史百家言"①。苏州人阎起山"日走从友人家借所未读书,手抄口吟,穷日夜不休"②。明末著名学者黄宗羲,青年求学时期曾遍访藏书名家,尽阅钮氏世学楼、祁氏澹生堂、黄氏千顷堂、钱氏绛云楼、范氏天一阁、郑氏丛桂堂、曹氏倦圃及徐氏传是楼藏书,在得到许可后抄录了大量副本。③ 借观、借抄之事最有名的就是将军藏书家陈第。陈第早年戎马,因不堪忍受官场倾轧,辞官归故里,从此潜心学问。据王欣夫《藏书纪事诗补正》记载,近人金云铭为陈第所撰年谱称:

> 万历三十二年甲辰秋末,闻焦状元弱侯先生老而好学,造访不通姓字,谈论竟日,夜即宿书楼,秉烛阅藏书几遍,误者指而正之。明日,先生笑曰:"君殆闽之季立耶?"相得益欢。自是恒往来其家,借读所未见书。④

出于对陈第醉心学问、勤学不倦精神的欣赏,焦竑向其完全开放了自己的藏书。清代鲍廷博在将陈第所编《世善堂藏书目》编入

---

① 张廷玉等:《明史》卷二八五,中华书局,1974年,第7330页。
② 文徵明著,陆晓冬点校:《甫田集》,西泠印社出版社,2012年,第423页。
③ 杨立诚、金步瀛合编,俞运之校补:《中国藏书家考略》,上海古籍出版社,1987年,第261页。
④ 叶昌炽撰,王欣夫笺正:《藏书纪事诗 藏书纪事诗笺正》(下),广西师范大学出版社,2021年,第1051页。

《知不足斋丛书》时所作跋语亦云:

> 右《世善堂书目》,明万历间连江陈第手自编定,而其子若孙时时增益其间者也。……卒为督府所忌,不得稍展其才,角巾归里,以著述老焉。平生借抄于金陵焦氏(循)、宣州沈氏者尤多,藏弆二百余年。①

可见,虽然珍贵的书籍是藏书家的"心头肉",但是一旦遇到志同道合的人,藏书家还是很愿意进行分享的。明代兴起的互抄约,就是这种藏书分享规范化后的主要形态。

其次,互抄既是藏书家扩充藏书的重要手段,也是藏书利用的方式。在《澹生堂藏书约》中,祁承㸁记述了自己一生辛勤搜集图书的经历,其中一条重要的经验就是"复约同志互相裒集,广为搜罗"②,即发动同好互通有无,扩展个人的收藏视野。天一阁主人范钦,为了迅速扩充藏书,遍访江浙藏书名家、书肆,他与王世贞订立了藏书互抄的约定,通过抄写尽得丰氏万卷楼的珍本。③梅鼎祚与焦竑、冯开之、赵玄度等人"订约搜访,期三年一会于金陵,各书其所得异书逸典,互相雠写"④。明末清初,黄宗羲、刘城、许元溥三人结成"钞书社"⑤,约定互通有无,互相借抄,黄宗羲特意赋诗记之:"抄书结社自刘城,余与金阊许孟宏。好事于今仍旧否?

---

① 刘尚恒:《鲍廷博年谱》,黄山书社,2010年,第169页。
② 祁承㸁著,郑诚整理:《澹生堂读书记 澹生堂藏书目》(上),上海古籍出版社,2015年,第12页。
③ 傅璇琮、谢灼华主编:《中国藏书通史》,宁波出版社,2001年,第576—577页。
④ 钱谦益:《列朝诗集小传》,上海古籍出版社,1983年,第627页。
⑤ 吴晗:《江浙藏书家史略》,中华书局,1981年,第184页。

烟云过眼亦伤情。"① 叶石君、冯已苍、陆敕先诸人，"互相搜访，有亡通假"②，一人获得秘册，其余人就互相传录。丁雄飞、黄虞稷相约成立"古欢社"，约定互相借抄藏书，"尽一日之阴，探千古之秘。或彼藏我阙，或彼阙我藏，互相质证，当有发明"③，结社最主要的目的便是通过互相借抄，使得珍本秘笈化身无数，进而有新的发现。

明代文人结社是文化史上十分引人关注的现象，过去论者多从文人结社对政治、学术的影响入手展开讨论，事实上，结成互抄之"社"，在明末颇有风行之势，可以看作早期图书公开思想的萌芽，目前学界对其关注还远远不够，这是一个值得论者重点研究的话题。

第二节 藏书流通思想

上一节我们介绍了明代藏书利用与流通的主要方式，本节我们将重点讨论现象背后蕴含的流通思想。

---

① 黄宗羲：《黄宗羲全集》第二十一册，浙江古籍出版社，2012年，第798页。
② 张金吾著、冯惠民整理：《爱日精庐藏书志》，中华书局，2012年，第692页。
③ 丁雄飞：《古欢社约》，载祁承㸁等《澹生堂藏书约（外八种）》，上海古籍出版社，2005年，第39页。

一、藏书家不愿公开藏书的原因

对于私人藏书来说,藏书流通的前提是藏书家有流通的意愿。然而在古代中国,对于借阅一事,绝大部分藏书家是持十分谨慎的态度的。讨论藏书是否应该公开,首先就要弄明白藏书家不愿藏书流出的心态与原因。

明末姚士粦在《尚白斋秘笈序》中分析了藏书家不愿以秘本示人的几种心态:

> 大抵先正立言,有一时怒而百世与者,则子孙为门户计而不敢传。斗奇炫博,乐于我知人不知,则宝秘自好而不肯传。卷轴相假,无复补坏刊谬,而独踵还痴一谚,则虑借钞而不乐传。旧刻精整,或手书妍妙,则惧翻摹致损而不忍传。一旦三灾横起,流烂灭没。①

其基本将藏书家不愿外借的原因都囊括在内,无非是内容忌讳不能传、版本珍贵不肯传而已。姚氏总结了藏书家的几种心态后,虽对其表示了理解,但是也提醒藏书家,"秘而不传"虽看似护得藏书周全,但从书籍的长期流通来看,不啻为一种灾难:

> 吾郡未尝无藏书家,卒无有以藏书闻者,盖知以秘惜为藏,不知以传布同好为藏耳。何者?秘惜则箱橐中有不可知之秦劫,传布则毫楮间有递相传之神理。此传不传之分,不可不察者。②

---

① 叶昌炽著,王锷、伏亚鹏点校:《藏书纪事诗》,北京燕山出版社,1999年,第227页。
② 叶昌炽著,王锷、伏亚鹏点校:《藏书纪事诗》,北京燕山出版社,1999年,第226页。

俗语云："天有不测风云，人有旦夕祸福。"秘藏不愿示人、不愿广为刊布者，一旦发生天灾人祸，孤本珍本毁于一旦，而外人却对此毫不知情，那么这些书籍就相当于从未在世间存在。

二、"与人共赏"的思想

认同姚氏所云"秦劫"之难的藏书家，大多对于藏书借阅持比较开放的态度。比如胡震亨在《津逮秘书》题辞中云："人得异书，私为帐中，秘不示人，非真好书者。真好书者如好饮，然独饮不适也。肯挟一编自赏，不与人共赏耶？"[①] 与其让珍贵的图书因为过分珍视的心理湮灭于历史的尘埃，不如与同好者共享之，使之传之千古，这才是好书之人真正应该有的态度。著名藏书家徐𤊹的观点更为激进，在《笔精》卷七中，他针对"客来观书""颇厌其烦"的心态，提出了"观书三益"的思想：

> 贱性善忘，经目辄忽，独对客搜寻之事，虽阅年能记，一益也。览所不及，庋床便蠹，因客披搜，二益也。习懒成病，偶因客至，整书忘疲，亦古人运甓之意，三益也。夫学求益也，一益尚可，况三益乎！[②]

其所云之大意类似于"教学相长"，因有人借阅，倒逼着藏书家整理收藏，以加深自身对藏书的了解与理解，同时，也可借此机会经常翻检图书，劳动四肢，这对藏书者来说是受益无穷的。在同

---

① 毛晋辑：《津逮秘书》，博古斋影印汲古阁刻本，1922年，题辞。
② 徐𤊹撰，沈文倬校注，陈心榕标点：《笔精》，福建人民出版社，1997年，第241页。

卷"借书"条，徐氏正面阐述了借书的好处：

> 书亦何可不借人也！贤哲著述，以俟知者。其人以借书来，是与书相知也。与书相知者，则亦与吾相知也。何可不借！来借者或蓄疑难，或稽异同，或补遗简，或搜奇秘。至则少坐供茶毕，然后设几持帙，恣所观览，随其抄誊，请主客无相妨，寻常供具不为添设，绝不置酒，恐缘酒而狠戾书帙。夫如是，或竟日，或数日，或十数日，予俱不厌，客亦无猜。①

其论已颇有一些"学问乃天下公器"的气象了，既表明了欢迎借阅的态度，又给出了"解决方案"，秉持"君子之交淡如水"的准则，设置较为严格的借阅规定，避免藏书受损。持这样达观态度的藏书家数量不多，但也绝非孤例。明末李鹗翀不仅欢迎借阅，甚至还愿意将书籍送至借者家中，"有求假必朝发夕至"②，其"共读"的精神更显难能可贵。

三、藏书流通的制度建设

以上述藏书开放的思想作指导，不少藏书家积极将之付诸行动，明代关于藏书流通制度的讨论也随之兴起。其代表性成果就是书院借阅制度的建立以及明末清初曹溶的《流通古书约》。

前面在介绍书院藏书管理制度时已经提到，书院藏书本身就是

---

① 徐𤊹撰，沈文倬校注，陈心榕标点：《笔精》，福建人民出版社，1997年，第242页。
② 黄丕烈著，潘祖荫辑，周少川点校：《士礼居藏书题跋记》卷二，书目文献出版社，1989年，第34页。

为了教学之用，并没有一般藏书家担心的因借阅而导致图书受损的顾虑。明代书院事业发达，以白鹿洞书院为代表，通过建立严格、周密的借阅制度，保证藏书的正常流通。详细的规定参见前文的相关章节。在这里仅对书院藏书借阅制度的特征做一简单总结。

其一，严守借阅登记制度。不管书院藏书开放范围如何，任何人前来借书都必须登记，以便追查。同时要定期清理，及时追缴。

其二，落实责任，设专人管理，由专门人员负责藏书出纳，避免人浮于事、问责无门的情况发生。

私人藏书一般不允许借者将其携出藏书处所，所以如何建立更加完善的互抄制度，是藏书家探索的主要方向。范钦与王世贞的抄书约如下：

> 所谕欲彼此各出书目，互补其缺失，甚盛心也。家旧无藏书目，不佞之嗜之，颇有所储蓄，二藏外，亦不下三万卷。而戊辰后，薄宦南北，旋置旋失，未暇整理。今春构一书楼于弇山园庋之，长夏小闲，当如命也。闻古碑及抄本，毋逾于邺架者；若家所有宋椠及书画名迹，庶足供游目耳。[①]

上引是王世贞的《答范司马书》，从信中的意思来看，是范钦首先去信，建议两人"彼此各出书目"，根据书目勾选自己所缺而对方有藏的书目，然后再根据书目"互补缺失"。王世贞收信后欣然同意，并向范钦介绍了自己藏书的基本情况。在这里，范钦提出了互抄的重要法则——交换书目。这样既可促进藏书家对家藏图书的整理，也为后续的借抄奠定了基础。通过书目比对，可以确定需

---

① 戴光中：《天一阁主——范钦传》，浙江人民出版社，2006年，第285页。

要抄哪些，又可从互抄伙伴处得到哪些书，让藏书家做到心中有数，可以极大地降低其对借抄的抵触和担忧。

交换书目是互抄的基础，那么，完成第一步后，又应该如何落实互抄之约呢？对于藏书家来说，虽然互抄之约的对象一般都是"知根知底"的亲朋好友，但毕竟藏书贵重，若要将自己辛苦搜集来的书籍送至他人家中，藏书家难免心怀顾虑。对此，曹溶的《流通古书约》，在范钦的提议上又有完善：

> 予今酌一简便法：彼此藏书家，各就观目录，标出所缺者，先经注，次史逸，次文集，次杂说，视所著门类同，时代先后同，卷帙多寡同，约定有无相易，则主人自命门下之役，精工缮写，校对无误，一两月间，各斋所钞互换。此法有数善：好书不出户庭也，有功于古人也，己所藏日以富也，楚南燕北皆可行也。敬告同志，鉴而听许。①

这是中国古代图书馆学史一篇非常重要的文献，学者大多将其视为我国古代藏书公开思想的例证。仅从制度设计的角度而言，曹溶的意见亦颇足观。订立互抄约的前提是互相信任，有共同的爱好，在没有法律制度可以保证藏书安全的古代，这种信任就更加难能可贵了，也是决定互抄之约是否能够长期实行的关键。找到志同道合的伙伴后，需要制定详细的操作规程，规范各方的行为。既为互抄，那么就要互通有无。藏书家亲自去一一检视显然是不现实的，所以在抄写之前首先要按照藏书目录核对，将那些需要抄写的书标示出来，以便有的放矢。进入到抄写阶段，则要严肃抄写时的

---

① 曹溶：《流通古书约》，载祁承㸁等《澹生堂藏书约（外八种）》，上海古籍出版社，2005年，第35—36页。

态度，同时做好书籍的保护，为此，曹溶提出由收藏者自行抄写，完成后交换抄好的副本的建议，这无疑是兼顾效率与"人情"的两全之策。在藏书流通并不便捷的古代，曹溶提出的方法若能广泛推行，对藏书家来说，无疑是一大"善法"，对于文化事业来说，更是功莫大焉。

第七章

明代重要图书馆学学人及其论著

第一节 丘 濬

丘濬（1421—1495），字仲深，号深庵，广东琼山（今海南海口市琼山区）人，世称琼台先生，明代中前期理学名臣，《明史》有传。丘濬自幼聪慧过人，正统九年（1444），举乡试第一。十年后，以二甲一名进士进入仕途，历景泰、成化、弘治三朝，明孝宗时，任礼部尚书兼文渊阁大学士。弘治八年（1495），卒于任上。在政务之暇，丘濬勤于著述，著有《大学衍义补》《世史正纲》《琼台会稿》等书，其中的《请访求遗书奏》《藏书石室记》等篇，系统论述了古代官府藏书的源流、意义及管理方法，是中国古代图书馆学重要的理论贡献之一。

一、生平家世与藏书史实

永乐十九年（1421），丘濬出生在海南琼山下田村的一个书香家庭。丘氏祖居福建泉州，元朝末年，其先祖居官琼州，为避中原战乱，遂定居于此。曾祖丘均禄，是丘氏迁居海南的初代祖；祖父丘普为临高县医官；父丘传，矢志读书，但一生无功名，33岁时英年早逝；母亲李氏是澄迈县贡生李易周之女；兄丘源，继承了祖父的事业，是当地颇有名望的良医。

丘濬自幼便热爱读书，有"神童"的美誉，然而，在他7岁时，父亲的早卒，让这个小康家庭陷入了困顿。据其《藏书石室记》："予生七岁而孤，家有藏书数百卷，多为人取去，其存者盖无几。"[①] 幸而其祖父和母亲承担起了抚养丘濬兄弟的重任，其母李氏虽然青年守寡，但一直非常重视儿子的教育，节衣缩食，支持丘濬兄弟读书。丘濬也没有辜负父祖的殷切希望，何乔远《丘文庄公传》记曰："濬幼孤，嗜书，或从市肆借读，或从亲友访求假抄。闻有积书之家，必豫计内交，有远涉数百里，转沩至数十人，积久至三五年而后得者。甚至为人所厌薄，厉声色相拒，其颙笃如此。"[②] 求学条件虽然异常艰苦，但没有打击到丘濬的求学热情，家

[①] 丘濬：《藏书石室记》，载仇江选注《岭南历代文选》，广东人民出版社，2009年，第95页。
[②] 丘濬：《重编琼台会稿诗文集二十四卷》，载沈乃文主编《明别集丛刊 第一辑》第四十五册，黄山书社，2013年，第5页。

中缺少藏书，他便通过借、抄等形式，辗转求得，即使遭受白眼也毫不退缩。如此坎坷的求学经历，造就了丘濬爱书、惜书的品格，也让他充分体验了贫寒学子的求书之艰，为其后来提出"藏书石室"的建议奠定了思想基础。

16岁时，一直抚养丘濬兄弟的祖父去世，悲伤之余，丘源、丘濬兄弟遵从祖父遗训，分别从医、业儒。焦映汉《丘文庄公传》云："稍长，博观群籍，家乏储书，出历书肆，就座借阅。虽三教百家之言，靡不涉猎，退而载笔，无有遗义。年十七，习举子业，下笔数千言，真草立就，俨若宿构。"[①] 在埋头读书的同时，青年时期的丘濬便已经开始有意识地收集书籍，特别是经世致用之书。丘濬在《愿丰轩记》中回忆道："予少有志用世，于凡天下户口、边塞、兵马、盐铁之事，无不究诸心意，谓一旦出而见售于时，随所任使，庶几有以借手致用。"[②] 这应当是丘濬藏书活动的起点。在随后几十年的读书、宦游生涯中，丘濬出于对学问的热爱、对治世之道的追求，一直用心收藏图书。据其《藏书石室记》所载：

稍长知所好，取而阅之，率多断烂不全，随所有用力焉。往往编残字缺，顾无从得他本以考补，时或于市肆借观焉。然市书类多俚俗驳杂之说，所得亦无几，乃遍于内外姻戚交往之家，访求质问，苟有所蓄，不问其为何书，辄假以归，顾力不能收录，随即奉还之，然必谨护爱惜，冀可再求也。及闻有多藏之家，必豫以计纳交之，卑辞下

[①] 丘濬：《重编琼台会稿诗文集二十四卷》，载沈乃文主编《明别集丛刊 第一辑》第四十五册，黄山书社，2013年，第11页。

[②] 丘濬著，周伟民、王瑞明、崔曙庭等点校：《愿丰轩记》，载《丘濬集》第九册，海南出版社，2006年，第4354页。

气，惟恐不当其意，有远涉至数百里，转浼至十数人，积久至三五年而后得者，甚至为人所厌薄，厉声色以相拒绝，亦甘受之不敢怨怼，期于必得而后已。人或笑其痴且迂，不恤也。不幸禀此凡下之资，而生乎退僻之邦，家世虽业儒，然幼失所怙，家贫力弱，不能负笈担簦以北学于中国，中心惕然。思欲以儒自奋，以求无愧于前人，反求诸心，似知所爱慕者，甚欲质正于明师良友，引领四顾，若无其人，不得已而求之于书，书又不可得，而求之之难有如此者。乃喟然发叹，自盟于心，曰某也幸他日苟有一日之得，必多购书籍以庋藏于学官。①

求书之艰，得书之乐，跃然纸上。经过多年努力，正统九年（1444），24岁的丘濬举乡试第一，之后便常年留在京师太学读书。随后的科举之路并不顺遂，直到十年后的景泰五年（1454），丘濬终于考中进士，获得二甲一名，授翰林院庶吉士。进入翰林院的丘濬如鱼得水，"益读未见书，究心本朝掌故，文日名四方"②。翰林学士本是清贵之职，在明代有"储相"之称，其本职工作就是读书、修志，管理国家典藏图籍。丘濬在翰林院任职期间，参与了大量修史撰志的工作，因工作之便，得以翻阅大量官藏图书，这对其政治主张的形成、学术思想的成熟起到了重要促进作用。丘濬在《槐阴书屋记》中回忆：

岁甲戌（注：景泰五年，1454），予僦居京师，得十数楹于禁城之东偏，可一亩许，因辟一室以为藏修之所，垩以楮，中设几案，左右

---

① 丘濬著，周伟民、王瑞明、崔曙庭等点校：《藏书石室记》，载《丘濬集》第九册，海南出版社，2006年，第4356—4357页。
② 丘濬：《重编琼台会稿诗文集二十四卷》，载沈乃文主编《明别集丛刊 第一辑》第四十五册，黄山书社，2013年，第6页。

列图书，外隙牖于墙面南，以迎阳明之光，牖侧有古槐一，其大盈尺，其高仅丈，望之童童，若车盖然。其阴半覆于阶，半盖于瓦，而牖户几案赖以庇焉。……予日居其间，翻阅书史，口诵心惟，凡古圣贤所以用心而著于书，古帝王所以为治而具于经、史者，与夫古今儒生、骚客，所以论理道，写清景，而寓于编简者，皆得于此乎。神交梦接之，而肆吾力焉。使不为炎歊所侵，以中辍之，则吾得于兹槐之助也多矣。因扁之曰"槐阴书屋"。①

寓居京城期间，丘濬一边读书，一边参与了《大明一统志》《寰宇通志》《英宗实录》等书的编写工作，历任翰林院编修、宪宗朝经筵讲官、侍讲、侍讲学士等职，后因主持《英宗实录》纂修，加太子少保，兼文渊阁大学士。成化五年（1469），丁母忧，回到海南。先是，在馆阁藏书中发现粤省先贤张文献公《曲江集》及宋余襄公《武溪集》，爱不释手，亲自抄录成书。后因母丧归家，将之并携南归，准备料理完母亲丧事后梓行。成化九年（1473），在家守制时，感寒门学子得书不易，海南学子求学尤其艰辛，筑藏书石室，将自己苦心收集的图籍储藏其间，供学子阅览，并作《藏书石室记》记之。在为刊刻《张文献曲江集》所写的序言中，自述其访求书籍的经历：

予生公六百余年之后，慕公之为人。童稚时尝得韶郡所刻《金鉴录》，读之，灼知其伪。有志求公全集刻梓以行世。迩来京师游太学，入官翰林，每遇藏书家，辄访求之，竟不可得。盖二十余年矣。

---

① 丘濬著，周伟民、王瑞明、崔曙庭等点校：《槐阴书屋记》，载《丘濬集》第九册，海南出版社，2006年，第4353—4354页。

岁己丑，始得公《曲江集》于馆阁群书中，手自抄录。仅成帙，闻先妣太宜人丧，因携南归，期免丧后自备梓刻之。道韶，适友人五羊涂君暲郡倅，偶语及之，太守毗陵苏君桦、同知蒲田方君新谓公此集乃韶之文献，请留刻郡斋。①

张九龄是丘濬仰慕的同乡先贤。青年时期，丘濬便立志刊刻张九龄全集，辛苦寻访二十余年终有所获。上面这段文字，不仅展现了丘濬作为一个有责任感的士大夫，始终以弘扬乡邦文献为己任的高尚追求，也直观地反映了古代藏书家搜集图书之艰辛。青少年时期艰难的求学历程，任官后阅读、整理国家藏书的经历，乃至个人的收藏经历，都在促使丘濬思考典籍的价值以及更好地发挥其价值的方式。

丁忧结束后，回到京城的丘濬官复原职，多次充任会试考官，升任翰林院学士、祭酒。成化十五年（1479），开始纂述其学术代表作——《大学衍义补》，历时八年，于成化二十三年（1487）书成，作《进大学衍义补表》，将之进献给孝宗皇帝。该书是在宋大儒真德秀《大学衍义》基础上，以分条列目的形式，采经传子史有及于"治国平天下"者，再附以己见编纂而成的。孝宗皇帝读后，认为其"考据精详，论述赅博，有补政治"②，对丘濬大加称赞，升其为礼部尚书，并下令书坊刊刻本书，颁行天下。其中，第九十四卷《图籍之储》，系统阐述了古今官府藏书聚散源流、国家藏书的价值和意义，以及藏书收集和整理的经验。

---

① 丘濬：《〈曲江集〉序》，载仇江选注《岭南历代文选》，广东人民出版社，2009年，第92页。
② 丘濬著，周伟民、王瑞明、崔曙庭等点校：《丘濬集》第十册，海南出版社，2006年，第5130页。

弘治元年（1488），充《宪宗实录》副总裁；四年（1491），书成，加太子太保，进文渊阁大学士，入内阁参预机务。多次以年老体衰辞任，孝宗不准。作《欲择大学衍义补中要务上献奏》，希望将《大学衍义补》中与国家治理密切相关的条目独立成章，上奏皇帝实行。[①] 同年，上《请访求遗书奏》，即"将臣所进《大学衍义补》书中所载切要之务，陆续陈献"[②]者。弘治八年（1495），在屡辞不准后，丘濬病故于京师任上，终年75岁。

二、图书馆学思想

丘濬的一生，先为名儒，再为名臣，多年的翰林院生涯，让丘濬对藏书的价值、意义，官府藏书管理之弊病等都有深切体会。因此，他提出的国家藏书治理主张，都具有较为强烈的实用主义倾向，这是其图书馆学思想的特色。而其理论思想，较为集中地体现在《藏书石室记》《图籍之储》《请访求遗书奏》等文章中。

（一）论藏书与读书的意义

《藏书石室记》作于成化九年（1473），丘濬丁母忧居琼之际，是上述三篇文章中写作时间最早的一篇。此时的丘濬已登仕途，任翰林清贵之官，宦游多年后回到家乡，回忆起自己青少年时期艰难的求学历程，仍不免心有戚戚。遥想当年一文不名之时，囊中羞

---

① 丘濬著，周伟民、王瑞明、崔曙庭等点校：《丘濬集》第八册，海南出版社，2006年，第3966—3967页。
② 丘濬著，周伟民、王瑞明、崔曙庭等点校：《丘濬集》第八册，海南出版社，2006年，第3983页。

涩，为了求书向学，可谓历经磨难，受尽白眼，但海南地僻人稀，即使费尽九牛二虎之力，所得仍然有限，因此他发下宏愿，若有朝一日鱼跃龙门，必要多购书籍，在家乡学宫辟室贮之，使同乡后辈学子有志于学者，不再经历自己的"求书之难"。藏书石室建成后，丘濬将多年所积图书庋藏于此，并作《藏书石室记》记之。

在这篇文章中，丘濬首先回顾了自己早年艰难的访书经历，父亲去世后，家藏图书"多为人取去"，剩下的编残字缺，无从查考。家贫无力新购，于是日日流连于书肆借观，但书肆售卖之书，主要面向市井，有价值的不多；再遍访"于内外姻戚交往之家"，请求借观借抄，其间"卑辞下气"，以至于被"厉声色以相拒绝"，如此数年方才略有所得。海南本就僻居一隅，文风不盛，当世大儒行迹罕至，有志于学者却不能质之名师，只能退而求其次，"求之于书"，但求书艰难，寒门学子自当朝夕惕厉，珍惜得之不易的学习机会，爱惜书籍，时刻不忘前人"得书之难"。

得书不易，既已得书，又该怎样认识书籍的价值？如何阅读呢？接下来，丘濬以前辈的口吻，将自己的切身体会谆谆道来：

> 书之功用大矣，由一理之微，而可以包六合之大，由一日之近，而可以尽千古之久，由一处之狭，而可以通四海之广，由一事之约，而可以兼万物之众，其惟书乎！[①]

书籍是以今窥古、以小见大、以近知远的桥梁，用今天的话说，书籍是传承人类文明的媒介。圣人生千古以前，但道德法则万

---

① 丘濬著，周伟民、王瑞明、崔曙庭等点校：《藏书石室记》，载《丘濬集》第九册，海南出版社，2006年，第4357页。

古不移；先贤终会故去，但其业终古常新，如何做到这一点？靠的就是书籍的传承力量。今人去古圣已远，但仍然可以知道千年以前发生的事情；个人的力量不可能遍游天下，但居于陋室仍可对天下大势了然于胸，这些都是书籍和阅读带给人们的好处。书之功用虽大，但若置书不观，书籍的价值也不可能得以发挥，于是丘濬紧接着论述第二层意思：

> 人生天地间，不为儒则已，有志于儒，以从事乎圣贤之道，未有舍书而能成者也。古语有之，通天地人曰儒，一物不知，儒者所耻，一书之不读，则一书之事缺焉。①

既然以儒为业，那么读书就是读书人的本职工作。儒者的终极追求是实行圣贤之道，圣贤的思想、精神，万事万物的道理都记载在书籍之中，儒者就应当通过读书来丰富自己的知识储备，为将来的实践打好基础。虽然每本书都有其价值，但人的精力总是有限的，不能毫无章法地阅读，对此丘濬也提出了建议："书不贵多，而贵精，学必由约，而后可以致于博，精而约之，以尽其多与博，则气质由是而变化，心志由是而开明，德业由是而崇广。"②他主张先约后博，具体的阅读次序为："自五经而下，若传、若史、若诸子、若百家，上而天，下而地，中而人与物，固无一事之不具，亦无一理之不该，学者诚即是而求焉。则可以贯三才，而兼备乎万事

---

① 丘濬著，周伟民、王瑞明、崔曙庭等点校：《藏书石室记》，载《丘濬集》第九册，海南出版社，2006年，第4357—4358页。
② 丘濬著，周伟民、王瑞明、崔曙庭等点校：《藏书石室记》，载《丘濬集》第九册，海南出版社，2006年，第4358页。

万物之理。"① 可见，丘濬的阅读观是严格依照儒家规范的，他认为首先要读的是以五经为代表的儒家经典，这既是儒家学说的核心，也是科举考试的内容；在精读这些书的基础上，再博取众书观之，不断扩大自己的知识面，最终达到"析其精而至于不乱，合其大而极于无余，会其全而备于有用"② 的目标。

十余年后，当丘濬在撰述《大学衍义补·图籍之储》时，对图书典籍作用与价值的阐发愈发深入，这也说明丘濬对于这个问题的思考是持续进行的。《大学衍义补》是补充宋代大儒真德秀《大学衍义》的作品，为皇帝治事立身提供参考。全书分条列目，每条之下首先搜集历代经传子史、前人论述，然后再加按语性质的评论，即"前引事实，后附议论，通过事实表明该事物的起始，又通过议论以评定该事物的重要性以及意义和作用，说明朝廷应采取的措施和方法"③。其中，《图籍之储》篇，搜集了历代朝廷图籍贮藏的典故，其总按语集中说明了藏书的重要性：

人君为治之道非一端，然皆一世一时之事。惟夫所谓经籍图书者，乃万年百世之事焉。盖以前人所以馈遗乎后者，凡历几千百年，而后至于我，而我今日不有以修辑而整比之，使其至我今日而废坠放失焉，后之人推厥所由，岂不归其咎于我之今日哉？④

---

① 丘濬著，周伟民、王瑞明、崔曙庭等点校：《藏书石室记》，载《丘濬集》第九册，海南出版社，2006年，第4358页。
② 丘濬著，周伟民、王瑞明、崔曙庭等点校：《藏书石室记》，载《丘濬集》第九册，海南出版社，2006年，第4358页。
③ 谢灼华：《丘濬的〈大学衍义补·图籍之储〉》，载《谢灼华文集》，中山大学出版社，2014年，第142页。
④ 丘濬著，林冠群、周济夫校点：《大学衍义补》，京华出版社，1999年，第809页。

图书典籍，对于普通儒生来说，是了解万事万物之理、接近圣人之道的桥梁；对于帝王来说，则是为君治国的抓手、传承治理经验的手段。因此，综理一代藏书，使其流传后世，既是为君者的责任，也是国家千秋万代的事业，他强调图籍之储应当受到足够的重视。

那么图书典籍为什么这样重要呢？"图籍所载，皆圣帝名王贤人君子精神心术之微，道德文章之懿，行义事功之大，天地、山川、人物、风俗之所载，礼乐、刑政、制度文为之所出，今赖知古，后赖知今者也。"① 图籍是人类智慧的结晶，世间万象无所不包，尤其对于帝王来说，"书之在天下，乃自古圣帝明王精神心术之所寓，天地古今生人物类义理政治之所存"②。在中国古代读书人看来，图籍兴衰事关国运，图籍盛则国兴，图籍衰则国亡，丘濬的看法就很有代表性。因此，出于维护皇权统治、稳定政治秩序的需要，古代有见识的知识分子都强烈要求加强国家图籍之储，特别是完善国家藏书体系，丘濬也不例外。在这一思想的总体指导下，丘濬针对国家藏书制度中存在的问题，一一提出了相应的解决方案。

（二）论藏书处所建制

中国古代藏书，最惧水火二灾。我国古建筑以木质结构为主，一旦遭受回禄之灾，苦心经营的藏书顷刻便会化为齑粉。此外，藏书事业最发达的南方地区，气候湿润，空气湿度大，这对于藏书的

---

① 丘濬：《重编琼台会稿诗文集二十四卷》，载沈乃文主编《明别集丛刊 第一辑》第四十五册，黄山书社，2013年，第8页。
② 丘濬著，林冠群、周济夫校点：《大学衍义补》，京华出版社，1999年，第803页。

长期保存同样是艰巨的挑战。因此，我国古代藏书家，在藏书处所的建置方面，首先要解决的就是防火防水的问题。对此，丘濬的应对之道是营建藏书石室。

他在海南老家建造的"藏书石室"并非虚指，而是货真价实的"石室"。

> 顾南方卑湿，竹帛不可久藏，竭平生积聚鸠工，凿石以为屋，凡梁柱楹瓦之类，皆石为之，不用寸木。①

海南气候闷热潮湿，木材易朽，不利收藏，于是丘濬便将藏书楼建成了古代不多见的砖石结构。石材隔绝地气、防潮除湿的效果较木材更佳，是因地制宜的措施。建藏书石室的经验，后来也被丘濬应用到国家藏书处所的营建上来，"夫既无金石藏书之具，又无名山藏副之制，臣愚过虑，欲乞朝廷于文渊阁近便去处，别建重楼一所，不用木植，专用砖石垒砌为之，如民间所谓土库者，收贮紧要文书，以防意外之虞"②。石材坚固，防火、防盗的功能也强于木楼，对于国家重要典籍，当筑石室储之。

《图籍之储》和《请访求遗书奏》完成后不久，丘濬便离开了人世，迄今并无材料可以证明丘濬"藏书石室"的建议是否得到实行。据《春明梦余录》载：

---

① 丘濬著，周伟民、王瑞明、崔曙庭等点校：《藏书石室记》，载《丘濬集》第九册，海南出版社，2006年，第4357页。
② 丘濬著，周伟民、王瑞明、崔曙庭等点校：《请访求遗书奏》，载《丘濬集》第八册，海南出版社，2006年，第3988页。

弘治五年，阁学士丘濬请于文渊阁近地别建重楼，不用木植，但用砖石，将累朝实录、御制玉牒及干系国家大事文书，盛以铜柜，庋于楼之上层；如诏、册、制、诰、行礼、仪注，前朝遗文、旧事，与凡内府衙门所藏文书，可备异日纂修全史之用者，盛以铁柜，庋之下层。每岁曝书，先期奏请，委翰林院堂上官一员晒晾，事毕封识。内外衙门因事欲有稽考者，必须请旨，不许擅开。旨允行。①

如所记非虚，丘濬的建议应该已经得到了皇帝的许可，明代宫廷中确实建有收藏秘本、皇室文献等重要文献的藏书石室。

（三）论官府藏书源流

在《图籍之储》和《请访求遗书奏》中，丘濬使用了相当篇幅来论述历代官府藏书的情况。《图籍之储》首叙六经之来历，以及上古时期掌管图书典籍的职官设置；其后按照朝代辑录各个时期官府藏书聚散、整理之史料；最后附以按语，进行整体评述。比如对于汉成帝时期，使谒者陈农访求天下遗书，命中禄大夫刘向校书之事，丘濬按语评其："汉以来遣使求书始此。"② "其述作日多，卷帙浩繁，难于聚而易于散失，苟非在位者收藏之谨，而购访之勤，安能免于丧失哉？不幸而有所丧失，明君良佐咸以斯文兴丧为念，设法招求，遣使搜采，悬赏以购之，授官以酬之，使其长留天地间，永为世鉴，以毋贻后时之悔，岂不韪欤！"③ 他高度赞扬了重视国家藏书建设的行为，认为足以为后世借鉴，同时也揭示了国家藏书的

---

① 孙承泽著，王剑英点校：《春明梦余录》（上），北京古籍出版社，1992年，第154页。
② 丘濬著，林冠群、周济夫校点：《大学衍义补》，京华出版社，1999年，第802页。
③ 丘濬著，林冠群、周济夫校点：《大学衍义补》，京华出版社，1999年，第803页。

重要意义。

在历数秦汉以来官府藏书聚散情形后,他分析了一代藏书盛衰的缘由:"惟经籍在天地间,为生人之元气,纪往古而示来今,不可一日无者。无之则生人贸贸然,如在冥涂中行矣。其所关系岂小小哉!民庶之家,迁徙不常,好尚不一,既不能有所广储,虽储之亦不能久。所赖石渠延阁之中,积聚之多,收藏之密,扃钥之固,类聚者有掌故之官,阙略者有缮写之吏,损坏者有修补之工,散失者有购访之令,然后不至于湮烂散失尔。"① 皇权时代的藏书事业,其命运全系于最高统治者的一念之间,私人藏书虽富,但个人抵御时代变迁的能力较弱,只有用国家的力量,专人管理,勤于修补、整理,才能保证一代图籍之储。所谓"汉唐宋创业之君,承乱离之后,莫不先收图籍"②。将藏书与国运兴衰联系在一起,为其"图籍之储"的建议提供充分的论据支撑。

应当说,丘濬对于藏书价值以及藏书发展的论述并没有超越时代,只是皇权时代儒士对这个问题的一般看法,但他以阁臣之尊,能够充分认识到统治者的重视程度,决定了一个朝代图籍之储的兴衰荣辱,进而撰写专文论述此事,并将之收入专门讨论国家治平之策的《大学衍义补》,在明代名臣中是绝无仅有的,这也说明丘濬的眼光是超越他的同僚的。

(四)论搜访遗书

治乱交替,是皇权政治不可避免的宿命。兴盛之世,则藏书宏

---

① 丘濬著,周伟民、王瑞明、崔曙庭等点校:《请访求遗书奏》,载《丘濬集》第八册,海南出版社,2006年,第3984页。
② 丘濬著,周伟民、王瑞明、崔曙庭等点校:《请访求遗书奏》,载《丘濬集》第八册,海南出版社,2006年,第3987页。

富;离乱之世,则藏书凋零,这是由古代社会发展规律决定的,非人力所能逆转。皇权时代解决这个问题的方法,就是所谓的"访求遗书"。新的王朝建立初期,"莫不先收图籍",甚至不惜为此付出高昂的成本,"遣使分行天下,括访悬赏以购之,授官以酬之"。[①]对此,丘濬当然也不可能提出超越时代的解决方案,但对"访求遗书"之策,丘濬给予了理论总结及实施步骤的细化。在引述了宋徽宗时的秘书监何志同要求按照书目补充图书的建议后,丘濬认为"此事关系甚大,非惟一时事,盖万世之事也"[②],明确提出搜访遗书应当长期坚持。为此,他还提出了具体的做法:

  臣请敕内阁将考校见有书籍,备细开具目录,付礼部抄誊,分送两直隶十三布政司提督学校宪臣,榜示该管地方官吏军民之家,与凡官府学校寺观,并书坊书铺收藏。古今经、史、子、集,下至阴阳、艺术、稗官小说等项,文书不分旧板新刊及抄本未刻者,但系内阁开去目录无有者,及虽有而不全者,许一月以里送官,其有王府处,启知借录,多方差人询访,设法搜采,期于尽获无遗。行仰所在有司将各处赃罚纸札,并给官钱措办笔墨之费,分散各处儒学生员誊写,惟取成字,不拘工拙,但不许潦草失真,就令各学教官校对既毕,以原本归主,不许损坏不还,其所得书目,先行开具,陆续进呈,通行各处,互相质对,中间有重复者,止令一处抄录毕,装成卷帙,具本差人类解赴京。[③]

[①] 丘濬著,周伟民、王瑞明、崔曙庭等点校:《请访求遗书奏》,载《丘濬集》第八册,海南出版社,2006年,第3987页。
[②] 丘濬著,林冠群、周济夫校点:《大学衍义补》,京华出版社,1999年,第808页。
[③] 丘濬著,周伟民、王瑞明、崔曙庭等点校:《请访求遗书奏》,载《丘濬集》第八册,海南出版社,2006年,第3987页。

其议具有很强的可操作性，就实现路径、人员配备、经费来源等相关方面都给出了具体方案，可见是丘濬经过深思熟虑、反复琢磨后才提出的。

（五）论藏书管理

在藏书管理措施方面，丘濬提出应当分地而藏的观点。他认为，自古以来官府藏书的处所就非止一处，分散而藏的好处是可以有大量副本，避免了绝版的风险。因此，他建议"请于内阁见存书籍，内查有副余之本，各分一本送两京典籍厅国子监收掌"①，"南北两京文渊阁所藏书籍，凡有副本，于南京内阁及两监各分贮一本"②。

除了分藏，丘濬还极力主张实行"副本"制度，对于本就有副本的书分而藏之，没有副本的则要以国家力量组织人力抄写，"其止有一本无副余者，将本书发下国子监敕祭酒司业行取监生抄录，字不必工，惟取端楷，录毕散各堂官校对，不许差错，每卷末识以誊写监生、校对教官衔名。其师生只照常例俸廪，别无支给，挨次差拨如常"，然后将副本分藏各处，以保"永无疏失之虞"。③ 既不增加政府开支，又保证了图书的副本率，可谓老成谋国之论。

在管理制度方面，丘濬主张设专官分理。明洪武年间，废秘书监，官府图籍之储统归翰林院执掌，国家藏书管理的力度有所削

---

① 丘濬著，周伟民、王瑞明、崔曙庭等点校：《请访求遗书奏》，载《丘濬集》第八册，海南出版社，2006年，第3985页。
② 丘濬著，林冠群、周济夫校点：《大学衍义补》，京华出版社，1999年，第808页。
③ 丘濬著，周伟民、王瑞明、崔曙庭等点校：《请访求遗书奏》，载《丘濬集》第八册，海南出版社，2006年，第3985、3986页。

弱。丘濬"请于典籍之外，其修撰、编修、检讨，皆以编辑校定之任专委其人，而责其成功，每岁三伏，会官曝书如宋制，因阅其数"[1]。实际上是要求官府藏书应当建立专人专管的制度，人尽其责，以免推诿，使得一代典籍不至散亡。

除了制度建设，丘濬还反复强调严格落实制度的重要性。对图书内容要严加校雠，对书籍本身则要勤于曝晒。书籍的取阅、流通也要严格遵守制度，"查算毕事封识扃钥，岁以为常。南监锁钥则付南京翰林院掌印官收掌，其曝书给酒食亦如北监之例，皆不许其监官擅自开匮取书观阅，并转借于人，内外大小衙门，因事有欲稽考者，必须请旨，违者治以违制之罪"[2]。这些管理思想，对于后世图书馆管理仍有一定的借鉴价值。

第二节 焦 竑

焦竑（1540—1620），字弱侯，号澹园，江宁（今江苏南京）人。万历十七年（1589）状元，初官翰林，后因事被贬，遂弃官归家，潜心著述。焦竑是明代中晚期执思想界牛耳的阳明心学的传人，既继承了心学左派的批判精神，同时也注重实学，毕生博极群

---

[1] 丘濬著，林冠群、周济夫校点：《大学衍义补》，京华出版社，1999年，第808页。
[2] 丘濬著，周伟民、王瑞明、崔曙庭等点校：《请访求遗书奏》，载《丘濬集》第八册，海南出版社，2006年，第3989页。

书，尤擅史学、考据，代表作包括《澹园集》《焦氏笔乘》《国朝献征录》等。焦竑任职翰林院期间，曾经参与明朝国史的修撰工作，这次修史虽以失败告终，但散馆后，焦竑将其负责修拟的国史艺文志稿本，以《国史·经籍志》之名刊行，该书是明代目录学代表作之一。

一、生平与著述

明嘉靖十九年（1540），焦竑出生在南京城中一个世袭军户家庭。焦家祖籍山东日照，其始祖焦朔因有从龙之功，被朱元璋封为世袭千户，此后便定居南京，焦家的子孙后代也就成了土生土长的南京人。虽然有世袭的武职，但明代中下层军官俸禄微薄，社会地位也不高，焦竑的父亲焦文杰希望儿子弃武从文，参加科考，改换门庭。

焦竑兄弟共四人，他排行第三。长兄焦瑞亦业儒，文才卓著，有贤名，以教授生徒度日。焦竑自幼聪敏过人，被父兄寄予厚望，他幼时的课业，便是由长兄亲授的，因此，焦竑终身都十分崇敬兄长。嘉靖三十四年（1555），焦竑以南都第一名的成绩进入应天府学深造，从此才名远播，受到了许多当世大儒的赏识。嘉靖四十三年（1564），焦竑乡试中举，本以为就此踏上青云之路，没想到却困顿场屋多年。从嘉靖四十四年（1565）开始，二十五年间，焦竑先后七次参加会试，全都落榜。所幸在举业之外，焦竑是一个阅读兴趣广泛的人，虽然连年名落孙山让他伤心失望，但对学问的不懈追求，使他的思想日渐丰满。

焦竑的青少年时代，是心学左派最为活跃的时期，同时，南京也是当时的文化中心，名儒大家齐聚，讲学之风盛行。焦竑先后入泰州学派著名学者罗汝芳、耿定向、王襞，白沙学派史惺堂等人门下学习，精研"心性之学"，由是学问日进，诸位师长也对焦竑的才华称赞不已，耿定向更是以"国士"待之。在师友的奖掖称颂下，焦竑声名大噪，四方高士学人闻焦竑之名，不远千里前来拜谒求教者不计其数。相与往还的，都是如李贽、陈第、万达甫等一时之选。虽然科场遇阻，但这一时期的焦竑除了"心性之学"，还广泛涉猎词章、诸子、文物、典章、考据、训诂等学问，《焦氏笔乘》《焦氏类林》等代表作，也都酝酿于这一时期。用焦竑自己的话来说就是："余少嗜书，苦家贫不能多致，时从人借本讽之。顾性极愚，随讽随忘，有未尽忘者，往来胸臆，又不能举其全为恨。……庚辰读书，有感葛稚川语，遇会心处，辄以片纸纪之。甫二岁，计偕北上，因罢去。残稿委于筐笥，尘埃漫灭，不复省视久矣。李君士龙见之，谓其可以资文字之引，用备遗忘之万一也，乃手自整理，取《世说》篇目括之。"[①]

虽然学问大成，以一介布衣而居文坛领袖，但好胜心极强的焦竑并不甘心科举考试的失败。万历十七年（1589），第八次参加会试的焦竑高中一甲七名，在殿试时更被皇帝钦点为头甲头名，就是俗称的"状元"，正所谓"不鸣则已，一鸣惊人"。大魁之后，焦竑被授予翰林院修撰之职，从此开启了十年的京官生涯。

翰林院修撰是清望之官，主要负责掌管翰林院图籍、研究历代典章制度以备顾问，以及国史、起居注修撰等。焦竑对于在翰林院任职，应当是非常满意的，虽然官场人际关系复杂，但并没有影响

---

① 王士禛：《五代诗话》（二），商务印书馆，1937年，第54页。

焦竑热情地投入到本职工作中去。然而，耿介、率真的焦竑终究是无法适应明末波诡云谲的官场的。

万历二十二年（1594），焦竑被选为皇长子的讲读官之一，成为未来皇帝的老师，这对皇权时代的读书人来说是莫大的荣耀，焦竑也不例外。他尽心尽力地教导皇长子，甚至还根据小皇子年幼、内向的特点，博采从春秋到唐宋有作为的皇太子修身、齐家、治国、平天下的故事，编撰了一本《养正图解》，作为皇长子的专门教材。然而这本书却为焦竑埋下了祸端，同时担任皇长子讲读官的郭正域出于嫉妒，对焦竑独力编撰此书十分不满。一些内阁大学士也担心焦竑此时大出风头，是为了将来取而代之做准备。由此，焦竑不自觉地陷入官场倾轧的密网中。

万历二十五年（1597），焦竑出任顺天乡试副主考官。考试还未结束，外间已流言四起。言官们搜罗流言，上疏弹劾焦竑收受贿赂，取士非人，所取中的试卷语涉险诞不敬。焦竑虽上疏申辩，但无奈朝中欣赏支持他的王锡爵、申时行、陈于陛等人或已致仕，或已去世，在反对派的极力围攻下，焦竑被贬为福建宁州同知。隔年春，焦竑在好友李贽的陪同下，携带家眷和多年收集的书籍买舟南下，至福建赴任。在任上，官场的倾轧仍然没有停止，第二年北京吏部"大计"，焦竑又被加上"浮躁"的评语。至此，焦竑终于心灰意冷，再也无心仕途了。他索性辞官归乡，从此过上了逍遥林下、读书撰述的日子。

焦竑在南京的读书处名叫"退园"，又称"澹园"，其间建有一座藏书楼，名为"五车楼"，有"明代藏书之富，南中以焦氏为第一"①的美誉。明末藏书家祁承㸁在《澹生堂藏书训》中记载了焦竑的藏书史实:"金陵之焦太史弱侯,藏书两楼,五楹俱满,余所目睹,而一一皆经校雠探讨,尤人所难。"②这说明,焦竑不仅是一位藏书家,更是一位读书家,他藏书不是为了自夸炫奇,而是为了支持自己和友人钻研学问。焦竑为其藏书编有《焦氏藏书目》两卷,明末清初黄虞稷《千顷堂书目》著录,但今未见传本,恐已散亡。焦竑的藏书印有"澹园焦氏珍藏""子子孙孙永保""保瓮轩""竹浪斋品""弱侯""漪南生""弱侯读书记"等。

依靠自己宏富的藏书,在隐居林下的20余年里,焦竑完成了大量重要著作。

《澹园集》,又名《欣赏斋集》,正集49卷,续集35卷,另有别集若干卷。正集刻于万历三十四年(1606),续集刻于万历三十九年(1611),主要收录焦竑壮年至晚年的作品。

《焦氏笔乘》,正集6卷,初刻于万历八年(1580),后与补充的别集6卷合刻于万历三十四年,主要收集焦竑考据学方面的成果。

《俗书刊误》12卷,据焦竑自云,是自己早年教孩子识字的读本,主要内容是对易错字的辨正。

《国朝献征录》120卷,是焦竑最重要的史学著作,主要收录了明代人物的行状、志传、墓志等传记史料。

焦竑的一生,恰如其弟子徐光启的评论:

---

① 徐雁、谭华军:《南京的书香》,南京出版社,1996年,第42页。
② 祁承㸁著,郑诚整理:《澹生堂读书记 澹生堂藏书目》(上),上海古籍出版社,2015年,第16页。

吾师澹园先生，粤自早岁则以道德经术标表海内，巨儒宿学，北面人宗；余言绪论，流传人间，亡不视为冠冕舟舫矣。泊登朝列，珥笔承明著作之庭，高文大篇，奇丽雄富。暂卧东山，休息乎道林艺圃，远近宗挹，履满限穿，答问更繁，述作尤盛。①

二、《国史·经籍志》的成书

《国史·经籍志》是焦竑文献目录学方面的代表作，以"国史"名之，是因为此书是万历年间一次国史编纂活动的"产品"。万历二十二年（1594），礼部尚书陈于陛上奏倡议编修"国史"，即明朝的当代史。获得皇帝批准后，陈于陛推荐焦竑参与其事。焦竑本就有志于史学，自然欣然领命，代替陈于陛拟定了修史的体例、人员配置、资料收集、整理方案等项，这些具体措施后被收入《澹园集》"论史""修史条陈四事议"等文章中。焦竑的建议被采纳后，他很快便将全部精力投入到资料收集，"殚日夜之力，取累朝训录及海内碑铭、志状、表传之属尽录之，下及齐谐小说，靡不诠择"②，又多方搜集藏书世家的家藏秘录，为国史修撰做了大量前期准备工作。

然而明朝中后期的朝廷，派系林立，矛盾重重，万历皇帝消极怠政，加剧了朝堂的混乱局面。大学士张位，因修史建议不出于己意，且未能得到史馆总裁的职位，心怀怨恨，一直在暗中作梗，破

---

① 徐光启：《尊师澹园焦先生续集序》，载郭皓政、甘宏伟编著《明代状元史料汇编》（下），武汉大学出版社，2009年，第1376页。
② 焦竑编撰：《国朝献征录》，广陵书社，2013年，黄汝亨序。

坏修史之事。万历二十四年（1596），陈于陛病逝，史馆总裁、时任内阁首辅王锡爵也致仕还乡，失去了高层的奥援，史馆之事无人问津，修史工作举步维艰。更为不幸的是，万历二十五年（1597），皇宫大火，靠近皇极门的史馆也未能幸免，已成的文稿与原始档册全部被烧毁。张位等人借机上奏，关停史馆，停止修史。在此过程中，焦竑一直恪尽职守，埋首于文山牍海中，苦心孤诣地收集史料。史馆被罢后不久，焦竑也因故被贬斥出京，旋即辞职还乡。大约是焦竑手头还存留了一个为修国史而准备的材料的副本，归乡后，焦竑以这些史料为基础，编成了《国史·经籍志》和《国朝献征录》二书。

其中，《国史·经籍志》包括正集6卷、《纠谬》1卷，初刻于万历三十年（1602），主要版本有：万历三十年陈汝元函三馆初刻本、万历间徐象橒曼山馆刻本、清初木活字印本、清末伍崇曜据旧抄本刻印《粤雅堂丛书》五集本等，最常见的版本是1939年商务印书馆据粤雅堂本排印的《丛书集成初编》本。

三、《国史·经籍志》的影响与理论贡献

《国史·经籍志》刊行后流传甚广，但对其的评价却呈现两极分化的态势。批评者中以《四库全书总目》的观点最具代表性，认为：

顾其书丛钞旧目，无所考核，不论存亡，率尔滥载。古来目录，惟是书最不足凭。世以竑负博物之名，莫之敢诘，往往贻误后生。其

谲词炫世，又甚于杨慎之《丹铅录》矣。①

概言之，其认为焦竑此书乃采辑众家书目而成，并未一一核验原书，因此错误疏漏甚多，而且不论书籍存亡，尽载入目，不符合古代正史艺文志"记一代藏书之盛"或"记一代著述之盛"的旧例。至于后面对焦竑"贻误后生""谲词炫世"的评价，已经脱离了学术评价的范畴，变成了人身攻击，就不足论了。《四库全书总目》由于其官修的性质，在清代中后期影响极大，四库馆臣对《国史·经籍志》的指摘也极大地影响了人们对该书价值的认识。

那么，四库馆臣对《国史·经籍志》的评价是否客观呢？首先，应当说焦竑的《国史·经籍志》确非尽善尽美。前面我们已经介绍了《国史·经籍志》的编纂缘由，万历年间的这次修史活动，历时两年多时间草草收场，从头至尾大约也只有焦竑一人投入了大量心血。在修撰国史的背景下，焦竑可以博览中央各机构的藏书，但明代的官府藏书经历了初期的繁荣后，至嘉靖、万历年间，早已零乱不堪，至万历三十三年（1605）张萱等人奉命整理内阁藏书时，较之《文渊阁书目》仅余十分之一。这是焦竑修撰国史十余年后的境况，由此不难想象焦竑当时面临的国家藏书凋零的景象，"记一代藏书之盛"的条件显然是不具备的。

至于当代著述，古代官府藏书向不注意，且清初《明史·艺文志》之前，史志书目尚无通纪一代著述的先例。权衡之下，摆在焦竑面前可行的道路只剩下一条，那就是在广泛参考前代及当代著录的基础上，辅以政府和私人收藏的图书，通纪古今著述。事实上，

---

① 永瑢等：《四库全书总目》卷八七，中华书局，1965年，第744页。

《国史·经籍志》对宋代以前图书的著录,以郑樵《通志·艺文略》为基础,同时参考了一些流传下来的前代书目;元以后的书籍则参考《文献通考·经籍考》和明代的多家书目。焦竑以这些书目为基础,排比异同,参酌去取,撰写了初稿,然后再对部分知见图书,进行了更为深入的考证。这样的工作模式,决定了《国史·经籍志》的资料价值要高于其著述价值。由于记录太过驳杂,且只有短短两年多时间,因袭前人之误或失考之处比比皆是,也就不足为怪了。

然而,承认《国史·经籍志》存在的问题,不代表否定其价值。四库馆臣对焦竑的评价,明显带有学术道路之争的影子,因为焦竑与李贽为挚友,且同样是心学干将,这与乾嘉学派推崇的学风是背道而驰的,故对焦竑的评价便不免带有"目为异端"的色彩。今天,我们客观地考察《国史·经籍志》在文献学方面的贡献,其价值主要表现在以下几个方面。

一是,通纪历代存佚图籍的做法虽与"国史"之名不符,但为创新史志目录体例打下了基础。明末清初黄虞稷的《千顷堂书目》,以及在此基础上修成的《明史·艺文志》,就吸取了焦竑的经验,改历代史志目录"记一代藏书之盛"的通行做法为"记一代著述之盛",革新了史志目录的体例,并取得了公认的成果。焦竑的"失败"成为后人"成功之母"。

二是,焦竑极力推崇宋代郑樵的《通志·艺文略》,《国史·经籍志》的体例多袭郑志,在具体的类目设置上又有所创见,丰富了我国古代图书分类体系。《国史·经籍志》采用三级分类法,部分类目甚至分到四级,在我国古代目录学"重叙录,轻类例"的总体倾向下,郑樵与焦竑的做法显得"另类"而别具新意。其一、二级类目设置如下：

制书 4 类：御制、中宫御制、敕修、记注时政。

经部 11 类：易、书、诗、春秋、礼、乐、孝经、论语、孟子、经总解、小学。

史部 15 类：正史、编年、霸史、杂史、起居注、故事、职官、时令、食货、仪注、法令、传记、地理、谱牒、簿录。

子部 16 类：儒家、道家、释家、墨家、名家、法家、纵横家、杂家、农家、小说家、兵家、天文家、五行家、医家、艺术家、类家。

集部 6 类：制诏、表奏、赋颂、别集、总集、诗文评。①

与《通志·艺文略》相比，其分类体系既有继承更有创新。《通志·艺文略》采用十二类八十二家四百四十二种的体系结构，《国史·经籍志》则是五部五十二类三百〇三属，《国史·经籍志》将《通志·艺文略》的十二类按照更为通行的分法纳入四部，新增制书类，收录御制文献、时政记注。《国史·经籍志》所谓的"五分法"，实际上是对经、史、子、集四部分类法的微调，将御制文书单独列类，这也符合皇权时代人们的认知习惯，具有一定的合理性。此外，其在子目设置上亦颇有可取之处，比如"易"类删"拟易"目；"书"类删"古文经""集注""义训""小学""逸篇""续书""逸书"诸目；史部增设"时令""食货""仪注"类；子部增设"名家"类，子部"道家"增"诸经、杂著"；"释家"增"经、律、论、义疏"等，都是根据学术发展、图书数量增减做出的适应性调整。

---

① 见焦竑《国史经籍志》，中华书局，1985 年。

由于《国史·经籍志》在分类体系方面确有创见,虽然不见容于四库馆臣,但仍有不少清代学者对《国史·经籍志》颇为推崇。如雍正年间奉命修明史的史学家金门诏就称其"类聚群分,灿然明备"①,并且计划按照焦竑的体例编撰明史经籍志。②章学诚也认为,焦竑"部次群书,所以贵有知言之学"③,意即焦竑在分类图书时,能够做到以书籍内容和学术思想的源流为首要标准,而非简单地按照书名类分。

三是,《国史·经籍志》的著录内容,完善了古代目录的著录款目。《国史·经籍志》的著录项目有书名、卷数、著者,间或有著者时代、著作方式及简要注释。注释内容包括揭示著述的主要内容、创作主旨、版本源流、书名由来、著者事迹等。此外,焦竑还恢复了史志目录小序的传统,在四部四十八类后,均附一篇小序,说明本类之源流变迁,加上制书类的总序,一改《隋书·经籍志》以来史志目录多无小序之例,赓续向、歆父子,强化了目录"辨章学术,考镜源流"的功能。清末著名文献学家周中孚就评价他:"弱侯能参之汉、隋志例,各于分目之后,作总论目一则,以畅发其大旨,是又新旧唐志、宋志所不及为者,所谓质有其文也,此则加于人一等矣。"④

总之,作为郑樵《通志·艺文略》之后唯一一部通纪古今图籍存佚的书目,焦竑已凭借一己之力做到了最好。受个人知见所限,

---

① 金门诏:《补三史艺文志序》,载雒竹筼遗稿、李新乾编补《元史艺文志辑本》,北京燕山出版社,1999年,第552页。
② 王重民:《〈明史艺文志〉与补史艺文志的兴起》,载华东师范大学图书馆学系编《中文工具书参考资料选辑》,1983年,第579页。
③ 章学诚著,刘公纯标点:《校雠通义》,古籍出版社,1956年,第25页。
④ 周中孚:《郑堂读书记》(四),商务印书馆,1937年,第583页。

《国史·经籍志》在著录、分类等方面的缺陷是客观存在的,但是我们同样应当看到,该书在保留前代史料、分析古今学术源流以及文献考据方面所做出的贡献,从而给予其恰当的评价。

第三节 胡应麟

胡应麟(1551—1602),字元瑞(或明端),浙江兰溪(今金华)人,号石羊生、少室山人,明代中后期著名学者、藏书家。应麟少应科举,屡试不第后潜心著述,涉猎极广,著作颇丰,与杨慎、焦竑、陈耀文一道被誉为明代中叶的四大博学家。他的文献目录学代表作《经籍会通》,被学者誉为"堪称我国第一部较有系统的目录学史著作"[1] "中国第一部文献辨伪学专著"[2] 等,其为明代图书馆学理论发展做出了突出贡献,是我国古代非常重要的一位图书馆学家。

一、生平与著述

嘉靖三十年(1551),胡应麟生于浙江兰溪的一个书香世家。

---

[1] 王国强:《胡应麟在目录学史中的地位》,《四川图书馆学报》1986年第2期。
[2] 王嘉川:《布衣与学术——胡应麟与中国学术史研究》,商务印书馆,2005年,第529页。

胡氏世代业儒，远祖胡瑗是宋代著名教育家，一代儒宗。元代末年，为躲避战乱，胡氏举家迁往兰溪，其后便世代生活于此。胡应麟的祖父胡富，以经商为业，其子胡僖，也就是胡应麟的父亲，幼年时遵从父命学习医术，后来感到当一个好医生只能为部分人解决苦难，但读书应举则可造福一方百姓，于是弃医业儒，在嘉靖三十八年（1559）高中进士。应麟母宋氏，出身当地望族，其父宋震，屡试不第，遂以藏书自娱，筑"雪溪堂"，"聚书万轴卧其中，经史子集环向恣读之"①，在当地极有声望。受家学熏陶，宋氏虽不谙笔墨，但强于记识，过耳不忘，有较高的文化素养。

在这样的家庭环境中成长的胡应麟，幼年即接受良好的教育，很早便养成了藏书与读书的习惯。"五岁，父口授之书辄成诵，使属对，必工"②，七岁"于世事百无一解，亦百无一嗜，独偏嗜古书籍"③。而少年时期的胡应麟，也早早显示出与众不同的志向。嘉靖三十八年，九岁的胡应麟被父亲送入村塾学习举业，一贯好学的他却表达了对制艺的厌恶。受到父亲责备后，胡应麟回应道："吾乡范（祖幹）、金（履祥）二贤皆布衣也，何仅以科名重？"④而他的阅读兴趣也确实不在八股文上，父亲收藏的《古周易》《尚书》《诗经·国风》及左丘明、庄周、屈原、司马迁、司马相如、曹植、杜甫诸家之文，才是胡应麟心头所好。所幸，胡僖是一位开明的父亲，面对儿子有些特立独行的想法，他并没有强力压制，而是以通达的态度，让胡应麟按照自己的喜好广泛地阅读书籍，这为应麟后

---

① 胡应麟：《先宜人行状》，载沈乃文主编《明别集丛刊 第四辑》第三十六册，黄山书社，2015年，第254页。
② 王嘉川编著：《胡应麟年谱简编》，上海交通大学出版社，2017年，第14页。
③ 王嘉川编著：《胡应麟年谱简编》，上海交通大学出版社，2017年，第16页。
④ 王嘉川编著：《胡应麟年谱简编》，上海交通大学出版社，2017年，第18页。

来走上通博的治学道路打下了坚实的基础。

十五岁时，胡应麟完成了自己的第一部学术著述《华阳博议》，此书对明代以前的学术思想进行了一次梳理。在这部书里，胡应麟热情表达了对荀况、屈原、司马迁、董仲舒等学问淹通之人的钦敬。胡应麟生活的时代，正是心学势大、"前七子"文学复古之风余音未歇的时期，受到心学末流的影响，晚明的文风走向了空疏、浮泛，文人学士空谈心性，不务实学。胡应麟对此是十分不以为然的，他说："弘、正诸贤，号称复古，操觚云涌而咸以读书为戒，至有晋、魏以还，茫然心目者。噫！是讵可闻于邻国也。故不肖妄谓，国朝文章之盛，几轶古先，而学问之衰，无逾晚季。至于嘉、隆，玄谈日沸，即豪特之士崛起其间，而属辞者虞讥于堆刹，多识者取诮于支离。"① 为了拯救时弊，胡应麟提出的"药方"就是博览群书，"学者诚博阅古今，渔猎既广，识见自融"②。在心学盛行的背景下，胡应麟的这些主张无疑是相当有勇气的，在通博的基础上追求融会贯通，也成为其一生追求的学术理想。

然而，胡应麟虽然少有诗名，博学多才，但科场之路并不顺遂。万历四年（1576）中举后，他多次参加会试均名落孙山，最终绝意仕途，遍历大江南北，四方交游；晚年返回家乡，筑楼藏书，潜心著述。与应麟相善者，均为一时之选，尤其得到晚明文坛领袖王世贞的赏识。世贞长应麟二十五岁，是明代文学复古运动"后七子"领袖之一，在李攀龙去世后，独掌文柄二十余年。应麟的诗文极得世贞赞许，并亲点应麟为其衣钵传人，对应麟多方提携。其他与应麟相往还者尚有朱衡、周天球、潘季驯、吴从宪、康从理、汪

---

① 胡应麟：《少室山房类稿》卷一百十二，明万历四十六年江湛然刻本，第5—6页。
② 胡应麟：《少室山房笔丛》，上海书店出版社，2009年，第409页。

道昆、张凤翼、张九一、王世懋、喻均等人，李维桢、屠隆、魏允中、赵用贤四人还与胡应麟一起被称为"末五子"。他们诗歌酬唱，互通藏书，研讨学问，这对胡应麟学术思想的形成起到了促进作用。

回到家乡后，胡应麟借上古传说中黄帝藏书处大酉山、小酉山的典故命名自己的藏书楼为"二酉山房"，从此闭门读书，不问世事。其书斋"书之外，一榻、一几、一博山、一蒲团、一笔、一砚、一丹铅之缶而已。性既畏客，客亦见畏。门屏之间剥啄都尽。亭午深夜，坐榻隐几，焚香展卷，就笔于研，取丹铅而雠之，倦则鼓琴以抒其思"①。

胡应麟著述极勤，著有《六经疑义》《史蕞》《诸子折衷》《皇明诗统》《皇明律范》《古乐府》《古韵考》《交游纪略》《酉阳续俎》《隆万新闻》《隆万杂闻》《骆侍御忠孝辨》《补刘氏山栖志》等，最为著名的著作是《少室山房类稿》120卷、《少室山房续稿》15卷、《少室山房笔丛》48卷、《诗薮》20卷，其中《少室山房笔丛》和《少室山房类稿》被收入《四库全书》。

二、藏书与读书

胡应麟在文献学代表作《少室山房笔丛》中，将明代藏书家分为两类，"列架连窗，牙标锦轴，务为观美，触手如新，好事家类也；枕席经史，沉缅青缃，却扫闭关，蠹鱼岁月，赏鉴家类也"②。

---

① 胡应麟：《少室山房笔丛》，上海书店出版社，2009年，第26页。
② 胡应麟等著，王岚、陈晓兰点校：《经籍会通 外四种》，北京燕山出版社，2008年，第53—54页。

以胡氏藏书之癖之深，将其归为鉴赏家自无异议，与此同时，作为一名知名学者，胡应麟的藏书是为其著述服务的，所谓"读书家之藏书"，大约是对二酉山房主人最恰当的评价。

胡氏父子都是好书之人，但早年灾荒俸薄，胡家的生活很是困顿，时常需要借贷乡里，藏书之癖大受影响，多有帙繁价重不能致之的遗憾。嘉靖三十八年（1559），胡僖考中进士，将家眷接到京城。此后，胡应麟便随父亲开启了宦游各地的旅程。随着胡僖的升迁，家庭经济状况有所好转，且其转任多处的经历，也为胡应麟收书提供了便利。据胡应麟自己回忆：

> 余自髫岁夙婴书癖，稍长，从家大人宦游诸省，遍历燕、吴、齐、赵、鲁、卫之墟，补缀拮据，垂三十载。……大率穷搜委巷，广乞名流，录之故家，求诸绝域。中间解衣缩食，衡虑困心，体肤筋骨靡所不惫。①

他的老师兼密友王世贞也谓其："余友人胡元瑞，性嗜古书籍，少从其父宪使君京师。君故宦薄，而元瑞以嗜书故，有所购访，时时乞月俸，不给则脱妇簪珥而酬之，又不给则解衣以继之。"② 其中，"解衣继之"就源于胡应麟一次真实的购书经历。据《少室山房笔丛》记载，应麟箧中原藏有张文潜《柯山集》残本，一次偶然的机会，在临安陋巷书肆发现了《柯山集》抄本十六帙，正好可配齐原藏。应麟大喜过望，决意购买，但当时身上"不持一钱"，于

---

① 胡应麟等著，王岚、陈晓兰点校：《经籍会通 外四种》，北京燕山出版社，2008年，第48页。
② 胡应麟：《少室山房笔丛》，上海书店出版社，2009年，第26页。

是取囊中绿罗二匹,并解"所衣乌丝直裰、青蜀锦半臂罄归之",正要成交之时,恰好被官长召唤。于是约定次日前来买进。是夜,胡"通夕不寐。黎明不巾栉访之,则夜来邻火延烧,此书倏煨烬矣",应麟为之"大怅惋弥月",惋惜之情跃然纸上。①

为了获得心仪的书籍,胡应麟有时甚至会采用一些不太"光明"的手段。谢肇淛《五杂组》就曾记载一事:应麟同里著名藏书家虞守愚,藏书万卷,且多为珍本、善本。守愚去世后,子孙均不善守,于是便谋求将家中藏书售卖。应麟得知后,"唉以重价,给令尽室载至,凡数巨舰,及至,则曰:吾贫不能偿也。复令载归。虞氏子既失所望,又急于得金,反托亲识居间,减价售之,计所得不十之一也,元瑞遂以书雄海内"②。先许以重利后又毁约,虽然得书的手段显得不那么"光明",但藏书家为丰富收藏之殚精竭虑亦可见一斑。

应麟的友人中也有不少藏书家,他们之间的交往也为丰富彼此的藏书做出了贡献。应麟在书中曾提及的就包括:"次公(注:王世懋)亦多宋梓,一日燕汪司马,尽出堂中,并诸古帖、画卷列左右,坐客应接不暇。""邺下宗正灌父最蓄书,饶著述,宾客倾四方。尝饷余秘籍数种。""黎惟敬博雅好古,尝罄秘书俸入刻《刘梦得集》。……余有元人陈君采、柳文肃二集,黎过漈水并携去,约刻成寄余。余以二集刻本湮灭,固举赠俾完此举。""里中友人祝鸣皋,束发与余同志,书无弗窥。每燕中朔望日拉余往书市,竟录所无,卖文钱悉输贾人,诸子啼号冻馁罔顾。"王世贞兄弟对胡应麟

---

① 胡应麟等著,王岚、陈晓兰点校:《经籍会通 外四种》,北京燕山出版社,2008年,第46页。
② 谢肇淛:《五杂组》,上海书店出版社,2009年,第265页。

有提携之恩，黎惟敬、童子鸣、祝鸣皋等人，为应麟平生最知己者，这些人"俱余生平同志，余箧所藏往往与互易者"。① 应麟的记述，为我们留下了宝贵的明代私人藏书家史料，也让我们看到古代藏书家聚书之艰难、交往之频繁。

屡试不第的胡应麟回到家乡后，更加醉心藏书与著述，随着书籍数量的增加，应麟在故乡山中——城北后官塘思亲桥畔建造了专门的藏书楼"二酉山房"贮之。其楼之形制、体式亦颇足称道，王世贞《二酉山房记》记之："屋凡三楹，上固而下隆其址使避湿，而四敞之可就日。为庋二十又四，高皆丽栋，尺度若一。"② 充分考虑了采光、避湿等南方藏书的实际需要。另据清光绪《兰溪县志》卷八"古迹"记载，二酉山房的地理环境极其优越，"旁有古楂树，高接云汉，俯蔽池塘，夏日浓阴绿缛，暑气不侵"③。读书其间，实遂应麟生平之志。

耗尽胡应麟一生心血的藏书，其数共约四万卷，明末学者祁承㸁曰："婺州胡元瑞以一孝廉，集书至四万二千三百八十四卷。"④ 胡应麟自己在《石羊生小传》中也说："所购经、史、子、集，其世自洪荒以至昭代，其梓自吴、越以至燕、闽，插架几四万卷。"⑤ 王世贞《二酉山房记》则记录了胡应麟藏书的部类及其具体数量：

所藏之书为部四，其四部之一曰经，为类十三、为家三百七十、为卷三千六百六十；二曰史，为类十、为家八百二十、为卷万一千二

---

① 胡应麟：《少室山房笔丛》，上海书店出版社，2009年，第49页。
② 胡应麟：《少室山房笔丛》，上海书店出版社，2009年，第26页。
③ 任继愈主编：《中国藏书楼》，辽宁人民出版社，2001年，第1088页。
④ 祁承㸁等：《澹生堂藏书约 藏书记要》，古典文学出版社，1957年，第16页。
⑤ 王嘉川编著：《胡应麟年谱简编》，上海交通大学出版社，2017年，第129页。

百四十四;三曰子,为类二十二、为家一千四百五十、为卷一万二千四百;四曰集,为类十四、为家一千三百四十六、为卷一万五千八十,合之四万二千三百八十四卷。①

丰富的私人藏书,为胡应麟读书治学提供了强有力的支持,而胡应麟对前人著述客观平和的态度,则为其成为一代名家奠定了基础。他说:

> 读书大患在好诋诃昔人,夫智者千虑必有一失,昔人所见岂必皆长?第文字烟埃,纪籍渊薮,引用出处时或参商,意义重轻各有权度,加以鲁鱼亥豕,讹谬万端。凡遇此类,当博稽典故,细绎旨归,统会殊文,厘正脱简,务成曩美,毋薄前修,力求弗合,各申己见可也。今偶睹一斑便为奇货,恐后视今犹今视昔矣。
>
> 昔人之说有当于吾心,务著其出处而题之;亡当于吾心,务审其是非而驳之。毋先入、毋迁怒、毋作好、毋徇名,此称物之衡而尚论之极也。今明知其得而掩为己有,未竟其失而辄恣讥弹,壮夫不为,大雅当尔耶?②

对待前人著述,既不盲从,也不随意是今非古,而应秉持实事求是的态度,在博览群书的基础上,剖析源流,进而提出自己的观点。严谨求实的治学之道,使得胡应麟在文学、艺术、经学等各个方面都做出了杰出的贡献,而其最为后人称道者,就是在文献目录学方面的成就。

---

① 胡应麟:《少室山房笔丛》,上海书店出版社,2009年,第26页。
② 胡应麟:《少室山房笔丛》,上海书店出版社,2009年,第409页。

三、文献目录学理论贡献

《少室山房笔丛》是胡应麟文献目录学代表作，全书共分十二部分，包括：《经籍会通》四卷，考证古往今来公私收藏源流，评述目录撰著，总结辨伪理论；《丹铅新录》八卷，是针对明代著名学者杨慎《丹铅录》的纠谬之作；《史书占毕》六卷，史学评论之作；《艺林学山》八卷，文学批评论著集；《九流绪论》三卷，考诸子百家源流、得失；《四部正讹》三卷，辨古书真伪；《三坟补逸》二卷，是对汲冢书的专门考证，辨证《竹书纪年》《逸周书》《穆天子传》等书的史实、流传情况；《二酉缀遗》三卷，采掇古书中的奇闻怪谈；《华阳博议》二卷，杂记古人博闻强识的故事；《庄岳委谭》二卷，纠正俗说巷议之谬；《玉壶遐览》四卷、《双树幻钞》三卷，分论道、释二教源流。上述十二部分，每部分前均有一小序，概括本论题的主旨与创作缘起。每部分再分若干卷，卷前多有简短的引语，说明本题大意，体例严谨，较同时代的著作实胜一等。

从性质上来看，《少室山房笔丛》属于史料笔记，但与其他笔记体学术著作不同的是，《少室山房笔丛》对问题的论述相对比较集中，十二部分各有侧重，虽然部分主题有交叉，但总的来看，各部分内部体例清晰，论述系统完整。其中，胡应麟关于书籍史、文献目录学的思考集中体现在《经籍会通》四卷中，下面我们将以此为主，介绍评述胡应麟在图书馆学理论方面的创见。

（一）《经籍会通》的创作主旨

据胡应麟自识，《经籍会通》初刊于万历十七年（1589），以四卷本的单行本行世,后被收入《少室山房笔丛》。全书共分四卷:第一卷"述源流",总论古今图书典籍之盛衰聚散;第二卷"述类例",通过对古今图书目录类例之比较,评各目得失,述图书分类体系之演变;第三卷"述遗轶",重点辨析子部书的真伪谬存;第四卷"述见闻",述作者知见的明代图书出版、流通情况。在胡应麟之前,我国的文献目录学已有相当进展,不论是收藏源流、图书刊刻、书业发展,还是目录编撰、分类体系沿革等方面,均有重要论著诞生。但如《经籍会通》一般,有条理、系统地综论明代以前图书、收藏事业发展,图书分类体系变革,总结辨伪理论的,尚属首次。那么,胡应麟为什么要编写这样一部书呢?

在《经籍会通·引》中,胡应麟开宗明义地述其著述之志:

凡前代校综坟典之书,汉有《略》、晋有《部》、唐有《录》、宋有《目》、元有《考》,《志》则诸史共之,肇自西京,迄于胜国,纪列纂修,彬彬备矣。……昭代蓁隆,巨儒辈出,诸所撰造,比迹黄虞。惟是经籍一会途编摩尚缺。[①]

历代均有校理典籍之书,至胡应麟生活的明代,著述之盛不逊前朝,但部类群籍、考述源流的书却没有出现。究其原因,胡应麟认为:"概以义非要切体实迂繁,笔研靡资岁月陡旷耳。"[②] 校理群书虽然意义重大,但耗时日久,且不能算个人著述,所以不受当时

---

① 胡应麟等著,王岚、陈晓兰点校:《经籍会通 外四种》,北京燕山出版社,2008年,第3页。
② 胡应麟等著,王岚、陈晓兰点校:《经籍会通 外四种》,北京燕山出版社,2008年,第3页。

的学者重视。有鉴于此，胡应麟立下宏愿：

> 夫以霸闰之朝，草莽之士，犹或拮据坟素、忝窃雌黄，矧大明日揭，万象维新，岂其独盛述鸿裁彪炳宇宙，而胜谈冗辑阔略囊时哉？辄不自揆，掇拾补苴，间以管窥，加之梲藻，稍铨梗概，命曰《会通》，匪直寄大方之嗤笑，抑以为博雅之前驱云。①

胡应麟希望编撰一部会通明代著述的目录，但从《经籍会通》的实际内容来看，是对古往今来目录学和藏书事业史的一次全面回顾，二者并不完全契合。事实上，胡应麟原本的计划更加庞大，《经籍会通二》在评述了明代以前的公私目录后，提出：

> 郑氏《通志》概征往籍，而昔人著作之旨亡所发明；马氏《通考》独纪存书，而异时阙逸之篇靡从考究，且自胜国而后未之及也。余自总卝之岁溺志斯途，南北东西访求余二十载，经史子集类次赢三万编。诵读滋深，犁然有会。间以暇日，会萃二书并四代艺文、诸家目录，以及儒先月旦、文士雌黄，续附胜国。
>
> 皇朝制作，稍以己意列其指归，析类分门总为一集。庶千载简帙之废兴、百氏编摩之得失，一日可以尽其大都。而卷轴繁猥，殆至百数，尚未能脱稿云。②

在认真总结了前代目录编撰的经验教训后，胡应麟认为，编一

---

① 胡应麟等著，王岚、陈晓兰点校：《经籍会通 外四种》，北京燕山出版社，2008年，第3页。
② 胡应麟等著，王岚、陈晓兰点校：《经籍会通 外四种》，北京燕山出版社，2008年，第30页。

部通记古今书籍,考其存佚得失的文献总目十分必要,并且他已经为之付出了多年努力,仅已成的书稿便在百卷以上。无独有偶,万历十四年(1586),胡应麟在自传《石羊生小传》中提到,自己"性尤好纂述",著有"《经籍会通》四十卷"。[①]问题随之就出现了。今日我们常见的《经籍会通》,是《少室山房笔丛》中的四卷本,那么,上述的四十卷乃至百卷本,与通行本之间有何关系呢?解决这个问题之前,我们首先需要明晰的就是胡应麟的"会通"观。

前面在介绍胡应麟生平时已经提到,虽然身处心学盛行的时代,但胡应麟对于空谈心性的学说是不以为然的,他崇尚的是博阅古今的通博之道。在《经籍会通·引》中,他按照这个指导思想为自己的研究设计了路径,所谓"会通",就是要"掇拾补苴,间以管窥,加之棁藻"[②],即在全面掌握历史上与论题相关的全部资料的基础上,对资料按照一定的标准排比、分类,进行纵贯式分析,展现事物发展变化的全貌,然后再提出自己的观点。如此,就不难理解为什么胡应麟明知编撰通纪古今之书目是一件"吃力不讨好的差事",仍然要"知其不可为而为之"。编撰书目,是为了让人们能够直观了解古往今来学术之沉潜升降;梳理历代官私书目之得失,是为了总结编撰经验,完善自己的目录体例。由于四十卷本、百卷本的《经籍会通》今已不存,我们无从得知其书的具体内容,但从通行的四卷本的内容来看,更像是胡应麟计划中通纪百代之书目的绪论或者"编纂体例"。这就可以解释各处记载的《经籍会通》卷数不一的问题了,四卷本大约是胡氏计划中最先完成的部分,是为编

[①] 王嘉川编著:《胡应麟年谱简编》,上海交通大学出版社,2017年,第129页。
[②] 胡应麟等著,王岚、陈晓兰点校:《经籍会通 外四种》,北京燕山出版社,2008年,第3页。

制书目、确定体例做的准备工作。由于其带有总结目录学史、图书事业史的作用,内容上亦可独立成篇,于是便被先行刊印。而一部通纪百代的书目,显然不是个人力量能够胜任的,终胡应麟一生,这部书目都在不断完善之中,但直至其生命的终点,这部涵盖古今的书目也未能完成。所幸,通行本的《经籍会通》,已经系统阐明了胡应麟在分类编目方面的主张,给我们了解这位重要的文献学家提供了线索。

(二)述典籍聚散,考历代书目得失

《经籍会通一》属综论性质,通过资料排比,厘清历代典籍存藏数量,在此基础上,讨论典籍"盛聚"与"大厄"的分期和成因。譬如历代官府藏书的数量、历朝书目所载卷帙数多有歧说,"大抵历朝坟籍,自唐以前,概见《隋志》;宋兴而后,《通考》为详,第其卷帙之数往往异同"[①]。胡应麟首先将前人记载的藏书数量逐一罗列,然后再综合各方史料进行考辨,最后逐朝给出自己考证评定后的数目。在从纵的方面进行分析后,胡应麟又对古代藏书事业的整体发展状况进行了总结——"累朝增益,卷不盈万",每个朝代增加的卷数大致不超过万卷,其原因在于"盖后人述作日益繁兴,则前代流传浸微浸灭,增减乘除,适得此数,理势之自然也"[②]。

概论历代藏书数量后,胡应麟又对藏书事业的发展曲线进行了

[①] 胡应麟等著,王岚、陈晓兰点校:《经籍会通 外四种》,北京燕山出版社,2008年,第10页。
[②] 胡应麟等著,王岚、陈晓兰点校:《经籍会通 外四种》,北京燕山出版社,2008年,第6—7页。

梳理，即所谓藏书的"书厄"或"盛聚"期。"书厄论"源于隋代的牛弘，他将隋代以前五次藏书事业的低谷期归结为"五厄"。胡应麟在此基础上，补充了隋代之后的史实，"牛弘所论五厄，皆六代前事。隋开皇之盛极矣，未几皆烬于广陵；唐开元之盛极矣，俄顷悉灰于安、史。肃、代二宗洊加鸠集，黄巢之乱，复致荡然。宋世图史，一盛于庆历，再盛于宣和，而女真之祸成矣；三盛于淳熙，四盛于嘉定，而蒙古之师至矣。然则书自六朝之后，复有五厄：大业一也，天宝二也，广明三也，靖康四也，绍定五也，通前为十厄矣"①。藏书事业有衰则有盛，有"书厄"必有"盛聚"之时，"笃而论之，则古今书籍盛聚之时、大厄之会各有八焉：春秋也，西汉也，萧梁也，隋文也，开元也，太和也，庆历也，淳熙也，皆盛聚之时也；祖龙也，新莽也，萧绎也，隋炀也，安、史也，黄巢也，女真也，蒙古也，皆大厄之会也"②。如此，则明代以前中国藏书事业的发展史便被简明扼要地勾勒出来了。

概述典籍聚散后，胡应麟将论述重点转向了历代书目之得失。他首先将我国古代书目分为史志目录、官修书目、私人藏书目三大类，然后再按不同类别分别评述。如评史志目录："《隋志》简编，亦多散佚，而类次可观，论辩多美。《旧唐》之录，本朝大为疏略。"③ 他对公私书目进行了客观公正的评论，总结了历朝目录类例之得失，具体情况可参见相关章节，此处不再赘述。

---

① 胡应麟等著，王岚、陈晓兰点校：《经籍会通 外四种》，北京燕山出版社，2008年，第10页。
② 胡应麟等著，王岚、陈晓兰点校：《经籍会通 外四种》，北京燕山出版社，2008年，第10页。
③ 胡应麟等著，王岚、陈晓兰点校：《经籍会通 外四种》，北京燕山出版社，2008年，第5—6页。

（三）析分类体系沿革

我国古代目录学尤其重视图书分类，所谓"类例既分，学术自明"。胡应麟最终的愿望是编一部通纪古今的典籍目录，那么首先就要明确这部目录的分类体系。因此，《经籍会通》用大量篇幅讨论了古今图书分类体系的演变趋势：

> 经史子集区分为四，九流百氏咸类附焉，一定之体也。第时代盛衰，制作繁简，分门建例，往往各殊，唐宋以还，始定于一。①

在总述趋势后，他对刘歆《七略》、王俭《七志》、阮孝绪《七录》、荀勖《晋中经簿》等前代代表书目的类例演变进行了比较分析，这样我国古代图书分类从"七略"向"四部"发展的趋势就十分明晰了。

此外，胡应麟也讨论了书目分类体系变革的原因，认为随着时代发展，各类图书前后数量多寡不均，反映在图书分类上就是类目的增删补替。学术随时代而变迁，前代的某些显学，比如诸子百家时期的墨家，后世慢慢消逝于历史长河。同样也有一些图书类别，比如魏晋之后的集部书，随着时代发展而数量激增。书籍数量的时代变迁，直接影响了书目类目的设置。

在分析前代书目类例得失的基础上，胡应麟提出了自己的分类体系。与当时的主流分类法——四部法略有不同，胡应麟主张将图书分为五类，即在经、史、子、集之外，将类书、佛道二藏以及赝

---

① 胡应麟等著，王岚、陈晓兰点校：《经籍会通 外四种》，北京燕山出版社，2008年，第19页。

古书归为一类,列四部之末。为什么要如此分类呢?

首先,从总体来看,胡应麟是服膺四部分类法的,与同时代众多不依四部的文献学家不同,胡应麟认为:"学问之途千歧万轨,约其大旨四部尽之,曰经、曰史、曰子、曰集四者。"①

其次,从学术分类的角度来看,经、史、子、集四部都是有明确内涵的,但有些书籍内容比较丰富,涉及的主题比较广泛,与既有类目并不完全契合,若将其强行归入四部,其实是对四部分类体系的破坏。比如类书,杂众家所云成之,非经非史;释、道二家被认为是方外之说;赝书亦不宜与真书混淆。从分类实践的角度考虑,将这些书归为一类是合理的。

当然,《经籍会通》只记载了胡应麟关于分类体系的理论主张,他在自编的藏书目录《二酉山房书目》中,实际采用的仍是四部分类法。由于原目已失,今天我们了解《二酉山房书目》内容的主要根据是王世贞的《二酉山房记》。采用何种分类法是由书目性质决定的,《二酉山房书目》是胡应麟的家藏书目,私人收藏数量有限,根据藏书的具体情况列类即可,而《经籍会通》中的观点则是针对历代典籍的,这就需要对书籍事业、古今典籍有全面认识、通盘考虑。比如,胡应麟提出将类书单列一类,其依据就是对类书种类、性质的深入分析:

> 类书郑志另录,《通考》仍列子家,盖不欲四部之外别立门户也。然类书有数种,如《初学》《艺文》兼载诗词则近于集,《御览》《元龟》,事实咸备则邻于史,《通典》、《通志》、声韵、礼仪之属又一二间涉于经,专以属之子部恐亦未安。余欲别录二藏及赝古书及类书为一

---

① 胡应麟:《少室山房笔丛》,上海书店出版社,2009年,第382页。

部，附四大部之末，尚俟博雅者商焉。①

再如子部下的二级目录，胡应麟在《九流绪论·上》中论述，诸子流别随时代变迁，诸家互有损益，前人所定不能适用于今，应更定九流。除去墨、名、法、阴阳、纵横五家，而益以兵、术、技、道书、释典五家，共成九流。

再次，据《九流绪论》，胡应麟把小说家分为六类："一曰志怪，《搜神》《述异》《宣室》《酉阳》之类是也；一曰传奇，《飞燕》《太真》《崔莺》《霍玉》之类是也；一曰杂录，《世说》《语林》《琐言》《因话》之类是也；一曰丛谈，《容斋》《梦溪》《东谷》《道山》之类是也；一曰辨订，《鼠璞》《鸡肋》《资暇》《辨疑》之类是也；一曰箴规，《家训》《世范》《劝善》《省心》之类是也。"② 可见其对这些类别的书籍都是有深入研究的。

（四）系统总结辨伪理论

在胡应麟之前，中国古代辨伪学成就主要集中在对单部书籍真伪的考辨方面，胡应麟则首次将这些零散的经验进行系统总结，为我国古代辨伪学理论体系的建立打下了坚实的基础。胡应麟的辨伪学思想主要体现在《四部正讹》一书中。

在这部书中，胡应麟首先总结了伪书的各种形态，对历代伪书现象的成因、特征进行了综合、全面的分析，然后列出经自己考辨后，经、史、子、集四部书中伪书的数量和比重。最后，在总结前人和自己辨伪实践经验的基础上，提出了辨证伪书的八种方法。梁

---

① 胡应麟：《少室山房笔丛》，上海书店出版社，2009年，第286—287页。
② 胡应麟：《少室山房笔丛》，上海书店出版社，2009年，第282页。

启超据此称赞胡应麟是我国历史上专著一书,"有原理有方法"地去辨别一切伪书的第一人,其《四部正讹》,是"有辨伪学以来的第一部著作"。①张舜徽先生亦在《中国文献学》中,充分肯定胡氏在辨伪学系统化、体系化方面的卓越贡献。②吴枫在《中国古典文献学》中,对胡应麟辨伪成就的评述十分精到,特引于此,帮助读者更好地了解其历史价值:

> 胡应麟所著《四部正讹》,才是我国古代第一部辨伪专著。……《四部正讹》成书于万历十四年(1586年),书中首先说明辨伪的重要性,伪书的种类及其由来,也谈及辨伪方法与工具,首尾完备,条理整齐,从而建立了我国古代辨伪古书的章法。胡氏审核伪书的方法有八条……这些方法,较比科学而系统,是作者在辨伪古书工作中的实践经验总结。胡氏在吸收前人成果的基础上,从文献著录情况、作者处境、文体形式、语言称呼以及典籍由来等各方面,进行考察,层层推勘,细心审订,考辨七十多种古籍,取得了很大成绩。③

除上述几个方面,《经籍会通》还辑录了大量历代私人藏书家及其藏书的史料,总结了明代及明代以前书籍的形态特征及演变过程;还对历代的书肆、图书出版流通中心、版本、印刷情况,书籍的保护、管理,搜集图籍的方法与途径等,进行了较为详细的考述。可以说,在清代的《藏书记要》以前,《经籍会通》是最系统地总结我国古代藏书经验的理论著作。

---

① 梁启超:《国学要籍研读法四种》,江西教育出版社,2018年,第35页。
② 张舜徽:《中国文献学》,中州书画社,1982年,第189—190页。
③ 吴枫:《中国古典文献学》,齐鲁书社,2005年,第199页。

然而，由于《四库全书总目》的编者对胡应麟的评价不高，因此在评价其作品时，故意贬低其学术成就，认为胡应麟能够博得大名完全是因为依附王世贞的缘故：

> 应麟字元瑞，兰溪人。万历丙子举人。以依附王世贞得名，故《明史·文苑传》附载世贞传中。……盖捃摭既博、又复不自检点，牴牾横生，势固有所不免。然明自万历以后，心学横流，儒风大坏，不复以稽古为事。应麟独研索旧文，参校疑义，以成是编，虽利钝互陈，而可资考证者亦不少。朱彝尊称其不失读书种子，诚公论也。杨慎、陈耀文、焦竑诸家之后，录此一书，犹所谓差强人意者矣。①

《四库全书总目》对胡应麟的评价，极大地影响了后世学界对胡应麟的态度，因此，在相当长的一段时间内，胡应麟的文献学成就并未得到应有的重视。直到1917年前后，由顾颉刚领导的"古史辨"运动方兴未艾，《少室山房笔丛》中的《四部正讹》引起了古史辨派的重视。该书展现的批判与质疑精神，与"古史辨"派"疑古"的主张不谋而合，足以为其张目。于是，顾颉刚亲自将《四部正讹》标点整理出来，于1929年第一次以单行本刊行。此后胡应麟才又被"重新发现"，进入学术研究的视野。1933年，侯仁之就读燕京大学期间，写出了《最爱藏书的胡应麟事迹考略》的课程作业，得到任课教师洪业先生的盛赞。1934年，吴晗在《清华学报》第九卷第一期发表长文《胡应麟年谱》，首次全面梳理了胡应麟的生平事迹与著述年代，对其文献学成就进行了初步评价。

1949年后，谢灼华、王勋敏、王国强等诸位先生先后撰文介

---

① 永瑢等：《四库全书总目》卷一二三，中华书局，1965年，第1063—1064页。

绍评述胡应麟在文献、目录、辨伪等学科方面的成就。2000年后，扬州大学的王嘉川先后出版《布衣与学术——胡应麟与中国学术史研究》（2005）、《胡应麟年谱简编》（2017），湘潭大学吕斌刊出《胡应麟文献学研究》（2006），台湾《古典文献研究辑刊》收录了谢莺兴《胡应麟及其图书目录学研究》（2007）等。这些学术成果的推出，基本厘清了胡应麟的生平事迹与著述成就，使得胡应麟成为中国古代图书馆学家中受到关注较多、研究成果较为丰硕的一位。

第四节　祁承爜

祁承爜（1563—1628），字尔光，初号越凡，更号夷度，又号旷翁，浙江山阴（今绍兴）人。山阴祁氏是中国藏书史上著名的藏书世家，祁承爜在其中起到了承前启后的重要作用。在祁承爜的苦心经营下，澹生堂成为当时数一数二的藏书名楼。与一般藏书家不同的是，祁承爜十分重视对藏书经验的总结，存留至今的《庚申整书小记》《庚申整书例略四则》《澹生堂藏书约》《澹生堂藏书目》等，使其成为中国古代图书馆学史上一位举足轻重的理论家。

一、生平家世

澹生堂的创始人祁承爜出生在绍兴的一个书香世家。祖父祁清是嘉靖年间进士,去世时留下了不少藏书。祁承㸁自幼便热爱读书,别的孩子爱好追逐打闹,而他却十分喜欢钻入祖父的书房读书,甚至为抄书冻得手指皲裂亦毫不在意。及至年龄稍长,承㸁便开始了收藏之旅。据其《澹生堂藏书约》所载,在其青年时期,杭州一家书坊印刻了一部通史,印数仅有百余部。得知此信,他连忙乘船渡江,专程去杭州抢购了一部。拿到这部书后,他"惊喜异常,不啻贫儿骤富矣"①。他将此书带到当时就读的富春山学馆,不分昼夜地诵读,仅用一个月时间便读完了,自己却因此病倒,差点送命。可见他对读书、藏书热爱之深。

虽然饱读诗书,但祁承㸁的科举之路却并不顺利,万历三十二年(1604)考中进士时他已经42岁了。之后,祁承㸁出仕做官,历任河南、山东、江苏、安徽等地的地方官。经济条件与交际圈的改善与拓展,为祁承㸁的藏书事业提供了便利。他借宦游各地之便,到处搜访图书。天启初年,祁承㸁在给儿子的家书中提到,做官以来,他在抄书上花费已有2000余金,抄录的图书有2000多本。澹生堂藏书已经颇具规模了。

出于对书籍、读书的热爱,祁承㸁把藏书当作终身志业。早年困于场屋,每至府城杭州应举,他都趁机遍访书肆,不惜重金求购,甚至将妻子的嫁妆变卖以充书款。经过十余年的努力,到他三十四五岁时藏书已至万卷。然而,万历二十五年(1597)一场大火不期而至,竟将其多年聚集的万卷图书全部焚毁。常人遭受这样的打击,不免心灰意冷。但祁承㸁却以无比坚韧的意志从头再来,更加勤奋地搜访图籍。又过了二十余年,到他辞官归家时,藏书已有

---

① 祁承㸁著,郑诚整理:《澹生堂读书记 澹生堂藏书目》(上),上海古籍出版社,2015年,第11页。

五万多卷。

回到绍兴后，为了更好地读书、藏书，祁承㸁在梅里修建了一座庄园——旷园，园中建澹生堂藏书楼，将毕生收藏悉数移藏其中。此后的岁月，祁承㸁在澹生堂中读书、校书，写下了大量总结藏书、读书经验的文章，对明代以前的私人藏书经验进行了比较系统的总结。据祁氏自编的《澹生堂藏书目》，他的藏书有9000余种，10万余卷。在收藏、校理这些图书的过程中，祁承㸁撰写了《澹生堂藏书约》《庚申整书小记》《庚申整书例略四则》等。其中，《澹生堂藏书约》分为"读书训""聚书训""购书训""鉴书训"四部分，详细介绍了私人藏书收集、鉴定、阅读的各种技术与经验。后两种是万历庚申年（1620），祁承㸁全面整理澹生堂藏书后的产物。《庚申整书小记》总结了聚书和整理的方法。《庚申整书略例四则》以澹生堂藏书为例，阐述了作者图书分类编目的思想。除了藏书论著，祁承㸁还著有《澹生堂集》《两浙著作考》《国朝征信丛录》等，写作这些著作时，他充分利用了家藏图书，足见祁氏是一位读书的藏书家。

崇祯元年（1628），祁承㸁去世，澹生堂藏书归其子祁彪佳继承。彪佳（1602—1645），字弘吉，天资聪颖，二十岁时便考中进士，延续了山阴祁氏的书香家风，除了澹生堂藏书楼，他还自筑有"八求楼""远山堂"以典藏图籍。彪佳少年得志，颇有官声，历任福建道御史、苏松巡按、江南巡按等职。清军入关后，彪佳入福王帐下，担任南明朝廷的大理寺丞、右佥都御史等职。因与朝中小人不和，屡遭陷害，最终称病离去。顺治二年（1645），清军攻破南京、杭州，彪佳写下绝命书投水自尽。彪佳藏书，不如乃父之精，黄宗羲曾拜访并翻阅过其藏书，云："入公书室，朱红小榻数十张，顿放书籍,每本皆有牙签,风过铿然。公知余好书,以为佳否,余曰:'此等书皆阊门市肆所有,腰缠数百金,便可一时暴富。'"①但其藏书也颇有特色,他利用自己和父亲收藏的元明杂剧、传奇作品,著《远山堂曲品》《远山堂剧品》二书,收录剧目709种,记载了大量未见著录的剧目信息,二书成为中国戏曲史上的重要著作。在视戏曲艺术为小道的古代社会,其价值更显弥足珍贵。

山阴祁氏藏书世家的第三代,是彪佳子祁理孙、班孙兄弟。他们收集整理父祖辈遗书,再加上自己的精心收藏,由理孙编著了《奕庆藏书楼目》5卷。该目较早开创了丛书与经、史、子、集四部并列的分类法,著录图书1600种,4万余卷。班孙则是一位颇有成就的诗人,著有《东行风俗记》《紫艺轩集》等。

自理孙、班孙卒后,澹生堂藏书逐渐散出,不复往日旧观。据全祖望《小山堂祁氏遗书记》所载,其藏书半数归杭州赵氏小山堂,另一半则为黄宗羲、吕留良分购,二人为购买澹生堂遗书还生出嫌隙,以至绝交,留下了一段公案。②盛极一时的澹生堂藏书就此湮灭在历史长河中,但祁氏祖孙三代在中国藏书史、图书馆学史上的贡献永不会磨灭。

二、藏书思想的主要特征

祁承㸁的藏书经验与理论主要见于《澹生堂藏书约》《庚申整书小记》《澹生堂藏书目》中,其突出成就体现在藏书建设理论和图书分类编目理论两个方面。其理论思想的具体内容,已见前面的

---

① 黄宗羲:《黄宗羲全集》第一册,浙江古籍出版社,2012年,第317页。
② 全祖望原著,黄云眉选注:《鲒埼亭文集选注》,商务印书馆,2018年,第341—342页。

相关章节，此处不再赘述。这里我们将根据其理论贡献，重点总结祁承㸁藏书思想的主要特征。

第一，"藏书为读"是祁承㸁聚书、整书的指导思想。祁承㸁读书、藏书经历，本就有一股坚忍不拔的精神，更难能可贵的是，他还能将这种精神进行理论总结，从而正确认识藏书与读书之间的关系。在《澹生堂藏书约》序言中，祁承㸁首先回顾了自己百折不挠的读书、聚书经历，探究对藏书如此执着的原因，他说："昔人饥以当食，寒以当衣，寂寥以当好友，余岂能过之。第所谓胸中久不用古今浇灌，便尘俗生其间，照镜则面目可憎，对人则语言无味，殆为是耳。"① 也就是说，聚书是为了读的，而读书的意义有三：脱离低级趣味，改善个人气质，提升文化素养。可以说，祁承㸁对读书作用的认识是非常深刻的，总结得也十分全面。然而，读书虽大有裨益，却也非易事，相比而言，聚书对个人能力、毅力的要求就没有那么高了，于是，常常会出现聚书不观的现象。对此，祁承㸁引用了明代文坛领袖王世贞的一段话："世有勤于聚而俭于读者，即所聚穷天下书犹亡聚也；世有侈于读而俭于辞者，即所读穷天下书犹亡读也。"② 聚书不读，则珍贵的典籍聚于一人一家之手，看上去卷帙浩繁，实际上对知识传播来说并不是好事。于是，祁承㸁谆谆教导子孙："所患者得之未能读，读之未能臆，如道济之量沙，士终不能宿饱；亦如饼师作饼，终日未尝入口，与旁观者同为枵腹耳。"他担心的是人们得到书而不读，或泛泛而读，不能

---

① 祁承㸁著，郑诚整理：《澹生堂读书记 澹生堂藏书目》（上），上海古籍出版社，2015年，第12页。
② 祁承㸁著，郑诚整理：《澹生堂读书记 澹生堂藏书目》（上），上海古籍出版社，2015年，第13页。

深入理解。他提醒子孙"借箸空谈，固兵家之深病，亦吾辈之最宜警惕者也"。① 对藏书家来说，聚书不观，等同纸上谈兵。可见，祁承㸁对藏书目的的认知，首先基于其对读书价值的正确认识，读书可使人明智，藏书则是读书的基础。以此为指导，澹生堂主人的聚书、整书活动都是围绕着读的目的展开的，这是我们理解祁承㸁藏书思想的基石。

第二，聚书有序，藏"经世致用"之书。祁承㸁认为购书、藏书是为了读的，反映在藏书建设理念上，就是收藏有序，优先收藏"经世致用"之书。在藏书建设方面，他提出了"购书三术"和"鉴书五法"，给出了大量具有可操作性的建议。"鉴书五法"，名为图书鉴别之法，实际上是祁承㸁收聚图书的总标准。"购书三术"则是以"五法"为标准，搜罗图书的具体途径。在祁承㸁看来，购求图书要"眼界欲宽""精神欲注""心思欲巧"，也就是说视野要开阔，各种类型的书籍都要有所涉猎、有所了解，不能先入为主，或者对某些类别的书籍抱有偏见。秉持这样的心态，再在具体的收集措施方面多动脑筋、专心致志、开拓思路，才能真正有所获。但是，"眼界欲宽"不是说不分良莠地一概收之，而是在见多识广的基础上，对书籍的真伪、价值、版本等项一一考察，把真正符合藏书家收藏理念的书籍聚合起来。如祁承㸁所言："夫藏书之要在识鉴。"② "识鉴"的标准就是"五审"，这也是他为澹生堂藏书确定的总原则。

---

① 祁承㸁著，郑诚整理：《澹生堂读书记 澹生堂藏书目》（上），上海古籍出版社，2015年，第41页。
② 祁承㸁著，郑诚整理：《澹生堂读书记 澹生堂藏书目》（上），上海古籍出版社，2015年，第18页。

那么，什么样的书籍才符合祁承㸁的要求呢？他认为，经、史、子、集四部中，经书是第一位的；而以时代而论，古重于今。此外，古书流传久远，真伪难辨，藏书家要具备相应的知识，考辨其真伪，尽量避免"以伪作真"，对待藏书需要"逐一研核，不为前人所谩，则既不至虚用其力，而亦不至徒集其名"①。不能轻信前人所言，要根据实际情况认真研究，确定其真伪来源。"五审"之中，祁承㸁最重视的是"审轻重"和"权缓急"。按照儒家思想，尊经是第一位的，祁承㸁自然不能免俗，他说："夫垂于古而不能续于今者，经也。繁于前代而不及于前代者，史也。"②因此，"得史十者不如得一遗经"③。表面上看，经书比史书重要。但是细究祁氏之意，经书之所以地位尊崇，是因为只有古圣贤所作才能被称为"经"，后人可以解释经书，但不可能再写出"经"。强调尊经，针对的是所谓的"遗经"，也就是先秦流传下来的四书五经，其数量是十分有限的，而且象征意义远大于实际意义。而真正有操作价值的是其"重史"之议，"就三部而权之，则子与集缓，而史为急"④，而史书中，"凡涉国朝典故者，不特小史宜收，即有街谈巷议，亦当尽采。此尤从周之士所宜亟图者也"⑤。亟图的书籍是当代之史，

---

① 祁承㸁著，郑诚整理：《澹生堂读书记 澹生堂藏书目》（上），上海古籍出版社，2015年，第21页。
② 祁承㸁著，郑诚整理：《澹生堂读书记 澹生堂藏书目》（上），上海古籍出版社，2015年，第18页。
③ 祁承㸁著，郑诚整理：《澹生堂读书记 澹生堂藏书目》（上），上海古籍出版社，2015年，第19页。
④ 祁承㸁著，郑诚整理：《澹生堂读书记 澹生堂藏书目》（上），上海古籍出版社，2015年，第21页。
⑤ 祁承㸁著，郑诚整理：《澹生堂读书记 澹生堂藏书目》（上），上海古籍出版社，2015年，第22页。

就是那些对经世济民有直接参考价值的资料。至此，祁承㸁收书的指导思想就很明确了："吾儒聚书，非徒以资博洽，犹之四民，所业在此。业为世用，孰先经济，古人经济之易见者，莫备于史。夫执经术以经世，自汉而下何可多得？即荆公亦一代异人，且以祸宋。至如考见得失，鉴观兴亡，决机于转盼之间，而应卒于呼吸之际，得史之益，代实多人。"① 既然藏书是为了读、用，那么，首先就要收藏那些对当代社会有用之书，这样才能更好地发挥书籍的价值。应当说，祁承㸁的藏书建设指导思想，是基于儒家正统思想与士大夫的思维习惯而发展出来的，有一定的历史局限性，但他能够认识到书籍的首要价值在于利用，将"经世致用"作为收书的第一原则，是非常有远见的。

第三，根据实践需要制定或创新藏书整理的原则与方法。中国古代目录学的传统是，重学术源流而轻分类检索，因此解题式目录受到了特别的重视。从学术史的角度，此类目录价值极高，起到"辨章学术，考镜源流"的作用。但是，从藏书家的角度而言，解题式目录并不实用，在管理、整理藏书的实践活动中，对检索、查找方便的现实需求，远远大于对其内容源流的梳理。因此，历史上亲自参与藏书实践的学者，大多重视对编目体例与图书分类体系的探索，试图通过编目规则的设计，以及详尽的类目体系，满足藏书管理、利用的需要。宋代郑樵就是其中的杰出代表。祁承㸁的分类编目思想在很大程度上继承了郑樵的观点，"重分类而轻解题"，并根据澹生堂藏书的实际情况有所创新。

在《庚申整书小记》中，祁承㸁将整理书籍比作行军打仗，

---

① 祁承㸁著，郑诚整理：《澹生堂读书记 澹生堂藏书目》（上），上海古籍出版社，2015年，第21页。

"架插七层，籍分四部，若卒旅漫野而什伍井然，如剑戟摩霄而旌旗不乱。此吾之部勒法也。目以类分，类由部统。暗中索摸，惟信手以探囊；造次取观，若执镜而照物。此吾之应卒法也"①。制定详尽的分类系统，经、史、子、集四部为一级类目，下设小类，书籍归入相应的小类，目录按照小类来著录图书，大大提高了检索效率。

关于部类之间的逻辑关系和设置原则，祁承㸁也有深刻的认识，他在《庚申整书例略四则》中说："部有类，类有目，若丝之引绪，若网之就纲，井然有条，杂而不紊。故前此而刘中垒之《七略》、王仲宝之《七志》、阮孝绪之《七录》，其义例不无取裁。而要以类聚得体，多寡适均，惟荀氏之四部称焉，两汉而下，志艺文者无不守为功令矣。……经史子集之分，简而尽、均而且详。循序仿目，捡阅收藏，莫此为善。"② 由此可知，祁承㸁为澹生堂藏书制定的是一个四级分类体系，即部（经史子集）—类—目—具体文献，类目划分的原则是"简而尽、均而且详"，各目下书籍数量要尽量平衡。祁氏的这些观点完全是从实用角度出发的，通过"循序仿目"，使用者可以很快定位到需要检索的图书，这与今天书目检索系统的基本理念已十分接近了。

在具体类目设置方面，《澹生堂藏书目》分为四部46大类243子目，于历代书目有所借鉴，亦多创见，而能够进行如此细致的类目划分，则完全得益于澹生堂藏书的编目实践需要。"祁承㸁藏书

---

① 祁承㸁著，郑诚整理：《澹生堂读书记 澹生堂藏书目》（上），上海古籍出版社，2015年，第40页。
② 祁承㸁著，郑诚整理：《澹生堂读书记 澹生堂藏书目》（上），上海古籍出版社，2015年，第42页。

不以宋本为贵，而主张以实用为先。藏书注重类别，强调学术源流，主张先取见于前人著录有来历之书，再取前代名贤与近世人著作。对史部尤所重视，有府志九十四种，县志三百二十种。与传统藏书家不同，他也收藏小说、戏曲等，其中元明以来传奇戏曲多至八百余部，值得注意的是尚有鸡林（今朝鲜）域外所刊之书。"①《澹生堂藏书目》设置如此多的子目，是为了容纳兼容并蓄的澹生堂藏书。正是因为澹生堂藏书数量庞大，以及出于方便利用的需要，形成了《澹生堂藏书目》重分类、重检索的"风格"。祁氏分类编目思想中，被后人称道的"因、益、通、互"四法，实际上也很好地体现了藏书编目活动与编目理论之间的"互相成就"。

所谓"互"和"通"，中国古代目录学家更普遍地将之称为"互著""别裁"，是为了解决那些内容比较复杂，涉及多个主题，可以归入不同类别的图书的归类问题而专门设计的编目法则。在祁承㸁之前，汉代的《七略》、明代的《百川书志》已经使用此法。祁承㸁最主要的贡献是系统提出了互著、别裁的理论，并在《澹生堂藏书目》中大量使用了这一方法，进一步增强了书目的实用性。

山阴祁氏是明代后期非常重要的藏书世家。澹生堂的首代主人祁承㸁不仅热衷收藏，还以学者的钻研精神系统总结了藏书实践的经验与方法，其《澹生堂藏书约》《庚申整书小记》是我国古代图书馆学史上少见的理论巨著。在古代图书馆学家中，祁承㸁的研究成果十分丰硕，钱亚新《浙东三祁藏书和学术研究》（1981，江苏省图书馆学会）、张玮《祁承㸁藏书及文献学思想研究》（2016，国家图书馆出版社）等均可参看。

---

① 傅璇琮、谢灼华主编：《中国藏书通史》，宁波出版社，2001年，第627—628页。

第五节　高　濂

高濂,字深甫,号瑞南道人。生卒年不详,或云生于1527年,卒于1603年,浙江钱塘(今杭州)人,其关于藏书的论述主要见于《遵生八笺》。

一、生平家世

其父高应鹏,曾任山西忻州府推官。隆庆元年(1567),高濂入国子监,此后屡试不第。万历八年(1580),南归故里,与戏曲家梁辰鱼、汪道昆交好,从此沉迷词曲,专心从事戏曲、诗文创作,有传奇作品《玉簪记》。

据同时代的戏曲家屠隆记载:"(高濂)博学宏通,鉴裁玄朗……家世藏书,资其淹博。"① 高濂应当出身于一个书香世家,且家庭条件优越,这为其钻研藏书、养生之道提供了物质基础。高濂"少婴羸疾",身体比较羸弱,常有"忧生之嗟",因此对医学特别感兴趣。自归杭以来,他便着意收集各种养生秘方,同时精研生活起居中的养生之道,最终写成了我国古代最著名的养生学著作——

---

① 屠隆:《遵生八笺序》,载高濂著、王大淳整理《高濂集》第一册,浙江古籍出版社,2015年,第60页。

《遵生八笺》。

《遵生八笺》全书共十九卷，四十余万字。以养生为宗旨，从八个方面论述和介绍延年之术、却病之方。具体内容包括：《清修妙论笺》，将修养德行列为养生第一要务；《四时调摄笺》，讲春夏秋冬四季调养之道；《延年却病笺》，主要内容是气功引导之法；《饮馔服食笺》，讲饮食之道与养生的关系；《燕闲清赏笺》，将鉴赏清玩也作为养生的重要内容；《灵秘丹药笺》，为中医方剂专章；《起居安乐笺》，主要内容是居住环境的营造；《尘外遐举笺》，记载了百余位隐居高士。其中与藏书有关的论述主要见于《燕闲清赏笺》"论藏书"条，以及《起居安乐笺》"居室安处条·序古名论"等条。

二、藏书思想及其特征

高濂藏书思想的主要内容包括以下几个方面。

（一）读重于藏的藏书观

"论藏书"条开宗明义地指出："藏书以资博洽，为丈夫子生平第一要事。"[①] 藏书不是为了炫奇斗富、附庸风雅，而是为了阅读。高濂认为，真正的藏书家，"无问册帙美恶，惟欲搜奇索隐，得见古人一言一论之秘，以广心胸未识未闻，至于梦寐嗜好，远近访求，自经书子史，百家九流，诗文传记，稗野杂著，二氏经典，靡不兼收。故常景耽书，每见新异之典，不论价之贵贱，以必得为

---

① 高濂：《遵生八笺》，巴蜀书社，1988年，第467页。

期,其好亦专矣。故积书充栋,类聚分门,时乎开函摊几,俾长日深更,沉潜玩索,恍对圣贤面谈,千古悦心快目,何乐可胜?古云开卷有益,岂欺我哉?不学无术,深可耻也"[①]。要先有对学问的爱好,才有追求藏书的动力;读书也不是为了求取功名、光耀门楣,而是要"广心胸未识未闻"。在古代社会,高濂对藏书的认知是极有进步意义的。

(二)精到的版本鉴定思想

高濂于版本鉴别之道十分精通,"论藏书"条也提出了许多值得借鉴的版本鉴定思想。比如他在比较了宋元版本的异同后,认为宋本优于元本,但总体来看,"宋元刻书,雕镂不苟,较阅不讹,书写肥细有则,印刷清朗。况多奇书,未经后人重刻,惜不多见"[②],有极高的版本价值。正因如此,高濂生活的时代,伪造宋元版的现象十分普遍,高濂分析后认为此多为书坊牟利之所为,并列举了常见的作伪之法,提醒藏书家特别留意。这些版本鉴定法则都是很有借鉴价值的。

(三)重视藏书和阅读环境的营造

用今天的话来说,高濂是一位非常重视生活品质的世家公子。因此,在论及藏书与阅读环境的营造时,高濂亦有许多经验之谈。

《起居安乐笺》"居室安处条·序古名论"描绘了其理想的藏书环境:

---

① 高濂:《遵生八笺》,巴蜀书社,1988年,第468页。
② 高濂:《遵生八笺》,巴蜀书社,1988年,第468页。

《山家清事》云："择故山滨水地，环篱植荆，间栽以竹，余丈，植芙蓉三百六十，入芙蓉二丈，环以松梅，入此余三丈。重篱外，芋栗羊枣桃李，内植梅。结屋前茅后瓦，入阁名尊经，藏古今书。左塾训子，右道院迎宾，进舍三：寝一，读书一，治药一。后舍二：其一储酒、谷，列山具农具，一安仆役庖湢，婢一，童一，园丁二。前鹤屋养鹤，后犬一二足，驴四蹄，牛四角。客至具蔬食酒核，暇则读书课农圃，毋苦吟以安天年。"①

"居家建置"条则给出了一条非常有用的避免藏书受潮的建议，即在家中建设"温阁"，用火烤通风的形式除湿。"高子书斋说"条则对书房布置进行了详细的说明，兼具审美和实用价值，从中亦可略窥明代士大夫阶层的精神追求。

朱元璋建立明朝政权后，大力发展文教事业，以礼乐教化民众。作为文化教育重要组成部分的藏书事业，也因此迎来了一个高速发展的时代，而实践活动的繁荣，必然要求参与其事者对其中的经验、方法、理论进行系统总结。明代的图书馆学由此而生，其理论成就既有对前代藏书经验的整理与吸收，更孕育于明代藏书家不断拓展、锐意创新的藏书实践之中。

经历了明初藏书事业的恢复期，明代图书馆学思想与理论在成化、弘治以后迅速发展。藏书建设思想方面，大学士丘濬系统总结了前代官府藏书经验，深入阐释了国家藏书的意义，明确提出了国家藏书建设之路径、方法；澹生堂主人祁承㸁总结的"购书三术"和"鉴书五法"，是清代中期《藏书记要》出现以前，对古代私家

---

① 高濂：《遵生八笺》，巴蜀书社，1988年，第266页。

藏书经验最系统、完整的论述。明代藏书保藏实践与思想的最大贡献，则是天一阁的出现，其建筑形制、理念直接影响了清代藏书楼建设发展方向；其典藏制度、保藏方法、管理经验，则多为后世私人藏书所借鉴，并被奉为"不二之法"。明代藏书目录的整理实践与理论发展，在学术史上争议颇多，清人认为其学问空疏、不依成法。但应当看到，以焦竑、胡应麟、祁承㸁等为代表的明代目录学家，其思想、观念、方法的形成并非"空穴来风"，其中既有对历代书目、分类体系的深入研究，更有根据明代图书事业、藏书实践现实需求的"大胆创新"。这种"打破成规"之风，与明末思想解放思潮互为表里，在中国古代相对保守的文化氛围中显得"独树一帜"。藏书利用与流通，并非古代藏书家的"重点关切"，但也应看到，在我国"尊经崇道"文化传统的影响下，"藏书为读""以刊促传"是被藏书家，特别是私人藏书家普遍接受的观念。事实上，完全封闭、从不示人的藏书之家，从逻辑上就是说不通的，今天我们能够书写明代图书馆学史，拥有丰富的研究资料，已经说明明代藏书的利用与流通在相当范围内都是较为普遍的。我们无意拔高明代藏书家的思想高度，但也应正确评价他们为保存文化、流通典籍做出的贡献。

以上我们简要总结了明代图书馆学取得的理论成就。置之古代图书馆学的维度，明清两代是中国古代图书馆学的总结期，而若将明清连看，明代又可视为清代图书馆学的理论储备期，明代图书馆学家、藏书家奠定的基础，使得清代的图书馆学很快迎来发展的巅峰期。

主要参考文献

白新良.中国书院发展史.天津:天津大学出版社,1995.

曹之.中国古籍版本学.2版.武汉:武汉大学出版社,2007.

曹之.中国古籍版本学.3版.武汉:武汉大学出版社,2015.

陈登原.古今典籍聚散考.上海:上海书店,1983.

陈国符.道藏源流考.北京:中华书局,1963.

程千帆.程千帆全集(第一卷):校雠广义·版本编.石家庄:河北教育出版社,2000.

邓洪波.湖南书院史稿.长沙:湖南教育出版社,2013.

丁申.武林藏书录.上海:古典文学出版社,1957.

杜信孚纂辑.明代版刻综录.扬州:江苏广陵古籍刻印社,1983.

范凤书.中国私家藏书史.郑州:大象出版社,2001.

范凤书.中国著名藏书家与藏书楼.郑州:大象出版社,2013.

冯惠民、李万健等选编.明代书目题跋丛刊.北京:书目文献出版社,1994.

冯天瑜.明清文化史散论.武汉:华中工学院出版社,1984.

傅荣贤.中国古代图书馆学思想史.合肥:黄山书社,2016.

傅璇琮、谢灼华主编.中国藏书通史.宁波:宁波出版社,2001.

高儒等.百川书志 古今书刻.上海:古典文学出版社,1957.

顾志兴.浙江藏书史.杭州:杭州出版社,2006.

胡应麟等著,王岚、陈晓兰点校.经籍会通 外四种.北京:北京燕山出版社，2008.

胡玉缙撰，吴格整理.续四库提要三种.上海：上海书店出版社，2002.

叶德辉等撰，湖南图书馆编.湖南近现代藏书家题跋选.长沙：岳麓书社，2011.

金沛霖主编，首都图书馆编辑.太学文献大成.北京：学苑出版社，1996.

李瑞良.中国古代图书流通史.上海：上海人民出版社，2000.

李希泌、张椒华主编.中国古代藏书与近代图书馆史料（春秋至五四前后）.北京：中华书局，1982.

李小林.万历官修本朝正史研究.天津：南开大学出版社，1999.

雒竹筠遗稿，李新乾编补.元史艺文志辑本.北京：北京燕山出版社，1999.

李致忠.历代刻书考述.成都：巴蜀书社，1990.

梁启超.国学要籍研读法四种.南昌：江西教育出版社，2018.

骆兆平编著.天一阁藏明代地方志考录.北京：书目文献出版社，1982.

吕绍虞.中国目录学史稿.武汉：武汉大学出版社，2012.

缪咏禾.明代出版史稿.南京：江苏人民出版社，2000.

南炳文、汤纲.明史：下.上海：上海人民出版社，2003.

倪莉.中国古代戏曲目录研究综论.北京：知识产权出版社，2010.

钱伯城等主编.全明文.上海：上海古籍出版社，1992.

任继愈主编.中国藏书楼.沈阳：辽宁人民出版社，2001.

王国强等.中国古代文献的保护.武汉：武汉大学出版社，2015.

王国强.明代目录学研究.郑州：中州古籍出版社，2000.

王嘉川.布衣与学术：胡应麟与中国学术史研究.北京：商务印书

馆，2005.

王嘉川编著.胡应麟年谱简编.上海：上海交通大学出版社，2017.

王余光主编.藏书四记.武汉：湖北辞书出版社，1998.

王重民.中国目录学史料（四）.吉林省图书馆学会会刊，1981（5）.

吴枫.中国古典文献学.济南：齐鲁书社，2005.

吴晗.江浙藏书家史略.北京：中华书局，1981.

肖东发、赵连稳编著.中国书院藏书.贵阳：贵州人民出版社，2009.

谢国桢著，谢小彬、杨璐主编.谢国桢全集：第五册.北京：北京出版社，2013.

严佐之编著.近三百年古籍目录举要.上海：华东师范大学出版社，2008.

杨菁、李声能、白成军.文溯阁研究.天津：天津大学出版社，2017.

杨立诚、金步瀛合编，俞运之校补.中国藏书家考略.上海：上海古籍出版社，1987.

姚名达.中国目录学史.长沙：湖南大学出版社，2014.

余继登辑.皇明典故纪闻.北京：书目文献出版社，1995.

袁同礼.明代私家藏书概略.图书馆学季刊，1927（1）.

张升.曹溶《流通古书约》考.历史文献研究，2020（2）.

张升.明清宫廷藏书研究（修订本）.北京：商务印书馆，2015.

张献忠.从精英文化到大众传播：明代商业出版研究.桂林：广西师范大学出版社，2015.

张秀民.中国印刷史.上海：上海人民出版社，1989.

赵万里.重整范氏天一阁藏书记略.国立北平图书馆馆刊，1934（1）.

郑伟章、李万健.中国著名藏书家传略.北京：书目文献出版社，1986.

中国历史博物馆防蠹纸研究小组.对明清时期防蠹纸的研究.文物，1977（1）.

周少川.文化情结：中国古代私家藏书心态探微.图书馆学研究，2002（6）.

朱一玄编，朱天吉校.明清小说资料选编：上.天津：南开大学出版社，2006.

索 引

【人 名】

A

安国 318

B

卞永誉 201

C

蔡宗衮 170，172，179

曹溶 44，103，217，330，332，333

曹学佺 319

晁瑮 40，60，62，205

陈第 44，65，91，219，220，325，326，352

陈继儒 44，51，74

陈献章 17，82，282

D

丁雄飞 44，327

都穆 40，60

段成式 64

F

范大冲 175，323

范懋柱 161，162

范钦 40，60，98—100，157—161，163，164，174，175，191，192，323，324，326，331，332

方孝孺 7，95

冯梦龙 322

冯梦祯 74，186，187，318

G

高濂 40，87，155—157，185，

191，307，310，312，390—392

高儒 2，23，40，60，62，90，203，204，235，236，292，293，296，297

顾梓 106

顾炎武 20，39，248

顾元庆 40，60，317，322

H

何良俊 40，60，116

洪楩 317，320，321

胡居仁 115

胡文焕 31，322

胡僖 362，365

胡应麟 24，29，44，61，86，89，102，103，118，134—139，142，144，146，147，151，190，210，238—243，247，305，306，309，310，361—380，394

胡震亨 322，329

黄虞稷 44，203，327，354，358

黄宗羲 16，20，44，160，176，325，326，382，383

J

焦竑 44，65，86，111，128，151，212，219，228，238，245，286，309，325，326，350—358，360，361，379，394

解缙 14，46，130

L

李鹗翀 223，330

李继先 169，182

李诫 121

李开先 40，60，62，101

李梦阳 56，170，179，252

李如一 44

李时勉 96

李时珍 19

李廷相 40，202

李之藻 19，319，320

李贽 20，26，28，32，96，352，353，358

利玛窦 18，19，30，319

梁辰鱼 390

梁清标 44

凌濛初 322

刘城 44，326

陆容 37，60

陆深 40，60，117，144，145，148，201，202，207

M

毛晋 44，62，74，102，103，108，109，111，117，193，322

茅坤 40，60，61，202，203

梅鼎祚 44，326

梅鹫 139

Q

戚继光 65，219

祁彪佳 65，182，190，226，229，382

祁承㸁 44，65，84，85，88，89，97，107—110，123—129，153，173，180—182，190，206，213，216，226，229，235—238，244，245，281，285，301—304，326，354，367，380—389，393，394

祁理孙 65，226，227，383

钱榖 40，60

钱谦益 44，58，62—64，74，102，103，110，217—219

钱同爱 40，60，97

钱曾 44，102，108，121

秦四麟 101，105，108

丘濬 37，48，49，67，79，81，83，84，86，97，112，113，121，131—134，144，145，148，152，153，166，168，171，189，190，193，234，334—350，393

瞿汝稷 74

瞿佑 96

全祖望 159—162，175，176，383

S

邵锐 179

沈德符 32，49，169—171，194

宋濂 37，56，60，79，105，151

孙承泽 44

孙楼 40，62，117，206

孙能传 49，198

T

唐顺之 40，60，61

唐寅 27

屠大山 158

屠隆 318，320，364，390

W

汪道昆 390

王夫之 20，51

王骥德 102

王世懋 40，364，366

王世贞 40，60，61，89，102，103，151，174，318，320，326，331，363，365—367，376，379，384

王延喆 318

王阳明 39，70，282

魏良辅 101

文震亨 186

X

项元汴 40，60，61

谢肇淛 44，90，91，106，108，109，144，148，170，192，366

熊大木 28

徐𤊹 44，65，91，122，221，236，307，319，329

徐光启 19，44，319，354

徐阶 69，113，166

徐霞客 19

许元溥 44，326

Y

杨慎 308，357，361，369，379

杨士奇 1，37，49，60，105，151，166，178，196，249

杨循吉 40，60，101，107，111

杨仪 40，60，62，108

叶盛 37，60，101，106，108，110，111，151，174，200，310，317

寅著 161—163

余继登 193

余象斗 28

袁褧 318，319

Z

臧懋循 102，320，321

张凤翼 364

张溥 319

张时彻 158

张萱 49，179，182，198，288，357

张宇初 75，76

赵琦美 44，61—64，101，117，121，222，223，291

赵用贤 63，101，209，222，364

郑和 11，73

郑廷鹄 179，252

周弘祖 22，50

周嘉胄 183—185，187，188

周亮工 44

朱椿 37，58

朱存理 40，60，106，142

朱棣 7，8，14，46，47，50，57，59，75，85，94，95，130，229

朱谋㙔 40，45，58

朱睦㮮 40，45，56，208

朱权 37，40，57，58，229，315，316，320

朱橚 37，40，55，56

朱彝尊 102，289，379

朱有燉 55，316

朱元璋 1，3—7，9，10，13，36，45—47，55—57，68，69，72，79，92—94，139，229，351，393

紫柏禅师 74

【文献名】

B

《白华楼书目》 202

《白鹿洞书院规约》 72

《白鹿洞书院新志》 71，252

《白鹿洞学交盘册序》 169，173，179，194，253

《白鹿洞志》 71，179，252

《白鹭洲书院志》 71

《百川书志》 62，203—205，235，236，279，280，291—293，295—297，389

《百泉书院志》 71

《稗统》 209，210

《稗统续编》 210

《宝文堂书目》 62，205，221，

278，290，295，298

《本草纲目》 19

《笔精》 91，92，329

《博雅堂藏书目录》 62，117，206

C

《藏书石室记》 79，83，334—336，338，340，341

《长物志》 186

《抄书诗》 107

《诚斋乐府》 56，316

《诚斋新录》 55

《重整范氏天一阁藏书记略》 98

《初学集》 218

《传是楼宋元本目》 224

D

《答范司马书》 331

《大明会典》 53，292，293

《大明令》 50

《大明三藏圣教北藏》 73

《大明三藏圣教南藏》 73

《大学衍义补》 81，86，334，339，340，343，347

《大业江都记》 147

《丹铅新录》 369

《澹生堂藏书目》 65，213，227，237，279，280，295，298—301，303，380，382，383，388，389

《澹生堂藏书训略》 88，128，244

《澹生堂藏书约》 2，65，84，237，326，380—384，389，400

《澹生堂集》 382

《澹园集》 351，354，355

《道藏经目录》 231，232

《道门十规》 76

《道缘汇录》 76

《得月楼书目》 223

《典故纪闻》 193

《读书敏求记》 121

《读书训》 141

E

《二酉山房记》 134，367，376

《二酉山房书目》 210，211，279，376

《二酉缀遗》 369

F

《府学藏书目》 199

G

《改定元贤传奇》 101
《格致丛书》 322
《庚申整书例略四则》 206，236，301，302，380，382，388
《购书檄》 128
《古今书刻》 22，23，50，52
《古今书录》 241
《顾氏文房丛刻》 60
《广梓录》 128
《国朝献征录》 351，354，356
《国朝征信丛录》 382

H

《海宁州志稿·典籍五》 225
《邯郸图书志》 240，278，281
《好古堂书目》 280
《红雨楼书目》 65，221，222，236，280，286，295，298，300
《洪子美书目》 321
《华阳博议》 363，369
《槐阴书屋记》 337
《皇明奏疏》 50

J

《丌册庋记》 62，206
《稽山书院尊经阁记》 70
《几何原本》 19
《嘉兴藏》 74
《剪灯新话》 96
《江东藏书目》 60，201，202，206，207，265，278，279，286，302
《绛云楼书目》 217，280，282
《绛云楼题跋》 218，219
《焦氏笔乘》 351，352，354
《焦氏藏书目》 354
《焦氏类林》 352
《揭文安公天一池记跋》 159
《津逮秘书》 322，329
《近古堂书目》 211，280，282
《经籍会通》 2，24，86，118，130，134，139，142，146，201，238，241，247，305，309，361，369—373，375，376，378
《经籍书版簿》 141

《径山藏》 74

《九流绪论》 369，377

《九学十部书目》 61，266，278，279

《救荒本草》 55

《居易录》 53，224

《聚书训》 141，142

K

《苦购录》 128

《快雪堂漫录》 185，187

L

《赖古堂书目》 225，226

《兰溪县志》 367

《李蒲汀家藏书目》 202

《笠泽堂书目》 219

《楝亭书目》 209

《梁氏书庄记》 90

《列朝诗集小传》 58

《六经疑义》 364

《菉竹堂书目》 60，200

M

《脉望馆书目》 64，101，222，279，282，291

《秘册汇函》 322

《密园记》 180

《明史·艺文志》 44，47，98，357，358

《明太学经籍志》 141

《鸣野山房书目》 226

《牧斋书目》 217

N

《南雍志》 139

《内阁藏书目录》 49，179，182，198，251，278，288，289

《拟白鹿洞禁约》 179

《农政全书》 19

Q

《七修类稿》 52

《千顷堂书目》 354，358

《琼台会稿》 334

《曲论》 116

《全明分省分县刻书考》 30

S

《三坟补逸》 369

《山家清事》 155，393

《少室山房笔丛》 29，61，134，364，365，369，370，372，379

《少室山房丛稿》 61

《少室山房类稿》 211，364

《少室山房续稿》 364

《邵氏闻见后录》 192

《申明洞禁榜》 172

《诗薮》 364

《十竹斋笺谱》 30

《石羊生小传》 367，372

《史书占毕》 369

《世善堂藏书目》 65，325

《式古堂书画丛考》 201

《书橱铭》 174

《双树幻钞》 369

《四部正讹》 369，377—379

《四友斋丛说》 60，116

T

《太和正音谱》 57，229，316，320

《天工开物》 12，19

《天台山方外志》 74

《天一阁碑目记》 159，161

《天一阁藏书记》 160—162，175

《天一阁集》 158

《图籍之储》 166，339，340，343，345，346，400

W

《玩画斋藏书目录》 207

《玩易楼藏书目录》 61，206，286

《万卷堂书目》 56，208，286

《万历野获编》 49，168，193

《文海披沙》 148

《文渊阁书目》 1，49，169，178，196，198，200，201，206，226，233，234，238，248—251，254，278，283，287，288，293，357

《吴文定公藏书目》 289

《武林藏》 74

X

《香梦楼藏书目录》 225

《小山堂祁氏遗书记》 383

《欣赏斋集》 354

《刑部郎中赵君墓表》 64

《行人司重刻书目》 199，286

《行人司书目》 251

《徐霞客游记》 19

《续道藏经目录》 232

《玄赏斋书目》 211

Y

《阳山顾氏文房小说四十种》 317

《也是园藏书目》 211，278

《夷门广牍》 30

《艺林学山》 369

《奕庆藏书楼书目》 65，226，227，300，301

《永乐大典》 14，46，48，113，130，166，169

《有学集》 217，218

《有学集补》 218

《虞山书院经籍志》 252

《玉壶遐览》 369

《欲择大学衍义补中要务上献奏》 340

《愿丰轩记》 336

《远山堂剧品》 65，126，229，383

《远山堂曲品》 65，126，229，383

《阅藏知津》 230

《粤雅堂丛书》 217，356

Z

《赵定宇书目》 63，101，209，210，223

《正统道藏》 75，232

《证类本草》 156

《郑氏书目》 240，278

《郑堂读书记》 225

《装潢志》 185，187，188

《遵生八笺》 155，185，190，307，390，391

【专有名词】

B

八求楼 65，382

白鹿洞书院 169，170，172，173，179，180，183，194，252，331

抱经楼 164

辨伪 124，134，217，361，369，370，377，378，380

别裁 236，294—300，303，389

C

藏书楼 39，42，43，47，48，56—58，60—65，69—71，77，151—155，157—160，162，164，165，173—175，188—191，207，345，353，364，394

藏书目录 10，63，71，102，179，180，195，196，198—200，203，219，222，225，226，233，236，241，242，248，249，251，252，254，255，280，289—291，293—295，332，376，394

藏书体系 3，4，92，344

藏书印 181，354

测海楼 164

插图本 27，33

阊门书肆 30

常熟派 2，61，65，101，103，291，309

呈缴本 51

诚斋传奇 101

程朱理学 3，4，7，10，15，16，20，37，39，43，79，81，82，92，197，248，250，252，282

持静斋 217

传是楼 161，325

丛书 30，33，60，108，162，209，210，213，215，216，222，227，250，271，277—281，299，301，303，316，320，322，383

D

澹生堂 2，65，95，107—110，123，126，129，151，153，173，180，181，189，244，301，302，325，380—383，385，387—389，

393

澹园 151，350，353—355

道藏 38，41，72，75，76，120，171，206，212，217，218，231，232，256，265，266

东吴书林 30

E

尔雅楼 61，102，103

F

藩府藏书 2，23，37，40，54，55，58，315

藩府刻书 23，315，316

坊刻 23—28，43，112，116，306，314

分类号 283

佛藏 38，41，75，230，256，265

副本制度 113，165，166

富春堂 24，26，30

G

缑城书院 42

广庆堂 26

国子监 14，22，30，37，47，50，63，66，67，74，96，113，115，116，120，121，139—141，166，167，198，199，205，289，349，390

H

海源阁 164

虎林书院 42

互著 236，294，295，297—299，303，389

环翠堂 26

皇史宬 1，47，48，166，167，194

J

靖难之役 5，46，55，229

汲古阁 62，103，108，109，193，322，329

继志斋 26

家刻 23—25，314，316，320，322

建阳书坊 26，28，115

绛云楼 62，102，109，110，

217，218，325

校雠 58，62，101，148，168，206，225，284，350，354

荆山书林 30

L

流通古书约 44

掠贩家 31

类名 253，283

六分法 238，239，244，250，277，278

菉竹堂 60，101，151，174，317

M

脉望馆 2，61，62，64，98，101，121，151，222，291

墨憨斋 26

目录 14，60，91，103，110，113，128，141，142，179，180，198—200，202，204，208—210，213，218，219，221，223，225—229，231—234，236—238，241—248，251，254—256，277—287，289，291—294，300，304，317，332，348，351，355，356，358，360，361，368—375，377，380，387—389，394

N

佞宋 40，103

南戏 25，27，101，320

尼山书院 69

P

滂喜斋 60

评点本 27，28，33，34

曝书 161，168，190，193，194，346，350

Q

前后七子 39

七桧山房 62，108

钦天监 22

青萝山房 60，151

清平山堂 31，317，321

R

容与堂 26，31

S

书船 29，119

宋刊元椠 99，102

扫叶山房 24

师俭堂 26

十三部分类法 60

十竹斋 30

士礼居 109

世德堂 26

书厄 81，144—149，374

书坊 24—28，30—33，113，119，308，339，348，381，392

书林 24，102，119，122

书业堂 30

述古堂 102，161，224

司礼监经厂 22

私刻 22—24，28，50，316，320

松石斋 63，209

宋版 68，102，103，109，266，294，307—309，311，312，316，318

宋刻本 40，109

T

泰州学派 20，352

题跋 218，219

天籁阁 61，161

天一阁 2，60，61，98，99，102，151，154，157—165，174—178，181，190，192，323，325，326，394

W

万卷楼 25，26，39，40，62，108，109，326

文林阁 26，30

文学复古运动 39，40，363

文渊阁 1，46—49，79，112，133，153，166—170，178，193，196，234，283，334，338，340，345，346，349

武林书室 31

X

绣像本 27

西湖书院 47，66—68

小山堂 161，383

小酉馆 61，102，151

Y

阳明心学 17，18，20，39，350

宜稼堂 217

奕庆楼 65

虞山派 61，210

岳麓书院 70

Z

浙东派 2，65，101

专科目录 229

后　记

从2013年王余光老师牵头申报国家社科基金重大项目"中国图书馆学史"获得立项，到十卷本《中国图书馆学史》即将付梓，十载光阴，倏忽而逝。终日碌碌，并不觉时光易逝人易老；掩卷回首，方惊见轻舟已过千重山。

犹记2012年底，我进入北京大学信息管理系博士后流动站不久，余光师在一次师门内部研讨会上提出，将延续本系在学科史、学术史领域的良好传统，开展中国图书馆学史研究。年深日久，那次会议的许多细节已模糊不清了，但至今仍能清晰忆起余光师对中国图书馆学史研究意义的阐释：学术史研究的重要性不言而喻，对学科发展的影响也是多方面的，但究其根本，其最大的价值与意义不外二端，一为总结梳理前人学术成就，厘清学科发展内在逻辑，明来处、知去向；二为促进专业教育的完善、规范，用学科史教育、帮助学生厚植专业情怀。

为了更好地推进相关研究，会后我们将选题思路整理成文，于2013年初向国家社会科学基金委员会提交了选题推荐表，并得到了同行的肯定。不久后，此课题便入选了2013年度国家社科基金重大项目招标选题。此后，在王余光老师的组织下，课题组举行多次研讨会，就中国图书馆学史的内涵与外延、研究范围与框架等问题展开深入讨论，进一步明确了中国图书馆学史研究思路。在申报书中,我们写下了这样一段文字:"我们认为,中国图书馆学是在我国古代藏书文化的哺育下,充分吸收西方图书馆学理论的基础上得以最终确立的。中国古代关于藏书的文化传统,是滋养中国图书馆学发生、发展的土壤,而系统的西方学科理论,奠定了中国图书馆学学科化、体系化的基石。中国图书馆学的发展,应当看作一个西方图书馆学理论不断本土化的过程。"以上观点,代表了以王余光教授为首的科研团队对何为"中国的图书馆学"的理解与认识。其与我们对学术史研究意义的期许一起,共同成为课题组构建研究框架、推进学术研究的思想引领。

课题正式立项后,结合团队成员专长,充分吸收开题报告会上的专家意见,在余光师的主持下,我们重新确定了课题分工。由于我博士学习阶段的研究方向是清代古典文献的整理与研究,便"理所当然"地承接了"明清图书馆学史"的研究任务。明清两代,是中国古典文化的"总汇期"(冯天瑜语),作为中国古代学术相当发达之一支——藏书校理的知识与学问,亦进入了全面总结、袭旧开新的阶段。在最初的研究计划中,明清图书馆学史本作为一个整体进行研究,随着研究推进,由于该时段相关内容十分丰富,且呈现出比较明显的时代变迁特征,故明代、清代图书馆学史被分为独立的两卷,以期更为集中地揭示明清两代图书馆学发展的独特轨迹。

置之中国图书馆学史的"版图",明清无疑为古代图书馆学之"明珠",几乎所有具有理论总结意义的古代图书馆学论著都出现在这一时期,如系统梳理藏书历史与建设方法的《图籍之储》《经籍会通》,总结私家藏书校理经验的《澹生堂藏书约》《藏书记要》《藏书十约》,目录学理论奠基之作《校雠通义》,古典目录集大成之《四库全书总目》等。总的来说,明清两代图书馆学的主线,是在继承千余年来藏书经验的基础上，根植于丰富发达的藏书实践，对古代藏书管理、整理之经验与方法体系的不断完善。但如果要用现在流行的"贴标签"方法，给明清两代图书馆学各标一个关键词的话，我愿意给明代图书馆学贴上"应时而随变"，而给清代贴上"袭旧而孕新"。前者的突出体现是明代藏书家不拘一格，随藏书发展需要而另立新法、益损部类，不断做出新的尝试与探索；后者则以集中涌现的理论总结作为表征，展现了清代学者思考之深度，以及为晚清西学东渐以后，图书馆学内部之扬弃与继承做好了理论准备。为什么要强调这两点？因为其代表了笔者对古代图书馆学史内涵与意义的认知。事实上，时至今日，图书馆学学者对"中国古代有没有图书馆学？""古代图书馆学是否成立？"等问题仍然存在争议。许多学者认为，中国图书馆学是受西学东渐影响，以西方图书馆学思想为主体框架搭建的新学科。关于这个问题，在本套书第一卷"绪论"部分已进行了辨析，在此不再赘述，仅结合明、清图书馆学史的研究心得谈一点感受。如果说，我们对古代藏书思想、方法与理论的固有印象是"守旧""因循"的话，那么明清图书馆学的发展清晰地告诉我们两点：一是，随着实践发展，古代图书馆学一直在主动"生长"新的内容；二是，即使以"进化论"的视角，古代藏书校理经验中重视对图书内容深度揭示与挖掘的传统，始终是中国图书馆学有别于西方图书馆学的独特理路，晚清直至民国"目录学""索引运动"的繁荣，已经证明了这一点。这既是民初学人呼吁建立"中国的图书馆学"之初衷，更是我们在文明交流互鉴的视野下构建中国特色哲学社会科学体系的重要启示。

明清图书馆学的思想与理论、西学东渐对中国图书馆学的影响等问题，是学科史研究中较受关注的话题，程焕文、王国强、傅荣贤、龚蛟腾、王蕾等诸位先生在相关领域已做出了大量优秀成果。

在本书撰写过程中,上述成果对厘清研究思路、提炼研究主题产生了极大帮助,其他对本书写作有所启发的成果,亦已在文中标注,在此一并致以谢忱。

在"中国图书馆学史"研究推进过程中,王余光老师为本书的研究与写作提供了大量高屋建瓴而又具体而微的指导与建议。作为副主编,编写组的所有成员都曾或多或少地被我"抓差",研议框架结构,打磨书稿内容,感谢大家始终"不厌其烦",容忍我"低效、频繁"的打扰。2021年初,"中国图书馆学史"重大课题获批结项后不久,安徽教育出版社便主动约稿,再续我们通过《中国阅读通史》结下的缘分,共同打造、出版十卷本的《中国图书馆学史》。安徽教育出版社学术文化出版中心的编辑们,为本套书的顺利推出付出了大量心血,极大地弥补了作者的疏略、粗心。

十载荏苒,从初涉此题时甫出校门的学生,到今天亦开始尝试独立组织科研团队的学者,中国图书馆学史始终是我特别关注的研究领域。回望来时路,感恩师长栽培、感谢同门砥砺、感激友朋助益,也愈发能够体会以余光师为代表的当代图书馆学学人,为夯实学科根基、建设中国的图书馆学所做出的不懈努力。《中国图书馆学史》的出版,是重大课题的终点与高光时刻,也是中国图书馆学研究的新起点。明清图书馆学史研究是笔者在相关领域研究与思考的总结,其广阔研究疆域,仍将吸引包括笔者在内的学者不断开拓。诚挚地希望关心本领域研究的学者、朋友,就本书内容不吝赐教,共同促进明清图书馆学史研究走向深入!

是为记。

熊　静

2024年4月于上海